복 있는 사람

오직 여호와의 율법을 즐거워하여 그 율법을 주야로 묵상하는 자로다.
저는 시냇가에 심은 나무가 시절을 좇아 과실을 맺으며 그 잎사귀가 마르지 아니함 같으니
그 행사가 다 형통하리로다. (시편 1:2-3)

박영선 목사의 설교선집은 설교구어체로 된 친절한 성경 강해설교의 전범(典範)입니다. 『믿음』에서는 인간의 실존적 곤경과 하나님 은혜의 압도적인 권능을 찬양합니다. 『교회』에서는 지상의 현실교회에 실망한 사람들에게 위로가 될 만한 교회의 진면목, 참된 자리를 자세히 살핍니다. 하나님의 권능에 찬 구원 은혜에 의존하는 신앙도상의 신자들이 부대끼며 살아가며 상처를 주고받으며 자라가는 곳이 교회입니다. 불완전한 교회에 다니는 것도 하나님의 구원 은혜에 붙들릴 때만 가능합니다. 『성화』는 구원받은 신자들이 하나님 나라를 향해 순례하는 과정에서 거쳐야 하는 거룩한 품성 변화를 다룹니다. 여기서 교회는 신자들만을 위한 자폐적 친교권이 아니라, 사회와 세상 안에서 하나님의 구원 은혜와 다스리실 의지를 대변하는 증언공동체이자, 세상을 위해 그리고 세상을 향하여 파송된 증인공동체입니다. 기독교회의 사회적 책임은 신자 각각의 성화를 필연적으로 요구합니다. 『자유』는 하나님이 인간의 믿음과 순종을 지극히 귀하고 소중한 결단으로 봐 주시는 하나님의 따뜻한 시선을 다룹니다.

이 설교선집의 네 가지 특장(特長)은 다음과 같습니다. 첫째, 원숙하고 자애로운 설교자의 복음전도, 복음초청의 음성이 설교선집 전체를 이끌어 갑니다. 복음을 전할 때 사용하기에 매우 유익합니다. 둘째, 지상교회에 정착하지 못하고 표류하는 신자들에게 위로가 됩니다. 이 설교들은 질책하기보다 어루만지는 어조가 완연합니다. 셋째, 사후구원이나 탈세계적인 천당의 한자리를 얻고자 애쓰며 교회 안에서만 신앙을 소비하려는 자기만족적인 신자들에게 사회와 더 넓은 세상을 품도록 시야를 넓혀 줍니다. 마지막으로, 신앙 여정의 마지막 순간까지 자유라는 존엄한 선물을 바르게 사용하여 하나님과의 동행을 잘 마치도록 권고합니다. 자유는 성령에 붙들린 신자들에게는 하나님을 애타게 갈망하도록 만드는 거룩한 속박입니다. 이 책을 읽는 독자들은 설교가 하나님의 생명의 말씀을 중심에 두고 이루어지는 성도의 교제임을 깨달을 뿐 아니라, 기독교 신앙이 하나님과 더불어 걷는 감미로운 동행이자 부단한 교제의 세계임을 깨닫게 될 것입니다. 그와 더불어 불완전하고 비틀거리는 자신의 신앙에 지나치게 절망하지 않으며, 흠결이 있는 지상의 기구적 교회에서 만나는 또 다른 불완전한 동료 신자들에 대해서도 좌절하지 않을 덕성을 기를 수 있을 것입니다.

김회권, 숭실대학교 기독교학과 교수

한국교회 강단의 걸출한 설교자들 가운데서도 박영선 목사는 남다른 목소리를 가진 설교자입니다. 그 목소리에는 영웅이나 사람의 실력이 아니라, 하나님과 그분의 은혜만을 전하려는 결기가 서려 있습니다. 쉬운 대답 그리고 누구나 할 수 있을 법한 대답 대신, 치열한 고민과 갈등의 몸부림을 통해 깊은 곳에서 건져 낸 지혜가 담겨 있습니다. 모범적이고 양순한 소위 '잘 믿는' 신자의 시각보다는, 의심하고 거부하는 '삐딱한' 관점으로부터 비롯된 통찰이 녹아 있습니다. 한 사람의 신앙인으로서 그리고 설교자로서 그가 평생 붙들고 씨름했던 주제를 따라 선별한 이 설교선집은 자기 믿음과 한국교회 현실에 대해 고민하는 그리스도인들에게 위로와 해답이 될 것입니다. 그리고 의심하고 회의하는 청중을 둔 설교자들을 위한 안내서 역할도 하리라 믿습니다.

조광현, 고려신학대학원 설교학 교수

자
유

자유

박영선 목사
설교선집

4

박영선 지음 · 조주석 엮음

복 있는 사람

자유 박영선 목사 설교선집 4

2023년 6월 1일 초판 1쇄 인쇄
2023년 6월 9일 초판 1쇄 발행

지은이 박영선
엮은이 조주석
펴낸이 박종현

(주) 복 있는 사람
주소 서울특별시 마포구 연남동 246-21
전화 02-723-7183, 7734(영업·마케팅) 팩스 02-723-7184
이메일 hismessage@naver.com
등록 1998년 1월 19일 제1-2280호

ISBN 979-11-92675-50-3 04230
ISBN 979-11-92675-37-4 04230 (세트)

지난 40년 동안 이 설교들을 들어 주고 함께해 준,

남포교회 성도들에게

저자 서문

어느덧 40여 년 동안 설교자의 길을 걸어왔습니다. 이 과정에서 저의 설교는 성경을 어떻게 해석하느냐 하는 문제에 집중했다고 생각합니다. 신자가 온갖 경우를 겪으며 실력을 쌓아 가는 일, 곧 '철이 드는 것'에 관한 것으로 성경을 해석하게 되었습니다. 그것이 성경을 읽어 낸 저의 설교의 열매라고 생각합니다.

신자는 처음에 실존적 신앙으로 시작합니다. 예수를 만나고, 십자가와 부활 그리고 영생을 알게 되는 감격이 있습니다. 하지만 그는 곧 구원과 천국의 확신만으로 쉬운 답을 찾을 수 없는 갖가지 경우의 현실을 마주해야 합니다. 그것은 우리 인생과 인류 역사가 시간 속에서 진행되는 과정이기 때문입니다. 성경에 담긴 이야기는 다만 잘한 것과 잘못한 것으로 구분해야 할 그런 목록으로 가득 찬 것이 아닙니다. 여기에는 인간이 살아가면서 드러내는 실패와 후회와 상처의 경험이 담겨 있습니다.

신앙은 있고 없거나, 강하고 약한 것이 아닙니다. 배우고 자라고 겪고 깨치며, 한 인격체로 구체화되는 성숙과 완성이 신앙의 내용이기 때문입니다. 결국 '철이 든다'는 것은 안목을 갖고 분별과 선택을 할 수 있는 경지인 동시에, 소원과 현실의 모순을 겪으며 성도의 정체성과 신분을 갖추어 가는 것이라 할 수 있겠습니다.

자유

성경이 가리키는 방향으로 나아가겠다고 결심하지만, 실제로 답을 내지 못하는 현실적 무능을 마주하면 절망하곤 합니다. 우리는 늘 그 둘 사이에 놓여 있습니다. 설교는 그런 신자에게 하나님의 신실하심에서 생겨나는 소망이 무엇인지를 제시할 수 있어야 합니다. 모든 것이 합력하여 선을 이룬다는 약속은 잘잘못의 도덕적 이분법을 넘어섭니다. 우리의 모든 경험이 결국 유익이 된다는 위로와 격려가 설교로 전해져야 할 이유입니다.

이번에 『믿음』, 『성화』, 『교회』(개정증보판)에서 『자유』까지 네 권의 선집이 완성되었습니다. 이 네 주제들은 저의 설교가 무엇을 담고 있는지 알게 하는 큰 그림의 역할을 할 것입니다. 이 주제들과 관련하여 전체적인 맥락에서 말씀드리고 싶습니다.

성화는 완벽이 아니라 성장과 성숙의 일입니다. 하나님의 형상이라는 창조 때 부여된 인간의 참모습이 그리스도를 본받는 가운데 완성으로 나아가는 것을 뜻합니다. 그러니 갈등과 후회의 현실은 마땅히 통과해야 할 과정입니다. 이 경험이 펼쳐지는 **교회**는 그리스도의 몸으로 삼위 하나님의 연합 위에 서 있으며, 성도는 이 안에서 아름다움을 느끼고 감사 속에 교제와 친밀한 연합을 경험합니다. 이 모든 것을 가능하게 하는 **믿음**이란 하나님에 대한 신뢰, 곧 이해와 항복을 말합니다. 도덕과 교리로 다 담을 수 없는, 상대에 대한 의존을 뜻합니다. 인류의 운명에 적극적으로 개입하시는 하나님이 나를 찾아오셔서 붙드셨기에 비로소 시작된 하나님과의 교제가 믿음입니다. 우리에게 절망은 없다는 창조주의 거룩한 의지와 고집이 여기에 담겨 있습니다.

흔히 교회 생활의 기준이 되는 잘잘못과 유능함, 봉사, 구제는 하나님과의 연합에서 빚어지는 감사와 찬송을 모두 담지 못합니다. 구약이 보여주는 역사와 신약이 선포하는 은혜로부터 드높여지는 찬송은 치성과 쓸모라는 기능론이 아니라, 하나님과의 화목이라는 존재론에서만 비로소 동참할 수 있는 것입니다.

　창조와 구원의 궁극적 목표는 하나님과 그분의 형상으로 창조된 인간이 믿음과 사랑의 관계를 맺는 데 있습니다. 기독교가 말하는 믿음과 사랑은 독립적이고 자발적인 상대를 전제합니다. 그리고 요한일서에서 가르치듯, 이 사랑에는 공포가 없습니다. 인간이 선택의 주체로서 책임을 감당하는 것은 하나님이 자유를 허락하셨기 때문입니다. 이 **자유**는 하나님이 우리를 사랑하시며, 우리에게 명예와 영광을 일임하신다는 증거입니다. 자유와 선택권을 가진 존재들만 누릴 수 있는 이 관계는 양심과 도덕을 만족시키는 것만으로는 충분히 설명될 수 없습니다. 그것은 믿음과 사랑으로 만들 수 있는 영광과 기쁨의 견고한 기초이지만, 기독교 신앙의 진정한 열매나 영광은 더욱 크고 놀라운 것입니다.

　우리는 이제 부흥의 시대를 지나 이전과는 많이 다른 시대 앞에 서 있습니다. 우리는 그 도전들을 받고 있습니다. 이런 현실 속에서 우리는 어떻게 살아야 할까요? 예수님께서 구원을 베풀어 목적하신 바를 다시 한번 떠올려 봅시다. "아버지께서 내 안에, 내가 아버지 안에 있는 것같이 그들도 다 하나가 되어 우리 안에 있게 하옵소서"(요 17:21)라고 하신 기도 말입니다. 이웃이 경쟁과 경계의 대상이 아닌 진정한 진리와 생명을 지닌 형제가 될 수 있고 또 되어야 합니다. 이것은 명령과 강요가 아니라 인간 존재의 명예와 만족의 넘침입니다. 하나님의 창조자 예수로 말미암은 구원이 목표하는, 절대 실패나 포기도 없는 영광과 찬송의 정체성, 인격성, 운명들은 하나님의 의지요 고집이 낳은 은혜의 결실입니다. 그런 소망과 믿음과 현실이 우리의 것이 되었으면 합니다. 이 선집이 그런 도전에 응전하는 한국 교회 그리스도인들에게 의미 있는 유익이 되었으면 합니다.

자유

앞선 세 선집에 추가로 들어간 설교들을 더 찾아내어 전체적으로 짜임새 있게 구성했을 뿐 아니라 또 『자유』라는 선집을 엮기 위해 후반기 설교 곳곳에서 해당 자료들을 뽑아내어 체계 있게 구성한 조주석 목사님, 그리고 '복 있는 사람' 출판사의 편집자와 박종현 대표에게 감사를 표합니다.

2023년 6월
박영선 목사

엮은이 서문

지난 10년간 많은 독자들의 사랑을 받은 '박영선 목사 설교선집'이 이제 새로운 옷을 입고 『믿음』, 『성화』, 『교회』(개정증보판), 『자유』 네 권으로 독자 여러분을 만나게 되었습니다. 2013년 초판을 펴낸 기존 선집 세 권에 『자유』가 추가되어 완성되는 셈입니다.

왜 우리는 오늘날 여전히 박영선 목사의 설교를 읽어야 할까요? 그 이유는 한마디로 그가 지난 40여 년 동안 설교에서 오직 하나님만 드러내려고 힘써 왔기 때문이라고 봅니다. 그것이 교회를 서거나 넘어지게 하는 근본 문제라는 설교자의 큰 확신에 바탕을 둔 것이겠지요. 후반기 설교에서는 '인간의 자유' 문제도 깊이 있게 다루는데, 이로써 그가 하나님의 절대주권에 대한 오해 곧 기계론주의에서 벗어날 수 있는 신앙 사유도 우리에게 제공했다고 생각합니다.

인간의 자유는 우리에게 무엇입니까? 어느 누구나 소유하고 행사할 수 있는 권리이지만 그에 따른 책임도 요구됩니다. 이런 자유가 구원의 문제와 신앙생활 전 과정에서 나에게 어떻게 작동하고 있는지 알아야 합니다. 그렇지 못할 경우, 구원 문제나 신앙생활에 오해가 발생해 혼란에 빠지면 신앙이 지지부진한 상태에 머물 수 있다고 생각합니다.

박영선 목사는 이런 문제를 후반기 설교에서 아주 비중 있게 다룹니다. 인간의 자유가 기독교 신앙을 이해하는 일에서 중요한 주제로 인식된 것 같습니다. 그는 전반기 설교에서 이렇게 외칩니다. "은혜는 책임을 요구한다. 믿음은 책임과 상관없는 무책임한 것이 아니다." 하지만 그 요구된 책임이 무엇을 전제로 하고 나온 것인지는 명시되지 않습니다. 그럴지라도 그것이 인간의 자유라는 싹의 형태였다고 짐작해 봅니다. 자유에는 책임이 뒤따르기 때문입니다.

이 책에는 자유라는 주제를 중심으로 그의 설교들이 두 묶음의 주제로 나누어 구성되어 있습니다. 1부는 자유·선택·책임이라는 주제로 해당 설교들을 나누어 엮었고, 2부는 시간·인생·역사라는 주제로 나누어 구성했습니다. 물론 각각의 설교들을 중심으로 해당 주제에 관해 학술 논문처럼 통일성 있게 논리가 펼쳐지는 것은 아닙니다. 설교는 메시지를 전달해야 하므로 그렇게 할 수만은 없다고 생각합니다. 따라서 해당 주제가 뚜렷이 부각된 설교들을 뽑아 제자리에 적절히 배치하였습니다. 그 구성이 엮은이의 임의적인 작업인 것은 사실이지만 내용이 하나의 흐름이 되게 놓이도록 노력했습니다.

1부에서는 설교자가 자유를 선물이자 선택이요 책임으로 이해한다는 사실에 주목합니다. 자유는 하나님이 베푸신 선물로서 사람이 무엇을 선택하고 결정할 수 있는 권리로 이해됩니다. 그러나 그것은 아무 책임도 질 필요가 없는 제멋대로 해도 괜찮은 권리가 아닙니다. 설교 내용을 자세히 뜯어보면 다음의 질문들이 가능할 것입니다. '우리에게 자유가 있다는 것은 하나님과 우리의 관계가 어떠하다는 것인가?', '자유가 죄의 권세 아래 놓였을 때 사람은 어떤 상태가 되었는가?', '예수님을 믿는다는 것은 스스로 선택할 수 있는 일인가?', '이 자유를 통해 우리는 어떠한 삶을 형성해 갈 수 있는가?', '우리에게 자유가 있다는 사실만으로 자신이 한 선택을 통해 훌륭해질 수 있는가?', '우리는 신앙생활을 늘 잘하지 못하고 잘못할 수밖에 없는데 이런 실패의 경험은 어떻게 이해되어야 하는가?', '책임이 자신의 능력과 자랑을 이야기하는 데 자주 동원될 수 있지만 왜 그러면 안 되는 것인가?' 이런 질문들에 대한 해명을 1부에서 만날 수 있습니다.

2부에서는 설교자가 자유를 시간, 인생, 역사와 어떻게 연결시켜 이해하고 있는지를 펼쳐 보입니다. 우리는 태어나서 한 인생을 삽니다. 그 시간 속에서 어느 순간에 예수님을 믿게 됩니다. 그렇게 구원을 받은 후 지지고 볶는 인생을 살아가야 합니다. '신자에게 그런 시간이란 무엇인가?', '신자에게 그런 인생이란 어떤 것인가?', '우리가 세상 사람들과 함께 만들어 가는 역사는 또 어떻게 이해해야 하는가?' 이런 질문들에 대한 해명을 2부에서 만날 수 있습니다.

앞에서 밝힌 바와 같이, 이 책은 박영선 목사 설교 선집 중 마지막 권에 해당합니다. 설교들을 선정하는 기준은 2011년 이후 발행된 설교들로 제한했습니다. 2011년부터 발행된 강해서는 모두 13권이며, 그중 『자유』에 수록된 설교들은 다음의 강해서에서 찾았습니다. 『믿음은 사람보다 크다』(2012), 『섬김으로 세우는 나라』(2013), 『십자가로 세우는 나라』, 『박영선의 호세아 설교』, 『박영선의 욥기 설교』(2014), 『다시 보는 사도행전』, 『다시 보는 로마서』, 『박영선의 다시 보는 사사기』(2015), 『다시 보는 히브리서』(2020), 『다시 보는 요한복음』, 『이사야서, 하나님의 비전』(2022).

이 설교들에서 선정한 해당 설교는 이 책의 주제에 맞추어 설교 제목과 소제목도 대부분 다시 고쳤습니다. 극히 제한되기는 하지만 독자의 이해를 돕기 위해 의미 전달에 손상이 가지 않는 선에서 기존 설교 본문을 수정한 곳들도 있습니다.

엮은이로서 이 『자유』 선집에 대한 의의를 잠시 짚어 보고자 합니다. 박영선 목사가 인간의 자유 문제를 다루어 설교함으로써 복음주의적 한국 교회에 유익을 남긴 부분이 적지 않다고 생각합니다. 우리가 하나님의 절대주권과 인간의 자유에 대해 말은 많이 해왔지만, 사실 속 시원한 이해가 없어 오랫동안 답답한 면이 있었습니다. 여기에 그의 설교들이 한 줄기 빛을 비추었다고 생각합니다. 그 답답했던 신앙 이해에 어떤 숨통을 틔워 준 것입니다. 이제 신앙의 문제를 생각하려 할 때 어떤 숨 쉴 공간이 우리에게 생긴 것입니다. 젊은 날에 교회의 인습과 틀이 자신을 가두어 둔 담벼락을 저 뒤로하고, 말씀을 진지하게 사색할 수 있는 설교 후반기에 이르러 신앙과 자유의 관계를 풀어낸 것으로 보입니다.

저는 박영선 목사가 창의적 설교자요 기독교 사상가 중 한 사람이라고 생각합니다. 그가 이런 위치를 갖는다는 것은 그만큼 모험적 성격도 지닐 수 있어서, 독자로서 우리는 그의 설교를 마주할 때 소중하고 조심스럽게 대해야 할 뿐 아니라, 그 뒤를 이어 발전시켜 나가야 할 내 장서의 하나로 간직해야 하지 않을까 싶습니다.

엮은이가 부탁한 설교 자료들을 찾아 건네준 '무근검' 출판사의 강동현 팀장과 여러 실무 역할을 맡은 '복 있는 사람' 출판사에 감사의 말을 전합니다. 설교자가 우리에게 던지는 기독교의 위대함이 무엇인지를 표현한 이 책의 한 문장을 인용하는 것으로 글을 맺습니다.

기독교의 위대함이 무엇일까요?……아직도 실수를 반복하는 인생인데도, 그런 나를 하나님이 놓지 않으신다는 복음의 소식이 우리를 살립니다. 그래서 우리는 웃을 수 있습니다. 우리 자신을 용서할 수 있습니다. 안심하지 못하는 자신, 자랑스럽지 않은 자신을 용서할 수 있습니다.

2023년 6월
조주석 목사

1

자유·선택·책임

01
독특한 지위

욥 2:1-13

또 하루는 하나님의 아들들이 와서 여호와 앞에 서고 사탄도 그들 가운데에 와서 여호와 앞에 서니 여호와께서 사탄에게 이르시되 네가 어디서 왔느냐. 사탄이 여호와께 대답하여 이르되 땅을 두루 돌아 여기 저기 다녀왔나이다. 여호와께서 사탄에게 이르시되 네가 내 종 욥을 주의하여 보았느냐. 그와 같이 온전하고 정직하여 하나님을 경외하며 악에서 떠난 자가 세상에 없느니라. 네가 나를 충동하여 까닭 없이 그를 치게 하였어도 그가 여전히 자기의 온전함을 굳게 지켰느니라. 사탄이 여호와께 대답하여 이르되 가죽으로 가죽을 바꾸오니 사람이 그의 모든 소유물로 자기의 생명을 바꾸올지라. 이제 주의 손을 펴서 그의 뼈와 살을 치소서. 그리하시면 틀림없이 주를 향하여 욕하지 않겠나이까. 여호와께서 사탄에게 이르시되 내가 그를 네 손에 맡기노라. 다만 그의 생명은 해하지 말지니라. 사탄이 이에 여호와 앞에서 물러가서 욥을 쳐서 그의 발바닥에서 정수리까지 종기가 나게 한지라. 욥이 재 가운데 앉아서 질그릇 조각을 가져다가 몸을 긁고 있더니 그의 아내가 그에게 이르되 당신이 그래도 자기의 온전함을 굳게 지키느냐. 하나님을 욕하고 죽으라. 그가 이르되 그대의 말이 한 어리석은 여자의 말 같도다. 우리가 하나님께 복을 받았은즉 화도 받지 아니하겠느냐 하고 이 모든 일에 욥이 입술로 범죄하지 아니하니라. 그때에 욥의 친구 세 사람이 이 모든 재앙이 그에게 내렸다 함을 듣고 각각 자기 지역에서부터 이르렀으니 곧 데만 사람 엘리바스와 수아 사람 빌닷과 나아마 사람 소발이라. 그들이 욥을 위문하고 위로하려 하여 서로 약속하고 오더니 눈을 들어 멀리 보매 그가 욥인 줄 알기 어렵게 되었으므로 그들이 일제히 소리 질러 울며 각각 자기의 겉옷을 찢고 하늘을 향하여 티끌을 날려 자기 머리에 뿌리고 밤낮 칠 일 동안 그와 함께 땅에 앉았으나 욥의 고통이 심함을 보므로 그에게 한마디도 말하는 자가 없었더라.

자유

욥기 1장은 하나님과 사탄 사이에 욥을 두고서 일종의 내기가 벌어져 욥이 까닭 없이 억울하게 고난을 받게 되었다고 말합니다. 그럼에도 욥은 범죄하지 않았고 하나님 앞에서 자신의 신앙을 지킵니다.

발바닥에서 정수리까지

본문은 하늘에서 열린 회의에 하나님이 사탄에게 "그것 봐라. 이 어려움에도 불구하고 욥이 믿음을 지키지 않았느냐?"라고 말하는 장면으로 시작합니다. 그러자 사탄이 "가죽으로 가죽을 바꾸오니 사람이 그의 모든 소유물로 자기의 생명을 바꾸올지라"는 말로 대꾸합니다. "본체를 치십시오. 옷을 찢어 봤자 새 옷으로 갈아입으면 그만 아닙니까? 가죽으로 가죽을 바꾸는 법이니, 사람은 자기 생명을 지키는 일이면 자기가 가진 모든 것을 버립니다. 그의 뼈와 살을 치시면, 그는 당장 주님을 저주하고 말 것입니다" 하는 이야기입니다. 그러자 하나님이 "그래?" 하고 응하시면서 고통스러운 제2라운드가 시작됩니다. "좋다. 그러나 그의 생명은 건드리지 못한다." 이렇게 욥의 고난이 시작됩니다.

1장에서 욥은 억울하게 가족과 재산을 잃고 간신히 버티고 있는데, 2장에 와서는 그의 몸까지 어려움을 겪습니다. 욥기 2:7에 의하면 발바닥에서 정수리까지 종기가 나게 됩니다. 이 구절은 비유처럼 읽을 수도 있습니다. 우리가 살면서 어려움을 겪게 되면 "발바닥에서 정수리까지 힘 안 드는 데가 없다"고 말하듯이 말입니다. 그만큼 신자들이 인생을 살면서 뼈 아픈 고통을 겪습니다. 신자뿐 아니라 사실 모든 인간이 다 고난을 겪습니다. 인생을 살면, 누구나 이런 극심한 고통에 처해지는 것이 현실입니다.

사람들과 대화하다 보면 "저 사람은 왜 저래? 난 이해가 안 돼" 하고 말하는 사람들이 있는데, 이 말은 자기가 무식하다는 뜻입니다. 우리가 "왜 그런 일을 당해? 왜 그 꼴로 있어? 왜 일을 그렇게 했어?"하고 지적하는 것은 사실 상대방에게 책임을 추궁하는 것입니다. "난 이해가 안 돼"라는 말은 자기도 모르는 일이 세상에 많다는 것을 스스로 고백하는 것입니다. 그런데 우리는 이 말을 어디에 많이 가져다 씁니까? 자기의 뜻을 상대방에게 강요하는 데 많이 씁니다. 세상에는 아무도 이해할 수 없는 일이 얼마든지 있습니다.

제가 수면제를 먹어야 겨우 잠든다고 하면 "왜 드세요? 중독되면 큰일 납니다"하고 말하시는 분들이 있습니다. 누가 모릅니까? 잠이 안 오는데 그럼 어떡합니까? 당장 하룻밤을 자는 게 얼마나 시급한 일인지 모릅니다. 차라리 수명이 단축되는 게 낫다고 생각될 정도입니다. 자신이 어려움에 처했던 때를 돌아보면, 하루가 일주일보다 길다는 말이 무슨 뜻인지 알 것입니다. 하루가 길고도 깁니다. 제 아내가 하는 말이, 설교자가 힘든 이야기를 하면 성도들이 정말 힘들어지니 고달픈 이야기 대신 복 받는 이야기를 하라고 합니다. 욥기가 복 받는 이야기라는 것을 이제 할 참입니다. 시작이 묘하게 됐습니다.

끼여 있는 존재

사탄이 하는 일은 하나님과 우리의 관계를 깨는 것입니다. 그의 목적은 오로지 하나님과 우리의 관계를 깨는 데 있습니다. 우리는 하나님에 대해서 모르는 게 많은데, 그 틈을 사탄이 비집고 들어옵니다. 사탄은 무조건 하나님을 반대합니다. 그래서 하나님이 진심을 기울인 존재들의 마음을 돌려 놓으려고 합니다. 인간을 하나님에게서 떼어 놓는 것이 사탄의 유일한 보람이며 삶의 이유입니다. 어떤 일이든지 우리를 하나님에게서 멀어지게 하는 것이라면, 우리는 사탄의 시험을 받고 있다고 생각해야 합니다. 이런 진단은 아주 중요합니다. 우리는 현실적이고 상황에 맞는 답을 찾아 나가야 할 것이지만 잘못이 있다면 반성도 해야 합니다. 그러나 가장 근본적인 문제는 사탄의 시험이라는 것을 아는 것이 중요합니다.

사탄은 욥기에서 중요한 역할을 하지만 그 역할이 2장에서 끝납니다. 욥기는 사탄의 떼어 놓음과 하나님의 붙드심의 싸움을 그리고 있습니다. 하나님에게서 욥을 떼어 놓으려는 사탄의 방해는 2장에서 끝나고, 3장부터는 전부 하나님이 욥을 붙드시는 싸움에 관한 내용입니다. 욥의 한탄으로부터 시작해서 친구들의 충고와 답변이 내내 이어지고 이에 대한 욥의 끝없는 불평과 억울한 호소가 계속되는데, 이것은 다 하나님이 욥을 붙들고 계시다는 표시입니다. 욥기는 이 내용을 이렇게 표현합니다.

> 사탄이 여호와께 대답하여 이르되 가죽으로 가죽을 바꾸오니 사람이 그의 모든 소유물로 자기의 생명을 바꾸올지라. 이제 주의 손을 펴서 그의 뼈와 살을 치소서. 그리하시면 틀림없이 주를 향하여 욕하지 않겠나이까. 여호와께서 사탄에게 이르시되 내가 그를 네 손에 맡기노라. 다만 그의 생명은 해하지 말지니라(욥 2:4-6).

생명을 해하지 말라는 것은, 생명을 주신 이가 그 책임을 끝까지 놓지 않겠다는 표현입니다. 사탄이 와서 욥을 흔들 수는 있어도 그를 하나님에게서 분리할 수는 없다는 것입니다. 그러면 떼어 내려는 사탄과 붙드시는 하나님 사이에서 인간이 어느 쪽에 붙느냐가 관건일 것입니다. 욥기는 하나님의 붙드심이 사탄의 분리 작업보다 엄청나게 끈질기다는 사실을 그 분량에서 시사하고 있습니다. 사탄은 2장까지 나오고 포기하고 마는데, 하나님은 42장까지 끌고 가서 욥이 항복할 때까지 안 놓으시기 때문입니다. 다만 욥은 그 시기 동안에 죽어납니다. 죽어난다는 표현은 본문 말씀에 고난과 고통으로 나와 있어서 그런 것이지, 사실 그것은 대단한 복입니다. 하나님이 우리를 결단코 놓지 않으신다는 사실은 성경의 어떤 약속보다도 우선하는, 성경에서 제일 강조하는 하나님의 하나님되심에 대한 선언입니다. 하나님은 당신이 지으신 존재에 대하여 영광과 승리 그리고 우리의 항복을 목적으로 가지고 계십니다. 그것을 방해할 수 있는 것은 아무것도 없습니다.

선택의 자유

그럴지라도 욥은 하나님과 사탄 사이에 끼여 있습니다. 그리고 그가 고난과 고통을 당하는 것은 인간이 가진 특별한 가치와 관계가 있기 때문입니다. 우리는 이 가치가 어떤 것인지 아담의 타락 사건을 보여주는 창세기 3장에서 확인할 수 있습니다.

> 그런데 뱀은 여호와 하나님이 지으신 들짐승 중에 가장 간교하니라. 뱀이 여자에게 물어 이르되 하나님이 참으로 너희에게 동산 모든 나무의 열매를 먹지 말라 하시더냐. 여자가 뱀에게 말하되 동산 나무의 열매를 우리가 먹을 수 있으나 동산 중앙에 있는 나무의 열매는 하나님의 말씀에 너희는 먹지도 말고 만지지도 말라. 너희가 죽을까 하노라 하셨느니라. 뱀이 여자에게 이르되 너희가 결코 죽지 아니하리라. 너희가 그것을 먹는 날에는 너희 눈이 밝아져 하나님과 같이 되어 선악을 알 줄 하나님이 아심이니라. 여자가 그 나무를 본즉 먹음직도 하고 보암직도 하고 지혜롭게 할 만큼 탐스럽기도 한 나무인지라. 여자가 그 열매를 따먹고 자기와 함께 있는 남편에게도 주매 그도 먹은지라. 이에 그들의 눈이 밝아져 자기들이 벗은 줄을 알고 무화과나무 잎을 엮어 치마로 삼았더라(창 3:1-7).

인류의 조상 아담이 타락하는 과정을 보여주는 창세기 3장의 내용에서 하나님이 인간을 하나님의 부속품으로 만들지 않았다는 사실을 알 수 있습니다. 하나님은 아담과 하와가 아예 선악과 근처에 갈 수 없도록 막아 놓지 않으시고 선악과에 접근할 수 있고 선악과를 따 먹을 수 있게 두셨습니다. 다만 금지 명령을 내리셨을 뿐입니다. 이는 인간에게 선택권을 주셨다는 것을 의미합니다. 자유를 주신 것입니다. 인간은 독립된 인격적 존재로 지음을 받았고, 그 독립된 인격성 속에 선택권을 가집니다. 인간은 독특한 존재입니다. 하나님이 만드신 피조물이면서도 본인이 무엇이든지 선택하고 결정할 수 있는 권리를 가진 존재라는 것입니다.

이러한 존재를 향해 사탄은 "너희가 저걸 먹으면 하나님과 같이 되니까 하나님이 못 먹게 하신 거야"라는 속삭임으로 그들을 시험합니다. "하나님은 너희에게 충분하신 분이 아니다. 너희에게 충분할 만큼 선하신 분이 아니다. 너희에게 다 주지 않으시고 뭔가를 유보해 놓으셨다. 절반만 허락하셨다"라는 생각을 불어넣어 하나님이 주신 금령을 어기게 만듭니다. 왜 하나님은 인간에게 이러한 금령을 주셨을까요? 인간이 가진 이 선택권은 인간의 운명에 지대한 영향을 미칩니다. 하나님이 인간을 당신의 금령 아래에 놓아두시면서 다른 안전장치를 두지 않으셨다는 사실은 굉장히 놀랍기도 하고 한편으로는 불편하기도 합니다. 우리도, 우리 선조들도 잘못했기 때문입니다. 그러나 이것은 분명히 인간에게 주신 특별한 권리입니다.

그런데 이 권리는 하나님의 권위 아래에 있는 권리라는 점을 알아야 합니다. 그것은 하지 말라는 명령 아래에 있는 권리입니다. 이 권리로 그 위에 있는 권위를 치고 나오자 어떤 결과를 보았습니까? 자신이 벌거벗었다는 사실을 알게 되었습니다. 보호막이 해제되자 자신이 연약한 존재, 유한한 존재라는 사실을 알게 된 것입니다. 지금 욥기에서 벌어지는 싸움이 무엇입니까? 욥기의 서두에서 무엇을 말했는지 욥기 1장으로 다시 돌아가 보겠습니다.

> 여호와께서 사탄에게 이르시되 네가 내 종 욥을 주의하여 보았느냐. 그와 같이 온전하고 정직하여 하나님을 경외하며 악에서 떠난 자는 세상에 없느니라. 사탄이 여호와께 대답하여 이르되 욥이 어찌 까닭 없이 하나님을 경외하리이까. 주께서 그와 그의 집과 그의 모든 소유물을 울타리로 두르심 때문이 아니니이까. 주께서 그의 손으로 하는 바를 복되게 하사 그의 소유물이 땅에 넘치게 하셨음이니이다. 이제 주의 손을 펴서 그의 모든 소유물을 치소서. 그리하시면 틀림없이 주를 향하여 욕하지 않겠나이까(욥 1:8-11).

사탄이 욥에 대하여 이렇게 말합니다. "하나님이 욥을 울타리로 둘러 보호하시고 계시는데 그 울타리를 걷어 보십시오. 그래도 욥이 믿나 한번 보십시오." 하나님이 욥과 그의 모든 소유를 울타리로 두르셨기 때문에 하나님을 잘 믿는다는 것입니다. 그러니 이제 그 울타리를 걷어 보라고 합니다. 이는 창세기 3장에 나온 타락의 현장에서 인류의 조상 아담과 하와가 자기들의 권리로 하나님의 권위를 깨트리고 그 울타리를 박차고 나온 일을 생각나게 합니다. 울타리를 걷어 버리면, 벌거벗은 채로 강렬한 태양 아래서 고통을 받거나 또는 얼어 죽을 추위 앞에 선 것 같은 냉혹한 현실을 맞게 되는 것입니다.

그러나 하나님은 당신의 권위로 우리의 권리를 억압하는 데 쓰시지 않고 그의 권위 곧 그의 울타리로 우리를 보호하신다는 것입니다. 욥기는 우리가 이를 인정하고 자발적으로 순종하기를 바라신다는 점을 보여줍니다. 그러기 위해서는 인간이 자신의 권리로 하나님의 권위를 부수고 나올 수 있는 위험과 모험을 하나님이 허락하셔야 했습니다. 하나님은 당신이 두르신 울타리가 사탄에 의해 부서지는 것을 감수하십니다. 이것은 우리가 울타리 안에서 행복해하고 안심하는 정도로는 하나님이 만족하시지 않는다는 이야기가 됩니다.

우리는 그 울타리가 무엇인지 잘 알고 있습니다. 그것은 우리가 많이 드리는 기도 내용이기도 합니다. 나이 들면 하는 기도가 있습니다. "하나님 아버지, 새해가 밝았습니다. 그저 우리 가족들 속 안 썩이고 잘 살고 남에게 손가락질 받지 않고 아프지 않고 살게 해주십시오. 제발 이 일 년이 후딱 지나가게 해주십시오." 이것이 우리가 요구하는 울타리입니다. 좋은 일보다 괴로운 일이 훨씬 많다는 것을 아니까 우리는 시간이 빨리 지나갔으면 합니다. 그러나 하나님은 그렇게 안 하시겠답니다. 그러니 이제 각오해야 합니다.

하나님이 우리에게 선택권을 주시고 독특한 지위를 허락하시면서 당신 앞에 항복하는 길을 열어 놓으신 것도 다 하나님의 창조에 속합니다. 하나님의 창조는 다만 어떤 사물이 존재하는 정도에 그치는 것이 아니라 그 존재가 고유한 가치와 영광을 마음껏 발휘하는 것까지 포함합니다. 인간에게 가장 큰 영광은 하나님의 영광을 드러내는 것입니다. 하나님이 우리에게 허락하신 자유에는 하나님의 권위를 거부할 수 있는 자유까지 포함되어 있습니다. 하나님은 우리가 그 자유를 가지고 하나님 앞에서 자발적으로 선택하여 하나님의 울타리 안에 기꺼이 자신을 바치기를 원하십니다. 이렇게 하여 하나님의 하나님되심을 드러내는 것을 당신의 영광으로 삼으십니다. 이것이 기독교 신앙입니다. 욥기가 우리에게 가르치는 것이 무엇이겠습니까? 우리에게 선택의 자유를 허락하시되 하나님은 우리로 항복하게 하시려고 더 큰 울타리, 더 깊은 울타리를 두르시고 더 오래 걸리는 창조의 일을 계속 해나가시겠다는 것입니다.

우리는 요한복음 5장에서 다음과 같은 것을 볼 수 있습니다. 예수께서 중풍병자를 고치신 사건에서 하나님의 일하심을 언급하고 있는데, 욥기에서 본 하나님의 일하심을 여기서도 발견할 수 있습니다.

> 그 후에 예수께서 성전에서 그 사람을 만나 이르시되 보라, 네가 나았으니 더 심한 것이 생기지 않게 다시는 죄를 범하지 말라 하시니 그 사람이 유대인들에게 가서 자기를 고친 이는 예수라 하니라. 그러므로 안식일에 이러한 일을 행하신다 하여 유대인들이 예수를 박해하게 된지라. 예수께서 그들에게 이르시되 내 아버지께서 이제까지 일하시니 나도 일한다 하시매(요 5:14-17).

여기에서 하나님은 "이제까지" 일하시는 분으로 소개됩니다. 예수님을 보내신 것은 하나님의 창조 역사의 연장입니다. 하나님은 피조물을 존재하게 하실 뿐 아니라 으뜸가는 피조물인 인간의 반역을 받아들여 타락을 허락하시고 그 타락을 회복하여 부활 생명으로 이끌고 계십니다. 이렇게 하심으로써 그가 시작하신 창조를 중단 없이 완성시켜 나가시는 것입니다. 우리는 예수님을 보내신 데서 하나님의 일하심을 보았습니다. 하나님은 지금도 일하십니다.

욥기에서도 하나님은 내내 욥과 함께 일하십니다. 그가 자신의 입장을 마음껏 변명하고 억울해하고 분히 여기고 고함지르는 것까지도 다 받아 주십니다. 물론 하나님은 그를 설득도 하십니다. 여러 답변을 그에게 제시하는 가운데 욥으로 하여금 자신의 길을 찾도록 인도해 가십니다. 그리하여 마침내 그가 하나님 앞에 입을 닫고 무릎을 꿇게 만드시는 것입니다.

자유

따라 들어오시는 하나님

우리는 욥기 본문에서 내내 인과율을 볼 것입니다. 세 친구가 와서 원인과
결과의 법칙으로 말미암는 응보의 원리를 욥에게 계속 이야기합니다. "네
가 뭔가 잘못한 것이 있기 때문에 지금 이 일을 당하는 것이다. 하나님은
불의하시지 않다. 공연히 너에게 재난을 주셨을 리가 없다. 그러니 생각해
봐라. 부지불식간에라도 잘못한 일이 있을 것이다." 이런 이야기입니다.
그런데 욥기 1장에는 어떤 전제가 깔려 있었습니까? 욥에게는 부지불식간
에 지은 잘못도, 죄도 없다고 했습니다. 자녀들이 잔치를 베푼 뒤에 혹시라
도 자녀들이 지었을지 모를 죄를 위해서 욥이 제사를 지냅니다. 욥이 흠 없
이 살았다는 것이 욥기의 전제이자 설정입니다. 욥에게는 벌을 받을 아무
런 이유도 없다는 전제 아래 욥기는 시작됩니다.

　그에게 조금이라도 흠이 있었을 것이라는 친구들의 공격에 맞서 욥은
끝까지 버팁니다. 그래서 우리가 마주하는 문제는 욥에게 잘못이 없다면
왜 재난이 일어나느냐, 하나님이 왜 이 재난을 막아 주시지 않느냐, 하나님
이 불의하신 분이 아니냐 하는 질문입니다. 그러나 욥기 후반부에서 하나
님이 욥에게 창조 세계를 보여주시자 욥은 항복합니다. 이것은 인간의 지
위가 얼마나 대단한지를 보여주는 것입니다. 하나님의 집에 인간이 귀중
한 손님으로 초대되어 주인이신 하나님 옆에서 하나님의 창조 세계에 대
한 설명을 들으며 진귀한 창조물들을 감상하는 것이기 때문입니다.

　욥기의 결론에서 중요한 점은 이것입니다. 이 장관, 이 아름다움, 이
경이로움이 어떤 원인이 있어야 주어지는 보상이 아니라는 것입니다. "창
조란 그런 것이다. 하마가 나에게 뭘 잘해서 내가 하마에게 이 힘을 주었
겠느냐? 이 달과 별들이 나에게 무엇을 해줘서 그 보상으로 아름다운 자리
를 주었겠느냐? 아니다. 아무것도 없는 데서 내가 만들어 준 것이다. 내가

너희의 하나님인 이상 너희가 한 것에 대한 보상 정도가 아니라, 단지 나의 기쁨과 의로움과 성실함으로 너희에게 복을 주려고 한다. 이 창조 세계에 그 증거는 얼마든지 넘쳐난다." 이것이 욥기의 답입니다. 우리는 이 답으로 만족해야 합니다.

욥기 1장에서 하나님이 욥을 증인으로 삼아 사탄과 무슨 내기를 하시고 있다고 했습니까? 인간이 보상이 없을지라도 자유로운 선택권으로 하나님을 섬기는가 아닌가 하는 내기였다고 이야기했습니다. 하나님은 인간이 당신의 권위 아래 기꺼이 순종하며 찬송과 항복을 바치는 것을 목적으로 삼고 계십니다. 이런 내용은 시편에 넘쳐납니다. 시편에 나온 찬송시는 대부분 노년에 지은 것입니다. 나이가 젊을 때 지은 시는 현실의 급박함에 떠밀려 내지르는 비명이며 고함입니다. 찬송은 그 모든 것을 다 지나 인생의 황혼에서 돌아보는 하나님의 인도하심에 대한 항복입니다.

시편 103편을 볼까요. "내 영혼아, 여호와를 송축하라. 내 속에 있는 것들아, 다 그의 거룩한 이름을 송축하라. 내 영혼아, 여호와를 송축하며 그의 모든 은택을 잊지 말지어다"(1-2절). 이처럼 여호와를 찬양하는 구절로 시작합니다. 이어서 3절 이하도 보십시다. "그가 네 모든 죄악을 사하시며 네 모든 병을 고치시며 네 생명을 파멸에서 속량하시고 인자와 긍휼로 관을 씌우시며"(3-4절). 관(冠)이란 언제나 최상의 보상을 상징합니다. 그런데 이 시에 나온 관은 인자와 긍휼로 말미암은 관입니다. 이 말은 우리가 한 일에 대한 보상으로 주신 것이 아니라는 뜻입니다.

5절 이하도 계속 보겠습니다. "좋은 것으로 네 소원을 만족하게 하사 네 청춘을 독수리 같이 새롭게 하시는도다. 여호와께서 공의로운 일을 행하시며 억압당하는 모든 자를 위하여 심판하시는도다. 그의 행위를 모세에게, 그의 행사를 이스라엘 자손에게 알리셨도다. 여호와는 긍휼이 많으시고 은혜로우시며 노하기를 더디 하시고 인자하심이 풍부하시도다. 자주 경책하지 아니하시며 노를 영원히 품지 아니하시리로다"(5-9절). 여기 9절에 "자주 경책하지 아니하시며"라는 표현이 아주 중요합니다. 왜냐하면 잘못할 때마다 경책하신다면 우리는 발바닥에서 정수리까지 매일 쥐어 터질 것이기 때문입니다. 하나님은 자주 경책하시지 않고 노를 영원히 품지 아니하신다는 것입니다. 우리에게 숨 쉴 틈이 있다는 말입니다. 참 고마운 말씀입니다.

하나님은 "우리의 죄를 따라 우리를 처벌하지는 아니하시며 우리의 죄악을 따라 우리에게 그대로 갚지는 아니하"(10절)십니다. 그렇게 하시는 이유는 "하늘이 땅에서 높음 같이 그를 경외하는 자에게 그의 인자하심이 크"(11절)시기 때문입니다. 시인은 그의 인자하심을 이렇게 크다고 표현합니다. 놀랍지 않습니까? 하나님은 하나님이십니다. 우리가 알아낸 정의는 인과율에 따른 보응 정도입니다. 잘하면 상 받고 못하면 벌 받는 것입니다. 그러나 하나님은 그렇게 하시지 않는다는 것입니다. 하나님은 창조의 하나님이십니다.

창조란 다만 어떤 사물을 존재하게 하는 것으로 끝나지 않습니다. 그 존재가 아무런 생각도 아무런 선택도 아무런 권리도 아무런 인격도 없는 상태로 존재하게 하는 것이 창조가 아닙니다. 우리를 만드신 분이 우리의 동의를 구하십니다. 우리의 항복을 받아 내기 위하여 긴 과정을 허락하십니다. 우리의 불평과 저항과 방황과 분냄과 짐짓 거절하는 모든 일에 하나님이 따라 들어오십니다. 따라 들어오신다는 것은 강요하지 않으신다는 것이며, 당신에게 항복시키기 위해 멀고 먼 길을 허락하신다는 것입니다. 그 길이 우리의 수명 아닐까요? 그 긴 세월 동안 우리의 고난과 슬픔과 원망은 사실 우리가 몰라서 지르는 비명에 불과할 뿐 하나님이 외면하셨거나 불공평하신 분이라서 일어나는 일이 아니라는 것입니다. 이것을 가르치는 것이 욥기입니다.

욥기에 나오는 긴 이야기를 어떻게 이해해야 할까요? 그것은 욥이 얼마나 고생했는가를 보는 것에 있지 않습니다. 창조의 하나님은 우리의 항복을 받아 내기 위하여 우리에게 많은 기회와 자유를 허락하시고 맘 졸이시며 동행하십니다. 욥이 그것을 몰라보고 무슨 짓을 하고 있는가를 들여다볼 기회를 갖게 해줍니다. 욥이 무엇을 하고 있나, 그가 어디에서 걸리고 어디에서 넘어지고 어디에서 자폭하는가를 보게 될 것입니다. 우리는 욥에게서 우리 자신을 보게 됩니다. 하나님의 신실하심과 복 주심과 인도하심 속에서 인간은 어떤 반응을 보이는가, 얼마나 못난 짓을 하는가를 보게 될 것입니다. 모든 일에 우리의 이해가 부족하고 우리 생각으로 잣대를 삼고 있다는 사실을 배우게 될 것입니다.

그런 과정을 통해서만 얻을 수 있는 귀한 결실, 즉 "내가 주께 대하여 귀로 듣기만 하였사오나 이제는 눈으로 주를 뵈옵나이다"(욥 42:5)라는 고백에 이를 것입니다. 백문불여일견(百聞不如一見)인 것입니다. 그러니 하나님은 "듣기만 해도 좋으니 볼 필요는 없습니다"라고 하는 우리의 타협에 대하여 결코 참지 아니하십니다. "난 그렇게는 하지 않을 것이다. 나는 너희를 그렇게 만들지 않았다. 나는 너희를 통하여 영광을 받으려는 하나님인 줄 알아라. '이것으로 좋사오니 그냥 여기에 앉혀 주십시오'라고 떼쓰는 너희를 나는 듣지 않겠다." 이 하나님의 의지를, 우리를 향한 사랑과 열정을 기억하십시오. 욥기의 과정을 따라가며 우리 인생을 반성해 보십시다. 우리 인생이 참으로 귀하고 놀랍다는 사실을 발견하는 은혜와 기쁨이 있을 것입니다.

02

죄의 권세 아래 있는 자유

롬 1:24-32

그러므로 하나님께서 그들을 마음의 정욕대로 더러움에 내버려 두사 그들의 몸을 서로 욕되게 하게 하셨으니 이는 그들이 하나님의 진리를 거짓 것으로 바꾸어 피조물을 조물주보다 더 경배하고 섬김이라. 주는 곧 영원히 찬송할 이시로다. 아멘. 이 때문에 하나님께서 그들을 부끄러운 욕심에 내버려 두셨으니 곧 그들의 여자들도 순리대로 쓸 것을 바꾸어 역리로 쓰며 그와 같이 남자들도 순리대로 여자 쓰기를 버리고 서로 향하여 음욕이 불 일듯 하매 남자가 남자와 더불어 부끄러운 일을 행하여 그들의 그릇됨에 상당한 보응을 그들 자신이 받았느니라. 또한 그들이 마음에 하나님 두기를 싫어하매 하나님께서 그들을 그 상실한 마음대로 내버려 두사 합당하지 못한 일을 하게 하셨으니 곧 모든 불의, 추악, 탐욕, 악의가 가득한 자요 시기, 살인, 분쟁, 사기, 악독이 가득한 자요 수군수군하는 자요 비방하는 자요 하나님께서 미워하시는 자요 능욕하는 자요 교만한 자요 자랑하는 자요 악을 도모하는 자요 부모를 거역하는 자요 우매한 자요 배약하는 자요 무정한 자요 무자비한 자라. 그들이 이같은 일을 행하는 자는 사형에 해당한다고 하나님께서 정하심을 알고도 자기들만 행할 뿐 아니라 또한 그런 일을 행하는 자들을 옳다 하느니라.

하나님의 내버려 두심

이 본문의 내용은 이렇습니다. "하나님의 진노는 무서운 것이다. 불의한 자들과 불경한 자들에게 내리는 하나님의 심판이기 때문이다. 하나님은 다른 기준이 아니라 하나님과의 관계를 기준으로 하여 심판하시거나 복을 주신다. 왜 하나님을 믿지 않는 것이 객관적 잘못인가? 너희 안에 하나님을 알 만한 것이 있는데도 너희가 외면했기 때문이다. 온 천지에 하나님에 대한 계시가 있다. 그러니 너희는 핑계 댈 수 없다. 하나님을 의지해야 한다는 것을 너희는 알고 있다. 그 증거는 너희가 우상을 만드는 사실에 있다. 자신을 만족시킬 수 있는 능력에 한계가 있다는 사실을 너희 스스로 안다. 너희의 욕구와 소원에는 너희 자신의 존재와 능력을 넘어서는 것이 있다. 너희는 신을 찾고 있다. 그러나 너희는 이런 종교성을 언제나 왜곡하고 부패시켜 너희보다 하찮은 것을 신으로 만들고 그 신을 너희의 수단으로 삼는다. 그리하여 너희 욕심을 정당화하는 데만 쓴다. 그러니 하나님의 심판은 당연할 수밖에 없다. 너희 안에 하나님을 찾는 마음을 주셨는데 너희는 이 거룩하고 영광된 것을 부패시켜 하나님을 모독하고 하나님의 기쁜 창조물인 너희 자신을 더럽게 만들기 때문이다. 그래서 하나님은 가만히 계실 수 없다. 그렇다면 이 심판은 어떻게 나타나는가? 하나님이 너희를 너희 자신의 선택과 욕심에 내버려 두셨다. 이것이 심판이다"라고 단언합니다.

그렇게 내버려 두심으로 나타난 하나님의 심판에 대해서는 다음의 세 구절이 특히 잘 설명해 줍니다. "그러므로 하나님께서 그들을 마음의 정욕대로 더러움에 내버려 두사"(24절), "이 때문에 하나님께서 그들을 부끄러운 욕심에 내버려 두셨으니"(26절), "또한 그들이 마음에 하나님 두기를 싫어하매 하나님께서 그들을 그 상실한 마음대로 내버려 두사"(28절). 이 구절들은 하나님께서 그들을 벌 받을 어떤 장소에 잡아 둔 것에 대하여 말하는 것이 아니라, 자기네가 선택한 것이 무엇인지를 말하고 있습니다. 즉 더러운 정욕, 부끄러운 욕심, 상실한 마음은 다 그들이 스스로 선택하여 자초한 것입니다. 하나님을 외면하므로 하나님이 없는 자리와 경우와 현실을 만들게 됩니다. 따라서 모든 것이 부패할 수밖에 없었고 더러울 수밖에 없었으며 비참할 수밖에 없었다는 것입니다. 그것이 인류의 역사와 현실이라는 것입니다. 이것은 아무도 부인할 수 없는 현실입니다.

그들이 이런 결과를 의도하지 않았다든가 악의를 갖지 않았다든가 몰랐다든가 하는 변명은 중요하지 않습니다. 사람은 모르고 밟아도 웅덩이에 빠지는 것이고 잘못된 것을 먹으면 죽는 것입니다. 이것은 현실입니다. 물론 이에 대한 반론도 있습니다. 세상이 어쩌면 이렇게 참혹한가? 하나님이 지으셨는데 왜 이 모양인가? 하나님은 뭐하고 계시는가? 여기에 대해 성경은 다음과 같이 말합니다. 그것이 바로 너희가 원했던 것이다. 너희가 하나님을 외면함으로써 자초한 것이다. 이것이 바로 하나님의 심판인 너희 삶의 현실이다.

위의 본문에 나열된 것들은 여러분이 좋아하건 싫어하건 상관없이, 도덕적으로 이렇다 저렇다 비판할 필요 없이, 부인할 수 없는 인간의 참혹한 현실입니다. 저녁 뉴스 때마다 만나는 내용입니다. 우리가 자초한 것입니다. 성경이 들이대는 이런 현실 묘사보다 우리 삶을 더 분명하게 설명하는 것은 없습니다. 우리를 놀라게 하는 어떤 고발이나 폭로도 성경보다 현실을 더 잘 증언하지는 못합니다.

선택권을 주시고 시간을 허락하심

이 문제가 성경에서 얼마나 중요한 주제인지는 누가복음 15장에 나오는 예수님의 비유에서 드러납니다.

> 또 이르시되 어떤 사람에게 두 아들이 있는데 그 둘째가 아버지에게 말하되 아버지여, 재산 중에서 내게 돌아올 분깃을 내게 주소서 하는지라. 아버지가 그 살림을 각각 나눠 주었더니 그 후 며칠이 안 되어 둘째 아들이 재물을 다 모아 가지고 먼 나라에 가 거기서 허랑방탕하여 그 재산을 낭비하더

니 다 없앤 후 그 나라에 크게 흉년이 들어 그가 비로소 궁핍한지라. 가서 그 나라 백성 중 한 사람에게 붙여 사니 그가 그를 들로 보내어 돼지를 치게 하였는데 그가 돼지 먹는 쥐엄 열매로 배를 채우고자 하되 주는 자가 없는지라. 이에 스스로 돌이켜 이르되 내 아버지에게는 양식이 풍족한 품꾼이 얼마나 많은가. 나는 여기서 주려 죽는구나. 내가 일어나 아버지께 가서 이르기를 아버지, 내가 하늘과 아버지께 죄를 지었사오니 지금부터는 아버지의 아들이라 일컬음을 감당하지 못하겠나이다. 나를 품꾼의 하나로 보소서 하리라 하고(눅 15:11-19).

여러분이 잘 아는 탕자의 비유입니다. 이 비유의 핵심은 이 설교 본문인 로마서 1:24-32의 내용과 정확히 일치합니다. 작은아들은 자신의 선택에 따라 집을 나갑니다. 아버지의 영역, 아버지의 통치, 또는 흔히 이야기하는 식으로 하면 아버지의 속박에서 벗어나는 자유를 선택한 것입니다.

그 아들은 아버지의 그늘을 벗어나 먼 나라로 가 아버지에게서 받아온 재산을 다 소진합니다. 그 나라에 흉년이 들어 굶주리게 되자 돼지치기가 됩니다. 돼지가 먹는 쥐엄 열매도 배불리 먹을 수 없는 형편에 이르게 됩니다. 여기서 그는 "내 아버지에게는 양식이 풍족한 품꾼이 얼마나 많은가" 하는 생각이 들어 집으로 돌아가겠다고 마음먹습니다. "우리 아버지는 얼마나 복되고 의롭고 자비롭게 다스리시는가. 거기서는 하인들마저도 풍족한 품삯을 받는데, 나는 홀로 나온 바람에 몰리고 몰려서 쥐엄 열매조차 배불리 먹을 수 없게 되었구나. 그러니 다 그만두고 돌아가 아들 노릇도 말고 품꾼의 하나로 아버지의 집에 가서 살아야겠다"고 생각합니다. "주의 궁정에서의 한 날이 다른 곳에서의 천 날보다 더 아름답습니다"라는 어느 시편 기자의 고백과 일치합니다.

하나님이 누구시며 그의 통치가 어떤 것인지에 대하여 이보다 더 분명히 설명하는 비유는 없을 것입니다. 탕자의 처지는 우리 모두가 삶에서 만나는 비극적 현실을 말하고 있습니다. 그것은 하나님의 부재가 드러내는 현실인 것입니다. 세상은 하나님 아버지께서 주신 세계여서 그의 공의로운 원칙이 여전히 면면히 흐르고 있지만, 또 한편으로는 인간이 자기 멋대로 왜곡한 세상이기에 진정한 행복과 영광으로 가려는 우리의 걸음을 막습니다. 이는 우리가 자초한 일입니다. 하나님을 내쫓고 우리끼리 있게 되자 하나님께서 주신 복과 존재의 영광스러움은 아무것도 남지 않습니다. 그러자 우리 삶의 목적과 내용과 현실은 어떻게 변합니까? 그것들을 부끄러움과 더러움으로 부패시킵니다. 이제 남은 것이 멸망밖에 없습니다.

이런 현실에서 아들은 결국 "아버지께로 돌아가자"라는 결론을 내립니다. 돌아온 아들에 대한 아버지의 마음이 32절에 나옵니다. "이 네 동생은 죽었다가 살아났으며 내가 잃었다가 얻었기로 우리가 즐거워하고 기뻐하는 것이 마땅하다." 기뻐하는 것이 마땅하다고 한 이 주제는 누가복음 15장에 나오는 세 비유가 다 함께 가지고 있는 공통된 것입니다.

첫째 비유는 잃어버린 양 한 마리를 찾은 이야기입니다. 백 마리 중 하나를 잃자, 아흔아홉 마리를 들에 둔 채 하나를 찾아 나서는 내용입니다. 5절부터 봅시다.

또 찾아낸즉 즐거워 어깨에 메고 집에 와서 그 벗과 이웃을 불러 모으고 말하되 나와 함께 즐기자. 나의 잃은 양을 찾아내었노라 하리라. 내가 너희에게 이르노니 이와 같이 죄인 한 사람이 회개하면 하늘에서는 회개할 것 없는 의인 아흔아홉으로 말미암아 기뻐하는 것보다 더하리라(눅 15:5-7).

이 비유에서도 잃어버린 것 하나를 되찾은 기쁨을 말하고 있습니다. 둘째 비유는 드라크마를 찾은 이야기입니다. 이것 또한 잃어버린 것 하나를 찾은 기쁨에 관한 비유입니다.

> 또 찾아낸즉 벗과 이웃을 불러 모으고 말하되 나와 함께 즐기자. 잃은 드라
> 크마를 찾아내었노라 하리라. 내가 너희에게 이르노니 이와 같이 죄인 한
> 사람이 회개하면 하나님의 사자들 앞에 기쁨이 되느니라(눅 15:9-10).

이 비유에서 되찾은 대상은 하나의 물건에 불과한 것이 아닙니다. 그
것은 주인과 관계가 깊은 물건이었습니다. 그래서 '되찾은 기쁨'을 강조합
니다. 찾고야 말겠다는 의지가 동원되며, 그 되찾은 기쁨은 이웃과 함께 나
눠야 할 만큼 큰 것이었습니다. 단지 소유의 회복이나 물량의 증가와는 다
른 것입니다.

이와 동일한 주제를 다루고 있는 셋째 비유가 탕자의 비유입니다. 아
들이 나가겠다고 우기자 아버지는 허락합니다. 로마서의 표현대로 하자면
내버려 둔 것입니다. 아들의 요구를 들어준 것입니다. 우리는 이것이 무슨
의미인지를 생각해 봐야 합니다.

아버지는 왜 아들의 요청을 들어주었을까요? 이는 답하기 아주 어려운
문제입니다. 우리 생각에는 꽉 붙들어 매 두었으면 제일 좋을 것 같지 않습
니까? 그랬다면 그 아들은 아마 평생 얼굴을 찌푸리고 살았겠지만 그런 비
참한 지경에까지 이르지는 않았을 것입니다. 그러나 하나님은 놔두셨습니
다. 절대로 손을 놓지 않으실 분 같은데 말입니다. 이 탕자의 비유는 앞의
두 비유와 비교할 때 더 덧붙여진 것이 있습니다. 앞의 두 비유는 잃어버린
것을 되찾은 것만 말하지만, 탕자의 비유는 아들이 스스로 나갔다는 것과
그것을 아버지가 허락했다는 사실을 덧붙이고 있습니다. 우리는 이 부분을
주목해야 합니다. 하나님께서 우리에게도 선택권을 주셨고, 이 선택권이
어떤 것인지 알게 하려고 우리에게도 긴 시간을 주시기 때문입니다.

불평할 수 없는 존재

우리는 흔히 이렇게 묻습니다. "세상은 왜 이 꼴인가? 이 전쟁의 비극을 보라. 하나님은 뭐하고 계시는가?" 그러나 이것들은 하나님이 그렇게 하셔서 생긴 일이 아닙니다. 우리 인류가 자초한 것입니다. 그것을 누구에게도 핑계 댈 수 없습니다. 바로 우리가 한 일이기 때문입니다. 이 문제에 대하여 다룬 좋은 글이 있어서 인용하려고 합니다. 마이클 호튼이 쓴 『약함의 자리』에 나오는 글입니다.

성경이 전하는 바는 복음이 실패한 이들에게 좋은 소식이라는 것이며, 우리 자신의 기준이 아닌 하나님의 관점에서 현실을 볼 때 우리 모두가 실패자라는 것이다. 영광, 권능, 위로, 건강, 그리고 부를 향한 요구는 이에 대한 갈망과 환멸이라는 악순환을 만들어 낸다. 이런 환경 속에서 너무 약해져 버린 영혼들은 위기를 만나게 되면 적절히 반응할 만한 힘을 가질 수 없다. 우리는 세상이 제공해 주는 '해결'을 갈망하는 욕구의 노예가 되어 버린다. 천박한 희망의 희생자가 되어 버리는 것이다. 세상은 우리를 행복하게 해줄 무언가를 항상 약속하고 여기에 너무 쉽게 설득되는 우리는 또한 아주 쉽게 실망하게 된다.

우리는 모두 실패자입니다. 서두에 이야기한 것처럼, 순진함으로 핑계 댈 수 없습니다. 순진하게 공을 주우러 철조망 넘어갔다가 지뢰를 밟아 다리가 잘리는 것입니다. 왜 이런 무서운 예를 드는지 물으신다면, 현실이 무섭기 때문이라고 말씀드릴 수 있습니다. 하나님을 외면한 것이 무엇인가를 똑바로 보아야 합니다. 이것을 보지 않고는 하나님께로 돌아갈 수 없습니다. 그렇다면, 하나님이 우리더러 이 사실을 깨달으라고 거기에 우리를 넘겼다는 말입니까? 아닙니다. 하나님이 넘기신 것이 아닙니다. 우리가 졸랐지요. 우리가 조른 것입니다.

우리는 뭔가를 끊임없이 불평합니다. 현실을 비아냥대고, 핑계하고, 외면하고, 체념하고, 저항하는 것들입니다. 문학에서는 이런 문제들을 큰 주제로 다룹니다. 특히 서구 문학에서는 '운명을 어떻게 받아들일 것인가' 하는 인간의 반항을 다룬 주제가 면면히 이어져 내려오고 있습니다. 영문학자인 토마스 포스터라는 사람이 허먼 멜빌의 『모비딕』에 대하여 평한 것이 저에게 영감을 준 내용이 있어서 여기 소개합니다. "이 책은 다른 모든 책과 다르다. 이렇게 시작할 수 있는 사람은 없다. 그 첫 세 마디를 보라." 이 소설 『모비딕』은 "나를 이스마엘이라고 불러 다오(Call me Ishmael)"라는 문장으로 시작합니다. 이 소설에서 화자는 이스마엘입니다.

잘 알다시피 이스마엘은 서자입니다. 화자가 서자라는 사실만으로도 우리는 금방 무엇을 짐작해 낼 수 있습니다. "너 항복할 수 없다 이거지? 억울하다 이거지? 삐졌다 이거지?" 이런 것 아니겠어요. 자기 인생에 대해 항복할 수 없고 억울해하고 세상을 삐딱하게 바라보는 사람이 떠오르지 않습니까? 이삭이 아니고 이스마엘인 까닭에 처음부터 어긋난 시선과 저항으로 시작하는 것입니다.

너는 내 아들이 아니냐

『모비딕』은 위대한 작품입니다. 왜 위대합니까? 인간이 신과 맞서서 고집을 부리는 데까지 갈 수 있다는 점을 보여주기 때문입니다. 우리가 얼마나 큰 존재인지 모릅니다. 인간이 다만 분노하고 거절하는 데서도 이렇게 큰 존재라면, 하나님의 은혜와 목적에 순종하여 성장한다면 얼마나 클 수 있을까 하는 생각에 저는 그만 기절해 버렸습니다. "Call me Ishmael"이라는 세 마디 말이 무슨 뜻인지 저는 알아들었습니다. 성경은 "내 아버지에게는 양식이 풍족한 품꾼이 얼마나 많은가"라고 말하고 있습니다. 히브리서 12:3-8을 보겠습니다.

> 너희가 피곤하여 낙심하지 않기 위하여 죄인들이 이같이 자기에게 거역한 일을 참으신 이를 생각하라. 너희가 죄와 싸우되 아직 피흘리기까지는 대항하지 아니하고 또 아들들에게 권하는 것같이 너희에게 권면하신 말씀도 잊었도다. 일렀으되 내 아들아, 주의 징계하심을 경히 여기지 말며 그에게 꾸지람을 받을 때에 낙심하지 말라. 주께서 그 사랑하시는 자를 징계하시고 그가 받아들이시는 아들마다 채찍질하심이라 하였으니 너희가 참음은 징계를 받기 위함이라. 하나님이 아들과 같이 너희를 대우하시나니 어찌 아버지가 징계하지 않는 아들이 있으리요. 징계는 다 받는 것이거늘 너희에게 없으면 사생자요 친아들이 아니니라(히 12:3-8).

이 본문에 대해서 이스마엘이라면 시비를 걸 수 있겠지만, 우리는 이미 이삭이지 않습니까? 하나님이 그의 자녀들을 기르실 때 그들에게 율법을 지키라고 하십니다. "우상을 섬기지 마라. 거짓말하지 마라." 우리 식으로 말해 본다면, "밥 먹을 때 쩝쩝대지 마라. 이야기할 때는 눈을 마주 봐라. 두 손을 앞으로 공손히 모아라" 하는 것들입니다. 이런 훈계가 불편하십니까? 이렇게 행하라고 하는 것은 명예로운 것과 관계가 있다는 것을 알아야 합니다. 그렇게 함으로써 인격과 영혼의 위대함을 드러내는 것입니다. 예의를 지키는 것, 지혜를 얻는 것, 분별을 갖추는 것, 관계를 잘 맺는 것, 하나의 존재로서 자기에게 주어진 인생을 살아가는 것이 모두 명예로운 일입니다.

이렇게 행동하게 하려면 많은 도움이 필요합니다. 무조건 "잘했다. 잘했다"고 하며 밀어 주어야 하는 것이 아니라, "이것은 아니다. 이래서는 안 된다"고 하는 것이 더 필요하다는 것입니다. 사진 찍을 때 사진사가 "다시 찍어야겠습니다"라고 말하는 가장 큰 이유가 무엇입니까? 제일 많이 하는 실수는 눈 감는 것입니다. "눈 똑바로 뜨십시오. 이제 하나, 둘, 셋, 할 것입니다"라고 말하고서는 "하나, 둘!"만 하고서 바로 확 찍습니다. "셋!" 하면 또 눈을 감아 버리니 말입니다. 이렇게 기능하게 하는 것이 율법입니다.

율법이 은혜인 것은, 우리 마음대로 가는 길을 하나님께서 차단하시고 우리를 만들어 내시는 장치가 되기 때문입니다. 하나님이 하시는 모든 말씀을 벌이나 꾸지람이나 짜증으로만 이해하는 것은 우리가 살면서 부모 노릇, 남편 노릇, 자식 노릇을 제멋대로 했기 때문에 생긴 부작용입니다. 그러나 그렇지 않습니다. 이는 큰 복입니다.

하나님이 우리를 아들로 대접하신다는 것입니다. 이 탕자의 비유에서 작은아들이 아버지의 전 재산을 말아먹고 돌아왔는데도, 아버지는 "자, 소를 잡아라. 모두 불러라. 잔치하자"라고 하십니다. 그러자 맏아들이 "아니, 창기와 함께 온 재산을 말아먹은 놈을 이렇게 대접해 주시다니요"라고 반발합니다. 그다음에 이어지는 아버지의 이 말을 기억하십시오. "애야, 무슨 말이냐. 너는 내 아들이 아니냐. 네 아우가 돌아오지 않았느냐. 내 아들이 돌아오지 않았느냐." 이 말을 기억하십시오. 왜 우리는 이렇게 비참하게 된 것일까? 어쩌다 여기까지 온 것일까? 돌아갈 수는 있을까? 이런 민망함과 절망이 가슴속에 가득 찰 때 "무슨 말이냐. 너는 내 아들이 아니냐"라고 하신 말을 기억하십시오.

새 사람을 입으라

이 모든 것을 에베소서 4장에서 잘 요약합니다. 참으로 멋진 말씀이라고

자유

생각합니다. 사실 에베소서의 이 구절만 읽어서는 그 의미를 다 이해할 수 없지만, 이 설교의 본문인 로마서 1:24-32을 이해하고 보면 에베소서의 이 구절이 얼마나 멋지게 요약된 말씀인지 이해가 될 것입니다.

그러므로 내가 이것을 말하며 주 안에서 증언하노니 이제부터 너희는 이방 인이 그 마음의 허망한 것으로 행함 같이 행하지 말라. 그들의 총명이 어두 워지고 그들 가운데 있는 무지함과 그들의 마음이 굳어짐으로 말미암아 하 나님의 생명에서 떠나 있도다. 그들이 감각 없는 자가 되어 자신을 방탕에 방임하여 모든 더러운 것을 욕심으로 행하되(엡 4:17-19).

이것은 사실입니다. 우리가 몸담고 있는 외면할 수도 도망갈 수도 없 는 현실입니다. 그리고 그다음 구절에 반전이 나옵니다.

오직 너희는 그리스도를 그같이 배우지 아니하였느니라. 진리가 예수 안에 있는 것같이 너희가 참으로 그에게서 듣고 또한 그 안에서 가르침을 받았 을진대 너희는 유혹의 욕심을 따라 썩어져 가는 구습을 따르는 옛 사람을 벗어 버리고 오직 너희의 심령이 새롭게 되어 하나님을 따라 의와 진리의 거룩함으로 지으심을 받은 새 사람을 입으라(엡 4:20-24).

예수 믿으면 천국 간다 하면서 미루어 놓지만 말고, 이 앞에 나온 허망 함과 방탕함과 방임과 더러움을 좇는 세상 속에서 예수 그리스도로 말미 암아 시작된 새 세상을 살아갑시다. 새 사람으로 살아갑시다. 그것은 지금 할 수 있는 일입니다. 우리는 자신의 삶에서 하나님을 외면하여 벌어진 세 상의 비참함과 더러움을 보았습니다. 이것이 사실이고 현실이듯이, 예수 께서 오셔서 바꿔 놓은 이 세상 즉 복음으로 말미암아 새로 열린 세상 역시 부름 받아 신자된 우리의 현실입니다. 우리는 새로 시작할 수 있고, 지금 당장 이 모든 것에서 돌아서서 하나님의 자녀로 명예롭게 살 수 있습니다. 이에 대하여 25절 이하에서 구체적으로 이렇게 말씀합니다.

> 그런즉 거짓을 버리고 각각 그 이웃과 더불어 참된 것을 말하라. 이는 우리가 서로 지체가 됨이라. 분을 내어도 죄를 짓지 말며 해가 지도록 분을 품지 말고 마귀에게 틈을 주지 말라. 도둑질하는 자는 다시 도둑질하지 말고 돌이켜 가난한 자에게 구제할 수 있도록 자기 손으로 수고하여 선한 일을 하라. 무릇 더러운 말은 너희 입 밖에도 내지 말고 오직 덕을 세우는 데 소용되는 대로 선한 말을 하여 듣는 자들에게 은혜를 끼치게 하라(엡 4:25-29).

다 우리가 할 수 있는 것들입니다. 성실히 살아라. 믿음 갖고 살아라. 억울해하지 마라. 세상에 고함지르지 마라. 예수 안에서 너희에게 준 구원이 무엇인지 알아라. 너희는 더 이상 너희 정욕의 더러움이나 부끄러운 욕심이나 상실한 마음대로 살던 현실에 내버려져 있지 않다. 너희는 내 자식이다. 예수를 보내어 내가 너희를 그 안에서 끌어안았다. 나의 거룩함으로 불렀으니 거룩한 인생을 살라고 말씀하십니다.

그리스도가 역사 속으로 들어오셔서 아버지의 이 화목하게 하심, 부르심, 아버지 안에 있는 부요와 복과 명예와 승리와 영광을 주셨습니다. 그러니 힘써 신자답게 사십시오. 세상에 지지 마시고 두려워하지 마십시오. 하나님이 무엇을 행하셨는가, 예수 안에서 우리에게 무엇이 생겨났는가를 알아 믿음과 승리와 자랑과 감사와 순종과 기적으로 사는 신자된 인생이 되기를 바랍니다.

회복된 자유

행 16:19-40

여종의 주인들은 자기 수익의 소망이 끊어진 것을 보고 바울과 실라를 붙잡아 장터로 관리들에게 끌어 갔다가 상관들 앞에 데리고 가서 말하되 이 사람들이 유대인인데 우리 성을 심히 요란하게 하여 로마 사람인 우리가 받지도 못하고 행하지도 못할 풍속을 전한다 하거늘 무리가 일제히 일어나 고발하니 상관들이 옷을 찢어 벗기고 매로 치라 하여 많이 친 후에 옥에 가두고 간수에게 명하여 든든히 지키라 하니 그가 이러한 명령을 받아 그들을 깊은 옥에 가두고 그 발을 차꼬에 든든히 채웠더니 한밤중에 바울과 실라가 기도하고 하나님을 찬송하매 죄수들이 듣더라. 이에 갑자기 큰 지진이 나서 옥터가 움직이고 문이 곧 다 열리며 모든 사람의 매인 것이 다 벗어진지라. 간수가 자다가 깨어 옥문들이 열린 것을 보고 죄수들이 도망한 줄 생각하고 칼을 빼어 자결하려 하거늘 바울이 크게 소리 질러 이르되 네 몸을 상하지 말라. 우리가 다 여기 있노라 하니 간수가 등불을 달라고 하며 뛰어 들어가 무서워 떨며 바울과 실라 앞에 엎드리고 그들을 데리고 나가 이르되 선생들이여, 내가 어떻게 하여야 구원을 받으리이까 하거늘 이르되 주 예수를 믿으라. 그리하면 너와 네 집이 구원을 받으리라 하고 주의 말씀을 그 사람과 그 집에 있는 모든 사람에게 전하더라. 그 밤 그 시각에 간수가 그들을 데려다가 그 맞은 자리를 씻어 주고 자기와 그 온 가족이 다 세례를 받은 후 그들을 데리고 자기 집에 올라가서 음식을 차려 주고 그와 온 집안이 하나님을 믿으므로 크게 기뻐하니라. 날이 새매 상관들이 부하를 보내어 이 사람들을 놓으라 하니 간수가 그 말대로 바울에게 말하되 상관들이 사람을 보내어 너희를 놓으라 하였으니 이제는 나가서 평안히 가라 하거늘 바울이 이르되 로마 사람인 우리를 죄도 정하지 아니하고 공중 앞에서 때리고 옥에 가두었다가 이제는 가만히 내보내고자 하느냐. 아니라. 그들이 친히 와서 우리를 데리고 나가야 하리라 한대 부하들이 이 말을 상관들에게 보고하니 그들이 로마 사람이라 하는 말을 듣고 두려워하여 와서 권하여 데리고 나가 그 성에서 떠나기를 청하니 두 사람이 옥에서 나와 루디아의 집에 들어가서 형제들을 만나 보고 위로하고 가니라.

바울과 실라가 두아디라에 와서 복음을 전했고 루디아라는 여자가 회심합니다. 이곳에서 어떤 귀신 들린 여종 하나를 만나는데, 그 여종이 여러 날 동안 "이 사람들은 지극히 높은 하나님의 종으로서 구원의 길을 너희에게 전하는 자라"고 외칩니다. 바울이 너무 괴로워서 그 귀신을 내쫓아 줍니다. 이 여종은 귀신 들려서 점을 잘 쳤었는데, 이제 귀신이 쫓겨나니 더 이상 점을 칠 수 없게 되었습니다. 그 주인들은 이제 수입원이 끊긴 것입니다. 그래서 그 주인들과 함께 바울과 실라가 복음 전하는 것을 못마땅하게 여기는 많은 유력인사들이 힘을 모아서 그들을 고소하여 감옥에 가둡니다. 그 과정에서 그들은 매도 많이 맞습니다.

그런데 그 밤에 지진이 나서 감옥문이 열리고 쇠사슬도 풀렸지만 그들이 감옥에서 나가지를 않습니다. 간수는 죄수들이 다 도망간 줄 알고 자결하려고 합니다. 바울이 크게 소리 질러 "우리가 도망가지 않고 있으니 죽지 마시오" 하자, 간수가 "내가 어떻게 하여야 구원을 받으리이까?"라고 묻습니다. 이에 대하여 "주 예수를 믿으라. 그리하면 너와 네 집이 구원을 받으리라"고 답합니다. 사도행전 12장에 보면 베드로가 감옥에 갇혔는데 천사가 와서 쇠사슬을 풀어 주고 감옥문도 열어 주고 인도하여 내서 구원을 받았습니다. 그러나 이 본문에서는 그런 일은 없고, 지진이 나서 도망갈 수 있었지만 바울과 실라가 도망가지 않고 자기 자리를 지킵니다.

죄의 종

이 사건에서 가장 중요한 것은 이것입니다. 바울과 실라가 루디아를 회심시키고 또 귀신 들린 자를 놓아주는 복음의 능력을 전하는 자로 등장합니다. 여기에서 그들은 자유를 주는 자로 서 있습니다. 그런데 그들은 감옥에 갇혀 묶여 있는 자들이었고 자유가 허락되었지만 그 자유를 사용하지 않습니다. 오히려 바울과 실라를 묶었던 간수가 어떻게 하여야 구원을 받겠느냐고 묻습니다. 여기 나오는 구원은 우리가 부흥 시대에 가졌던 좁은 의미의 구원은 아닐 것입니다. 예수 믿고 천당 가자고 했던 것보다는 훨씬 큰 내용을 담고 있는 표현입니다.

간수의 질문이 담고 있는 의미는 이런 것입니다. "너희는 어떻게 도망가지 않을 수 있었느냐? 나는 세상 속에 묶여 있고 내 책임에서 자유롭지 못한 채 쩔쩔매며 사는데, 너희는 무엇 때문에 그렇게 늠름할 수 있느냐? 내가 가진 자유보다 너희가 가진 자유가 더 크다. 무엇이 너희로 이런 모든 고난도 감수하게 하며, 세상과 이해관계와 책임의 질서 속에서 자유롭게 할 수 있다는 말인가?"

요한복음 8:31-36을 보겠습니다.

그러므로 예수께서 자기를 믿은 유대인들에게 이르시되 너희가 내 말에 거하면 참으로 내 제자가 되고 진리를 알지니 진리가 너희를 자유롭게 하리라. 그들이 대답하되 우리가 아브라함의 자손이라. 남의 종이 된 적이 없거늘 어찌하여 우리가 자유롭게 되리라 하느냐. 예수께서 대답하시되 진실로 진실로 너희에게 이르노니 죄를 범하는 자마다 죄의 종이라. 종은 영원히 집에 거하지 못하되 아들은 영원히 거하나니 그러므로 아들이 너희를 자유롭게 하면 너희가 참으로 자유로우리라(요 8:31-36).

죄를 범하는 자마다 죄의 종이라고 말씀합니다. 자유인이 죄를 선택하는 것이 아니고, 죄에 묶여 있어서 죄를 짓는다는 것입니다. 죄를 안 지으려면 도덕성을 가져야 한다든가, 분별력을 가져야 한다든가, 의지력을 가져야 한다는 것이 아니라 신분이 자유로워야 한다는 것입니다. 죄를 짓는 것은 선택의 여지가 없이 죄에 묶여 있기 때문입니다. 그래서 죄의 종된 신분에서 벗어나려면 예수님과 묶여 하나님의 자녀가 되어야 합니다. 그것이 자유이며, 말하자면 그것이 구원입니다.

우리는 종종 우리가 자유로운 선택권을 가진 상태에서 예수님을 믿을 것인가, 죄를 지을 것인가를 선택할 수 있다고 오해합니다. 예수님을 믿는다는 것은 선택하는 것이 아닙니다. 그것은 하나님의 찾아오심이요, 하나님의 붙드심에 사로잡히는 것입니다. 하나님이 우리에게 주시는 은혜들은 참다운 인간이 되게 하는 것입니다. 우리 모두가 살면서 확인하듯이 죄는 우리를 부패시킵니다. 죄가 우리를 붙들어 죄를 짓게 합니다. 죄는 우리를 망하게 합니다. 그러나 예수 그리스도 안에서 하나님의 자녀가 되면 그 모든 것에서 벗어나게 됩니다. 우리가 착하게 살자, 말씀대로 살자 하는 이야기는 얼마든지 권고나 격려의 차원에서 쓸 수 있는 말이고 또 그렇게 살아야 합니다. 그러나 마치 우리에게 선택과 의지 또는 능력이 있어서 방향만 잡아 주면, 그 실제적인 내용만 가르쳐 주면 무엇이든지 해낼 수 있다는 식으로 오해하면 안 됩니다. 갈라디아서 5:16-21을 보겠습니다.

> 내가 이르노니 너희는 성령을 따라 행하라. 그리하면 육체의 욕심을 이루지 아니하리라. 육체의 소욕은 성령을 거스르고 성령은 육체를 거스르나니 이 둘이 서로 대적함으로 너희가 원하는 것을 하지 못하게 하려 함이라. 너희가 만일 성령의 인도하시는 바가 되면 율법 아래에 있지 아니하리라. 육체의 일은 분명하니 곧 음행과 더러운 것과 호색과 우상숭배와 주술과 원수 맺는 것과 분쟁과 시기와 분냄과 당 짓는 것과 분열함과 이단과 투기와 술 취함과 방탕함과 또 그와 같은 것들이라(갈 5:16-21).

대의를 내세우고, 진리를 내세우고, 선을 행하고, 봉사를 하고, 멋진 말이나 도덕성이나 명분을 내세우는 것이 선이 아니라는 것입니다. 그것을 통해 무슨 열매가 생기는지를 보아야 내가 정말 선을 행하고 있는지 아니면 악을 행하고 있는지 분간할 수 있다는 것입니다. 그래서 이 구절을 판별식이라고 말하는 것입니다. 신앙생활을 제대로 하고 있는지 아닌지를 판별할 수 있는 판별식 말입니다. 우리가 명분과 대의를 내세우고 있기 때문에 옳은 것이 아니라, 그것을 행해서 무슨 열매, 무슨 결과가 생기는지를 보라는 것입니다.

우리가 세상에서 제일 많이 보는 것은 이런 것들입니다. 정치하는 모습을 보면 서로 옳은 이야기를 합니다. 서로 옳은 이야기를 하는데, 용서나 관용과 같은 멋진 덕목들은 없고 서로가 서로를 살벌하게 음해합니다. 사진 찍을 때만 웃습니다. 우리가 늘 보는 것들입니다. 정치를 탓하자는 것이 아니라 우리가 그렇게 살고 있다는 것입니다. 그래서 좋은 일 하자 해놓고서는 결국 나오는 것은 싸움밖에 없습니다. 목청을 높여야 하고, 네가 옳냐 내가 옳냐 하는 것에 목숨 걸고 싸워 누구 하나는 제거되어야 합니다. 그런 일이 육체의 일인 것입니다. 죄 아래에 있는 자들은 그것을 피할 수 없습니다. 우리가 많이 경험하는 것입니다. 명절이 되어 오랜만에 가족들이 다 모여서 재미있게 놀고 헤어지는 가정은 하나도 없습니다. 싸우고 헤어집니다. 무슨 싸움을 합니까? 짐 덜기 싸움 아닙니까? "네가 더 해라." "형님이 더 해라." "너는 애가 없잖니?" 이런 것으로 계속 싸우니까 부모가 "그 꼴 못 보겠다. 다 나가라"고 합니다. 그러면 "우리가 왜 나가요?" 해서 부모가 나가더랍니다.

자유를 주러 오신 예수님

사람은 옳고 합당해서 합의를 보는 것이 아닙니다. 여기에 인간이라는 존재의 신비함이 있습니다. 우리가 쓰는 말 가운데 '싫어'라는 말이 있습니다. 이 말은 논리성을 갖고 있는 단어는 아닙니다. 우리 안에는 도덕과 상식과 교양에서 벗어난 것들이 있습니다. 신앙이란 우선적으로 설득이나 이해가 아니라 뭔가에 붙잡혀 있는 것을 말합니다. "좋아요, 주님. 예, 제가 기꺼이 할게요." 이런 표현이 믿음을 드러내는 말입니다. 믿음이란 합리적인 것 이상이라는 것입니다. 훨씬 더 끈끈하고 깊은 묶임이 있습니다. 갈라디아서 5:22-23이 그런 말씀입니다.

> 오직 성령의 열매는 사랑과 희락과 화평과 오래 참음과 자비와 양선과 충성과 온유와 절제니(갈 5:22-23).

이런 말들로 표현되는 삶은 어떤 대의나 명분이 있는 곳에만 있는 것이 아니라, 아무 데서나 그런 삶의 내용이 있는 것 아닙니까? 우리의 반복되는 일상, 별것 아닌 것 같은 우리의 실존에서 그런 일들을 볼 수 있습니다. 바로 그런 자리에 이런 것들이 있어야 합니다. 우리가 명절에 모이면 윷놀이 하고 고스톱을 하는데, 이런 것들은 다 재미있으려고 하는 것들입니다. 그런데 윷놀이 하다가 맘 상하고, 고스톱 하다가 다툼이 일어납니다. 그게 우리들의 모습입니다. 살아 보시면 다 경험하는 것들입니다. 이 싸움이 무슨 일에나 있습니다.

그런 까닭에 말씀 한 곳을 찾아 읽겠습니다. 누가복음 4:16-19입니다. 이 말씀은 예수님이 선포하신 복음의 내용입니다.

> 예수께서 그 자라나신 곳 나사렛에 이르사 안식일에 늘 하시던 대로 회당에 들어가사 성경을 읽으려고 서시매 선지자 이사야의 글을 드리거늘 책을 펴서 이렇게 기록된 데를 찾으시니 곧 주의 성령이 내게 임하셨으니 이는 가난한 자에게 복음을 전하게 하시려고 내게 기름을 부으시고 나를 보내사 포

로된 자에게 자유를, 눈먼 자에게 다시 보게 함을 전파하며 눌린 자를 자유 롭게 하고 주의 은혜의 해를 전파하게 하려 하심이라 하였더라(눅 4:16-19).

예수님은 자유를 주러 오셨습니다. 그것을 로마서 8장에서는 "하나님 의 자녀들의 영광의 자유"라고 설명하고 있습니다. 그것이 없으면 죄의 종 일 수밖에 없습니다. 인간은 이 둘 중 어느 하나에 속합니다. 그래서 예수 님을 믿는다는 것은 당연히 죄로부터 벗어나는 것이고, 그것을 구원이라 고 말하는 것입니다. 죄로부터의 구원, 썩어짐의 종노릇하는 데서부터의 구원입니다. 영광의 자리로 가는 것입니다.

그러나 우리는 끊임없이 이 문제를 선택 혹은 어떤 보상으로 생각합 니다. 그래서 여기 나오는 성령의 열매를 맺지 못하고, 소리 지르는 것으 로 돌아갑니다. 갈라디아서 5장에 나온 판별식으로 이야기하면, 옳은 말은 하는데 누리지는 못합니다. 신자로 산다는 것은 단지 희생, 헌신, 증언밖에 없는 것이 아닙니다. 거기에는 당연히 복음 안에서 사는 영광이 있습니다. 그것이 바로 본문 사도행전 16장에 나오는 바울과 실라의 모습입니다. 그 들은 억울할 것입니다. 자유를 베풀러 왔고 하나님의 은혜를 전하러 왔는 데, 현실적으로는 오해를 받고 고난을 당합니다.

그렇지만 바울과 실라가 그것을 기꺼이 받고 있다는 것을 보셔야 합 니다. 감옥문이 열려서 나갈 수 있었으나 나가지 않습니다. 신기합니다. 그 영광의 자유라는 것은 우리가 생각하는 것같이 만만한 것이 아닙니다. 바울과 실라는 도망가지 않을 만큼 실력이 있었습니다. 이런 일은 우리 일 상 속에도 늘 있습니다. 영광의 자유로 가는 길은 매일같이 우리에게 도전 이 되고 기회가 됩니다.

기가 막힌 우리의 인생

'벤허'라는 영화를 보신 분들이 많을 것입니다. 1962년 우리나라에서 그 영화를 개봉했습니다. 제가 햇수를 정확히 기억하는 것은 그때 광고지가 굉장히 신선했기 때문입니다. 명함 크기의 광고지였는데, 앞면에는 '벤허의 해'라고 쓰여 있고, 뒷면에는 1962년 달력이 나와 있었습니다. 처음 보는 거라서 당시 우리가 명함처럼 다 가지고 다녔습니다. 처음 그 영화를 보고 전차 경주 장면에 완전히 빠져들었습니다. 박진감이 넘치고 너무 멋있고 그랬습니다. 마지막에 벤허와 같이 경주하던 메살라가 완전히 나가떨어지는 장면이 기억에 선명합니다. 여러 해 흘러서 두 번째로 봤습니다. 그때는 노예선이 보였습니다. 벤허가 죄수가 되어서 그 배에서 노를 젓습니다. 족쇄를 차고 있으니까 피부가 벗겨지고, 적함이 와서 충돌해도 벗어날 수 없습니다. 배가 침몰하면 이 죄수들도 같이 죽는 것입니다.

그다음에 세 번째로 볼 때는 나이가 들어서 그랬는지, 제일 기억에 남는 명장면은 도입부였습니다. 벤허와 메살라는 어릴 적부터 집안끼리 서로 알고 지내던 친구였습니다. 시간이 흘러 메살라가 로마로 갔다가 예루살렘 수비대의 장교가 되어 돌아옵니다. 그가 금의환향을 하자 벤허가 와서 축하하고 자기 집에 불러다가 어머니, 동생 다 모여서 기쁘게 옛이야기를 하면서 잔치를 벌입니다. 벤허가 메살라에게 이야기합니다. "우리는 사실 너무 고생을 하고 있네. 이제 자네가 왔으니 정책을 완화하고 숨을 좀 쉬게 도와주게나." 그러자 메살라가 말합니다. "그럴 수 없네. 나는 로마의 관원으로 나라를 위해서 책임을 져야 하네." 이렇게 둘은 긴장감 속에서 헤어집니다.

다음 날 신임 총독이 취임하러 병사들을 데리고 예루살렘에 들어옵니다. 그때 벤허 여동생이 지붕에서 내려오다가 그만 실수로 담벼락에 있는

자유

기와를 잘못 건드려서 기왓장이 떨어지자 총독이 타고 있던 말이 놀라서 뛰고 총독은 말에서 떨어집니다. 여동생은 그 자리에서 잡힙니다. 다음 날 벤허가 메살라를 찾아가서 이야기합니다. "그건 사고였어. 일부러 그런 게 아니야. 자네도 알잖나. 놓아주게." 계속 그러다가 벤허도 잡혀갑니다. 그가 묶여서 끌려가는데, 자기를 붙들고 가는 두 간수를 계단에서 처치하고, 뒤에 낀 막대기를 쇠고리에 넣어서 부러뜨려 빼고는, 창을 하나 들고 메살라 방에 뛰어 들어갑니다. "당장 풀어 내. 자네도 알잖나? 안 그러면 죽일 거야." 이 장면이 제게 최고의 명장면이었습니다. 여기에서 메살라가 이 창 앞에 굴복하는 것이 아니라 독사 머리처럼 딱 일어섭니다. "찔러. 날 죽여. 그럼 자네가 얻는 게 뭐야? 뭐가 해결 돼? 자네도 죽고, 자네 어머니도 죽고, 자네 동생도 죽을 거야. 찔러." 그래서 벤허가 어떻게 합니까? 부들부들 떨다가 창은 책상에 박고, 그만 잡혀 끌려갑니다.

우리는 다 그 대목에서 벤허가 메살라를 찌르기를 바랐을 것입니다. 그러면 영화가 어떻게 되겠습니까? 영화는 끝납니다. 20분 만에 끝나고 맙니다. 그 뒤가 없어집니다. 그 이후로 벤허에게 어떤 일이 일어나게 되는지 우리는 모릅니다. 하지만 지금 그가 찌른다고 문제가 해결되지 않는다는 것만은 압니다. 그는 그저 넋이 빠져서 붙잡혀 갑니다. 맨발로 끌려가는데, 간수가 물도 먹지 못하게 해서 입이 하얗게 되어 먼 길을 끌려가 전함의 노수가 됩니다. 그 자리에 일 년만 있으면 다 죽어 간다는데, 그는 복수의 화신이 되어 버티고 삽니다. 아리우스라는 그 함대 사령관이 보다가 채찍을 때리니 벤허가 돌아봅니다. 그가 벤허의 눈을 보더니 한마디 합니다. "아직 살기가 남아 있군. 쓸 만해."

어느 날 전투가 벌어지고 벤허가 탄 배는 침몰합니다. 그 전에 아리우스 사령관이 그의 족쇄를 풀어줍니다. 그래서 배가 침몰하기 직전에 벤허는 간수를 죽이고 열쇠를 빼앗아 죄수들을 풀어줍니다. 다른 죄수들은 모두 죽고 결국 벤허만 살아남았는데, 뗏목에 자기 사령관을 데리고 타고 갑니다. 사령관이 패한 줄 알고 죽으려고 하니까 벤허가 못 죽게 막습니다. 나중에 자기 편 함선에 구조되었는데, 결국 승리했다는 것을 알게 됩니다. 그는 사령관을 구한 공으로 사면을 받습니다. 그리고 아리우스의 양자가 되어 부와 명예를 얻어 예루살렘으로 돌아옵니다.

벤허가 메살라 앞에 다시 섭니다. 그래서 허락된 복수전, 전차 경주를 합니다. 메살라는 벤허를 죽이려다가 오히려 자신이 갈가리 찢깁니다. 부하들이 지금 수술하지 않으면 죽는다고 하는데도 수술을 받지 않습니다. "나 팔다리 잘린 꼴로는 그를 못 만나. 죽어도 좋아." 그때 벤허가 들어오자 이렇게 말합니다. "잘 봐. 잘 보라고. 아직 안 끝났어. 동정하지 마. 자네 어머니와 동생은 나환자 동굴에 있어. 알았어? 으하하." 그리고 그가 죽습니다. 벤허가 진땀만 뻘뻘 흘립니다. 그가 이겼는데 아무것도 해결된 것은 없습니다. 이제 그 동굴에 찾아갑니다. 어머니와 누이동생이 식량을 받으러 나오는 것을 그가 봅니다. 그런데 달리 대책이 없습니다. 집으로 돌아왔다가 결심을 하고 다시 가서 어머니와 동생을 꺼내 옵니다. 그렇게 돌아오는 길에 예수님이 잡혀가는 행렬과 만납니다. 어머니와 누이동생을 잠시 놔두고 그 행렬을 따라갔다가 돌아와서 이 말을 합니다. "그의 한 마디가 내 마음에서 칼을 버리게 했다." 무슨 말씀이었습니까? "아버지, 저들을 사하여 주옵소서."

이 자리에 오기까지 그는 부들부들 떠는 것을 이겨내야 했습니다. 이러한 모습은 우리에게도 매일 있습니다. 우리는 거기서 도망갈 수 있습니다. 바울과 실라의 경우처럼 감옥문이 열리고 족쇄가 풀릴 때 나가면 그것으로 끝입니다. 도망가면 끝나는 것입니다. 그러나 바울과 실라는 지금 복음에 묶여 있는 자들입니다. 그들은 지금 목숨을 구하기 위해 도망가는 것이 전부가 아닌 인생을 증거하고 있습니다. 바울은 특별히 로마 시민권자였습니다. 본문 마지막에 나오듯이, 로마 시민권자를 죄도 정하지 않고 공중 앞에서 매질하고 이제 그냥 가라고 하느냐고 따집니다. 그 사람들이 놀랍니다. 그래서 바울과 실라는 어떻게 됩니까? 그들에게 보상 같은 것은 없었습니다. 그 성에서 그냥 쫓겨납니다. 많은 권리를 가졌지만 그 권리를 다 쓰지 않습니다. 그들은 자신들이 가야 할 길이 무엇인지 알았습니다. 바울과 실라도 혹시 부들부들 떨었는지는 모르겠습니다. 감옥문이 열렸을 때 곧바로 나가 버릴지 아니면 간수들을 다 없애 버릴지 고민했는지도 모르겠습니다. 하지만 그들은 그렇게 하지 않습니다. 우리에게도 매일 이 싸움이 있다는 것입니다. 그저 여기에서 끝내 버리고 싶어 합니다. 그래서 그 도입부 장면이 '벤허'의 명장면으로 보였습니다. 그리고 영화는 3시간 30분이 이어집니다.

여러분 자신을 위해서, 또 우리의 이웃들을 위해서 여러분의 인생에 얼마나 큰 하나님의 일하심이 있는지 아십니까? 여러분의 인생을 영화로 만들면 그대로 '벤허'입니다. 아무도 안 보고 있을 것 같습니까? 전혀 그렇지 않습니다. 벤허의 이야기가 영화로 되어 나와서 우리가 그것을 본 것입니다. 그 옆에 있던 사람들에게 벤허는 그저 하나의 죄인, 잡범, 정치범 그 이상도 이하도 아니었을 것입니다. 그런 기가 막힌 인생을 우리 모두 가고 있고, 하나님이 당신의 영원한 약속을 이루기 위하여 우리의 매일을 붙들고 계시다는 것을 알아야 합니다. 그것이 바울과 실라에게서 증언된 것이고, 우리 자신의 생애에 재현되고 있습니다.

그 길을 걸으십시오. 멋지게 걸으십시오. 찰턴 헤스턴처럼 멋지게 인상을 쓸 수는 없겠지만, 그 옆에 있는 엑스트라처럼 약간 멍하니 서서 이겨 나가십시오. 위대한 자리에 갈 것입니다. 예수를 믿었다는 것이 무엇인지 아는 자리에 설 것이며, 하나님의 일하심이 얼마나 큰지 알게 될 것입니다. 나를 위하여 그 아들을 주신 하나님이라는 말을 이해하게 될 것입니다. 여러분의 인생 전체가 하나님의 인도하심과 위대하심 속에 있다는 것을 기억하여 멋지게 사는 여러분의 신앙 인생 되시기를 바랍니다.

04

책임을 요구하는 자유

눅 13:10-17

예수께서 안식일에 한 회당에서 가르치실 때에 열여덟 해 동안이나 귀신 들려 앓으며 꼬부라
져 조금도 펴지 못하는 한 여자가 있더라. 예수께서 보시고 불러 이르시되 여자여, 네가 네 병
에서 놓였다 하시고 안수하시니 여자가 곧 펴고 하나님께 영광을 돌리는지라. 회당장이 예수
께서 안식일에 병 고치시는 것을 분 내어 무리에게 이르되 일할 날이 엿새가 있으니 그동안에
와서 고침을 받을 것이요 안식일에는 하지 말 것이니라 하거늘 주께서 대답하여 이르시되 외
식하는 자들아, 너희가 각각 안식일에 자기의 소나 나귀를 외양간에서 풀어내어 이끌고 가서
물을 먹이지 아니하느냐. 그러면 열여덟 해 동안 사탄에게 매인 바 된 이 아브라함의 딸을 안
식일에 이 매임에서 푸는 것이 합당하지 아니하냐. 예수께서 이 말씀을 하시매 모든 반대하는
자들은 부끄러워하고 온 무리는 그가 하시는 모든 영광스러운 일을 기뻐하니라.

자유를 주시려 오심

이 본문은 예수님이 열여덟 해 동안 귀신 들리고 병들어 꼬부라져 있던 여
인을 고쳐 주신 사건을 기록합니다. 그런데 이 일이 안식일에 일어난 것이
라서 회당장은 분노합니다. "왜 안식일에 이런 일을 하는가? 안식일은 아
무 일도 하지 않고 오직 거룩하게 한 날을 쉬며 마음이나 생각을 신앙적으
로 집중시켜야 하는 날인데 병을 고치는가?" 이에 예수님은 사탄에게 매인
바 된 딸을 안식일에 풀어 주는 것이 안식일의 뜻에 합당한 것이라고 답하

십니다.

맨 먼저 우리에게 생각나는 것은 율법주의와 예수님의 일하심 사이에 일어난 어떤 충돌입니다. 우리가 이해하기 좋게 말하자면, 형식과 내용의 충돌 같은 것입니다. 회당장으로 대표되는 유대인들이 갖는 율법에 대한 이해는 거의 외적인 형식과 규칙이었습니다. 그러나 예수님은 이미 율법 의 가장 중요한 내용과 본질은 하나님 사랑과 이웃 사랑이라고 요약하셨 습니다. 율법주의는 사람들에게 율법을 부정적이고 소극적으로 지킬 수밖 에 없게 하지만, 예수님은 율법을 긍정적이고 적극적으로 펼쳐 보이십니 다. 그것이 이 싸움의 핵심입니다.

사실 형식이란 내용을 담기 위한 그릇입니다. 형식이 없으면 내용을 담고 보전할 수 없습니다. 그러나 형식의 무서움은 내용 없이도 형식이 존 재할 수 있다는 사실입니다. 예수님이 지금 가르치시듯이, 그 형식이 무엇 을 담는 것이었는지를 놓치게 되면 내용 없는 그릇에 불과하고 형식이 내 용을 대신하게 됩니다. 그 내용이 가지는 생명, 진리, 용서, 회복, 충만을 다 합친 것이 사랑인데, 형식으로는 도저히 그것을 다 증명할 수 없다는 것입 니다.

누가복음 4장에 따르면 예수님이 자신의 사역을 이사야 선지자의 예 언의 성취로 소개하십니다. 이 본문은 우리가 다루고 있는 내용과 연결됩 니다.

예수께서 그 자라나신 곳 나사렛에 이르사 안식일에 늘 하시던 대로 회당에 들어가사 성경을 읽으려고 서시매 선지자 이사야의 글을 드리거늘 책을 펴 서 이렇게 기록된 데를 찾으시니 곧 주의 성령이 내게 임하셨으니 이는 가 난한 자에게 복음을 전하게 하시려고 내게 기름을 부으시고 나를 보내사 포 로된 자에게 자유를, 눈먼 자에게 다시 보게 함을 전파하며 눌린 자를 자유롭게 하고 주의 은혜의 해를 전파하게 하려 하심이라 하였더라(눅 4:16-19).

예수님은 이사야 선지자의 말씀을 읽으시고 그 약속을 이루러 오셨다고 자신의 사역을 선포합니다. 18절에 인용된 이사야 선지자의 예언은 한마디로 자유를 주러 오신 예수님입니다. 자유는 말 그대로 억압과 갇힌 것으로부터의 해방입니다. 그러나 여기에 등장하는 자유는 그렇게 만만하게 볼 수 있는 것이 아닙니다. 만일 우리가 율법과 자유를 대조시켜 자유를 율법의 반대말로 생각하게 되면 그 자유는 분명히 무법한 것이 될 것입니다.

율법을 온전하게 하시려 오심

우리는 예수 그리스도로 말미암는 은혜의 구원을 논할 때마다 자주 율법과 충돌합니다. 방금 본 바와 같이 '형식이 내용을 담는 그릇, 혹은 내용을 담는 방법이라면 그 내용을 보기 위해서 형식을 해체해야 하는가'라는 문제가 생깁니다. 그러나 예수님이 "나는 율법을 폐하러 온 것이 아니라 율법을 온전하게 하러 왔다"고 선언하신 사실을 염두에 두지 않을 수 없습니다.

율법의 가치와 기능은 무엇일까요? 그것은 물론 은혜와 자유를 담는 것이었습니다. 율법이 묶고 가두는 역할로 우리에게 강하게 이해된다면, 그것은 풀고 놓아주는 것과 서로 충돌하는 것처럼 보일 수 있습니다. 그렇다면 어떻게 예수님이 은혜를 선포하며 사랑을 말씀하시면서도 율법을 온전하게 하실 수 있을까요? 이것이 이 안식일 논쟁에 있어서 가장 문제가 된다고 생각합니다. 갈라디아서 4:21 이하를 보겠습니다.

내게 말하라. 율법 아래에 있고자 하는 자들아, 율법을 듣지 못하였느냐. 기록된 바 아브라함에게 두 아들이 있으니 하나는 여종에게서, 하나는 자유 있는 여자에게서 났다 하였으며 여종에게서는 육체를 따라 났고 자유 있는 여자에게서는 약속으로 말미암았느니라. 이것은 비유니 이 여자들은 두 언약이라. 하나는 시내산으로부터 종을 낳은 자니 곧 하갈이라. 이 하갈은 아라비아에 있는 시내산으로서 지금 있는 예루살렘과 같은 곳이니 그가 그 자녀들과 더불어 종노릇하고 오직 위에 있는 예루살렘은 자유자니 곧 우리 어머니라. 기록된 바 잉태하지 못한 자여, 즐거워하라. 산고를 모르는 자여, 소리 질러 외치라. 이는 홀로 사는 자의 자녀가 남편 있는 자의 자녀보다 많음이라 하였으니 형제들아, 너희는 이삭과 같이 약속의 자녀라. 그러나 그 때에 육체를 따라 난 자가 성령을 따라 난 자를 박해한 것같이 이제도 그러하도다. 그러나 성경이 무엇을 말하느냐. 여종과 그 아들을 내쫓으라. 여종의 아들이 자유 있는 여자의 아들과 더불어 유업을 얻지 못하리라 하였느니라. 그런즉 형제들아, 우리는 여종의 자녀가 아니요 자유 있는 여자의 자녀라. 그리스도께서 우리를 자유롭게 하려고 자유를 주셨으니 그러므로 굳건하게 서서 다시는 종의 멍에를 메지 말라(갈 4:21-5:1).

아브라함에게는 두 아들이 있었습니다. 첫째 아들은 이스마엘이고 둘째가 이삭입니다. 이스마엘은 여기서 설명하는 대로 육체를 따라 태어납니다. 육체를 따라 났다는 것은 자기가 자식을 만들었다는 뜻입니다. 그러나 이삭은 약속을 따라 났다고 합니다. 하나님이 그 자식을 만들었다는 말입니다. 이 둘은 이렇게 대비됩니다. 하나님이 아브라함에게 사라와의 사이에서 아이를 주시기로 했는데 사라는 아이를 낳을 나이가 지났습니다. 사라도 자기가 아이를 못 낳을 줄 알고 자기 여종을 들여보내 아이를 낳게 했습니다. 이렇게 해서 난 아들이 이스마엘입니다. 하나님이 노하시고 아브라함에게 거듭 확인해 주십니다. 아브라함이 사라와의 사이에서 날 자가 하나님께서 약속한 자라고 말씀하십니다. 그래서 하나는 육체를 따라

자유

낳아 종일 수밖에 없고, 다른 하나는 약속을 따라 낳아 하나님이 주신 약속의 자녀라는 것입니다. 약속의 자녀는 법적으로도 사라에게서 태어났기 때문에 아브라함의 자식으로 그 유업을 이을 법적 지위를 갖게 되지만, 이스마엘은 여종에게서 태어난 종의 신분이므로 아버지의 유업을 이을 수 없습니다.

여기서 자유라는 개념이 우리에게 새롭게 다가옵니다. 그것은 어떤 억압과 갇힘 속에서의 해방이나 놓아줌과는 다른 더 깊은 의미를 떠올려 볼 수 있습니다.

율법과 규칙

조금 전에 형식은 내용을 담는 그릇, 내용을 담는 법칙이라고도 했습니다. 이 비유를 약간 바꿔서 운동 경기장에 빗대 보겠습니다. 축구 경기장을 만들면 경기장과 경기장 아닌 것을 구별하기 위하여 선을 긋습니다. 그것을 규격이라고 합니다. 그리고 축구를 하려면 규칙이 필요합니다. 발로만 차야 한다, 물론 머리로도 할 수 있다, 손으로 만지면 안 된다는 규칙입니다. 그런 것들은 어떻게 보면 제한입니다. 공이 라인 밖으로 나가는 것은 안 됩니다. 라인 안에서 해야 하고 손으로 만지면 안 되고 상대를 붙잡아도 안 되고 물어도 안 됩니다. 그러나 그것을 우리는 제한이라고 이야기하지 않습니다. 그것이 경기를 가능하게 하도록 만들기 때문입니다.

예전에도 많이 사용했지만 요즘에는 안 쓰는 농담 중에 이런 게 있습니다. 강릉에 있는 어느 초등학교 학생 열두 명이 어제 아침에 갑자기 죽었다는 것이었습니다. "아니, 애들이 왜 죽어?" "여섯 명은 금 밟아서 죽고 여섯 명은 공 맞아서 죽었답니다." 아이들이 피구 놀이를 한 것입니다. 우리는 피구의 규칙에 대해서 말할 때 금 밟으면 죽고 공에 맞으면 죽는다고 표현했습니다. 영어로는 아웃(out)인데 우리는 죽었다고 표현한 것입니다. 금을 밟는다는 것은 규칙을 깨는 것으로서 그것은 경기에 포함될 수 없습니다. 이 금과 규칙이 경기 자체는 아니기 때문입니다. 경기는 경기자 곧 인격적 존재가 하는 것입니다. 그래서 경기란 다만 금을 밟느냐 안 밟느냐, 규칙을 지키느냐 안 지키느냐 하는 데 있는 것이 아니라 어느 수준의 경기를 하느냐 하는 것이 무엇보다도 중요한 것입니다.

최근에 본 가장 놀라웠던 축구 경기는 바르셀로나와 맨체스터 유나이티드의 경기입니다. 거의 환상적인 축구였습니다. 축구를 어떻게 저렇게 잘할까? 정말 놀라웠습니다. 메시는 공이 발에 달려 있는 것 같았습니다. 뛰다가 아무 때나 골에 발길질하면 공이 발에 붙어 있는 게 아니라 발이 곧 공인 사람인 것 같았습니다.

경기는 규칙을 전제로 하고 있지만 경기 중에 규칙이 전면에 등장하지는 않습니다. 이 경기를 하려면 거기서 뛰는 사람은 최소한 경기장의 소유주여야 합니다. 그것을 할 수 있는 자유인, 어떤 의미에서 경기장을 보존하고 유지하는 관리인 자격보다 높아야 합니다. 이것이 종과 자유인의 차이입니다. 경기장, 규격, 규칙, 관리라는 것은 경기를 가능하게 할 수 있는 무대와 여건을 마련해 주는 것이지만 경기 자체일 수는 없습니다. 경기는 경기자가 하는 것이고 경기를 할 수 있도록 경기장을 관리하고 유지하는 종들, 오늘날로 치면 관리자가 있는 것입니다. 이처럼 관리자가 하는 일과 경기자가 하는 일은 서로 다릅니다.

말하자면 우리 집에 경기장이 있는데 내가 주인 아들이면 가서 경기를 할 것이요, 내가 관리인의 아들이면 가서 풀을 뽑아야 할 것입니다. 신분의 차이나 처지를 비교하자는 것이 아니라 역할이 다르다는 것을 말하고자 함입니다. 그것이 성경이 말하는 자유입니다. 하나님은 율법으로 울타리를 쳐서 벗어나지 못하게 하신 하나님의 자녀에게 예수님을 통하여

자유

은혜를 베푸시는 것입니다.

　이렇게 드디어 율법을 주신 궁극적인 이유가 드러납니다. 예수님은
율법을 폐하러 오신 것이 아니고 온전하게 하러 오셨다고 하신 말씀의 뜻
이 비로소 살아나게 됩니다. 이 문제에 대하여 마태복음 16장에서 예수님
이 이미 선언하신 바 있습니다.

　　시몬 베드로가 대답하여 이르되 주는 그리스도시요 살아 계신 하나님의 아
　　들이시니이다. 예수께서 대답하여 이르시되 바요나 시몬아, 네가 복이 있
　　도다. 이를 네게 알게 한 이는 혈육이 아니요 하늘에 계신 내 아버지시니라.
　　또 내가 네게 이르노니 너는 베드로라. 내가 이 반석 위에 내 교회를 세우리
　　니 음부의 권세가 이기지 못하리라. 내가 천국 열쇠를 네게 주리니 네가 땅
　　에서 무엇이든지 매면 하늘에서도 매일 것이요 네가 땅에서 무엇이든지 풀
　　면 하늘에서도 풀리리라 하시고(마 16:16-19).

　무엇을 매고 무엇을 풉니까? 율법이 하는 역할처럼 어느 무대와 조건
을 정하는 것은 늘 있어야 합니다. 선을 벗어나거나, 싼 보자기가 풀리거
나, 내용을 담은 그릇이 깨지거나 하면 안 되는 것입니다. 그럴지라도 그저
벗어나지 못하게 하고 묶고 하는 것만이 아니라 그 안에서 경기가 가능해
야 하는 것입니다. 그래서 교회에는 매는 일과 푸는 일, 이 두 가지 일이 주
어진 것입니다.

책임을 요구하는 자유

당연히 기독교 신앙은 하나님의 거룩하심 때문에 윤리와 도덕을 요구할
수밖에 없습니다. 그러나 다만 옳고 능력 있는 것만이 전부는 아닙니다.

그런 조건과 무대 위에서 예수 믿는 자의 영광과 명예가 펼쳐져야 합니다. 하나님의 자비하심과 거룩하심의 부름을 받은 그의 자녀, 즉 하나님을 아버지라 부르는 그의 자녀는 특별한 명예를 드러내야 합니다. 여기에 바로 자유가 책임을 조건으로 가질 수밖에 없는 이유가 있습니다.

우리는 은혜가 아무 책임도 없는 것으로 생각합니다. 늘 잘못하고 또 잘못해도 은혜라는 이름으로 무한히 면죄부를 소유할 수 있다고 생각하는 것은 자유가 아닙니다. 자유라는 이름으로 어떤 방해나 제한이나 책임도 없이 끝없이 자기 마음대로 하는 것은 자유가 아닙니다. 그것은 인간이라는 존재를 과소평가하는 것입니다. 자유는 하나님이 우리에게 인격성을 부여하시기 위하여 우리의 제한된 조건 속에 어떤 지혜와 능력으로 허락하신 것이지, 질서와 근거를 무시하라고 주신 것이 아닙니다.

은혜는 우리를 책임으로 이끕니다. 자유도 우리에게 책임을 요구합니다. 그때의 책임은 강요가 아니라 명예입니다. 훌륭하려면 성실해야 합니다. 가만히 앉아서 훌륭해질 수는 없습니다. 실력이 있으려면 노력해야 합니다. 소원만 하는 것으로 되는 것이 아닙니다.

이 회당장이 예수님께 받은 꾸지람인 "외식하는 자여"라는 말은 무엇을 의미합니까? 그에게는 그릇이 전부인 줄 안 까닭에 내용이 살아 움직일 수 없었습니다. 내용을 가질 수 없는 자는 자기 정체성을 증명할 적극적인 방법이 없는 사람입니다. 그러한 자는 정죄하는 방법밖에 모릅니다. 자신이 가진 빈약한 내용을 감추기 위해 화를 낼 수밖에 없습니다. 가난하기 때문입니다. 적극적으로 보일 것이 없으면 남이 하는 것을 흠 잡습니다. 분노가 바로 그런 예입니다. 그리하여 그는 자신의 가난함과 내용 없음을 슬쩍 변명하고 외면하는 것입니다.

그러나 진정한 자유와 하나님의 은혜에 따른 내용을 허락받은 우리는 이런 경계선에서 벌이는 싸움보다 더 중요한 싸움을 싸워야 합니다. 즉 자

자유

유 자체가 부르는 끝없는, 하나님이 당신을 아버지라 부르라고 하신 부르심을 좇아가는 싸움이 필요합니다. 노력하고 소원하고 애쓰고 간절해지는 것 말입니다. 그것이 기도입니다. 기도란 할 일 안 하고 주문을 외우듯 때우는 것이 아닙니다. 기도란 열심을 내어 최선을 다하여 진심을 담아 노력하는 자의 당연한 표현입니다.

영광으로 부름 받은 자

우리는 간절함이나 진심이라는 것에 우리의 책임을 떠넘길 수 없습니다. 우리는 명예와 영광을 소원하지만 욕심만큼 되지 않는 까닭에 하나님 앞에 늘 다가가 "소원합니다, 포기하지 않겠습니다"라고 외치는 것입니다. 우리의 진심은 분노일 수 없습니다. 그것은 명예를 깨달은, 영광을 깨달은 자의 포기할 수 없는 소원이어야 합니다. 간절하고 진실하고 끈기 있는 것이어야 합니다. 그곳에 가기까지는 만족할 수 없기 때문입니다. 우리는 이 싸움을 늘 삶 속에서 경험합니다.

사탄에게 매인 자를 풀어 주고 자유롭게 하는 것이 아버지의 뜻이요 예수님이 오신 이유라고 선언합니다. 우리는 이 선언이 말하는 특권과 영광으로 부름 받은 자임을 바로 인식해야 합니다. 그리고 자신의 삶도 그렇게 인식할 뿐 아니라 힘을 다하여 그 삶을 명예롭게 책임지는 자로 서 있어야 합니다. 이것이 예수 믿는 모든 자의 현재입니다.

우리가 바라는 명예와 우리가 바라는 영광, 우리가 바라는 승리들은 예수 안에서 너무나 분명합니다. 우리는 천국 열쇠를 쥐고 있습니다. 예수 안에서 하나님의 영광을 본 자요 그 사랑을 입은 자요 그를 언제 어디서나 아버지로 부를 수 있는 자들입니다. 우리 자신을 그렇게 아는 것과는 다르게 아직도 자신을 형편없는 자로 생각하고 줄곧 경기장에서 이탈하여 밖에 있을 것이 아니라 경기장 안으로 들어와서 공을 가지고 계속 연습해야 합니다. 나 홀로 경기를 할 수 있는 것이 아니라 상대방이 있다는 것을 알고 힘껏 실력을 배양해야 합니다. 다만 육체적인 것뿐 아니라 정신적인 요소가 얼마나 필요한지도 계속 배워야 합니다. 정신적인 것으로 핑계를 댈 수 없는 육체적인 실천이 구체적으로 요구되며 거기에 따른 큰 보상이 있다는 것을 인생에서 배울 것입니다.

이 자유로 부름 받은 영광을 누리는 삶을 추구하십시오. 쫓아다니면서 싸우자 하지 마십시오. 이런 유명한 말이 있습니다. "비평이 자기가 파괴한 작품 위에 깃발을 흔드는 짓일랑 하지 마라." 작품을 만드십시오. 쫓아다니면서 정죄하지 마십시오. 여러분을 지켜보는 자들에게 여러분이 어떤 질서와 근거 속에서 무엇을 만들고 있는지를 보이십시오. 마태복음 16장은 예수 그리스도가 그 모든 일에 근거가 되신다고 합니다. "주는 그리스도시요 살아 계신 하나님의 아들"이 우리의 반석이십니다. 그 위에 우리를 세워 경기를 하게 하십니다. 그는 우리의 주인이시오, 우리에게 은혜를 베푸시는 분이요, 우리의 규칙이시오, 우리의 소원이십니다.

여러분의 삶이 귀한 무대요 명예라는 것을 기억하십시오. 여러분의 삶이 예수 안에서 기쁨으로 메워지고, 모든 어려움 속에서도 기도하는 기적으로 메워질 것입니다.

05

선택권, 자유인이 갖는 권리

행 1:15-26

모인 무리의 수가 약 백이십 명이나 되더라. 그때에 베드로가 그 형제들 가운데 일어서서 이르되 형제들아, 성령이 다윗의 입을 통하여 예수 잡는 자들의 길잡이가 된 유다를 가리켜 미리 말씀하신 성경이 응하였으니 마땅하도다. 이 사람은 본래 우리 수 가운데 참여하여 이 직무의 한 부분을 맡았던 자라. (이 사람이 불의의 삯으로 밭을 사고 후에 몸이 곤두박질하여 배가 터져 창자가 다 흘러나온지라. 이 일이 예루살렘에 사는 모든 사람에게 알리어져 그들의 말로는 그 밭을 아겔다마라 하니 이는 피밭이라는 뜻이라.) 시편에 기록하였으되 그의 거처를 황폐하게 하시며 거기 거하는 자가 없게 하소서 하였고 또 일렀으되 그의 직분을 타인이 취하게 하소서 하였도다. 이러하므로 요한의 세례로부터 우리 가운데서 올려져 가신 날까지 주 예수께서 우리 가운데 출입하실 때에 항상 우리와 함께 다니던 사람 중에 하나를 세워 우리와 더불어 예수께서 부활하심을 증언할 사람이 되게 하여야 하리라 하거늘 그들이 두 사람을 내세우니 하나는 바사바라고도 하고 별명은 유스도라고 하는 요셉이요 하나는 맛디아라. 그들이 기도하여 이르되 뭇 사람의 마음을 아시는 주여, 이 두 사람 중에 누가 주님께 택하신 바 되어 봉사와 및 사도의 직무를 대신할 자인지를 보이시옵소서. 유다는 이 직무를 버리고 제 곳으로 갔나이다 하고 제비 뽑아 맛디아를 얻으니 그가 열한 사도의 수에 들어가니라.

예수님은 부활하신 후에 제자들에게 성경의 약속과 그 성취를 분명하게 가르치셨습니다. 그리고 그들의 궁금증, 하나님 나라가 이제 완성되는가에 대해 "때와 기한은 아버지께 있다. 너희는 하나님이 그 나라를 완성하실 때까지 땅 끝까지 이르러 내 증인이 되라" 이렇게만 말씀하시고 승천하셨습니다. 그리고 사도행전 2장에 가면 성령 강림이 나옵니다. 그런데 성령 강림 전에 우리의 기대와는 다르게 가룟 유다의 배신으로 결원이 난 열두 사도 중의 한 자리를 보충하는 일을 합니다. 맛디아가 사도로 뽑힙니다. 맛디아가 어떤 사람이냐에 대해서는 전혀 설명이 없고, 그 이후에 그가 어떤 역할을 했느냐에 대해서도 전혀 설명이 없습니다. 그럼에도 맛디아를 뽑는 일이 제자들이 행한 첫 번째 실천이 됩니다. 이 사건이 중요한 이유는 제자들이 예수님의 분부를 수행하기로 결심했다는 데 있습니다. 맛디아라는 사람을 그 열두 사도 중에 하나로 뽑아 전열을 정비한 것입니다. 제자들이 땅 끝까지 이르러 증인이 되는 일을 수행하겠다고 결심하고 그 첫걸음을 뗀 것입니다.

자유의 본질은 진리

결정을 하고 선택을 한다는 것은 자유인만이 가지는 특징적인 권리입니다. 제자들이 결정을 합니다. 그것은 누구에게 굴복하거나 강요되는 일이 아니고 본인들이 그렇게 하기로 결심한 것입니다. 그런데 이 일은 동시에 분명히 순종적인 일이기도 했습니다. 주께서 제자들에게 맡기신 일을 감당하기 위하여 행한 순종적 행위입니다. 그러면서도 그것은 하나의 결정이요 결심이요 선택으로서 자유권이기도 합니다. 이 둘을 어떻게 병존시킬 수 있을까요? 어떤 의미에서 이 본문이 가르치려는 바는 기독교 신앙에서 기독교인이 된다, 신앙인이 된다, 신앙적인 책임을 진다, 실천한다는 것을 어떻게 이해해야 하는가 하는 점일 것입니다.

　요한복음 8:31-32을 보겠습니다.

　그러므로 예수께서 자기를 믿은 유대인들에게 이르시되 너희가 내 말에 거하면 참으로 내 제자가 되고 진리를 알지니 진리가 너희를 자유롭게 하리라(요 8:31-32).

어느 대학에 가든지 학문을 하는 기본적인 자세 혹은 가장 중심이 되는 내용과 목표로 진리나 자유 등을 내세웁니다. 대학에서 말하는 진리는 학문인 것 같습니다. 그래서 그 진리란 무지몽매한 사람들, 무식한 사람들을 계몽한다는 의미로 쓰입니다. 그러나 지금 성경에서 예수님이 말씀하시는 진리는 그것과는 다릅니다. 진리가 우리를 자유롭게 한다는 것입니다. 또 예수님은 "내가 곧 길이요 진리요 생명"(요 14:6)이라고 말씀하십니다. 왜냐하면 하나님만이 가치를 만들고, 질서를 만들고, 의미를 창출하고 유지하고 완성하실 수 있는 분이기 때문입니다. 그래서 진리는 하나의 이론이거나 이상이거나 규칙이 아니라 인격입니다. 인격 안에 있는 것입니다. 그 진리가 우리를 자유롭게 할 것입니다. 예수님이 우리를 자유롭게 할 것입니다. 그러면 예수님이 우리를 자유롭게 한다는 것은 또 무슨 말입니까? 그것은 우리가 쉽게 생각하듯이 아무 생각 없이 단순히 구하고 매달려서 얻게 되는 어떤 초월적인 결과물일까요? 이 문제에 대하여 우리는 이 사도행전 본문에 나오는 구체적 사건을 통해서 살펴보려고 합니다.

자유를 가진다는 것은 가치 있는 존재가 되는 것입니다. 그리고 그 존재가 그 가치를 행사하는 것이 자유입니다. 요한복음 8:33-34을 보겠습니다.

그들이 대답하되 우리가 아브라함의 자손이라. 남의 종이 된 적이 없거늘 어찌하여 우리가 자유롭게 되리라 하느냐. 예수께서 대답하시되 진실로 진실로 너희에게 이르노니 죄를 범하는 자마다 죄의 종이라(요 8:33-34).

예수가 없는 사람은 죄의 종입니다. 그가 죄를 선택한 것이 아니라 그는 죄의 권세에 붙잡혀 있습니다. 죄밖에 지을 게 없습니다. 이 말은 예수를 모르면 생명이 없고 진리가 없고 의미와 가치를 가질 수도, 만들 수도 없고, 유지할 어떤 것도, 완성할 어떤 것도 없다는 말입니다. 그저 헛되게 살고 있습니다. 열심히 헛되든지, 성실하게 헛되든지, 정직하게 헛되든지, 어떻게 해도 헛될 뿐입니다.

그러나 자유인은 가치 있는 존재로서 선택권을 가집니다. 의존적이고 누구에게 붙잡혀 있는 정도를 지나 본인이 자신의 결정을 행사할 권리를 가집니다. 그 권리는 그가 가진 신분과 가치의 높이를 말해줍니다. 우리가 쉽게 생각하듯 자유가 결국 자기 마음대로 하는 것이라고 한다면, 순종이란 그것과 병존할 수 없는 것으로 보입니다. 그러나 자유는 선택권을 하나의 권리로 가지지만, 그 선택권이 자유의 본질은 아닙니다.

자유의 본질은 진리입니다. 가치와 생명의 문제입니다. 진리에 속할 때 비로소 선택권을 가집니다. 순종이란 이 가치, 곧 생명의 근원이시요 주인이신 하나님께 속하는 것을 말합니다. 거기에서만 가치와 생명이 나옵니다. 그래서 자유는 선택권을 가집니다. 그러나 그 선택권은 가치와 생명을 가지지 않고는 존재할 수도 없고 행사할 수도 없습니다. 그 자유를 초대 교회가 제일 첫 번째 반응으로 행사한 것이 이 본문의 사건입니다. 그들이 예수 그리스도의 부활로 말미암아 가지게 된 부활 생명의 권세를 행사하고 그 혜택을 누리는 자가 되었다는 것을 여기에 기록하고 있습니다. 그들은 주의 뜻에 순종하기로 결정하여 책임지기로 합니다.

선택과 순종이 위에 설명한 것처럼 말로는 병존이 가능한데, 실제 신앙생활을 해보면 선택과 순종 사이에는 늘 긴장과 불협화음이 있습니다. 우리는 지난 이천 년 동안 교회사 속에서 완전한 교회를 본 적이 없습니다. 아무리 훌륭한 교회라도 늘 흠이 있고 실수를 합니다. 교회가 실수를 한다는 것은 교회사에 너무나 명백하게 나타나 있어서 부인할 수 없습니다. 우리는 중세교회의 정치적 부패, 십자군 전쟁과 같은 턱없는 실수, 종교개혁 시대에 보았던 윤리적 부패에 대해 너무나 잘 알고 있습니다. 우리나라만 봐도, 1938년에 열린 장로교 총회에서 신사참배를 결의했습니다. 교회는 이런 실수를 합니다. 교회마저도 그렇습니다. 개인은 우리 모두가 경험하듯이 더더욱 그러합니다. 우리는 다 소원은 있지만 그만큼 살아내지 못합니다. 그래서 우리에게는 질문이 하나 있습니다. 우리에게 선택권을 허락하셨으면 우리가 완벽하게 되도록 힘을 주시든가, 선택이 틀리지 않게 해주시든가, 그것도 아니면 선택권을 주시지 말고 그냥 하시는 것이 낫지 않겠느냐는 것입니다. 그것은 고린도후서 12장에 나오는 사도 바울의 증언에서 이렇게 나타납니다.

> 여러 계시를 받은 것이 지극히 크므로 너무 자만하지 않게 하시려고 내 육체에 가시 곧 사탄의 사자를 주셨으니 이는 나를 쳐서 너무 자만하지 않게 하려 하심이라. 이것이 내게서 떠나가게 하기 위하여 내가 세 번 주께 간구하였더니 나에게 이르시기를 내 은혜가 네게 족하도다. 이는 내 능력이 약한 데서 온전하여짐이라 하신지라. 그러므로 도리어 크게 기뻐함으로 나의 여러 약한 것들에 대하여 자랑하리니 이는 그리스도의 능력이 내게 머물게 하려 함이라. 그러므로 내가 그리스도를 위하여 약한 것들과 능욕과 궁핍과 박해와 곤고를 기뻐하노니 이는 내가 약한 그때에 강함이라(고후 12:7-10).

사도 바울은 아마도 어떤 치명적인 질병을 갖고 있었던 것으로 추측됩니다. 그것은 병 자체의 문제보다 그 병의 증세가 사람들에게 대단히 불쾌하고 거부감을 느끼게 했던 것 같습니다. 사도 바울은 지금 자기 자신의 명예나 자존심을 위하여 기도한 것이 아니라 자기가 복음의 사도인데, 자기가 가진 개인적인 약점이 복음에 누가 될까봐 주 앞에 세 번 기도했다고 합니다. 그런데 뜻밖에도 답은 "내 은혜가 네게 족하도다"라는 것이었습니다.

우리 한국교회 현실에서 이야기를 해봅시다. 지금은 한국교회가 사회적으로 비난도 받고 조롱도 받고 적잖이 협박도 받는 시기가 되었고, 또 실제로 교회 안에 그런 비난을 받을 만한 일들이 생기고 있습니다. 그래서 우리는 당연히 이렇게 기도할 수 있습니다. "하나님 아버지, 한국교회에 은혜를 베푸셔서 하나님의 증인으로, 그 영광된 기관으로 거룩하고 흠 없고 모두가 존경하고 감동하도록 은혜를 베풀어 주시옵소서." 그랬더니 하나님께서 "내 은혜가 네게 족하다. 그냥 그렇게 살아라" 이렇게 답하시더라는 이야기입니다. 납득하실 수 있겠습니까?

개인에게 적용해 보면 이렇습니다. "하나님 아버지, 제가 저를 위하여 기도하는 것이 아닙니다. 제가 이렇게 너무 초라하게 사니까 저도 괴로울 뿐 아니라 예수 믿는다는 이름으로 하나님께 누를 끼치게 생겼으니 제발 빌린 돈만은 갚고 죽게 해주십시오." 이렇게 기도할 수 있을 것입니다. 그랬더니 하나님이 "내 은혜가 네게 족하도다. 그냥 구박받고 살다가 내게 오너라" 이렇게 응답하셨다는 것입니다. 이상합니다. 그런데 이것이 말하자면 순종입니다. 하나님이 당신의 일을 하시는 방법이 너무 신비하고 커서 우리는 다 알지 못합니다.

실패가 끝이 아님

고린도전서 2장에서는 이 문제를 이렇게 이야기합니다.

형제들아, 내가 너희에게 나아가 하나님의 증거를 전할 때에 말과 지혜의 아름다운 것으로 아니하였나니 내가 너희 중에서 예수 그리스도와 그가 십

자유

자가에 못 박히신 것 외에는 아무것도 알지 아니하기로 작정하였음이라. 내가 너희 가운데 거할 때에 약하고 두려워하고 심히 떨었노라. 내 말과 내 전도함이 설득력 있는 지혜의 말로 하지 아니하고 다만 성령의 나타나심과 능력으로 하여 너희 믿음이 사람의 지혜에 있지 아니하고 다만 하나님의 능력에 있게 하려 하였노라(고전 2:1-5).

사도 바울이 고린도 교회에서 전도할 때 떨었다고 합니다. 이것이 하나의 사상이나 이해로 나타날까봐 떨었다는 것입니다. 하나님의 진정한 구원이 나타나는 것이 아니라, 그것과 비교할 수도 없고 그래서도 안 되는 이해의 내용에서 멈출까봐 떨었다는 것입니다. 자기가 교만해질까봐 떨었다거나 그 내용을 충분히 설명하지 못할까봐 떨었던 것이 아닙니다. 이것이 어떤 내용을 설명하여 납득시키는 것일 수 없다는 것을 알기에, 하나님의 능력이 나타나 저들을 변화시켜야 하는데 자신이 그러한 하나님의 일하심을 가로막을까봐 떨었다는 것입니다.

그래서 그는 "예수 그리스도와 그가 십자가에 못 박히신 것 외에는 아무것도 알지 아니하기로 작정"한 것입니다. 아무도 예수님의 죽으심을 이해한 사도는 없었습니다. 제자들은 너무 놀라서 다 도망갔습니다. 당시 예수님을 따르던 군중도 배신감을 느껴 바라바를 놓아줄지언정 예수님은 죽이라고 고함을 질렀습니다. 그러나 하나님은 그 길을 통해서만 부활의 문을 여셨던 것입니다.

우리가 신자로 살아갈 때 내가 곧 죽을 것 같고 나를 보는 자들도 함께 그것으로 끝인 것 같은 상황들 앞에서 당황할 수 있습니다. 하지만 그 상황을 바꿔 놓으려고 애쓰지 말고 죽으러 들어가는 것이 하나님의 길임을 알아야 합니다. 바울이 그렇게 가르칩니다. 그것을 기억해서 죽은 다음에 일어나는 부활을 향하여 책임 있게 걸어가야 한다는 것입니다.

우리의 삶에서 가장 중요한 책임과 권세를 누가 가집니까? 나는 무엇을 해야 하며 누구에게 호소해야 합니까? 우리는 하나님 앞에 호소합니다. 무엇을 달라고 합니까? 세상의 것을 달라고 합니다. 그것이 그렇게 잘못된 것입니까? 그것 자체로 잘못된 것은 아닙니다. 그러나 하나님이 우리에게 맡긴 삶을 살아가는 데 그것은 큰 약점, 큰 방해물이 됩니다. 왜냐하면 예수라는 이름을 거론하고 있고 기독교라는 신앙을 말하고 있지만, 실제적인 권세와 가치의 주인을 세상이라 여기고 사는 것이기 때문입니다.

그것을 넘어서는 방법으로 하나님은 세상이 줄 수 없는 더 큰 것을 주셨습니다. 눈에 보이는 어떤 큰 것이 아닙니다. 하나님이 우리의 아버지가 되시고 하나님이 우리를 사랑하사 우리를 당신의 자녀로 부르기 위하여 그 아들을 보내셨다는 사실입니다. 하나님이 부활 생명으로 가는 영생의 약속이자 복으로 우리에게 보상하시는 것 외에는 더 이상 아무것도 안 주신다는 말입니다. 그것을 약속하시고 허락하십니다. 그것이 다입니다. 그래서 바울이 예수 그리스도와 그가 십자가에 못 박히신 것 외에는 기억하지 않기로 한 것입니다.

"내 은혜가 네게 족하도다" 하시는 주님의 말씀에는 이런 의미가 들어 있습니다. 우리가 이 세상의 어떤 오해나 반대에서 벗어난 것을 구하거나, 주를 위한 열심을 내기 위해 능력이나 성공을 구하는 것은 우리 삶에서 가장 중요한 것도 책임도 아니라는 것입니다. 내가 약한 그때에 주께서 강하시다는 것을 믿는 믿음으로 모든 것을 감수하는 인생을 실제로 살아야 한다는 것입니다.

초대교회는 맛디아를 사도로 뽑습니다. 맛디아를 뽑아서 모든 짐을 그에게 떠넘겼다거나, 맛디아에게 능력이 있어서 그를 뽑음으로써 모두를 안심시켰다는 이야기가 아닙니다. 자기들이 할 수 있는 일을 한 것입니다. 예수 그리스도로 말미암아 허락된 부활 생명을 사는 자들이 기쁜 순종을

자유

선택하고 결정하고 결심한 것입니다.

　지금까지 이야기한 것같이 하나님의 부르심과 허락하심에 대한 우리의 순종과 권리들은 하나님의 신비 속에 감추어져 있습니다. 우리가 진심과 최선을 다하는 것과 하나님이 답하시는 것 양자 사이에서 "하나님이 더 주셔야 합니다"와 "내가 더 보상을 받도록 열심히 해야 한다" 중에 무엇이 옳은지 우리로서는 다 알 수 없습니다. 그래서 우리는 "내가 약할 그때에 주께서 강하시다" 하는 데로 넘어가게 됩니다. 여기까지 오게 되면 한 가지 커다란 문제가 우리에게 남습니다. 그것은 우리가 경험하는 실패란 무엇인가 하는 문제입니다. "우리가 약할 그때에 강하시다. 그래서 우리는 열악한 조건에 있거나 열등한 존재로 계속 있지만 겁을 낼 필요가 없다. 예수님을 믿는다는 것이 이미 그것까지 포함한 하나님의 능력 안에 있기 때문이다." 이렇게 말한다면 우리가 실제로 경험하는 실패란 무엇일까요?

　로마서 8:28을 보겠습니다. "우리가 알거니와 하나님을 사랑하는 자 곧 그의 뜻대로 부르심을 입은 자들에게는 모든 것이 합력하여 선을 이루느니라"(롬 8:28). 모든 것이 합력하여 선을 이룬다고 하십니다. 실패해서도 손해 보지 않는다는 것입니다. 세상에서는 말이 안 되는 이야기입니다. 진 것은 그냥 진 것입니다. 그런데 여러분, 여러분의 지난날을 한번 회고해 보십시오. 여러분이 경험하는 모든 일을 통해 여러분이 점점 하나님께로 떠밀려 왔다는 것을 아실 것입니다. 하나님의 자녀들은 잘되면 잘돼서 하나님께로 한 걸음 더 오고, 안 되면 안 되어서 하나님께로 밀려옵니다. 그렇지 않은 자들은 성공하면 성공해서 하나님을 찾을 일이 없고, 실패하면 실패해서 하나님으로부터 도망갑니다. 안 그렇습니까?

　실패를 걱정하지 마십시오. 우리는 완벽해서 하나님 앞에 쓰임 받는 것이 아닙니다. 우리는 하나님께서 부활 생명을 허락한 자녀라는 약속과 실제적인 능력 안에 서 있습니다. 예수께서 죽으셔서 끝난 것 같았는데 오히려 그것이 무엇으로도 만들어 낼 수 없는 부활의 길을 여셨듯이, 우리의 실패와 부족도 결단코 하나님의 일과 그의 영광과 그의 자녀로 사는 우리 인생에 두신 하나님의 손길을 막을 수 없습니다. "내가 약할 그때에 강하다. 그래서 내가 약한 것을 자랑하리라." "모든 것이 합력하여 선을 이룬다." 그러면 그만입니다. 무엇이 겁나십니까? 무엇이 더 필요하십니까? 더 많은 실수, 더 많은 시행착오만 필요합니다. 흠 없고, 전능하고, 잘났고, 업적이 무한한 것은 다 필요 없습니다. "예수님을 믿습니다. 하나님은 제 아버지십니다." 이 안에 다 들어 있습니다.

오늘을 견디는 삶

이 일을 이렇게 말로 이해하고 선언하고 믿는 것으로는 부족합니다. 우리는 예수께서 우리에게 맡긴 이 신약 시대가 아버지께서 정하신 완성의 날까지 모든 민족의 구원을 위하여 보류된 시간이라는 것, 기회라는 것을 알아야 합니다. 골로새서 1장에서 사도 바울은 골로새 교회에 보내는 편지 속에 자신의 사역을 이렇게 표현합니다. "나는 이제 너희를 위하여 받는 괴로움을 기뻐하고 그리스도의 남은 고난을 그의 몸된 교회를 위하여 내 육체에 채우노라"(골 1:24).

우리는 살아내야 합니다. 인생은 고난으로 이루어져 있습니다. 예수 믿는다고 마음이 평안하고 감격스럽고 좋아서 미치겠고 하는 것은 없습니다. 물론 잠깐씩은 있습니다. 그러나 대부분은 괴롭습니다. 세상이 만만하지 않기 때문이고, 하나님이 우리에게 넉넉하게 주시지 않는 현실을 살아야 하기 때문입니다. 여기에서 말하는 '넉넉하게'는 우리가 말하는 건강, 지위, 재산 같은 것들입니다. 우리가 그런 것을 요구하는데 하나님은 결단코 넉넉하게 안 주십니다. 그러니 괴롭습니다. 사도 바울은 그리스도의 남은 고난을 자기 육체에 채운다고 고백하지 않습니까? 자기 육체에 채웁니다. 기도하고 성경 읽어서 넘어가는 것이 아니라 몸으로 살아내야 합니다.

무엇을 살아낸다는 것일까요? 여러분 각자에게 준 시간과 공간의 자리에서 살아내는 것입니다. 누구의 남편이고 누구의 아내이고 누구의 아버지이고 누구의 어머니이고 하는 그 자리입니다. 시댁이 있고 처가가 있고 사돈의 팔촌이 있고, 어려운 정치 형편이 있고 경제의 위기가 있고, 취직이 안 되고 내가 응원하는 야구단은 계속 지는 이런 현실이 바로 자기 자리입니다. 그 자리에서 하나님의 일하심을 예수님 안에서 본 자, 십자가로 부활을 만드시는 하나님의 자녀, 그 부활 생명의 증거와 약속과 복을 받은 자, 그것의 완성을 기다리는 자로서 이 세상이 주는 현실적 위협과 도전에 대응하는 것이 살아내는 것입니다.

모든 것 위에 십자가를 세우는 것을 말하는 것이 아닙니다. 어떤 아내가 남편이 출근할 때 "오늘도 열심히 사세요" 그리고는 등에다가 십자가를 그었답니다. 이런 간증 많이 들어 보셨을 것입니다. 그분의 진심은 알겠는데, 그렇게 해봐야 양복에 구멍만 납니다. 살아내서야 합니다. 어떻게 살아냅니까? 유명한 마태복음 6:33에 그 답이 있습니다. "그런즉 너희는 먼저 그의 나라와 그의 의를 구하라. 그리하면 이 모든 것을 너희에게 더하시리라. 그러므로 내일 일을 위하여 염려하지 말라. 내일 일은 내일이 염려할 것이요 한 날의 괴로움은 그날로 족하니라"(마 6:33-34).

하루하루의 괴로움을 견디셔야 합니다. 해결되지 않는 문제를 세상의 방식으로 해결하려 하지 말고, 영원한 나라를 알고 있는 자로서 반응하십시오. 해도 해도 안 되는 것을 하나님의 신실하심을 믿고 견디는 것입니다. 울어야 할 때도 있고, 도저히 견디지 못해 화를 낼 때도 있습니다. 그러나 그것으로 끝이 아닌 하루를 사는 것입니다. "이래 놓고 무슨 답이 있다는 것입니까?" 다 그렇게 생각했습니다. "예수님, 지금 그럴 때가 아닙니다. 지금 귀신이나 쫓아내고 죽은 사람 살려내고 할 때가 아닙니다." 예수님도 이런 도전을 계속 받으면서 공생애를 사셨습니다. 정치적 활동을 안 하시고 권력에 대한 의지가 없어 보여서 많은 이들이 실망했습니다. 오병이어의 기적을 행하시고, 많은 사람들이 예수님을 쫓아가며 우리가 기다리던 해방자가 왔다고 생각했으나 예수님은 도망가셨습니다. 배 타고 저 편으로 넘어가 버리셨습니다.

신자로서 산다는 것, 자기의 인생을 신앙으로 책임진다는 것은 무엇을 해결해야 한다는 것이 아닙니다. 하나님이 주신 삶이어야 합니다. "내게서 이 가시를 빼 주십시오"와 "내 은혜가 네게 족하도다"를 여러분이 감수하셔야 합니다. "제가 늘 틀리고 아무것도 아니고 아무 쓸모도 없는데 어떻게 합니까?" 모든 것이 합력하여 선을 이룬다는 것을 믿으십시오. "그런데 이 말만 하고 실천이 안 됩니다." 그러니 멋있게 하려고 하시지 말고, 오늘 주어진 삶에서 도망가지 마십시오. 여러분의 삶을 사십시오. 아무도 대신할 수 없습니다. 누군가에게 위로받을 수 있고 누군가에게 넋두리할 수도 있지만, 여러분의 자리를 대신할 사람은 아무도 없습니다. 여러분이 거기에서 그 자리를 지키셔야 합니다. 울고 신음하고 기도하면서 그 자리를 지키시면, 나머지는 하나님이 다 만드신다고 약속하셨습니다. 이것이 기독교 이천 년 역사의 증언입니다.

초대교회는 그렇게 하기로 결심합니다. 그리고 그렇게 살아냄으로써 오늘의 우리가 있습니다. 여러분의 인생을 하나님의 신비한 능력과 지혜의 인도함 속에 맡기십시오. 여러분, 하루에 일어나는 모든 일 앞에 믿음을 가지고 정직하게 여러분의 삶에 직면하십시오. 도망가지 마십시오. 앉아서 울고, 앉아서 화를 내시고, 그 자리를 지키시면 하나님이 거기에서 기적의 나무를 키우실 것입니다.

자유

06

명예로운 선택권

눅 14:25-35

수많은 무리가 함께 갈새 예수께서 돌이키사 이르시되 무릇 내게 오는 자가 자기 부모와 처자와 형제와 자매와 더욱이 자기 목숨까지 미워하지 아니하면 능히 내 제자가 되지 못하고 누구든지 자기 십자가를 지고 나를 따르지 않는 자도 능히 내 제자가 되지 못하리라. 너희 중의 누가 망대를 세우고자 할진대 자기의 가진 것이 준공하기까지에 족할는지 먼저 앉아 그 비용을 계산하지 아니하겠느냐. 그렇게 아니하여 그 기초만 쌓고 능히 이루지 못하면 보는 자가 다 비웃어 이르되 이 사람이 공사를 시작하고 능히 이루지 못하였다 하리라. 또 어떤 임금이 다른 임금과 싸우러 갈 때에 먼저 앉아 일만 명으로써 저 이만 명을 거느리고 오는 자를 대적할 수 있을까 헤아리지 아니하겠느냐. 만일 못할 터이면 그가 아직 멀리 있을 때에 사신을 보내어 화친을 청할지니라. 이와 같이 너희 중의 누구든지 자기의 모든 소유를 버리지 아니하면 능히 내 제자가 되지 못하리라. 소금이 좋은 것이나 소금도 만일 그 맛을 잃으면 무엇으로 짜게 하리요. 땅에도, 거름에도 쓸 데 없어 내버리느니라. 들을 귀가 있는 자는 들을지어다 하시니라.

비용을 감수한다는 것

예수님이 자기를 따르는 무리에게 "나를 따르려면 목숨을 걸어야 한다"고 말씀하시는 대목입니다. 목숨을 건다는 말은 치열함이나 지극함의 문제가 아니고 전부를 걸라는 의미입니다. 전부를 걸라는 것은 무슨 도박을 하듯이 목적하는 것을 얻기 위하여 무엇을 조건으로 걸라는 말이 아닙니다. 그 모든 것을 예수님의 목적과 뜻에 맡겨 예수 그리스도께서 목적하시는 목표와 내용으로 채우는 자가 되어야 한다는 뜻입니다.

그래서 본문 28절 이하에 나오는 두 가지 비유인 '망대를 짓는 공사'와 '다른 나라와 싸움을 하게 되는 전쟁'은 둘 다 무슨 이야기를 하고 있습니까? 자기가 하려는 것이 얼마만큼의 비용과 준비를 요구하는지 알라는 것입니다. 망대를 세우는 일과 전쟁하는 일이 그렇듯이 예수를 믿는 것도 그렇다는 말씀입니다. 우리가 예수를 믿는다면, 그의 목표와 약속과 궁극적인 보상에 이르기 위해 나를 맡긴다고 할 때 얼마만큼의 비용을 감수해야 하는지 알아야 한다는 이야기입니다.

고린도후서 4:16-18에서 이 문제를 놓고 성경은 뜻밖의 말씀을 합니다.

그러므로 우리가 낙심하지 아니하노니 우리의 겉사람은 낡아지나 우리의 속사람은 날로 새로워지도다. 우리가 잠시 받는 환난의 경한 것이 지극히 크고 영원한 영광의 중한 것을 우리에게 이루게 함이니 우리가 주목하는 것은 보이는 것이 아니요 보이지 않는 것이니 보이는 것은 잠깐이요 보이지 않는 것은 영원함이라(고후 4:16-18).

이 구절은 예수 믿다가 어려움을 당할 때 우리가 위로를 받는 말씀입니다. 우리가 바라는 것은 보이는 것이 아니라고 합니다. 우리는 이 구절로 내세의 보상, 내세의 구원이라는 위안을 삼습니다. 그러나 조금 더 성경이 설명하는 보상 목표를 현실적으로 적용할 수 있어야 합니다.

책임은 고통을 요구한다

우리가 예수를 믿으면서 가장 크게 부딪치는 현실은 하나님이 우리의 행복과 소원에 응답하시지 않는다는 것입니다. 다시 말해서 고통을 면하게 하는 것이 성경의 일차적인 약속이 아니라는 것입니다. 이처럼 성경이 고통을 면하는 것을 목표로 하고 있지 않다면 왜 그러냐고 물어야 합니다. 망대를 세우는 일도 얼마 드는지 먼저 계산해 보아야 하고, 전쟁하려면 승산이 있는지 면밀히 따져 봐야 하듯이, 성경이 고통을 면하는 것으로 신앙을 보상해 주지 않는다면 왜 그런가 물어야 합니다. 이것이 가장 중요한 질문이어야 합니다. 고린도후서 4:6 이하에서 그것은 우리의 바라는 것은 보이지 않는 것이기 때문이라고 말합니다. 보이는 보상은 없다는 것입니다.

그래서 고통의 문제를 어떻게 이해할 것인가? 하나님이 왜 고통을 면하게 하시지 않는가? 이런 문제로 여러 가지 많은 이해와 생각을 하게 만드는데 이에 대하여 제가 도움을 받은 글이 있어 소개하려고 합니다. "고통이 없는 세계는 인간이 서로에 대하여 또는 다른 존재에 대하여 아무 책임도 질 필요가 없는 세계"가 된다는 것이었습니다. 그렇습니다. 아무도 고통스러워하지 않는데 무슨 책임이 있겠습니까? 정치든 경제든 교육이든 국방이든 거기서 만나는 세상의 고통이 쓰디쓴 약이 되지 않는다면 어디에서든 불평할 일도 없고 책임질 일도 없습니다. 스스로에 대해서도 마찬가지입니다. 우리가 자신의 어떤 일에 대해서 고통을 당할 일이 없다면 우리는 책임질 필요나 책임을 의식할 필요도 없을 것입니다.

그런데 진리보다 고통을 면하는 일에 급급하면 유물론적 세계관이 더 매력 있게 보일 것입니다. 왜냐하면 유물론은 한정된 책임만 지우기 때문입니다. 유물론적 세계는 엄격하고 무한한 책임을 요구하지 않기 때문에 이 땅에서 죽으면 그것으로 끝입니다. 죽으면 끝이고 책임도 거기서 끝납니다. 우리는 "자살을 해보셨습니까"라고 물을 수는 없습니다. 자살해 보셨다면 여기 있을 리가 없기 때문입니다. 그러나 생각은 해보셨을 것입니다.

만약 자살을 생각할 필요가 없는 기독교 신앙을 가지고 있다면 여러분은 기독교 신앙인이 아닙니다. 기독교 신앙이 요구하는 것과 여러분이 기대하는 것 사이에는 처음부터 충돌도 있고 또 그것이 너무 커서 자살을 생각해 볼 수도 있다는 것입니다. 그렇게 자살을 시도해 봤는데 죽지 못하고 살아났다는 사실로써 그 문제가 확인되는 것도 해결되는 것도 아닙니다. 이리저리 도망간다고 해서 이것을 면할 수도 없습니다. 앞의 그 글을 쓴 사람이 기독교 세계를 이렇게 설명합니다. "기독교 세계의 공포는 도망갈 출구가 없다는 것이다." 도대체 예수 믿자는 것입니까, 서로 격려하자는 것입니까, 아니면 어떻게 하자는 것입니까?

정신세계로 도망간다고 해서 답이 아니라는 것을 육체가 압니다. 육체가 동일한 어떤 평안에 가지 않는 한, 정신의 위로로 해답이 되지 않는다는 것은 당연한 사실입니다. 상상으로 도망갈 수 없습니다. 현실은 상상이 아니며 공상이 아니며 소원과도 다릅니다. 우리는 내세로 도망갈 수 없습니다. 지금을 살고 있기 때문입니다. 이 지금과 성경이 약속한 내세는 일관성을 가집니다. 예수를 믿는다는 믿음은 지금이나 그때나 일관성을 가지는 것입니다.

이 모든 것을 하나로 묶는 일에 있어서 기독교 신앙은 우리의 기대와 너무나 다릅니다. 더 열심히, 더 철저히 그리고 더 구별하는 것으로 답이 되지 않는다는 것을 많이 경험해 보셨을 것입니다. 고통의 문제가 하나님이 목적하신 바가 아니라면 고통은 왜 필요한가라는 생각을 해야 하고, 고통이 책임을 요구한다는 사실까지 좇아 들어가야 합니다. 책임은 고통을 요구하고 고통은 책임을 요구합니다. 고통을 어떻게 해결할 것인가를 생각하게 하고, 그것을 해결해야 한다는 책임을 갖게 만듭니다. 그래서 우리는 책임을 지려면 자유를 가져야 합니다. 만약 언제나 자동적으로 어떤 결과를 요구받는 기계라면 거기에는 책임이 들어설 여지가 없을 것입니다. 기계가 고장 났는데 기계보고 무책임하다고 할 사람은 없기 때문입니다. 이처럼 자유가 없는 곳에는 책임도 따르지 않습니다. 자유가 주어짐으로써 우리는 비로소 갈등하고 선택을 하는 것입니다. 그리고 선택의 기준을 요구하는 것이고 그것을 시험해 보는 것입니다. 여기서 비로소 우리는 '선'의 필요를 느끼고 또 요구하게 되는 것입니다.

자유로운 선택으로 간다

하나님의 선하심은 형통과 평안에서 발견되지 않고 뜻밖에 고통 속에서 발견됩니다. 하나님이 누구신가를 알면 우리는 자신의 책임을 믿음으로 자유롭게 선에 근거한 선택을 결정해야 합니다. 그렇지 않고 그것을 하나님께 미루는 것은 믿음이란 말에 대한 모순입니다. 그것은 자유로운 인격만이 가질 수 있는 명예이기 때문입니다. 빌립보서 1:20 이하를 보겠습니다.

> 나의 간절한 기대와 소망을 따라 아무 일에든지 부끄러워하지 아니하고 지금도 전과 같이 온전히 담대하여 살든지 죽든지 내 몸에서 그리스도가 존귀하게 되게 하려 하나니 이는 내게 사는 것이 그리스도니 죽는 것도 유익함이라. 그러나 만일 육신으로 사는 이것이 내 일의 열매일진대 무엇을 택해야 할는지 나는 알지 못하노라. 내가 그 둘 사이에 끼었으니 차라리 세상을 떠나서 그리스도와 함께 있는 것이 훨씬 더 좋은 일이라. 그렇게 하고 싶으나 내가 육신으로 있는 것이 너희를 위하여 더 유익하리라(빌 1:20-24).

이 편지는 사도 바울이 로마 옥중에서 빌립보 교회에 보낸 편지입니다. 빌립보 교회는 사도 바울이 성령의 부르심을 받아 소아시아 선교에서 유럽으로 방향을 틀어서 마게도냐의 도시인 빌립보에 세운 교회입니다. 이 편지를 보내게 된 배경은 그가 가서 복음을 전하여 예수 믿는 사람들이 생겨 교회를 세웠는데 지금 바울이 감옥에 갇혔기 때문입니다.

이렇게 감옥에 갇힌 사도 바울은 빌립보 교회를 향하여 가지는 간절함과 애타는 마음과 걱정을 갖게 되었습니다. 그 교회는 로마가 믿었던 그 많은 신들과 달리 유일하신 하나님, 전능하신 하나님, 창조주 하나님, 심판자 하나님에 대한 복음을 듣고 예수로 말미암은 구원을 얻어 이제 하나님의 백성이 되었는데, 그 종이 감옥에 갇히자 그 교인들은 자신들이 믿은 복음에 대하여 의심이 들었던 것입니다. "어찌하여 세상 나라의 창조주이시고 심판자이신 하나님의 권세가 질 수 있다는 것인가?" 이런 의문과 걱정에 대하여 사도 바울은 이 서신을 써야 할 필요를 느꼈던 것입니다.

그는 자신과 빌립보 교회의 처지에 대하여 하나님은 어떤 생각을 하시는가 하는 점을 깨우치고서 이 본문의 말씀을 쓴 것입니다. 바울이 붙잡혀서 시위대 안에, 말하자면 어떤 병영 감옥에 붙잡혀 있는데 자기가 갇힌 것으로 복음이 손해를 본 것이 아니라 도리어 복음의 진보가 있었다는 것입니다. 자기가 돌아다녀서 복음을 전해야 맞는데, 붙잡혀 꼼짝할 수도 없음에도 그 시위대 안에 복음의 진보가 생겼다는 것입니다.

어떻게 된 것일까요? 누가 잡혀오면 그 죄목이 무엇인지가 중요한 관심거리인데, 바울이 잡혀온 죄목은 애매합니다. 그러니 이런 대화가 그들 사이에 오갔을 것입니다. "예수란 사람을 믿어서 잡혀왔대." "예수가 누구이기에 그를 믿는 게 그토록 중죄가 되냐?" "우리가 믿는 이 많은 신들은 진짜 신이 아니래." 바울이 직접 말하지 않아도 이처럼 전혀 모르는 자들을 통하여 자세한 설명이 아닌 궁금증을 더 많이 유발시키는 말들이 나왔을 것입니다. 더 많은 사람에게 복음이란 뭔가, 그 종교를 믿는데 과연 자신을 바칠 수 있을 만한 것인가 하는 식으로 복음의 진보가 있었다는 것입니다.

바울은 이제 하나님의 일하심은 우리 생각과 너무나 다르고 높고 깊다는 자신감을 갖게 됩니다. 그래서 빌립보 교회를 향해서 "걱정하지 마라, 내가 잡힌 것으로 인하여 시위대 안에 복음의 진보가 있었을 뿐만 아니라 믿는 자들 중에도 담대함이 생겼다"고 하는 것입니다. 바울을 시기하던 자들은 시기심으로 사도 바울을 더 곤란하게 하려고 열심을 내서 복음 전도를 하는 기이한 현상도 일어났고, 바울을 편들던 자들은 분하여 소극적인 자세에서 적극적인 자세로 바뀐 전도자가 되었다는 것입니다.

본문 20절에 나오는 말씀을 다시 보면 "나의 간절한 기대와 소망을 따라 아무 일에든지 부끄러워하지 아니하고 지금도 전과 같이 온전히 담대하여"라고 말합니다. 여기에 왜 부끄러움과 담대함이 들어왔겠습니까? 우리가 복음을 전하면 세상 사람이 보기에도 어떤 분명한 위대함과 권세가 드러나고 우리의 신앙이 가지는 정당함과 고귀함이 보상받게 될 것으로 알았으나 그 반대가 되었다는 것입니다. 무슨 잡범이나 정치범같이 누명을 쓰고 그 흉악한 도덕적 범죄자처럼 취급을 당하는 수모와 오해와 고난과 고통 속에 잡혀 있게 되었다는 것입니다. 그렇지만 이제 이 모든 것을 겁내지 않는다는 것입니다.

그래서 바울이 지금 살게 될지 죽게 될지 모르는 형편에 처했는데 살든지 죽든지 상관이 없다는 것입니다. 진심을 이야기하자면 죽는 게 더 좋다. 왜? 죽으면 예수와 함께 살고 고통의 인생을 끝낼 수 있기 때문입니다. 그것이 23절입니다. "내가 그 둘 사이에 끼었으니 차라리 세상을 떠나서 그리스도와 함께 있는 것이 훨씬 더 좋은 일이라. 그렇게 하고 싶으나 내가 육신으로 있는 것이 너희를 위하여 더 유익하리라"(빌 1:23-24). 왜 살아 있겠다고 합니까? 살아서 도움이 되고 쓸모 있는 사람이 되고 싶은 것입니다. "잡혀 있는 것 같고, 오해받고 지는 것 같은 인생을 연장할 마음이 있고 내가 이 선택을 기꺼이 하여 오해받는 길을 책임 있게 지고 갈 자유로운 소원이 있다. 그래서 아마 난 살아날 것이다." 그렇게 이야기하는 것입니다.

기독교 복음의 진정한 가치가 어디 있는지 보십시오. 인간이 자신을 위하여 살지 않고 남을 위하여 사는 것으로 자기를 증명하거나 보상을 받는 것을 더 지나서 기꺼이 오해와 고통 속에서 기꺼이 주를 본받아 자신의 인생을 내어 주고 기쁨으로 그 길을 자유로운 선택으로 가겠다는 것입니다.

명예를 선택함

지금 예수 믿는 현실이 불만이십니까? 어물어물 살고 계십니까? 하나님께 분노하고 계십니까? 조금 더 깊이 생각해야 할 문제입니다. 고통을 책임 있게 이해하고 그 짐을 지는 것은 기독교에만 있는 것입니다. 다른 종교는 그런 것을 요구하지 않습니다. 하나님이 왜 빨리 형통한 길을 주시지 않는 지 생각해 보라는 것입니다. 생각해 보고 결정하십시오. 이런 맥락 속에서 빌립보서 4:10 이하의 이 유명한 말이 선언됩니다.

> 내가 주 안에서 크게 기뻐함은 너희가 나를 생각하던 것이 이제 다시 싹이 남이니 너희가 또한 이를 위하여 생각은 하였으나 기회가 없었느니라. 내가 궁핍하므로 말하는 것이 아니니라. 어떠한 형편에든지 나는 자족하기를 배웠노니 나는 비천에 처할 줄도 알고 풍부에 처할 줄도 알아 모든 일 곧 배부름과 배고픔과 풍부와 궁핍에도 처할 줄 아는 일체의 비결을 배웠노라. 내게 능력 주시는 자 안에서 내가 모든 것을 할 수 있느니라(빌 4:10-13).

여기서 "모든 것"은 해결을 말하는 것이 아닙니다. 보상은 더더욱 아닙니다. 그것은 감수입니다. "내게 능력 주시는 자 안에서" 곧 "예수 안에서"입니다. 이 말이 갖는 뜻이 무엇이겠습니까? 하나님이 우리를 사랑하고 구원하시기 위하여, 자기의 백성과 자녀로 삼으시기 위하여 그 아들을 보내셨습니다. 하나님이 기꺼이 우리를 찾아오기 위하여 당신을 낮추시고 섬기러 오시고 죽음을 감수하셨습니다. 이 하나님의 통치와 찾아오심이라는 복음과 신앙 안에서 나는 하나님이 요구하시는 모든 고난의 길을 감수하겠 노라, 내가 당하지 못할 일은 없노라 하는 의미가 들어 있다는 것입니다.

우리는 이런 일들을 주먹 쥐고 고함을 지름으로써 하는 것이 아닙니 다. 말하자면 그렇게 치열한 것으로 미화하면 안 됩니다. 아무도 모르고 알아주지도 않는 참으로 혼자 겪고 넘어가야 하는 잡다하고 사소하고 끈 질긴 현실의 고통 속에 놓여 사는 것을 말합니다. 순국, 순교, 순직이라는 명예가 주어지지 않는, 숨 막히고 끝없는 현실을 살아야 합니다. 그러나 이 길은 하나님께서 그 아들 안에서 당신이 우리에게 어떤 하나님인가를 보 이시기 위한 당신의 선택이었습니다. 이는 우리를 부르시는 이가 우리를 대접하는 명예보다 우리를 대접하는 우리를 향한 하나님의 명예에 관한 증언입니다.

우리는 기꺼이 이 길을 갈 것입니다. 부끄러움과 고난을 기꺼이 감수 하여 참된 하나님의 자녀라는 이름이 갖는 명예를 선택할 것입니다. 한번 생각해 보십시오. 이 길을 갈 수 없는 단 하나의 장애물은 세상뿐입니다. 무엇 때문에 손해를 봅니까? 무엇 때문에 고통을 당합니까? 이겨라, 젖히 라, 짓밟으라. 이렇게 해서 얻는 것들에는 명예가 없습니다. 그렇게 해서 얻는 것들에는 진정한 해답이 없습니다.

그런데 우리는 치사하고 비겁한 인생을 연장하라는 유혹에 지고 있 습니다. 그렇게 사는 인생은 연장되는 것 자체가 부끄러운 것입니다. 믿음 으로 산다는 것은 세상이 요구하는 모든 비참함과 더러움과 비열함과 부 끄러움의 연장으로부터 우리가 구원받는 것을 뜻합니다. '사랑을 위하여' 라는 노래에는 "하루를 살아도 행복할 수 있다면"이라는 내용의 가사가 있 습니다. 그런 행복은 신앙 이외에는 없습니다. 세상은 행복을 논할 실력이 없습니다. 예수 안에만 있는 것입니다. 진정한 행복은 피상적일 수 없습니 다. 여러분의 영혼과 운명을 담보하는 것이어야 합니다. 이 복된 길로 부름을 받으신 줄 알고 믿음을 가지십시오. 책임을 지십시오. 여러분의 길에 대해 변명하지 마시고 옆 사람과 싸우지 마십시오. 하나님이 함께하시는 길에서 기적을 사는 인생이 되실 것입니다.

07
불완전한 선택

삿 1:1-7

여호수아가 죽은 후에 이스라엘 자손이 여호와께 여쭈어 이르되 우리 가운데 누가 먼저 올라가서 가나안 족속과 싸우리이까. 여호와께서 이르시되 유다가 올라갈지니라. 보라, 내가 이 땅을 그의 손에 넘겨주었노라 하시니라. 유다가 그의 형제 시므온에게 이르되 내가 제비 뽑아 얻은 땅에 나와 함께 올라가서 가나안 족속과 싸우자. 그리하면 나도 네가 제비 뽑아 얻은 땅에 함께 가리라 하니 이에 시므온이 그와 함께 가니라. 유다가 올라가매 여호와께서 가나안 족속과 브리스 족속을 그들의 손에 넘겨주시니 그들이 베섹에서 만 명을 죽이고 또 베섹에서 아도니 베섹을 만나 그와 싸워서 가나안 족속과 브리스 족속을 죽이니 아도니 베섹이 도망하는지라. 그를 쫓아가서 잡아 그의 엄지손가락과 엄지발가락을 자르매 아도니 베섹이 이르되 옛적에 칠십 명의 왕들이 그들의 엄지손가락과 엄지발가락이 잘리고 내 상 아래에서 먹을 것을 줍더니 하나님이 내가 행한 대로 내게 갚으심이로다 하니라. 무리가 그를 끌고 예루살렘에 이르렀더니 그가 거기서 죽었더라.

역사를 중단하지 않으심

사사기는 역사서입니다. 출애굽기나 여호수아와 마찬가지로 역사서입니다. 그것은 사실을 기록한 것입니다. 역사서는 교훈을 주려고 설득하거나 감상을 전달하는 데 목적이 있지 않습니다. 사사기를 읽으면 대부분 당혹스러워합니다. 이런 내용이 성경에 들어 있다는 것 자체가 불편합니다. 성경에 있는 책이라면 충성이나 결단, 그로 인한 신앙적 업적 같은 내용을 담고 있어야 할 것 같은데 사사기에는 그런 내용이 한 줄도 나오지 않습니다. 그래서 우리는 사사기를 읽을 때 대개 분노합니다. 이럴 수 있는가 하면서 말입니다.

하지만 사사기는 그런 당혹스러운 일이 정말 일어났다는 것을 말하고 싶어 합니다. 우리 마음에 드느냐 안 드느냐와 상관이 없습니다. 성경은 일어난 일에 대해 감정을 배제한 채 담담히 전달하고 있는데, 우리는 읽으면서 자꾸 화를 냅니다. 사사기에 입문하려면 이 대목을 잘 음미해야 합니다. 사사기는 어떻게 읽어야 할까요? 사사기 바로 앞 책은 여호수아입니다. 여호수아 24장에는 임종을 앞둔 여호수아가 남긴 유언이 기록되어 있습니다. 1절부터 보겠습니다.

> 여호수아가 이스라엘 모든 지파를 세겜에 모으고 이스라엘 장로들과 그들의 수령들과 재판장들과 관리들을 부르매 그들이 하나님 앞에 나와 선지라. 여호수아가 모든 백성에게 이르되 이스라엘의 하나님 여호와께서 이같이 말씀하시기를 옛적에 너희의 조상들 곧 아브라함의 아버지, 나홀의 아버지 데라가 강 저쪽에 거주하여 다른 신들을 섬겼으나 내가 너희의 조상 아브라함을 강 저쪽에서 이끌어 내어 가나안 온 땅에 두루 행하게 하고 그의 씨를 번성하게 하려고 그에게 이삭을 주었으며 이삭에게는 야곱과 에서를 주었고 에서에게는 세일 산을 소유로 주었으나 야곱과 그의 자손들은 애굽으로 내려갔으므로 내가 모세와 아론을 보내었고 또 애굽에 재앙을 내렸나니 곧 내가 그들 가운데 행한 것과 같고 그 후에 너희를 인도하여 내었노라. 내가 너희의 조상들을 애굽에서 인도하여 내어 바다에 이르게 한즉 애굽 사람들이 병거와 마병을 거느리고 너희의 조상들을 홍해까지 쫓아오므로 너희의 조상들이 나 여호와께 부르짖기로 내가 너희와 애굽 사람들 사이에 흑암을 두고 바다를 이끌어 그들을 덮었나니 내가 애굽에서 행

한 일을 너희의 눈이 보았으며 또 너희가 많은 날을 광야에서 거주하였느니라. 내가 또 너희를 인도하여 요단 저쪽에 거주하는 아모리 족속의 땅으로 들어가게 하매 그들이 너희와 싸우기로 내가 그들을 너희 손에 넘겨주매 너희가 그 땅을 점령하였고 나는 그들을 너희 앞에서 멸절시켰으며 또한 모압 왕 십볼의 아들 발락이 일어나 이스라엘과 싸우더니 사람을 보내어 브올의 아들 발람을 불러다가 너희를 저주하게 하려 하였으나 내가 발람을 위해 듣기를 원하지 아니하였으므로 그가 오히려 너희를 축복하였고 나는 너희를 그의 손에서 건져내었으며 너희가 요단을 건너 여리고에 이른즉 여리고 주민들 곧 아모리 족속과 브리스 족속과 가나안 족속과 헷 족속과 기르가스 족속과 히위 족속과 여부스 족속이 너희와 싸우기로 내가 그들을 너희의 손에 넘겨주었으며 내가 왕벌을 너희 앞에 보내어 그 아모리 족속의 두 왕을 너희 앞에서 쫓아내게 하였나니 너희의 칼이나 너희의 활로써 이같이 한 것이 아니며 내가 또 너희가 수고하지 아니한 땅과 너희가 건설하지 아니한 성읍들을 너희에게 주었더니 너희가 그 가운데에 거주하며 너희는 또 너희가 심지 아니한 포도원과 감람원의 열매를 먹는다 하셨느니라(수 24:1-13).

여호수아는 지금 역사를 말하고 있습니다. 이스라엘의 역사를 되짚으며, 그 모든 것이 하나님의 일하심이었다고 말합니다. 하나님께서 사백 년의 종살이를 깨뜨려 애굽에서 구원하시고 그렇게 꺼낸 백성에게 광야 길을 걷게 하셨습니다. 만나와 메추라기, 구름기둥과 불기둥으로 사십 년을 보호하시고 결국 약속의 땅에 들이십니다. 그 땅에 살고 있던 적들을 내쫓으시고, 이스라엘에게 그 땅을 기업으로 주십니다.

여호수아의 유언은 하나님의 일하심을 확인하고 되새기게 합니다. 이 본문에서 가장 중요한 단어는 '내가' 곧 하나님입니다. 아브라함을 불러내서서 그에게 이삭을 주신 이는 하나님입니다. 이삭에게 야곱과 에서를 주시고, 에서에게 세일 산을 주신 이도 하나님입니다. 4절의 주어는 '내가'가 아닌 '야곱과 그의 자손들'로 되어 있지만, 이들이 애굽에 내려간 일조차 하나님이 요셉을 앞서 보내어 계획하신 일이라는 것을 우리는 알고 있습니다. 5-13절에는 이스라엘이 애굽에서 나온 일, 홍해를 건넌 일, 광야 생활을 거쳐 가나안 땅에 들어가 그 족속들을 몰아낸 일이 사람의 행사가 아니라 하나님이 궁극적 주체로서 역사하신 것임을 드러내고 있습니다.

역사의 주관자이신 하나님이 야곱의 자손들에게 일어난 모든 일을 행하셨다고 기술한 것입니다. 하나님이 모세를 보내어 어떻게 야곱의 자손들을 꺼내셨는가, 어떻게 그들로 광야 길을 걷게 하셨으며 어떻게 가나안 땅의 적들을 몰아내셨는가, 어떻게 그들이 짓지 않은 집에 살고 심지 않은 것을 먹을 수 있게 하셨는가 하는 것을 구체적으로 언급하고 있습니다. 역사를 되돌아보면 그런 하나님의 일하심이 보입니다. 역사를 보아 하나님이 누구신지 분명히 알라는 것입니다.

그런 역사가 이제 사사 시대로 이어집니다. 사사기는 무엇을 말하게 될까요? 이 백성이 젖과 꿀이 흐르는 땅에 들어왔으나 내 말을 듣지 아니하였다. 그래서 내가 사방에서 적들을 일으켰다. 이 일로 나 하나님과 한 약속이 무엇인지 그들로 다시 확인하게 하였다. 그들의 인생이 어디로 가고 있는지, 그것이 얼마나 잘못된 길인지 계속 보여주려고 나는 이 백성과 씨름하였다. 이것이 사사기가 담고 있는 내용입니다. 역사를 이끄시는 하나님이 지금껏 이스라엘을 그렇게 인도해 오셨듯이, 사사 시대의 불순종에도 불구하고 역사를 주관하는 일을 중단하시지 않았다고 사사기는 말하고 있습니다.

자유

인간의 한계와 죄의 무서움

사사기를 읽으면 우리는 대개 분노합니다. 이런 분노의 근저에는 종교성에 바탕을 둔 비난이 깔려 있습니다. 이 비난이 무엇인지 살펴보겠습니다. 이해를 돕기 위해 말씀드리면, 이런 비난은 사춘기의 특징에서 유사한 예를 찾아볼 수 있습니다. 사춘기는 자아에 대해 눈을 뜨는 시기입니다. 우선 자신이 타인과 어떻게 다른가를 발견합니다. 그렇게 자신을 타인과 구별하다 보면, 인간의 가치가 무엇인가 하는 질문에 닿게 됩니다. 이처럼 사춘기는 자기의식이나 자기가치에 대해 처음으로 눈뜨는 시기입니다. 이 시기에는 진심과 순수함만 가지면 모든 것이 다 형통하리라고 착각합니다. 사춘기적 환상입니다. 이 사춘기적 환상은 곧 환멸로 이어집니다. 현실이 내 맘 같지 않다는 것을 확인한 데서 오는 환멸입니다.

예수 잘 믿는 우리 부모님이, 교회만 가면 방긋방긋 웃으며 봉사하시는 분들인데 이웃과 싸울 때는 극악무도한 사람으로 돌변하는 것을 보게 됩니다. 잠들기 전 자녀의 머리맡에서 기도하며 축복할 때는 온갖 은혜로운 단어들을 읊조리다가도, 이웃과 싸울 때면 성경에 있는 모든 저주를 퍼붓는다는 사실을 알게 됩니다. 이 상반된 두 경우를 이을 수 없어 환멸을 느끼게 되는 것입니다. 그래서 고등부나 대학부 때 열심히 교회에 나오는 녀석들은 수상한 놈들이라고 저는 생각합니다. 아직 환상에 젖어 있거나, 교회 아니면 갈 데가 없어 괜찮은 사람인 양 가장하고 있는 것은 아닐까 싶습니다. 그 나이에 벌써 잘하면 좀 곤란합니다.

우리가 열심히 신앙생활을 하는 때는 언제입니까? 뭘 잘 모를 때입니다. 체중이 늘고 키가 막 자라야 할 때는 하나님이 사정없이 응답하십니다. 먹으면 먹는 족족 살이 되고, 책을 보면 보는 족족 지식으로 남습니다. 도대체 남들은 왜 아픈지, 왜 공부를 못하는지 도무지 이해가 안 갑니다.

그런 시절을 거쳐 드디어 그게 전부가 아님을 알게 되는 날이 옵니다. 이게 뭔가, 공부 잘하면 어디에 써먹나, 체격이 좋아지면 어디에 쓰나 하는 회의가 찾아옵니다. 왜 이런 생각을 하게 되었을까요? 이전과는 달리 인생이 즐겁지도 만족스럽지도 않기 때문입니다. 삶의 어떤 문제에서 받은 답이 인생의 다른 과제에서는 답이 되지 않더라는 사실을 깨닫는 자리에 왔기 때문입니다.

그래서 사사기를 읽게 되면 분노하는 것입니다. 무엇이 불안해서 분노하는 것일까요? 너희는 선민이잖아. 너희는 열 가지 재앙을 보았잖아. 하나님이 갈라 주신 홍해를 너희는 걸어서 건넜잖아. 반석에서 물을 마셨잖아. 그런데 이 모든 기적을 누린 너희가 못하면 나는 도대체 어떡하라는 말이냐? 이런 비난이 숨어 있다는 것입니다. 겁이 나는 것이지요. 이스라엘이 그 많은 복과 약속을 받고서도 그처럼 실패했다면 나라고 별 수 있겠는가? 이렇게 큰 기적으로 불러내신 백성을 하나님이 실패하게 놓아두신다면, 그리고 이처럼 벌을 주신다면 나 같은 사람은 어찌 되겠는가? 하나님이 나를 버리실까봐 겁이 나는 것입니다. 사사기처럼은 되지 말아야겠다고 생각하지만, 막상 그렇게 살 실력은 없으니 겁이 나는 것입니다.

하지만 사사기를 읽으며 마음에 채워야 할 것은 이스라엘에 대한 비난이 아닙니다. 사사기를 통해 우리는 인간의 한계와 죄의 무서움을 깨달아야 합니다. 그렇게 하여 더 깊은 신앙의 자리로 나아가야 합니다. '인간이란 정말 한심한 존재구나. 죄는 정말 무서운 것이구나. 하나님이 개입하시지 않으면 인간이 겪을 참상은 이런 것이겠구나' 하는 마음과 함께, 인간의 이런 한심한 모습과 죄의 비참함을 보더라도 자포자기의 자리에 빠지지 않고 '하나님, 도와주십시오. 하나님께서 저를 이 자리에 보내셨으니 여기서 하나님의 사람으로 서 있을 수 있도록 은혜를 주옵소서' 하는 마음을 가져야 합니다.

자유

이런 깨달음을 갖게 되면 우리는 삶의 자리에서 도망치지 않고 감당할 수 있습니다. 온갖 정황에 맞서며 시도 때도 없이 밀려오는 도전에 응할 수 있습니다. "이번 일만 잘 풀리면 내 것 다 내려놓고 헌신하겠습니다"라며 마치 하나님께 보험을 들듯이 내놓는 고백의 수준을 넘어서게 될 것입니다. 일이 내 마음대로 풀리지 않을 때에도 "하나님, 정말 이러하시깁니까?" 하는 원망을 떨쳐내게 될 것입니다. 실패의 자리, 죽음의 자리에서도 하나님은 유익을 담으실 수 있습니다. "비록 지금은 넘어졌으나 다시 일어서겠습니다. 아무리 주의 목전에서 쫓겨났다 하더라도 다시 주의 전을 바라보겠습니다"라고 고백하는 자리에 서게 될 것입니다.

우리가 싸우는 현장

사사기는 변명하거나 회개하지 않습니다. 사사기는 죄의 무서움을 사실로 냉정하게 기록하고 있을 뿐입니다. 감상이 배제된 기록입니다. 이스라엘이 어떻게 이럴 수 있었을까 하는 경악에 매여 있지 않습니다. 하나님은 왜 이런 짓을 하게 놔두셨을까 하는 비탄, 그렇다면 우리 같은 사람들은 어떻게 될까와 같은 두려움이나 절망에도 매여 있지 않습니다. 하나님의 일하심의 크기와 엄위하신 하나님의 인도에 대해 묵묵히 써 내려갈 뿐입니다. 설명이나 해설을 붙이지 않고 담담하게 써 내려가고 있습니다. 이 하나님을 아시겠습니까?

니콜라스 월터스토프라는 기독교 철학자가 있습니다. 그리스도인이면서 저명한 현대 철학자인데, 성경에 대해 이런 유명한 말을 남겼습니다. "성경은 허위를 벗겨내는 폭로자다." 그렇습니다. 인간이 무엇인지, 죄가 무엇인지, 현실이 무엇인지, 세상이 무엇인지, 성경보다 더 정확하게 말해 주는 것은 없습니다. 우리는 성경의 증언을 외면할 수 없습니다. 하나님은 우리로 그저 웃으며 대강 살게 하시지 않습니다. "하나님, 이쯤에서 타협하시죠?"라고 말하게 놓아두시지 않습니다. 성경을 통해 하나님은 우리를 벌거벗기시고 속속들이 해부하십니다. 왜 그러실까요? 하나님은 우리와 타협하지 않겠다고 마음먹으셨기 때문입니다. 하나님이 인간을 향해 품으신 목적을 이루는 일에 타협이란 있을 수 없습니다. 이는 단순히 옳고 그름을 판정하여 끝낼 수 있는 문제가 아니기 때문입니다. 신앙의 내용과 목적을 깨달아 항복하는 자리에 이르도록 하나님은 우리를 밀어붙이실 것입니다.

그래서 사사기 읽기가 어려운 것입니다. 우리가 익히 잘 알고 있는 인간의 한계, 비겁, 변덕, 배신, 음모, 더러움, 악의가 역사로서 우리 눈앞에 나열되어 있기 때문입니다. 그것도 반복해서 말입니다. "하나님, 이 부끄러운 일을 꺼내서 대체 무엇을 하시렵니까" 하는 질문이 사사기를 읽을 때 터져 나오지 않을 수 없습니다. 그러니 이스라엘을 비난하여 마치 자기는 그들보다는 괜찮은 사람인 듯 스스로를 기만해서는 안 됩니다. 통곡하고 회개하는 것으로 면제받으려고 해서도 안 됩니다.

회개하면 다 되는 것이 아닙니다. 낱낱이 회개했다고 넘어갈 수 있는 자리가 아닙니다. 우리 존재를 다 동원하여 살아내야 넘을 수 있는 문제입니다. 아무리 미주알고주알 기도로 아뢰고 눈물로 회개한다고 해도 살아내는 일 없이 그저 말뿐이라면, 우리의 삶은 사사기와 다를 바 없습니다. 그렇게 말로, 눈물로 넘어갈 수 없습니다. 사사기 2장에서 우는 장면이 나옵니다. 그래서 그곳의 지명이 '보김'입니다. '우는 자들'이라는 뜻입니다. 그러나 그들이 한 것이라곤 그저 우는 게 전부였습니다. 하나님은 대강 넘어가 주시지 않습니다. 그러니 하나님을 속이려고 해서도 안 되며 또한 속일 수도 없습니다. 인생을 최면 속에서 걸으려고 하지 마십시오. 하나님은 그 너머 경지까지 가겠다고 하십니다. 거기까지 좇아가십시오. 그러면 세상이 주는 것과 비교할 수 없는 참된 것을 경험하게 될 것입니다.

자유

자꾸 우리는 사사기에 나오는 이스라엘 백성들을 비난하여 우리 인생을 떠넘기려고 합니다. 이런 일은 우리 일상에서도 흔히 찾아볼 수 있지요. 아침에 신문을 펼칠 때마다 저녁 뉴스를 시청할 때마다 누군가를 욕하여 자기 짐을 떠넘깁니다. 잘못한 누구에게, 비난받아도 싼 누구에게 자기 책임을 떠미는 것입니다. 하나님은 이런 우리에게 다른 사람을 비난하지 말고 네 자신의 인생을 살라고 말씀하십니다. 예수 믿는다는 고백을 가지고 있다면, 세상이 만들어 낼 수 없는 무엇을 알고 있다면, 세상을 살아내라고 말씀하십니다. 다른 사람이 저지른 잘못으로 네가 억울할 수 있다. 그릇된 세상의 방법과 내용 때문에 세상살이가 불편할 수 있다. 그러나 세상이 추구하는 행복과 안락함이 진정한 내용일 수 없다는 것을 네가 알고 있지 않느냐? 그러니 이 현실의 도전에 부딪쳐 볼 수 있지 않느냐? 네 하루를 진지하게 살아낼 수 있지 않느냐? 이렇게 하나님이 우리에게 물으십니다. 이 만만치 않은 물음을 붙들고 싸우는 현장이 우리의 현실인 것입니다.

불완전한 선택을 할지라도

신자로 사는 길은 한 가지 방식만 있는 것이 아닙니다. 사람마다 길이 다 다릅니다. 믿는 가정에서 자라나 성경을 좔좔 외우고, 성경 퀴즈대회에 나가기만 하면 매번 우승하고, 중고등부 회장하면서 모범생으로 자라는 것만이 신자로 사는 유일한 방식은 아닙니다. 사춘기 때 교회를 떠나 담배 피우고 술 먹고 나가 놀았다고 해서 신자로 살 기회가 박탈되지도 않습니다. 주께서 부르시면 다 돌아옵니다. 그 모든 날이 헛되지 않습니다. 그 헛되고 잘못 살아온 삶 속에 은혜를 담으셔서, 그냥 바르게만 자라 왔다면 결코 만들어질 수 없는 무엇을 하나님이 만들어 내십니다. 나무의 나이테에 무성한 여름뿐 아니라 혹독한 겨울도 들어 있듯이 말입니다. 물론 이 말은 잘못해도 되니 아무렇게나 살아도 된다는 이야기가 아닙니다. 잘못한 것으로 끝나지 않게 하실 것이다. 그러니 하나님의 넉넉하심을 믿고 담대히 살아라. 그것이 성경 전체가 하는 증언입니다. 그 대표적 증언이 사사기라는 것입니다.

그러니 자책이나 연민이나 변명에 붙잡혀 실제 삶을 살아내는 일에 실패하지 마십시오. 잘하느냐 못하느냐는 그다음 이야기입니다. 잘했는지 못했는지는 지금 판단할 수 있는 것이 아닙니다. 먼저 실제 살아 보아야 합니다. 하나님이 우리의 인생에, 우리의 부족한 결정에 함께하십니다. 사사기의 바탕에 놓인 분명한 전제가 무엇일까요? 하나님은 우리의 결정을 존중하신다는 것입니다. 물론 이 존중은 망가져도 괜찮다고 하는 포기를 뜻하는 것이 아닙니다. 하나님은 우리의 불완전한 결정 속에서도 일하신다 하는 것입니다. 이것이 사사기의 가르침이자 성경의 가르침입니다. 우리는 이것을 요셉의 인생에서도 발견합니다. 시편 105:16-22을 보겠습니다.

> 그가 또 그 땅에 기근이 들게 하사 그들이 의지하고 있는 양식을 다 끊으셨도다. 그가 한 사람을 앞서 보내셨음이여, 요셉이 종으로 팔렸도다. 그의 발은 차꼬를 차고 그의 몸은 쇠사슬에 매였으니 곧 여호와의 말씀이 응할 때까지라. 그의 말씀이 그를 단련하였도다. 왕이 사람을 보내어 그를 석방함이여 뭇 백성의 통치자가 그를 자유롭게 하였도다. 그를 그의 집의 주관자로 삼아 그의 모든 소유를 관리하게 하고 그의 뜻대로 모든 신하를 다스리며 그의 지혜로 장로들을 교훈하게 하였도다(시 105:16-22).

본문은 요셉의 생애를 간략히 설명하고 있습니다. 기가 막힌 증언입니다. 형들은 요셉을 미워하여 죽이려 듭니다. 그때 형들 중 하나가 이렇게 말합니다. "굳이 죽여 뭘 하겠는가. 그냥 팔아 버리자." 그렇게 해서 요

자유

셉은 이제 애굽으로 팔려갑니다. 형들은 왜 요셉을 미워했을까요? 아버지가 유독 요셉만 사랑했기 때문입니다. 아버지의 사랑을 독차지한 죄 아닌 죄로 팔려간 것입니다. 아버지가 왜 사랑했는지 요셉은 모릅니다. 요셉이 하는 짓이 예뻤겠지요. 형들은 그게 못마땅했을 것입니다.

어쨌든 요셉은 애굽에 팔려갔습니다. 그곳에서 그는 성실히 살았고 시험을 받았으나 이깁니다. 그런데 시험에 이기자 이번에는 억울한 옥살이가 기다리고 있습니다. 어떻게 일이 이렇게 꼬일 수 있을까요? 요셉은 자기가 한 행동에 대한 정반대의 결과를 얻습니다. 그가 갇힌 감옥은 보통 감옥이 아닙니다. 중죄인만 가두어 족쇄를 채우고 쇠사슬로 묶는 그런 감옥입니다. 거기에 얼마나 갇혀 있었는지 모릅니다. 아마 오래 있었을 것입니다. 성경은 그가 감옥에서 넋이 빠졌다고 기록하고 있습니다.

요셉에게는 선택권이 없었습니다. 누가 그를 놓아줍니까? 바로가 놓아줍니다. 그가 요셉을 총리로 앉힙니다. 그래서 누가 구원을 얻습니까? 세상의 모든 백성이 구원을 얻습니다. 요셉의 제안으로 비축해둔 곡식이 기근으로 굶주린 많은 백성을 살려내는 양식이 됩니다. 그리하여 요셉은 어떤 존재가 됩니까? 바로의 집의 주관자가 되고 장로들을 교훈하는 자가 됩니다.

요셉은 인생에서 자기 뜻대로 해볼 수 있는 것이 아무것도 없었습니다. 그는 막막했을 것입니다. 그러나 나중에 자기 형들을 만나고 나서 깨닫습니다. 자기 인생이 하나님의 손길에 붙잡혀 있었다는 사실을 말입니다. 요셉은 형들의 질투에서 비롯한 불완전한 결정으로 고난과 역경에 휘둘린 삶을 살 수밖에 없었습니다. 그런 요셉의 삶을 통해 하나님은 많은 사람들을 구원해 내셨습니다. 인간은 언제나 불완전한 결정을 내리지만, 하나님은 이 불완전한 결정에도 불구하고 역사를 선하게 이끌어 오신 것입니다.

사사기의 중요한 전제는 선택과 자유입니다. 이 전제를 모르고 읽으면, 이 사람들은 왜 이렇게 못난 결정을 했을까, 왜 이렇게 바보같이 굴었을까 하는 정죄밖에 나오지 않습니다. 그런데 사사기를 읽으면 그들의 잘잘못으로 그들의 운명이 결정되지 않는 것을 봅니다. 그들의 운명은 그들을 붙들고 계시는 하나님이 궁극적으로 정하실 것입니다. 저들에게 준 자유가 잘못 사용되었으나 하나님은 그것으로 손해 보지 않게 하십니다. 순종으로 얻을 수 있는 결과에 못지않은 기가 막힌 열매를 맺게 하실 것입니다. 그것이 이스라엘 역사입니다. 여전히 신약 시대에도 이어지는 하나님 나라의 방식입니다. 그런데 우리는 하나님의 기다리심과 그 기다리심의 깊이를 모르기 때문에 늘 조바심을 내고 쉽게 판단합니다.

여러분이 왜 그토록 남을 쉽게 정죄하는지 아십니까? 불안해서 그렇습니다. 안심하고 싶어서 그렇습니다. 타인의 잘못을 지적하면, 마치 나는 옳은 사람인 것 같은 생각이 들기 때문입니다. 그렇게 하지 마십시오. 이제는 상대방을 지적하는 일에 매달리지 마시고 자신의 인생을 돌아보십시오. 지금 내가 어디에 서 있는지, 성경 말씀 속 어느 부분의 어떤 내용에 인도되고 있는지 깨어 있어야 합니다. 우리 각각의 생애가 그렇습니다. 다른 사람이 대신할 수 없는 인생을 사는 것이니 그에 맞는 긴장과 기도와 깨어 있음과 무릎 꿇음이 필요합니다. 그렇게 하루하루를 쌓아 나가야 합니다.

앞서 보았듯 사사기는 역사서입니다. 일어난 일의 기록입니다. 아브라함을 부르신 일같이, 출애굽 사건같이, 광야에서의 삶같이 일어난 일입니다. 가나안에 들어간 승리가 역사이듯이, 그 안에서의 실패도 역사입니다. 아브라함을 부르신 사건에는 무엇이 담겨 있을까요? 출애굽 사건에는 무엇이 담겨 있을까요? 그 속에서 우리는 하나님의 구원의 능력, 창조의 목적을 완성하시려는 의지, 은혜로 부르시는 하나님의 능력을 보게 됩니다.

왜 이런 값진 것을 사사기에서는 실패와 비극과 눈물로 담아내셨을까? 우리를 어디까지 부르시는 것일까? 그 속에서 얻어지는 것은 우리가 잘했을 때 얻은 것과 어떻게 다를까? 이런 일은 왜 필요한 것일까? 이런 질문을 가질 수 있지만 우리는 구원의 의미를 전부 다 알지는 못합니다. 그러나 하나님이 이제 우리로 구원의 삶을 살게 하시며 그 의미를 확인시키려고 하신다는 사실은 압니다. 내가 너희를 구원해 놓았으니 이제부터는 내가 알 바 아니다. 십자가로 너를 구원했으니 이제부터는 네 책임이다. 이렇게 하시지 않습니다. 구원은 그렇게 간단한 문제가 아닙니다.

하나님은 여전히 일하고 계십니다. 구원받은 그의 백성과 함께하십니다. 예수님과의 연합은 이미 일어난 성취이며, 현재 누리고 있고, 장차 완성될 실재입니다. 우리가 어떤 형편과 어떤 상황에 있을지라도 우리를 홀로 두신 적이 결코 없다는 것이 기독교가 말하는 구원입니다. 그러니 자기 인생을 사십시오. 하나님이 펼치시는 삶 속으로 들어가십시오.

해설자가 되지 말고 직접 살아내십시오. 한 인생에 허락하시는 구체적인 기적과 경이를 자신의 고유한 현실과 인격과 생애에서 경험하시기 바랍니다. 여러분의 증언이 주일에 모일 때마다 쌓여 신자된 자랑과 성숙이 모두의 얼굴에서 발산될 것입니다. 하나님의 손길이 여러분 속에서 빚어내는 인간다움의 영광을 세상이 발견하기까지 여러분의 자리를 그렇게 지키십시오.

08

자유의 선택

엡 4:13-16

우리가 다 하나님의 아들을 믿는 것과 아는 일에 하나가 되어 온전한 사람을 이루어 그리스도 의 장성한 분량이 충만한 데까지 이르리니 이는 우리가 이제부터 어린아이가 되지 아니하여 사람의 속임수와 간사한 유혹에 빠져 온갖 교훈의 풍조에 밀려 요동하지 않게 하려 함이라. 오 직 사랑 안에서 참된 것을 하여 범사에 그에게까지 자랄지라. 그는 머리니 곧 그리스도라. 그 에게서 온 몸이 각 마디를 통하여 도움을 받음으로 연결되고 결합되어 각 지체의 분량대로 역 사하여 그 몸을 자라게 하며 사랑 안에서 스스로 세우느니라.

우리가 외면하고 있는 것들

이 본문은 우리 예수 믿는 사람들이 당연히 맡아야 할 책임에 관한 것을 말하고 있습니다. 우리가 어디로 향해 가야 할 것인지 안내하는 내용을 요약적으로 담고 있습니다. 여기에는 사랑, 성숙, 헌신 같은 기독교 신앙인들이 나아갈 방향과 채워야 할 내용들이 잘 소개되고 있습니다. 그러나 이런 설명들은 종종 우리에게 너무 막막할 때가 있습니다. 우리가 알고 있는 기독교 신앙에 대한 중요한 이해는 구원, 믿음, 헌신, 천국이라는 단어들로 구성되어 있습니다. 그러나 실생활에서는 많은 일들이 이런 단어들로 다 설명되지 않는다는 것입니다. 우리가 성경에서 얻고 요구받는 내용들이 실

자유

제적인 것들로 자신 안에 채워져 있지 않으면, 이런 단어들은 다소 공허하게 들릴 수 있고 실제 생활에서 분명한 역할도 하지 못할 것입니다.

옥중에서 사도 바울은 빌립보 교회에 편지를 보냅니다. 그는 빌립보서 1:20-21에서 자신에 대하여 이렇게 말합니다. "나의 간절한 기대와 소망을 따라 아무 일에든지 부끄러워하지 아니하고 지금도 전과 같이 온전히 담대하여 살든지 죽든지 내 몸에서 그리스도가 존귀하게 되게 하려 하나니 이는 내게 사는 것이 그리스도니 죽는 것도 유익함이라"(빌 1:20-21).

생명과 사망 사이에는 엄청난 차이가 있습니다. 그런데 바울에게는 생명과 사망이 동일한 조건이라고 합니다. 놀랍습니다. 그는 살아 있어야만 일이 되고, 죽으면 일이 안 된다고 말하지 않습니다. 그러니 그가 이렇게 말할 수 있습니다. 나는 사나 죽으나 주의 것이라고 말입니다. 주님은 사는 일에서나 죽는 일에서나 내용을 담아내실 수 있다는 것입니다. 바울에게는 사망이든 생명이든 결코 절대적 차이가 나지 않는다는 것입니다. 하지만 다음 22절 이하에서 보는 바와 같이 그는 죽지 않고 살 것을 기대하고 있습니다.

그러나 만일 육신으로 사는 이것이 내 일의 열매일진대 무엇을 택해야 할는지 나는 알지 못하노라. 내가 그 둘 사이에 끼었으니 차라리 세상을 떠나서 그리스도와 함께 있는 것이 훨씬 더 좋은 일이라. 그렇게 하고 싶으나 내가 육신으로 있는 것이 너희를 위하여 더 유익하리라. 내가 살 것과 너희 믿음의 진보와 기쁨을 위하여 너희 무리와 함께 거할 이것을 확실히 아노니 내가 다시 너희와 같이 있음으로 그리스도 예수 안에서 너희 자랑이 나로 말미암아 풍성하게 하려 함이라(빌 1:22-26).

그가 사는 것이 죽는 것보다 무슨 유익이 있다는 것일까요? 그가 고생하는 일을 더 보여줄 수 있다는 것입니다. 그가 죽음을 면하는 것도 아니고 고통을 면하는 것도 아니라, 빌립보 교회 교인들에게 유익이 된다면 고생을 더하더라도 살 마음이 더 있다는 것입니다. 이것이 우리를 당황하게 만듭니다. 로마서 8장에는 구원에 관한 설명이 나옵니다. 로마서 8:15-17을 보겠습니다.

> 너희는 다시 무서워하는 종의 영을 받지 아니하고 양자의 영을 받았으므로 우리가 아빠 아버지라고 부르짖느니라. 성령이 친히 우리의 영과 더불어 우리가 하나님의 자녀인 것을 증언하시나니 자녀이면 또한 상속자 곧 하나님의 상속자요 그리스도와 함께 한 상속자니 우리가 그와 함께 영광을 받기 위하여 고난도 함께 받아야 할 것이니라(롬 8:15-17).

우리는 하나님의 자녀요 상속자라고 말하고 있습니다. 그것은 굉장한 지위요 운명입니다. 하지만 그런 영광을 받으려면 고난도 함께 받아야 한다는 것입니다. 구원은 하나님의 자녀라는 신분, 영광이라는 운명, 고난이라는 현실을 갖는다고 말합니다. 우리는 기독교 신앙이 그 내용으로 고난을 갖는다는 것에 대해 다 외면하고 있습니다.

몇 절을 더 지나서 21절을 보면, "그 바라는 것은 피조물도 썩어짐의 종노릇한 데서 해방되어 하나님의 자녀들의 영광의 자유에 이르는 것이니라"고 말합니다. 영광도 자유에서 꽃이 핀다고 말합니다. 그러니 우리가 생각하는 자유와 성경이 설명하는 자유는 틀림없이 다를 것입니다. 왜냐하면 우리의 자유는 거의 방임에 가깝기 때문입니다. 우리 마음대로 하는 것이 자유입니다. 그러나 성경은 영광의 자유라고 말합니다. 그 자유는 제멋대로 하는 것이 아니라 가장 극대화된, 가장 풍성하고 놀라운 영광과 묶여 있습니다.

빌립보서 1장은 살고 죽는 문제를 넘어서는 것에 관하여 말합니다. 이 하나님의 영광은 사는 것과 죽는 것을 조건으로 삼지 않고 그것들을 극복하며 고난 속에서 완성된다고 합니다. 빌립보서 3:10-12을 보겠습니다.

내가 그리스도와 그 부활의 권능과 그 고난에 참여함을 알고자 하여 그의 죽으심을 본받아 어떻게 해서든지 죽은 자 가운데서 부활에 이르려 하노니 내가 이미 얻었다 함도 아니요 온전히 이루었다 함도 아니라. 오직 내가 그리스도 예수께 잡힌 바 된 그것을 잡으려고 달려가노라(빌 3:10-12).

바울은 예수님의 죽으심을 본받아 죽은 자 가운데서 부활에 이르려 한다고 말합니다. 그러니 고난은 어쩔 수 없이 자신에게 주어진 것이 아니라 고난의 길을 선택해서 만나는 것으로 소개합니다. 따라서 사랑, 순종, 헌신, 승리, 완성, 천국, 이런 것들로 이해된 기독교인의 신자된 현실, 곧 그 신앙의 과정에는 다른 단어들이 더 덧붙여져야 합니다. 고난, 선택으로서의 완성, 영광이라는 단어들 말입니다. 우리가 긍정적인 단어들로만 연결해서 썼던 내용들에 고난, 선택, 책임, 과정이라는 것이 포함되어야 합니다. 우리의 신앙생활이 형통해야 한다거나 하나님께 떠넘길 수 있는 것이 아니라, 치열하고 고민하고 갈등하고 실패하는 것임은 누구나 다 겪어 알고 있습니다. 이런 것들이 포함되어 있지 않다면, 신앙생활은 마치 부적으로 액운을 막으려 하는 것과 마찬가지가 될 것입니다. 그렇지 않습니다. 그것은 내가 걸어야 할 길이 분명합니다.

구원을 복되게 하는 선택

성경은 우리에게 "영광의 자유로 선택을 하라"고 말합니다. 이런 선택은 마지못한 고난을 당하는 것을 말하는 것도 아니며, 닥쳐온 위협과 도전에 기꺼이 맞서라는 것도 아닙니다. 그것은 적극적으로 선택하라는 문제입니다. 그것이 영광의 자유입니다.

이 문제를 이해하려면 로마서 6장을 살펴봐야 합니다. 거기에 나오는 은혜에 대한 설명을 알아야 합니다. 로마서 6장은 "우리의 구원이 은혜로 거저 주어진 것이라면 무엇 때문에 치열하게 신앙생활을 해야 하는가"라는 질문에 답을 주고 있습니다.

> 무릇 그리스도 예수와 합하여 세례를 받은 우리는 그의 죽으심과 합하여 세례를 받은 줄을 알지 못하느냐. 그러므로 우리가 그의 죽으심과 합하여 세례를 받음으로 그와 함께 장사되었나니 이는 아버지의 영광으로 말미암아 그리스도를 죽은 자 가운데서 살리심과 같이 우리로 또한 새 생명 가운데서 행하게 하려 함이라(롬 6:3-4).

구원이 무엇입니까? 그것은 천국 가는 것, 하나님의 자녀가 되는 것과 같은 정적인 것만이 아닙니다. 그것은 대단히 역동적인 것입니다. 하나님의 자녀가 되었으므로 새로운 인생을 살아야 하는 것입니다. 그것은 어쩔 수 없이 해야 하는 책임감으로 사는 문제가 아니라, 기회가 주어졌다는 말입니다. 구원은 자격에 의한 것이 아니라 은혜에 의한 것입니다. 은혜로 말미암은 구원이란 하나님을 모르던 자리, 하나님이 없던 지위에서 하나님의 자녀라는 신분과 지위와 운명을 갖게 된 것입니다. 그래서 이제 그가 무엇을 할 수 있고, 무엇으로 살 수 있게 되었습니까? 선택의 여지 없이 죄밖에 선택할 수밖에 없던 자리에서 벗어나, 이제는 의와 진리와 선과 빛, 생명으로 살 수 있게 된 것입니다. 로마서 6:15-19을 보겠습니다.

그런즉 어찌하리요. 우리가 법 아래에 있지 아니하고 은혜 아래에 있으니 죄를 지으리요. 그럴 수 없느니라. 너희 자신을 종으로 내주어 누구에게 순종하든지 그 순종함을 받는 자의 종이 되는 줄을 너희가 알지 못하느냐. 혹은 죄의 종으로 사망에 이르고 혹은 순종의 종으로 의에 이르느니라. 하나님께 감사하리로다. 너희가 본래 죄의 종이더니 너희에게 전하여 준 바 교훈의 본을 마음으로 순종하여 죄로부터 해방되어 의에게 종이 되었느니라. 너희 육신이 연약하므로 내가 사람의 예대로 말하노니 전에 너희가 너희 지체를 부정과 불법에 내주어 불법에 이른 것같이 이제는 너희 지체를 의에게 종으로 내주어 거룩함에 이르라(롬 6:15-19).

전에는 죄밖에 지을 수 없었지만 이제는 선택권이 생긴 것입니다. 여러분이 죄를 지을 수도 있고, 의를 행할 수도 있고, 거룩하게 살 수도 있습니다. 바울 사도는 우리에게 의를 선택해서 그것으로 우리의 명예와 영광을 삼으라고 합니다. 이것이 구원입니다. 그런데 이 선택권을 갖게 된 지점에서 구원이 우리에게 언제나 수동태적이고 숙명론적으로 다가오는 바람에, 이 선택권이 어떤 것인지 또 무엇을 하는 것인지 제대로 몰랐습니다. 하나님은 우리를 영광으로 인도하시는 분입니다. 하나님이 그것을 완성하기 위해 열심히 일하신다는 것을 우리가 늘 확인해야 하지만, 우리에게서 만들어 내시려고 하는 것은 다름 아닌 우리의 자유의 선택이라는 것입니다.

그 선택은 구원을 만드는 것이 아니라, 구원을 복되게 합니다. 구원을 풍성하게 하며 충만하게 하며 영광되게 합니다. 우리는 모두 싫어하는 고난 속에서 구원을 풍성하게 하고 충만하게 하라는 요구를 받고 있습니다. 그것이 고통이나 괴로움이기보다 기회임을 꼭 기억하십시오.

하버드 대학 교수인 마이클 샌델이 몇 년 전에 『정의란 무엇인가』라는 책을 썼는데, 거기에 이런 내용이 있습니다. "인류가 어느 시대 어느 사회나 정의를 추구하지만, 정의를 실현한 적은 없다. 왜냐하면 법으로는 정의가 실현되지 않기 때문이다." 법은 강제력입니다. 이 강제력은 사회의 최소한의 질서를 유지하기 위해 사용되는 것입니다. 강제력으로는 고급한 인격을 만들 수 없습니다. 정의는 고급한 가치여서 그것이 실현되려면 자발성이 필요합니다. 그래서 최소한의 정의라도 세우려면 도덕이 있어야 합니다. 도덕만이 법을 넘어서는, 법이 할 수 없는 자발적인 적극적 가치를 만들어 낼 수 있기 때문입니다.

그러나 도덕보다 더 큰 것이 있습니다. 그것은 성경이 말하는 '사랑'입니다. 사랑은 도덕을 상회하는 가장 적극적인 선이고 가치이며, 아름다움이고 영광입니다. 하나님은 우리에게 그 사랑을 실천하라고 말씀합니다. 그렇게 하려면 무엇이 필요하겠습니까? 자유가 있어야 합니다. 자발성이 있어야 합니다. 각 개인의 선택과 결정, 책임이 있어야 합니다. 하나님이 우리를 그런 존재로 만드셨습니다. 책임을 지고 선택할 수 있게, 본인이 자기의 생애와 자신을 결정할 수 있게 만드셨습니다.

하나님의 그러한 창조는 일종의 모험일 수 있었습니다. 인류가 그 자유를 가지고 하나님을 거부했기 때문입니다. 그것을 죄라고 합니다. 하나님을 거부하는 바람에 그 모든 가치와 기회가 무산되어 버렸습니다. 하나님만이 주실 수 있는 의와 진리, 생명과 영광, 명에 같은 것들이 부정되었습니다. 쓸모없게 되었습니다. 인간이 하나님의 생명으로부터 끊겼기 때문입니다. 그러나 예수 그리스도 안에서 우리를 회복시키셔서 우리에게 다시 기회를 주십니다. 우리에게 살아내라고, 자기 것이 되게 하라고 하십니다.

신앙으로 감수하는 삶

이런 삶과 관련된 성경의 모범이 누구겠습니까? 구약에서는 욥입니다. 우

자유

리가 잘 알다시피 욥은 의인입니다. 우리가 아는 율법과 도덕과 신앙의 차원에서 잘못한 것이 없었지만, 그는 고난을 받습니다. 세 친구가 찾아와서 그의 고난은 그가 뭔가 잘못한 것이 있어서 받는 벌이라고 꾸짖습니다. 욥은 할 말이 없게 됩니다. "나는 잘못하지 않았다. 내가 벌을 받는다는 것은 말이 되지 않는다." 친구들은 뭐라고까지 말합니까? "네가 그런 식으로 말하는 것만 봐도 너는 잘못했다." 우리에게 제일 무서운 율법적 공포가 무엇일까요? "너는 교만해." 이런 말 아닙니까? 아무도 이 말에는 답을 못합니다. 살아 있는 것 자체가 교만입니다. 그래서 우리는 아무도 신앙생활을 적극적으로 할 수 없었습니다.

욥기 38장에 이르면, 하나님이 등장하십니다. 욥의 질문에 하나님이 답하십니다. 답은 이것입니다. 창조 세계를 다시 보여주시는 것입니다. "창조된 것 중에 잘못된 것이 있느냐? 그 창조 세계를 봐라. 거기에 네가 아는 논리 이하의 것이 있느냐? 그것을 상회하는 것이 있지 않느냐?" 거기에 무엇이 있다는 것입니까? 생명이 있다는 것입니다. 모든 창조물에는 생명과 영광이 있습니다.

욥기 42장에서 그가 다음과 같이 고백하는 것으로 모두 끝납니다. "제가 제 입을 가리고 스스로 티끌과 재 가운데서 회개합니다." 티끌과 재 가운데서 하는 회개란 티끌과 재 같은 존재, 그것밖에 안 되는 조건이지만 그가 하나님을 붙잡겠다고 한 것입니다. 그가 그런 선택을 합니다. 즉 "내가 못났을지라도 그 자리에서 할 수 있는 것을 하겠습니다. 하나님을 창조주로, 하나님을 주인으로 모시고 순종하고 붙잡겠습니다." 이것이 욥의 최종 고백입니다.

하박국도 그런 모범입니다. 그는 유다가 멸망할 즈음에 혼탁해진 사회를 내다보며 하나님 앞에 하소연합니다. "하나님, 당신의 백성이 율법을 따르지 않고 의를 행하지 않으며 의로운 자들을 저렇게 못살게 구는데 왜 가만히 계십니까?" 하나님이 나타나서 답하십니다. "이것은 시작에 불과하다. 내가 이 나라를 바벨론에 넘겨주겠다. 열방이 바벨론의 폭력 앞에 굴복할 것이다." 하박국이 혹을 떼려고 물었다가 도리어 혹을 붙인 격이 됩니다. "하나님, 그럴 수 없습니다. 어찌 악한 자들 때문에 의로운 자들을 동일한 고통 속에 몰아넣으시겠다고 하십니까?" 그러자 하나님이 다시 답하십니다. "의인은 믿음으로 산다. 형통한 조건 속에서 살지 않고, 보상으로 살지 않고, 능력으로 모든 문제를 해결하는 것으로 살지 않는다. 모두 감수해야 한다." 하박국이 뭐라고 답합니까? "맞습니다. 저는 하나님 편에 서겠습니다. 저희가 바칠 수 있는 것 중에 하나님이 원하시는 것은 아무것도 없습니다. 하나님이 친히 당신을 우리에게 주신 것같이, 우리를 하나님께 바치는 것을 하나님이 요구하십니다." 이렇게 답이 나온 것입니다. 이 말이 여러분에게 그렇게 만만하게 들리지 않을 것입니다. 마태복음 13:3-17을 보겠습니다.

예수께서 비유로 여러 가지를 그들에게 말씀하여 이르시되 씨를 뿌리는 자가 뿌리러 나가서 뿌릴새 더러는 길 가에 떨어지매 새들이 와서 먹어 버렸고 더러는 흙이 얇은 돌밭에 떨어지매 흙이 깊지 아니하므로 곧 싹이 나오나 해가 돋은 후에 타서 뿌리가 없으므로 말랐고 더러는 가시떨기 위에 떨어지매 가시가 자라서 기운을 막았고 더러는 좋은 땅에 떨어지매 어떤 것은 백 배, 어떤 것은 육십 배, 어떤 것은 삼십 배의 결실을 하였느니라. 귀 있는 자는 들으라 하시니라. 제자들이 예수께 나아와 이르되 어찌하여 그들에게 비유로 말씀하시나이까. 대답하여 이르시되 천국의 비밀을 아는 것이 너희에게는 허락되었으나 그들에게는 아니되었나니 무릇 있는 자는 받아 넉넉하게 되되 없는 자는 그 있는 것도 빼앗기리라. 그러므로 내가 그들에게 비유로 말하는 것은 그들이 보아도 보지 못하며 들어도 듣지 못하며 깨닫지 못함이니라. 이사야의 예언이 그들에게 이루어졌으니 일렀으되 너희가 듣기는 들어도 깨닫지 못할 것이요 보기는 보아도 알지 못하리라. 이 백성들의 마음이 완악하여져서 그 귀는 듣기에 둔하고 눈은 감았으니 이는 눈으로 보고 귀로 듣고 마음으로 깨달아 돌이켜 내게 고침을 받을까 두려워함이라 하였느니라. 그러나 너희 눈은 봄으로, 너희 귀는 들음으로 복이 있도다. 내가 진실로 너희에게 이르노니 많은 선지자와 의인이 너희가 보는 것들을 보고자 하여도 보지 못하였고 너희가 듣는 것들을 듣고자 하여도 듣지 못하였느니라(마 13:3-17).

이 씨 뿌리는 비유는 어렵습니다. 제자들이 예수께 이 비유에 대하여 묻자 풀어서 말씀하십니다. "이사야가 보냄을 받은 것같이 나도 보냄을 받아 왔다. 이 비유는 아무도 모른다. 그러나 너희에게는 이것이 모를 수 있는 일이 아니다." 이렇게 앞뒤가 맞지 않는 역설적인 말씀이 있을 수 있을까요? 씨 뿌리는 비유의 내용이 그렇습니다.

밭에 씨가 뿌려집니다. 결실은 밭의 조건에 따라서 달랐습니다. 길 가에 있는 것은 새가 먹어 버렸고, 돌밭에서는 뿌리를 내리지 못했고, 가시떨기에 떨어진 씨는 기운이 막혔고, 옥토에 떨어진 것은 풍성한 열매를 맺었습니다. 예수께서는 들어도 모르고, 봐도 모를 사람들을 위하여 오십니다. 뿌려도 소용없는 길 가나, 돌밭이나, 가시떨기에 씨가 뿌려집니다. 예수께서 오신 것은 사람들이 듣고 보고 깨닫는 문제보다 더 우선합니다.

구원은 그가 오심으로 이루어집니다. 무엇을 이루시려는 것입니까? 삼십 배, 육십 배, 백 배의 열매를 맺는 밭을 만들기 위해 오십니다. 밭이 몇 배의 열매를 맺는지에 핵심이 있는 것이 아니라, 그가 열매를 맺는 밭을 만들고자 오신 것에 핵심이 있습니다. 이전 밭들은 어떤 상태를 보입니까? 길 가나 돌밭이나 가시떨기 밭은 열매를 맺지 못합니다. 우리는 다 그런 과정을 겪습니다. 하지만 결국 씨가 그 밭에 풍성히 열매를 맺게 할 것입니다. 씨는 이미 뿌려졌습니다. 씨가 열매를 맺지 못한다는 것은 구원을 받느냐 못 받느냐 하는 문제와 상관있는 것이 아니라, 구원을 받았기 때문에 생기는 문제라는 것입니다. 여러분은 자신의 돌밭을 여러분이 일구어야 합니다. 가시떨기를 뽑고 노력하여 이 씨를 결실시켜야 합니다.

그러면 뭐가 되겠습니까? 밭에 씨가 뿌려져 꽃이 피어남으로 밭은 꽃밭이라는 이름을 갖게 됩니다. 단순한 밭이 아니라 꽃밭이 됩니다. 밭과 씨가 분리되지 않고 그 씨가 땅에서 꽃으로 피어남으로써 꽃밭이 됩니다. 뿌린 씨와 밭의 정체성이 영광을 갖게 됩니다. 이것이 하나님의 구원의 진정하고 풍성한 핵심 내용인 것입니다. 여러분에게 일어나는 모든 일이 이 일이 진행되는 과정에 속한다는 것입니다.

우리는 밭입니다. 우리는 돌밭일 수도 있고, 가시떨기 밭일 수도 있고, 길 가에 불과할 수도 있습니다. 그러나 예수께서 오십니다. 그가 우리와 함께 일하십니다. 우리로 반응하게 하십니다. 결정하게 하십니다. 예수님과 함께 다시 살아났기 때문에 우리 안에 성령님이 역사하시고, 거룩하신 영이 우리를 격려하십니다.

물론 돌 때문에 뿌리를 못 내리기도 하고 가시떨기 때문에 기운이 막히는 일도 있겠지만, 성경이 하고 싶은 이야기는 예수께서 밭을 꽃으로 만들기 위해 오셨다는 것입니다. 이것이 핵심 되는 내용입니다. 여러분에게서 일어나는 모든 일에 하나님이 찾아오심으로 우리라는 존재가 하나님을 기뻐하며, 그를 영광으로 아는 반응을 보일 것입니다. 씨가 꽃을 피우고 열매를 맺는 것을 여러분의 삶의 내용으로 삼으실 것입니다. 그릇에 담긴 것이 그 내용으로 불리듯이 말입니다. 물이나 포도주를 언급할 때 손바닥에 그 단어를 써서 이야기하는 것이 아니라, 물이나 포도주가 담긴 잔을 내놓으면서 "이것은 물입니다. 이것은 포도주입니다"라고 말하듯이 말입니다.

자유

그것을 담은 그릇과 내용물이 분리되지 않듯이, 우리라는 존재는 담긴 내용으로 우리 자체의 이름이 바뀐다는 것입니다. 우리라는 존재와 성품과 속성과 버릇이 바뀌는 일이 일어나게 됩니다. 그것이 구원입니다. 그것이 구원이 요구하는 것입니다.

이런 요구는 우리 생애 중에서 반복적으로 하루도 쉼 없이 계속되고 있습니다. 우리가 주로 실패하기 때문에 여러분은 그것이 아무것도 아닌 줄로 알고 있습니다. 그 실패가 일을 합니다. 예수님은 부활하셨음에도 손에 못 자국을 가집니다. 옆구리에 창 자국이 있습니다. 그것은 결코 불명예도 아니며, 완벽하게 만회했어야 하는 것도 아닙니다. 그것은 부활 당시의 예수님의 자랑입니다. 여러분의 생애에서 일어나는 어떤 한 번의 실패, 한 번의 못난 것이 끝이 아니라는 것을 명심하십시오. 우리는 어디까지 가야 합니까? 하나님은 우리가 꽃밭이 될 때까지 포기하시지 않을 것입니다.

시인 김춘수의 유명한 「꽃」이라는 시가 있습니다. "내가 그의 이름을 불러 주었을 때 그는 나에게로 와서 꽃이 되었다." 그 시의 일부입니다. 우리는 하나님이 우리에게 어떤 일을 하고 계시는지 알아야 합니다. 이것을 모르면 우리는 밤낮 "오늘은 잘했지만, 어제는 잘못했다"고 되뇔 것입니다. 그래서 언제나 회개하고 지우는 일만 계속해서 반복합니다. 하지만 우리는 그 모든 것으로 만들어져 갑니다. 하나님은 우리에게 많은 기회와 과정을 주십니다. 그 모든 과정이 헛되지 아니하며, 그 실패마저도 손해 보지 않으리라는 것을 기대하십시오. 즐겨야 합니다. 시도해야 합니다. 여러분의 신자된 인생을 막을 수 있는 것은 아무것도 없습니다. 자기의 인생을 살되 다른 사람의 간증에 귀 기울이지 말고, 여러분이 꽃이 되십시오. 제가 여러분의 이름을 부르실 때 꽃이 되어 주십시오.

09

영광을 나타낼 자

사 61:1-11

주 여호와의 영이 내게 내리셨으니 이는 여호와께서 내게 기름을 부으사 가난한 자에게 아름다운 소식을 전하게 하려 하심이라. 나를 보내사 마음이 상한 자를 고치며 포로된 자에게 자유를, 갇힌 자에게 놓임을 선포하며 여호와의 은혜의 해와 우리 하나님의 보복의 날을 선포하여 모든 슬픈 자를 위로하되 무릇 시온에서 슬퍼하는 자에게 화관을 주어 그 재를 대신하며 기쁨의 기름으로 그 슬픔을 대신하며 찬송의 옷으로 그 근심을 대신하시고 그들이 의의 나무 곧 여호와께서 심으신 그 영광을 나타낼 자라 일컬음을 받게 하려 하심이라. 그들은 오래 황폐하였던 곳을 다시 쌓을 것이며 옛부터 무너진 곳을 다시 일으킬 것이며 황폐한 성읍 곧 대대로 무너져 있던 것들을 중수할 것이며 외인은 서서 너희 양 떼를 칠 것이요 이방 사람은 너희 농부와 포도원지기가 될 것이나 오직 너희는 여호와의 제사장이라 일컬음을 받을 것이라. 사람들이 너희를 우리 하나님의 봉사자라 할 것이며 너희가 이방 나라들의 재물을 먹으며 그들의 영광을 얻어 자랑할 것이니라. 너희가 수치 대신에 보상을 배나 얻으며 능욕 대신에 몫으로 말미암아 즐거워할 것이라. 그리하여 그들의 땅에서 갑절이나 얻고 영원한 기쁨이 있으리라. 무릇 나 여호와는 정의를 사랑하며 불의의 강탈을 미워하여 성실히 그들에게 갚아 주고 그들과 영원한 언약을 맺을 것이라. 그들의 자손을 뭇 나라 가운데에, 그들의 후손을 만민 가운데에 알리리니 무릇 이를 보는 자가 그들은 여호와께 복 받은 자손이라 인정하리라. 내가 여호와로 말미암아 크게 기뻐하며 내 영혼이 나의 하나님으로 말미암아 즐거워하리니 이는 그가 구원의 옷을 내게 입히시며 공의의 겉옷을 내게 더하심이 신랑이 사모를 쓰며 신부가 자기 보석으로 단장함 같게 하셨음이라. 땅이 싹을 내며 동산이 거기 뿌린 것을 움돋게 함 같이 주 여호와께서 공의와 찬송을 모든 나라 앞에 솟아나게 하시리라.

자유

환영받지 못한 메시아

이 본문에서 1-3절의 내용은 역사적으로 예수님에게서 성취됩니다. "여호와의 영이 내게 내리셨으니 이는 여호와께서 내게 기름을 부으사 가난한 자에게 아름다운 소식을 전하게 하려 하심이라. 나를 보내사 마음이 상한 자를 고치며 포로된 자에게 자유를, 갇힌 자에게 놓임을 선포하며 여호와의 은혜의 해와 우리 하나님의 보복의 날을 선포하여 모든 슬픈 자를 위로하되 무릇 시온에서 슬퍼하는 자에게 화관을 주어 그 재를 대신하며 기쁨의 기름으로 그 슬픔을 대신하며 찬송의 옷으로 그 근심을 대신하시고 그들이 의의 나무 곧 여호와께서 심으신 그 영광을 나타낼 자라 일컬음을 받게 하려 하심이라." 신약성경에서 이 본문이 성취됨을 확인할 수 있습니다. 누가복음 4:16-21을 보겠습니다.

> 예수께서 그 자라나신 곳 나사렛에 이르사 안식일에 늘 하시던 대로 회당에 들어가사 성경을 읽으려고 서시매 선지자 이사야의 글을 드리거늘 책을 펴서 이렇게 기록된 데를 찾으시니 곧 주의 성령이 내게 임하셨으니 이는 가난한 자에게 복음을 전하게 하시려고 내게 기름을 부으시고 나를 보내사 포로된 자에게 자유를, 눈먼 자에게 다시 보게 함을 전파하며 눌린 자를 자유롭게 하고 주의 은혜의 해를 전파하게 하려 하심이라 하였더라. 책을 덮어 그 맡은 자에게 주시고 앉으시니 회당에 있는 자들이 다 주목하여 보더라. 이에 예수께서 그들에게 말씀하시되 이 글이 오늘 너희 귀에 응하였느니라 하시니(눅 4:16-21).

예수께서 나사렛의 어느 회당에 들어가셔서 이사야 61:1-3의 말씀을 인용하신 뒤 자신이 그 예언을 성취하러 온 메시아이며, 오늘 이 말씀이 너희에게 응하였다고 말씀하시는 장면입니다. 누가복음 4:22에 기록된 바와 같이 "그들이 다 그를 증언하고 그 입으로 나오는 바 은혜로운 말을 놀랍게 여겨 이르되 이 사람이 요셉의 아들이 아니냐" 하면서 놀라워합니다. 그런데 그들이 "요셉의 아들이 아니냐" 하고 보인 반응은 저들이 기대하던 것과는 좀 달랐다는 표현일 것입니다. 예수께서 "내가 메시아요 예언된 그 구원자"라고 하는 말을 저들이 믿지 않았다는 증거입니다. 다음 구절들이 그렇게 말하고 있습니다.

예수께서 그들에게 이르시되 너희가 반드시 의사야, 너 자신을 고치라 하는 속담을 인용하여 내게 말하기를 우리가 들은 바 가버나움에서 행한 일을 네 고향 여기서도 행하라 하리라. 또 이르시되 내가 진실로 너희에게 이르노니 선지자가 고향에서는 환영을 받는 자가 없느니라. 내가 참으로 너희에게 이르노니 엘리야 시대에 하늘이 삼 년 육 개월간 닫히어 온 땅에 큰 흉년이 들었을 때에 이스라엘에 많은 과부가 있었으되 엘리야가 그중 한 사람에게도 보내심을 받지 않고 오직 시돈 땅에 있는 사렙다의 한 과부에게뿐이었으며 또 선지자 엘리사 때에 이스라엘에 많은 나병환자가 있었으되 그중의 한 사람도 깨끗함을 얻지 못하고 오직 수리아 사람 나아만뿐이었느니라. 회당에 있는 자들이 이것을 듣고 다 크게 화가 나서 일어나 동네 밖으로 쫓아내어 그 동네가 건설된 산 낭떠러지까지 끌고 가서 밀쳐 떨어뜨리고자 하되 예수께서 그들 가운데로 지나서 가시니라(눅 4:23-30).

이사야 61:1-3의 말씀, 곧 가난한 자에게 아름다운 복음을 전하는 일, 갇힌 자를 해방시키는 일, 자유를 주시는 일, 눈먼 자를 고치고 병든 자를 고치며 귀를 열게 하시는 이 일에 대한 예수님의 선포가 그들에게 전혀 환영받지 못합니다. 예수님은 그들에게 "너희는 틀림없이 '의원아, 너를 고치라' 하는 속담대로 내게 물어볼 것이라"고 말씀합니다. "의원아, 너를 고치라"는 속담은 의사에게 갔는데 그가 내 병명을 이야기하지만, 그도 그 병을 앓고 있으면서 자기 병을 고칠 수 없다고 하면, 그를 의사로서 신뢰할 수 있겠느냐는 속담입니다.

이 속담은 예수님이 죽으실 때 한 번 더 등장합니다. 군중이 십자가에 달리신 예수님을 조롱하면서 "네가 만일 하나님의 아들이거든 십자가에서 내려와 보라"고 한 말로 되풀이됩니다. 예수께서 구원자로 오셨으나 아무도 그를 알아보지 못합니다. 그가 하시는 일이 무엇인지 모릅니다. 이 일은 뜻밖에 인류 역사 속에서도 거듭 반복해서 등장합니다. 지금까지도 교회가 세상에서 핍박을 받을 때 세상이 교회에게 "너희는 교회다운 증거를 보이라"고 합니다. 교회는 세상보다 더 능력이 있고, 세상보다 더 나으며, 세상보다 더 큰 소망과 증거를 보여야 한다고 생각합니다. 그것이 당연한 말 같습니다.

하지만 우리가 그 증거를 갖고 있으나 세상은 보지 못합니다. 이것이 이 사건의 핵심입니다. 선지자는 고향에서 환영을 받지 못합니다. 그들의 기대와 다른 것을 들고 오기 때문입니다. 그들이 상상한 것과는 다르고, 또 다른 증거를 말하기 때문입니다. 예수님이 메시아로 오셨으나 아무도 알아보지 못했습니다. 가장 중요한 이유는, 눈먼 자의 눈을 뜨게 하실 때 그 사람을 설득하는 일이 필요한 것도 아니요 듣지 못하는 자를 고치실 때 그 사람이 애걸해야 했던 것도 아니라, 예수님 홀로 하셔야 했던 사역이었기 때문입니다. 그런 메시아의 사역이므로 그를 알아보지 못했습니다.

인류 역사에 계몽주의가 등장하여 17-19세기에 맹위를 떨치게 됩니다. 그때 성경이 많은 공격을 받습니다. 특히 예수 그리스도의 메시아직이 그랬습니다. 그가 하나님의 구원자이냐 하는 문제에 대한 의문이 집중적으로 터져 나옵니다. 그것은 예수님이 메시아답지 않았다는 것입니다. 메시아라면 사람들이 당연히 어떤 기대를 가졌을 텐데, 그가 정치적으로나 이념적 또는 능력적 차원에서 세상을 뒤엎는 일을 하지 않고 죽으셨기 때문입니다.

심지어 "예수는 자신을 메시아라고 생각하지 않았다"고 말하는 메시아 의심까지 등장합니다. "예수라는 존재의 역사적 실체는 성경이 부풀려 온 그것과는 다르다"고 말한 것입니다. 그러나 그가 메시아이신 이유는 단 하나입니다. 예수님은 우리를 설득하거나 감동시키러 오신 것이 아니라, 하나님의 구원을 실제로 이루기 위하여 오셨다는 것입니다. 우리와 상관없이 하나님이 이루신 구원입니다. 눈을 뜨게 하고 귀를 열게 해서 보게 하고 듣게 하신 것입니다. 보고 듣고 감동해서 스스로 나오게 하신 것이 아닙니다. 우리에게 가장 크게 드러난 기독교의 중요한 기적 곧 하나님의 일하심은, 우리가 예수님을 믿었다는 사실입니다.

친구에게 이런 이야기를 해보십시오. 그가 알아들을까요? "너나 믿어." 그것이 아마 최소한의 반응일 것이고, "너, 정신이 나갔구나" 하는 말은 보통의 반응일 것입니다. 우리가 사는 이 시대에서도 세상이 우리에게 "교회가 왜 그래?"라고 물으면, "우리도 이해가 되지 않는다"고 하는 것이 우리의 답입니다. "교회는 좀 더 멋있어져라." "멋있으려고 그러는데 안 된다. 하나님이 허락하시지 않는다." 이것이 이사야 61:1-3의 이야기이며, 여기 누가복음 4장에서 증언하는 "하나님이 하신 일이 무엇인가? 그 일을 지금도 어떻게 계속 반복하시는가?"에 대한 설명일 것입니다.

위대하고 명예로운 선택권

우리는 이사야서에서 하나님의 일하심에 대한 어떠한 이해를 역사적으로 증언받고 있습니까? 그것은 이스라엘 백성이 배신함으로써 그들이 거둔 당연한 결과인 멸망과 포로라는 역사적 비극입니다. 우리는 그것과 관련해서 '원칙과 심판의 세계관' 곧 1차적 세계관이라고 이야기한 바 있습니다. 한 걸음 더 나아가 그들의 잘못을 회복시키시는 하나님의 은혜와 긍휼과 자비와 능력에 관한 것도 알고 있습니다. "너희가 잘못하였으나 내가 너희를 내버려두지 않겠다. 너희를 만든 내가 창조의 목적이나 내 뜻을 어느 누구와 타협하거나 절대로 포기하지도 않겠다." 이리하여 은혜로 말미암는 구원 곧 포로된 자리로부터 역사적 귀환이 일어나게 됩니다. 그래서 그들은 스스로 만들어 낼 수 없는 회복과 귀환을 하나님이 허락하신 역사적 사실로 갖게 됩니다. 이것을 2차적 세계관이라고 말한 바 있습니다.

그런데 그들의 잘못으로 야기된 심판에서 회복시켜 주신 것이 1차적 세계관을 뛰어넘는 것이었다 할지라도, 고국에 돌아와 보니 귀환의 구원이 만사형통을 보장하는 것은 아니었습니다. 그들이 그 사실을 깨닫습니다. 그 귀환이 그들의 실수와 실패를 역전시키고 회복시키는 새로운 구원이었다면, 그 현실은 자신들이 책임지고 사는 것보다 더 크고 놀라운 찬양과 감격과 기쁨으로 박수칠 만한 환경이었어야 했을 것입니다. 하지만 그들에게 그런 현실은 주어지지 않았습니다. 회복은 역사적 사실이었지만, 그 현실은 그들의 기대와는 달랐습니다.

그렇다면 이런 구원의 은혜가 무슨 의미를 갖는 것일까요? 당연히 나올 수 있는 질문입니다. 이사야 60장에서 이미 살펴본 대로, 그것은 하나님이 예수님 안에서 펼쳐 보이신 우리를 구원하신 하나님의 방법에서 확인하고 찾을 수 있습니다. 이 방법은 예수님과만 관련된 것이 아니라, 우리가 받은 구원의 은혜와도 단단히 묶여 있습니다. 그것은 '고난'입니다. 우리가 당하는 현실적 고난입니다. 하나님은 우리를 구원하시는 방법에서 고난을 제외하시지 않았습니다. 그가 구원자를 보내어 은혜와 능력으로 사망을 뒤집어 부활을 만드시는 일에서, 히브리서 5:8 이하의 말씀처럼, "그가 아들이시면서도 받으신 고난으로 순종함을 배워서 온전하게 되셨"다고 합니다. 하나님은 우리의 구원을 당신의 전능하심으로 쉽게 만들어 놓으신 것이 아닙니다. 우리가 저지른 자리에서부터 그 자리를 감수하시고, 그 자리를 담아내십니다. 그가 아들이시라도 33년이라는 세월 동안, 우리의 배신과 오해와 거부와 반발과 조롱, 그리고 십자가에 못 박혀 고통 가운데 죽는 자리까지 다 겪으십니다. 그처럼 우리도 거부를 당하고 이해할 수 없는 고통 가운데 있을 수 있겠지만, 하나님의 사람으로서 자신의 인생을 살아내라는 것이었습니다. 우리는 이런 3차적 세계관으로 인도를 받아 들어온 것입니다.

구원이란 무엇입니까? 우리가 다시 생각해 봐야 할 물음입니다. 우리는 구원을 얻으면 예수님 안에서 하나님이 주시는 영생을 얻고 천국에 간다고 이해했습니다. 그러니 눈물도 없고 고통도 없고 사망도 없는 곳으로 빨리 데려가시지 않고 왜 여기에 그냥 놔두시는가 하는 문제가 우리에게 늘 숙제였습니다. 예수님을 믿고 감동과 감격과 헌신 속에 있고, 미래의 약속을 바라는 가운데 있지만, 현실은 우리의 기대와 전혀 다르다는 것입니다. 예수님을 믿은 것이 조금도 나을 게 없는 것 같습니다.

그래서 마침내 우리가 만들어 낼 수 있었던 답은 "죽기 5분 전에 믿자"라는 타협안이었습니다. 예수님을 믿고 난 이후의 삶이 아주 고통스럽고 신앙생활도 수치스러우니, 일찍 믿어서 고생하느니 그 5분이면 충분하다는 것이었습니다. 그러나 예수님을 믿은 것은 취소되지도 않고 또 우리가 예수님을 외면할 수도 없는 노릇이니, 현실은 길고 고단할 뿐입니다. 이 지점이 풀리지 않는 문제였습니다.

구원이란 하나님을 알고 우리를 아는 것입니다. 하나님과의 관계와 목적에서, 하나님이 누구신지 아는 것입니다. 그것이 예수님이 오셔서 하신 일입니다. 우리는 하나님의 창조물이며 그의 사랑과 영광의 목적물입

자유

니다. 하나님은 우리에게 심사위원이 아니라 우리의 아버지이십니다.

복음서, 특히 요한복음에서 구원은 자유로 설명됩니다. "진리를 알지니 진리가 너희를 자유롭게 하리라. 종에게는 자유가 없다. 내가 너희를 자유하게 하면 너희가 자유로워질 수 있다." 바로 이것입니다. 자유란 선택권이요 책임을 갖는 것입니다. 앞에서 1차적 세계관은 원칙과 심판의 질서에 관한 것이요 2차적 세계관은 구원과 은혜의 질서에 관한 것이라고 했습니다. 그러면 이 구원과 은혜가 이제 우리를 어디로 밀어냅니까? 그 은혜가 우리에게 자유를 준다는 것입니다. 무엇을 하는 자유입니까? 하나님을 알게 됨으로써 살게 된 정체성의 권리, 즉 하나님을 위하여 살 권리라는 자유입니다.

이것은 무슨 권리입니까? 하나님을 알지 못하고 자신이 누구인지 알지 못하면, 명예롭게 살고 영광되게 살고 거룩하게 살 선택권이 아예 없다는 것을 말합니다. 죄지을 것밖에 없습니다. 여러분이 세상 속에서 살면서 얼마든지 볼 수 있는 현상입니다. 세상 사람들에게는 어느 경우에도 위대하고 명예로운 선택권이 없습니다. 과장을 하거나 거짓말을 하거나 더럽게 굴 수밖에 없습니다. 우리만이 거룩한 말을 하고 거룩한 결정을 할 수 있습니다. 그런데 우리는 어떻게 그렇게 할 수 있느냐 하는 문제에 다 걸려 있습니다. 왜 그렇습니까? 고난이라는 현실 때문입니다. 즉 거룩하게 살지 못하게 하는 적대적인 세력 속에서 우리가 이 자유, 이 선택권을 사용하는 것이 힘들기 때문입니다. 그런 이유로 우리는 우리가 얻은 구원을 어떻게 명예롭게 살 것인가 하는 것을 놓치곤 합니다.

명예롭게 사는 삶

사도행전 3:1-10을 보겠습니다.

제 구 시 기도 시간에 베드로와 요한이 성전에 올라갈새 나면서 못 걷게 된 이를 사람들이 메고 오니 이는 성전에 들어가는 사람들에게 구걸하기 위하여 날마다 미문이라는 성전 문에 두는 자라. 그가 베드로와 요한이 성전에 들어가려 함을 보고 구걸하거늘 베드로가 요한과 더불어 주목하여 이르되 우리를 보라 하니 그가 그들에게서 무엇을 얻을까 하여 바라보거늘 베드로가 이르되 은과 금은 내게 없거니와 내게 있는 이것을 네게 주노니 나사렛 예수 그리스도의 이름으로 일어나 걸으라 하고 오른손을 잡아 일으키니 발과 발목이 곧 힘을 얻고 뛰어 서서 걸으며 그들과 함께 성전으로 들어가면서 걷기도 하고 뛰기도 하며 하나님을 찬송하니 모든 백성이 그 걷는 것과 하나님을 찬송함을 보고 그가 본래 성전 미문에 앉아 구걸하던 사람인 줄 알고 그에게 일어난 일로 인하여 심히 놀랍게 여기며 놀라니라(행 3:1-10).

아주 놀라운 사실입니다. 베드로와 요한이 그에게 말합니다. "은과 금은 내게 없거니와 내게 있는 이것을 네게 주노니 나사렛 예수 그리스도의 이름으로 일어나 걸으라." 이제 이것은 우리의 것입니다. 믿는 우리 모두에게 주어진 것입니다. 예수께서 오셔서 하신 일이 아니라, 두 제자가 자신들이 가진 것으로 한 일입니다. 못 걷던 자가 일어나 걷고 찬송합니다. 두 제자는 모든 백성에게 칭송을 받습니다. 그러고서 그들은 잡혀갑니다. 여기서 우리는 헤매게 됩니다.

이 놀라운 사실이 일어나자 세상이 무릎을 꿇고 항복한 것이 아닙니다. 도리어 그들을 잡아갑니다. 괜히 그런 말을 했다가 인생이 꼬이게 됩니다. 우리의 지위와 신분과 증언 앞에서 세상은 항복하지 않습니다. 사도행전 5:33-39에서 사도들이 예수 그리스도가 누구신가 하고 증언했을 때, 당시의 권력자들이 그것을 듣고서 보인 태도는 무엇이었습니까?

자유

그들이 듣고 크게 노하여 사도들을 없이하고자 할새 바리새인 가말리엘은 율법교사로 모든 백성에게 존경을 받는 자라. 공회 중에 일어나 명하여 사도들을 잠깐 밖에 나가게 하고 말하되 이스라엘 사람들아, 너희가 이 사람들에게 대하여 어떻게 하려는지 조심하라. 이 전에 드다가 일어나 스스로 선전하매 사람이 약 사백 명이나 따르더니 그가 죽임을 당하매 따르던 모든 사람들이 흩어져 없어졌고 그 후 호적할 때에 갈릴리의 유다가 일어나 백성을 꾀어 따르게 하다가 그도 망한즉 따르던 모든 사람들이 흩어졌느니라. 이제 내가 너희에게 말하노니 이 사람들을 상관하지 말고 버려두라. 이 사상과 이 소행이 사람으로부터 났으면 무너질 것이요 만일 하나님께로부터 났으면 너희가 그들을 무너뜨릴 수 없겠고 도리어 하나님을 대적하는 자가 될까 하노라(행 5:33-39).

가말리엘이 공회 중에 일어나 "내버려둬라. 두고 보자"고 했지만, 그들은 곱게 두고 보지 않습니다. 그것이 40절 이하에 이렇게 나옵니다. "그들이 (가말리엘의 말을) 옳게 여겨 사도들을 불러들여 채찍질하며 예수의 이름으로 말하는 것을 금하고 놓으니 사도들은 그 이름을 위하여 능욕 받는 일에 합당한 자로 여기심을 기뻐하면서 공회 앞을 떠나니라"(행 5:40-41). 그가 곱게 두고 보자고 했으나 그들은 사도들을 때린 것입니다. 세상은 우리에게 욕을 하거나 때리거나 죽입니다. 사람은 모두 자신의 인생에 대해 책임질 실력이 없고 소망이 없으니 어떻게 합니까? 스스로 거칠게 굴 수밖에 다른 수가 없습니다. "나 건들지 마." 이렇게 겁을 줍니다. 모두를 욕하고 원망합니다. 그 이외에 무엇을 하겠습니까? 그러나 우리는 다릅니다.

예수님은 십자가에서 뭐라고 부르짖으십니까? "나의 하나님, 나의 하나님, 어찌하여 나를 버리시나이까." 이 비명 속에서도 그가 무엇을 담아내십니까? 이 비극적 현실 속에서 "아버지여, 저들을 사하소서. 저들이 자기가 하는 일을 알지 못하나이다"라고 외치십니다. 예수님은 자기가 당하시는 일이 무엇인지 알고 계십니다. 하나님이 이 고난 속에 구원을 넣으신 것입니다. 예수님은 이 모르는 자들을 설득하지 않습니다.

예수님은 그들의 속을 알고 계셨습니다. "너희는 나에게 '의원아, 너나 고쳐라'고 말한다. 고향에서는 내가 환영받지 못한다. 너희들은 나를 버릴 것이다." 그들이 그런 반응을 보였다고 해서 예수께서 입 닫고 계신 것이 아닙니다. 자신의 일을 하십니다. 세상은 세상의 일을 하고, 예수님은 당신의 일을 하십니다. 우리도 마찬가지라는 것입니다. "네 인생과 네 믿음을 네가 할 수 있는 영역인 일상 속에서 하나씩 해보아라. 그것이 명예로운 것이다." 이같이 주님은 우리에게 말씀하십니다.

상대방이 말이 안 되는 공격을 가하고 우리를 꺾어 넘어뜨릴 때, 우리가 할 수 있는 일은 가만히 있는 것입니다. 이렇게 시작하는 것이 신앙입니다. 매일 일어나는 일입니다. 그렇게 하다 보면 나중에 실력이 붙습니다. 실력이 붙으면 웃을 수 있게 됩니다. 이 세상에서 우리 외에 누가 생명과 진리, 용서, 친절, 위로, 소망을 보일 수 있겠습니까? 성경이 무엇을 요구하는지 아시겠습니까? 우리만 할 수 있습니다. 물론 못할 수도 있습니다. 그렇다고 해서 자책하지 마십시오. 하나님이 우리를 여전히 살려두고 계시지 않습니까? 매일이 이런 현실 아닙니까? 자녀를 기르면서, 이웃을 만나면서, 직장에서 일하면서, 매일 맞이하는 것 아닙니까?

우리는 원망하고 성질을 부리는 데서 벗어나 있습니다. 여기에 우리는 부름을 받고 있습니다. 하나님이 왜 이런 과정이나 방법을 사용하시는지 우리는 모릅니다. 그러나 이것만이 삶 속에서 우리를 위대하게 만듭니다. 믿음의 깊이는 가진 것이나 이긴 것으로는 나오지 않습니다. 이기는 것은 쉽습니다. 질 때 더 위대한 것을 많이 만들어 냅니다. 운동 경기를 보면, 이긴 사람은 무슨 짓을 해도 됩니다. 이겼으니 라켓을 던져도 되고, 드러누워도 됩니다. 이긴 것으로 다 용납되니 더 깊은 게 안 나옵니다. 그런데 진 쪽에서 먼저 악수를 청하고 인사하고 들어가면 여러 가지 생각이 듭니다.

하나님이 우리 인생에 이것을 우리의 것으로 담아내십니다. 우리가 발버둥 치는데도 붙잡으시고, 우리의 허물과 죄, 고난과 낙심을 닦아내시고 또 닦아내십니다. 그렇게 해서 위대해지는 것입니다. 이것이 우리의 현실입니다. 뭔가를 이룬 다음에 하겠다고 하시지 말고, 오늘 할 수 있는 것 아니 오늘 도전받는 것을 하십시오. 어제를 지우고 그제를 지우고, 은혜를 받았다 하면서 계속 지우고만 계시지 말고 이제 하나씩 도전하십시오. 얼마나 쉬운지 아십니까? 만나는 사람에게 웃으십시오. 예의를 지키십시오. 상대방을 존중하십시오. 눈빛이 달라집니다. 이것은 매일 주어지는 우리 인생에서 역사하시는 하나님의 일하심입니다. 그러니 여러분, 마태복음 28:18-20이 얼마나 귀한 말씀인지 다시 확인해 보십시오.

예수께서 나아와 말씀하여 이르시되 하늘과 땅의 모든 권세를 내게 주셨으니 그러므로 너희는 가서 모든 민족을 제자로 삼아 아버지와 아들과 성령의 이름으로 세례를 베풀고 내가 너희에게 분부한 모든 것을 가르쳐 지키게 하라. 볼지어다. 내가 세상 끝날까지 너희와 항상 함께 있으리라 하시니라(마 28:18-20).

부활의 주님께서 약속하십니다. "내가 너희와 항상 함께 있으리라." 베드로가 그랬듯이 예수께서 이루신 구원을 우리에게 주셔서 우리로 하여금 그 구원을 살라고 하셨잖습니까? 우리와 함께 하나님 나라를, 창조를 완성하자고 하시지 않습니까? 하늘과 땅의 모든 권세를 쥐고 내가 너와 함께 어디나 있을 테니, "해봐라. 해봐라. 네가 해봐라"고 하시는 것입니다.

스탠리 하우어워스라는 유명한 신학자가 이 구절에 대해 다음과 같이 설명합니다. "하나님은 역사에 개입하시지 않는다." 그 말만으로는 조금 의아스럽습니다. 그런데 그다음 말을 하려고 그 말을 한 것입니다. "예수 그리스도의 영광이 이미 온 우주에 충만하기 때문이다." 우리의 무지, 우리의 배신, 우리의 실패가 모두 예수님의 구원 사역 속에 담겨 있습니다. 예수께서 피해가신 경우와 자리는 없습니다. 그 모든 것 속에 그의 족적을, 그의 은혜를, 하나님의 통치를 담으신 것 아닙니까? 이미 예수 그리스도의 영광이 온 우주에 충만합니다.

여러분이 당하는 고통, 여러분의 원망, 의심, 불안, 자책을 예수께서 다 관통하셔서 담으신 자리입니다. 심지어 제자인 가룟 유다와 베드로의 자리도 담아내셨잖습니까? 그러니 여러분의 인생이 얼마나 위대한지 알고 오늘을 사십시오. 위대하게 사십시오. 여러분이 한 것만큼 자랑이 됩니다. 예수님을 믿는다는 고백이 여러분에게 능력이요, 자랑이요, 기회요, 선택이요, 명예요, 감사라고 고백하는 인생을 살아가시기 바랍니다.

10

책임은 구원의 조건이 아니다

히 1:10-2:4

또 주여, 태초에 주께서 땅의 기초를 두셨으며 하늘도 주의 손으로 지으신 바라. 그것들은 멸
망할 것이나 오직 주는 영존할 것이요 그것들은 다 옷과 같이 낡아지리니 의복처럼 갈아입을
것이요 그것들은 옷과 같이 변할 것이나 주는 여전하여 연대가 다함이 없으리라 하였으나 어
느 때에 천사 중 누구에게 내가 네 원수로 네 발등상이 되게 하기까지 너는 내 우편에 앉아 있
으라 하셨느냐. 모든 천사들은 섬기는 영으로서 구원 받을 상속자들을 위하여 섬기라고 보내
심이 아니냐. 그러므로 우리는 들은 것에 더욱 유념함으로 우리가 흘러 떠내려가지 않도록 함
이 마땅하니라. 천사들을 통하여 하신 말씀이 견고하게 되어 모든 범죄함과 순종하지 아니함
이 공정한 보응을 받았거든 우리가 이같이 큰 구원을 등한히 여기면 어찌 그 보응을 피하리요.
이 구원은 처음에 주로 말씀하신 바요 들은 자들이 우리에게 확증한 바니 하나님도 표적들과
기사들과 여러 가지 능력과 및 자기의 뜻을 따라 성령이 나누어 주신 것으로써 그들과 함께 증
언하셨느니라.

구원이 답이다

히브리서는 고난과 핍박 속에서 힘들어하는 초대교회 신자들을 격려하기
위해 쓴 편지입니다. 신앙생활을 하면서 가장 어려운 문제는 잘 믿고 헌신
하고 열심을 내는데도 신앙생활이 기대와 다르고 또 보상이 없어 고통스
러운 현실을 만난다는 데 있습니다. 우리는 이것을 어떻게 이해해야 합니
까? 이 물음에 대해 우리가 가진 해결책은 "잘 견뎌. 열심히 기도해"라는

막연한 답뿐입니다.

그런데 히브리서를 보면, 이 문제에 대한 답이 우리의 예상과는 전혀 다른 관점에서 제시됩니다. 답이 없는 게 아니다. 너희가 얻은 구원이 답이다. 고난과 고통과 이해할 수 없는 현실에 대한 답이 바로 구원이다. 답은 이미 주어졌는데 너희가 몰라서 그것을 살아내지 못하고 있다. 이렇게 이야기합니다.

기독교 신앙은 예수를 믿는 것, 즉 예수로 말미암은 구원을 말하고 있습니다. 그래서 신앙의 중심에는 언제나 예수가 있는데, 우리는 대개 믿음에 더 초점을 둡니다. 어려운 일이 닥치면 내가 잘못 믿어서 어려움이 생기는 것 같고, 믿음이 없어서 고통을 겪는다고 여겨 내 편에서 해결책을 만들어 내야 한다고 생각합니다. 그러나 사실 성경은 정반대로 이야기합니다. 예수께서 다 이루었다고 말입니다. 우리에게는 현실적으로 납득되지 않는 이 갈등을 이제 히브리서가 '다 이루었다'는 말로 풀어냅니다.

히브리서 서두에서 예수님을 어떻다고 말합니까? "예수는 천사와 다르다." 본문 말씀에서도, 언제 하나님이 천사들을 향해 "너희는 내 아들들이다"라며 특별한 지위를 준 적이 있더냐고 묻습니다. 이 말은 특별한 지위를 부여해서 예수가 그렇게 된 것이 아니라 예수는 원래 특별한 존재다. 예수는 천사 중 하나가 아니고 '내 아들' 즉 하나님의 아들이다. 그런 이야기입니다. 유대인들에게 아들이란 아버지와 동등한 신분과 지위를 지닌 존재입니다. 예수께서 오시기 전에는 하나님이 선지자들을 보내어 당신의 뜻을 전하셨다면, 예수께서 오신 이후로는 하나님이 직접 개입하셨습니다. 인류의 새로운 운명이 주어진 구원 문제에서 예수로 인하여 펼쳐진 새로운 세상에 하나님이 직접 개입하여 일하신 것입니다. 하나님이 직접 개입하셨다는 것은 그가 종들을 보내신 것과 무엇이 다를까요? 하나님이 지시를 내리고 부탁을 전달하는 정도가 아니라, 창조주로서 현장에 와서 몸소 현장의 일을 고치고 새로 창조하셨다는 뜻입니다.

예수를 믿는다는 말은 그래서 굉장합니다. 로완 윌리엄스의 말을 빌리자면, 하나님은 언제든지 새로운 것으로 현실에 개입하실 수 있습니다. 그렇습니다. 창조주이시기 때문입니다. 한 번 창조하고 나서 그만두신 것이 아니라, 창조권을 갖고 계신 분입니다. 하나님이 시간을 되돌리겠다고 하시면 시간이 거꾸로 가는 것이고, 형세를 뒤집어 바꾸시겠다고 하시면 역전되는 것이고, 하나님이 누구를 세우겠다고 하시면 누군가가 세움을 받습니다. 이런 내용은 한나의 기도에도 나오고, 드보라의 기도에도 나오고, 마리아의 기도에도 나옵니다. 즉 반전을 이루시는 하나님에 대해 성경은 일관되게 말하고 있는데, 우리가 이를 자주 놓치곤 합니다.

이 편지의 수신자 곧 예수를 믿어 고난을 받고 있는 초대교회의 히브리인들이 처한 상황을 보면, 그들은 다만 예수를 믿는다는 이유로 로마제국의 정치적, 사회적 핍박을 받을 뿐 아니라 동족들에게까지 배신자로 낙인이 찍혀 있었습니다. 그들이 '예수는 하나님이다'라고 외친 것이 유대인들의 유일신 사상을 배격하는 신성모독으로 여겨져 민족적 배신자 취급을 받았던 것입니다. 따라서 히브리서 수신자들인 기독교를 믿는 유대인들은 이중고를 겪었던 셈입니다. 히브리서는 그들이 겪는 고난과 현실에 대해 이런 질문으로 말을 겁니다. "예수를 믿는다는 것이 무슨 뜻인지 아느냐? 예수가 누구인지 아느냐?" 우리는 구원에 대해 이미 다 알고 있다고 생각하는 편인데, 히브리서 강해를 통해서 좀 더 깊이 현실에 답이 되는 내용으로 이해해 봅시다. 일단 로마서 3:21-26을 보겠습니다.

이제는 율법 외에 하나님의 한 의가 나타났으니 율법과 선지자들에게 증거를 받은 것이라. 곧 예수 그리스도를 믿음으로 말미암아 모든 믿는 자에게 미치는 하나님의 의니 차별이 없느니라. 모든 사람이 죄를 범하였으매 하나님의 영광에 이르지 못하더니 그리스도 예수 안에 있는 속량으로 말미암아 하나님의 은혜로 값없이 의롭다 하심을 얻은 자 되었느니라. 이 예수를 하나님이 그의 피로써 믿음으로 말미암는 화목제물로 세우셨으니 이는 하나님께서 길이 참으시는 중에 전에 지은 죄를 간과하심으로 자기의 의로우심을 나타내려 하심이니 곧 이때에 자기의 의로우심을 나타내사 자기도 의로우시며 또한 예수 믿는 자를 의롭다 하려 하심이라(롬 3:21-26).

율법 외에 하나님이 더 베푸신 은혜는 예수 즉 예수로 말미암은 구원입니다. 율법은 우리가 잘 아는 대로 잘잘못을 가려 줍니다. 잘하면 복 받고 잘못하면 벌 받는다고 하는 것이 율법이지만, 예수로 말미암은 구원은 거기서 더 나아간 것입니다. 그것이 은혜입니다. 이 은혜로 죄인을 구원하는 것입니다. 잘못한 자들에게 벌은커녕, 잘해야 받는 복보다 더 큰 복을 주는 것, 성경은 그것을 구원이라고 이야기합니다. 구원은 죄지은 자들이 받아야 할 벌에서 면제된 정도가 아니라, 로마서 3:23에 나오는 바와 같이 "모든 사람이 죄를 범하였으매 하나님의 영광에 이르지 못"하자 주어진 것입니다. 이렇게 구원은 하나님의 영광에 이르는 적극적인 것입니다.

예수를 믿는다는 말

성경은 죄를 소극적 관점에서 다루지 않고 적극적 관점에서 다룹니다. 흠 있고 잘못한 것을 책망하는 대상으로 죄가 등장하는 것이 아니라, 영광스럽고 놀랍고 기쁜 것으로 가지 못하는 것을 죄로 정의합니다. 그러니 죄를 안 짓는 것으로 자기 할 일을 다했다고 할 수 없습니다. 죄가 가로막고 있는 것을 넘어 창조가 목적한 자리로 가야 하는데 가지 못하고 있습니다. 그런데 우리가 건너지 못하는 자리를 하나님이 넘어오십니다. 성경은 하나님께서 반전을 만들어 내신 이 파격적인 그 무엇을 믿음이라고 말합니다. 하나님이 예수를 보내 믿음이라는 방법을 동원하여 당신의 영광을 충족시키고 완성하시겠다고 한 이것이 구원입니다.

우리는 죄가 무엇인지 압니다. 하나님과 분리되면 인간은 가치 있는 일이나 영광스러운 일이나 감사하는 일을 할 수 없는 존재입니다. 구원이란 기껏 옛날에 지은 죄를 용서받아 다시는 죄를 짓지 않고 사는 정도의 문제가 아닙니다. 단지 이 일을 위해 하나님의 아들이 오신 것이 아닙니다. 우리를 향한 창조하신 원래 목적을 이루기 위하여, 그 영광을 완성하기 위하여 주께서 오셨습니다. 이것을 믿음이라고 합니다.

믿음은 은혜에 속한 것입니다. 은혜는 잘 알다시피 일방적인 것입니다. 받는 사람이 조건과 자격을 갖추지 못했어도 용서와 회복을 주는 것이 은혜입니다. 그런데 이런 말을 들으면 얼른 드는 생각이 있습니다. 그렇다면 은혜라고 하면 되지, 왜 믿음이라고 하는가? 이런 질문은 믿음은 믿을 만한 것에 기대를 걸어 보는 것이라고 생각하는 데서 나온 것입니다. 만일에 대비해서 들어 두는 보험과 같은 개념으로 여긴다는 것입니다.

성경은 '믿음은 책임 있는 반응'이라고 이야기하고 싶어 합니다. 그런데 믿음을 책임 있는 반응으로 인식하게 되면, 은혜는 설 자리가 없는 것이 아닌가 생각할 수 있습니다. 그렇다면 은혜라고 해놓고서 왜 믿음이라는 것이 들어온 것인가 물을 수 있겠습니다. 그것은 은혜가 믿음을 만들기 때문입니다. 은혜는 믿음의 시초이고 은혜의 목적은 책임이라는 것입니다. 책임은 조건으로 작용하지 않고 결과로 작용합니다.

우리는 영광과 보람과 가치와 명예와는 전혀 동떨어진, 어두움과 못남과 비참함과 비극 속에 살다가 하나님이 예수를 보내어 우리를 뒤집어 놓으심으로써 원래 목적하신 세상과 인생을 살게 된 자들입니다. 이 일은 하나님의 은혜로 가능하게 되었습니다. 우리가 현실에서 겪는 신앙과 관련된 일들은 우리가 어떻게 하면 죄를 안 짓느냐, 또 죄를 안 지은 것에 대한 보상을 받느냐와 같은 소극적인 안심의 문제가 전부는 아니라는 것입니다. 우리가 어떤 존재인지를 몰라보는 세상 속에서 하나님 없이 사는 자들이 얼마나 비겁하고 헛되게 사는가를 보며, 하나님이 예수 안에서 우리에게 만들어 주신 것을 훈련하고 구체화하여 모험에 맞서는 기회로 삼아야 하는 적극적인 것이 있습니다. 그러니 하나님을 모르는 자들에게 우리는 이해할 수 없는 존재일 것입니다. 세상이 우리에게 보상해 주는 것이 아니라, 하나님이 예수 안에서 우리에게 위대한 기회를 주시어 명예로 보상해 주실 것입니다. 우리만이 세상의 빛입니다. 우리만이 생명입니다. 우리만이 진리입니다. 이것이 성경이 하고 싶은 이야기입니다.

그러니 예수를 믿는다는 말이 무슨 의미인지 이해해야 합니다. 하나님은 하나님의 하나님다우심을 예수를 보내심으로, 우리를 구원하심으로, 우리를 영광의 자리로 불러내심으로써 우리 인생과 존재에 증언하셨습니다. 우리는 영광으로 부름을 받았습니다. 우리에게 주신 나날은 그 부르심에 매일 순종하여 마침내 책임 있는 자로 실력을 쌓아 나가도록 은혜로 허락하신 기회입니다. 좋은 학교에 다닐수록 공부가 힘들듯이 우리의 신앙 인생도 고단할 수밖에 없습니다. 제일 속 편한 방법은 학교를 안 가는 것입니다. 톰 소여가 제일 부러워하는 사람이 허클베리 핀인 이유도 그것입니다.

공부하는 자리가 지닌 귀함과 멋을 모를 때에는 단추도 풀고, 호크도 뜯고, 책가방 손잡이도 떼어 옆구리에 끼고, 모자도 찢어 버린 다음 꿰매어 쓰고 다녔습니다. 공부는 힘만 들 뿐 명예라는 것은 모르겠고, 학교에 가긴 가야겠으니 마구 법석을 떨어서라도 시간을 죽이는 것입니다. 만일 다시 고등학교에 다닐 수 있게 된다면 어떻게 하겠습니까? 가장 단정히 입는 것이 가장 명예로운 것입니다. 하나님은 우리에게 그런 과정들을 겪게 하여 깨달음을 주십니다. "실제로 해봐라. 못나게 굴었던 네 과거가 교훈을 주고,

네가 훌륭하게 되는 일에 손해가 되지 않을 것이다."이것이 인생입니다.

모범생으로만 자라 온 사람들은 훌륭함의 가치를 잘 모를 수 있습니다. 석차에 대한 상대적 우월감만 있을 뿐입니다. 학창시절에는 공부 잘하는 것이 명예라는 것을 깨닫지 못합니다. 철없는 십대가 무얼 알겠습니까? 부모의 명령을 거역할 수 없어서 선생님에게 칭찬받으려고 공부했을 뿐입니다. 공부를 잘한다는 것이 얼마나 대단한 가치이며 얼마나 인성을 위대하게 만드는가를 아는 때는 육십이 넘어서입니다. 인내해야 하고, 성실해야 하고, 훈련을 반복해야 하고, 하루하루의 공부가 쌓여 일 년이 된다는 것을 알게 되는 때는 제 나이 즈음이어야 할 것입니다.

이 과정을 거치지 않고 나이가 든 사람은 없습니다. 우리는 지난 시절을 다 후회하며 삽니다. 그런데 이 후회가 일을 한다는 것입니다. 그것이 무엇을 만들려고 준 기회인가를 알아야 합니다. 이 후회가 다시 그 시절로 돌아가 잘못을 만회하고 싶게 한다면, 비유컨대 그것은 율법입니다. 후회가 지금을 위대하게 만들어야 합니다. 대학 떨어지고 재수한 것이 결코 손해가 아니었다는 것을 깨달아야 할 것입니다. 그것이 우리의 현실입니다.

명예롭게 살 위대한 기회

그렇다면 하나님의 하나님되심은 무엇을 만들어 냅니까? 하나님이 당신의 아들을 보내어 우리 스스로는 회복할 수 없고 만회할 수 없고 성취할 수 없는 것을 만들어 내십니다. 그 아들이 오셔서 무엇을 하십니까? 그가 오신 것 자체가 구원의 선포입니다. "하나님이 세상을 이처럼 사랑하사 독생자를 주셨으니 이는 그를 믿는 자마다 멸망하지 않고 영생을 얻게 하려 하심이라"(요 3:16).

구원은 하나님의 선포입니다. 이것으로 우리가 믿게 되었습니다. 우리의 성취나 노력에 대한 보상으로 받지 않았습니다. 왜 믿는지 우리는 모릅니다. 그러나 믿게 되었으니 이제 해야 할 일이 있습니다. 자꾸 내가 어쩌다 믿게 되었을까 하는 자리로 돌아가지 마십시오. 믿게 되었고 학교에 들어왔으니, 지금 나의 현실과 하나님이 예수를 보내어 허락하신 위대한 기회를 힘차게 살아가십시오. 하나님이 영광으로 완성시키기 위하여 일하신 결과가 나라는 존재임을 잊지 마십시오. 우리는 예수께서 오셔서 만들어 내신 창조, 용서, 구원, 부활, 영광을 이루는 과정의 권능에 붙잡혀 있는 존재입니다.

예수께서는 요한복음 13:34-35에서 이렇게 명령하십니다. "새 계명을 너희에게 주노니 서로 사랑하라. 내가 너희를 사랑한 것같이 너희도 서로 사랑하라. 너희가 서로 사랑하면 이로써 모든 사람이 너희가 내 제자인 줄 알리라"(요 13:34-35). 이것은 강요가 아닙니다. 물론 윽박지름도 아닙니다. 그것은 명예에 속한 것입니다. 예수를 믿지 않고는 사랑할 수 없습니다. 사랑이란 하나님에게만 있는 속성이자 특권입니다. 하나님이 우리에게 사랑할 권리를 주십니다. 세상은 왜 사랑을 할 수 없을까요? 예수 없이는 사랑할 수 없기 때문입니다. 하나님만이 사랑이시고, 하나님만이 그걸 우리에게 주실 수 있습니다.

하나님으로부터 나오지 않는 한, 그 누구도 사랑할 수가 없습니다. 세상은 사랑에 대해 갈증은 있으나 답을 갖고 있지 않습니다. 유행가에도 있듯, "사랑은 아무나 하나" 하며 한탄합니다. 대중가요에 나오는 사랑 타령을 보면, 사랑은 언제나 회한, 절망, 비극, 비명으로 표현됩니다. 거기에는 참다운 환희가 없습니다. 사랑의 진정한 환희는 하나님에 대한 감사로만 나타납니다. 하나님은 우리에게 이렇게 사랑할 수 있는 자격과 특권과 명예를 주셨습니다. 그래서 "하나님, 감사합니다"라는 감탄이 터져 나오는 것입니다.

자유

히브리서 강해 첫 시간에 함께 외우기로 했던 말씀이 기억나실 것입니다. 에베소서 1:3-6입니다. 구원이 무엇이며, 하나님의 뜻이 무엇인지 모르면, 현실을 긍정적이고 적극적으로 살아낼 수가 없습니다.

찬송하리로다. 하나님 곧 우리 주 예수 그리스도의 아버지께서 그리스도 안에서 하늘에 속한 모든 신령한 복을 우리에게 주시되 곧 창세 전에 그리스도 안에서 우리를 택하사 우리로 사랑 안에서 그 앞에 거룩하고 흠이 없게 하시려고 그 기쁘신 뜻대로 우리를 예정하사 예수 그리스도로 말미암아 자기의 아들들이 되게 하셨으니 이는 그가 사랑하시는 자 안에서 우리에게 거저 주시는 바 그의 은혜의 영광을 찬송하게 하려는 것이라(엡 1:3-6).

굉장하지 않습니까. 베토벤의 9번 교향곡과는 비교가 안 됩니다. 이 경이로움을 더 이상 어떻게 표현할 수 없으니 고음만 질러 댑니다. 음을 더 높여야 하는데, 인간의 목소리로는 더 이상 높일 방법이 없으니 최고의 음 높이로 "기뻐하고 찬송하라"가 됐습니다. 하나님은 어떤 분이시며, 하나님은 당신의 자랑을 어디에서 가장 크게 나타내셨습니까? 예수로 말미암은 구원에서 그렇게 하셨습니다. 하나님이 우리를 향해 원래 가지셨던 뜻 곧 창세전에 그리스도 안에서 우리를 택하사 하늘에 속한 모든 복을 받게 하시며, 사랑 안에서 그 앞에 세우기 위하여 우리의 찬송과 항복을 받아 내는 자리로 우리를 불러내셨습니다. 이것이 창조이며 구원입니다.

그 모든 초점이 예수님에게 있습니다. 하나님이 직접 오셨습니다. 그가 오셔서 우리의 현실을 사시고 우리가 부딪히는 모든 문제에 대하여 장애를 제거하시고 새로운 길을 여셨습니다. "내가 곧 길이요 진리요 생명이니 나로 말미암지 않고는 아버지께로 올 자가 없느니라"(요 14:6). 예수님이 없으면 안 된다와 같은 말씀은 부정적이고 배타적인 조건을 말하려고 한 것이 아닙니다. 예수님만 진리이며 오직 그분만이 창조자임을 말하려는 데 있습니다. 예수님만 무언가를 창조하십니다. 가치를 창조하시고 운명을 창조하십니다. 모든 가치 있고 보람차고 감사할 일은 하나님만 만드실 수 있습니다. 그 길을 통과하지 않는 구원은 없습니다.

세상 사람들이 종종 "저 사람은 예수 안 믿어도 천국 갈 사람이야"라고 말하는데, 이는 기독교를 전혀 몰라서 하는 이야기입니다. 착한 것 정도로는 부족합니다. 마음에 거리낌이 없는 정도로도 부족합니다. 오히려 거리낌이 많을수록 좋습니다. 대신 훌륭해지십시오. 잘못한 것이 문제가 아닙니다. 그것이 후회가 되고 부끄러움이 되어 갖게 되는 적극적 위대함, 감사와 자랑과 영광으로 가는 인생을 살도록 오늘이 주어져 있음을 기억하십시오.

아무것도 아닌 조건, 모두가 장애물이 되고 방해가 되고 억울하기만 한 조건 속에서 하나님은 "사랑이란 그 모든 것 위에 있다"는 것을 어디서 증명하십니까? 예수님에게서 증명하십니다. 그가 육체를 입고 이 세상에 오셔서 오해를 받고 배신을 당하고 수치를 겪고 채찍에 맞고 마침내 "자칭 유대인의 왕"이라는 명패가 붙은 십자가에서 죽습니다.

인간이 만들어 낼 수 있는 최고의 영광은 권력에 불과합니다. 폭력에 불과합니다. 누군가를 무릎 꿇려야만 자신을 확인할 수 있다고 생각한다면 그것은 부끄러워해야 할 일입니다. 우리 자신을 위하여 그렇습니다. 섬길 수 있고 용서할 수 있는 것이야말로 우리 생애의 가장 큰 특권입니다. 주께서 오셔서 걸으신 그 구원의 길에 하나님이 우리를 동참시키셨습니다. 그 일에서 우리를 살아 있는 증거와 기적으로 쓰고 있다는 사실로 인해서 우리의 하루는 감사가 넘치게 됩니다.

요한복음 15:9-17을 보겠습니다. 성경에 얼마나 놀라운 선언과 약속이 있는가를 확인하여 누리시기 바랍니다.

자유

아버지께서 나를 사랑하신 것같이 나도 너희를 사랑하였으니 나의 사랑 안에 거하라. 내가 아버지의 계명을 지켜 그의 사랑 안에 거하는 것같이 너희도 내 계명을 지키면 내 사랑 안에 거하리라. 내가 이것을 너희에게 이름은 내 기쁨이 너희 안에 있어 너희 기쁨을 충만하게 하려 함이라. 내 계명은 곧 내가 너희를 사랑한 것같이 너희도 서로 사랑하라 하는 이것이니라. 사람이 친구를 위하여 자기 목숨을 버리면 이보다 더 큰 사랑이 없나니 너희는 내가 명하는 대로 행하면 곧 나의 친구라. 이제부터는 너희를 종이라 하지 아니하리니 종은 주인이 하는 것을 알지 못함이라. 너희를 친구라 하였노니 내가 내 아버지께 들은 것을 다 너희에게 알게 하였음이니라. 너희가 나를 택한 것이 아니요 내가 너희를 택하여 세웠나니 이는 너희로 가서 열매를 맺게 하고 또 너희 열매가 항상 있게 하여 내 이름으로 아버지께 무엇을 구하든지 다 받게 하려 함이라. 내가 이것을 너희에게 명함은 너희로 서로 사랑하게 하려 함이라(요 15:9-17).

사랑하는 일의 명예를 기억하십시오. 우리가 예수를 택한 것이 아니라, 예수께서 우리를 택하셨음을 기억하십시오. 우리는 이미 예수님을 믿고 있습니다. 어떻게 하면 잘 믿을까 하는 고민이 안심과 보상으로 가기 위한 것이라면, 그것은 부끄러운 일입니다. 사랑은 보상을 원하지 않습니다. 사랑은 그 자체로 영광이기 때문입니다. 하나님이 우리를 만드시고 채우시고 키우시고 완성하시며 동시에 우리와 함께 일하여 이 어두운 세상에 빛으로, 구원으로, 기적으로, 권능으로 임하고 계신 줄 아는 복된 인생을 사시기 바랍니다.

11

구원에 요구된 책임

사 60:1-9

일어나라. 빛을 발하라. 이는 네 빛이 이르렀고 여호와의 영광이 네 위에 임하였음이니라. 보라, 어둠이 땅을 덮을 것이며 캄캄함이 만민을 가리려니와 오직 여호와께서 네 위에 임하실 것이며 그의 영광이 네 위에 나타나리니 나라들은 네 빛으로, 왕들은 비치는 네 광명으로 나아오리라. 네 눈을 들어 사방을 보라. 무리가 다 모여 네게로 오느니라. 네 아들들은 먼 곳에서 오겠고 네 딸들은 안기어 올 것이라. 그때에 네가 보고 기쁜 빛을 내며 네 마음이 놀라고 또 화창하리니 이는 바다의 부가 네게로 돌아오며 이방 나라들의 재물이 네게로 옴이라. 허다한 낙타, 미디안과 에바의 어린 낙타가 네 가운데에 가득할 것이며 스바 사람들은 다 금과 유향을 가지고 와서 여호와의 찬송을 전파할 것이며 게달의 양 무리는 다 네게로 모일 것이요 느바욧의 숫양은 네게 공급되고 내 제단에 올라 기꺼이 받음이 되리니 내가 내 영광의 집을 영화롭게 하리라. 저 구름 같이, 비둘기들이 그 보금자리로 날아가는 것같이 날아오는 자들이 누구냐. 곧 섬들이 나를 앙망하고 다시스의 배들이 먼저 이르되 먼 곳에서 네 자손과 그들의 은금을 아울러 싣고 와서 네 하나님 여호와의 이름에 드리려 하며 이스라엘의 거룩한 이에게 드리려 하는 자들이라. 이는 내가 너를 영화롭게 하였음이라.

회복되었으나 낙심하는 백성들

이 본문은 하나님 약속이 당신의 백성들에게 얼마나 영광스럽고 분명한 것인지 힘을 다해 격려하고 명령하는 것으로 보입니다. "일어나라. 빛을 발하라. 이는 네 빛이 이르렀고 여호와의 영광이 네 위에 임하였음이니

138

라"(1절). 모든 기독교 신자들이 가지는 복음의 위대함, 하나님의 약속과 승리와 영광에 대한 성경의 격려와 선언이 우리를 놀랍게 찾아오고 있습니다. 그리고 다음 2절에서 "보라, 어둠이 땅을 덮을 것이며 캄캄함이 만민을 가"릴 것이라고 말씀합니다. 이처럼 놀라운 영광과 그에 대한 책임은 캄캄한 땅, 어두운 곳에서 수행해야 할 사명이 되는 것입니다.

우리가 이제껏 살펴본 이사야 56-59장에서는, 하나님의 일하심에서 원칙과 심판으로 이해된 1차적 세계관이 먼저 보였습니다. 왜냐하면 이스라엘은 그들이 범한 죄, 약속의 실패, 도덕적 타락에 의하여 멸망을 받았으므로 하나님의 통치에 대한 우리의 일차적 이해는 당연히 율법과 심판으로 이해되는 세계였습니다.

그러나 하나님은 포로된 이스라엘에게 어떠한 정치력이나 군사력과는 상관없이 단지 하나님의 은혜와 신실하심으로 구원을 약속하셨고, 또 이루십니다. 그들은 본토로 돌아왔고, 자기들을 붙잡아 갔던 나라에서 충분한 지원을 받아 예루살렘을 재건하게 됩니다. 그것은 분명히 하나님의 통치가 우리가 살고 있는 세계에서 원칙과 심판으로만 드러나지 않고, 하나님의 신실하심과 약속과 의지에 관한 은혜와 구원의 세계라는 것을 보여주는 것입니다.

그들이 돌아온 곳은 분명 하나님의 약속이 성취되었음에도 불구하고 곤고한 자리였습니다. 땅은 황폐하고 흉년이 들어 기근이 심했으며, 예루살렘을 재건하는 일에 시달렸고, 70년 포로 기간 동안에 들어와 살고 있던 이주민들의 배척과 주변 이방 나라들에 의하여 방해를 받습니다. 그들은 실망하고 침체되어 거의 체념하는 수준에까지 이르게 됩니다. 구약이 끝나는 시대쯤 되면 말라기에서 증언하듯이, 모두가 신앙에 대한 자신도 없어지고 인생에 대한 소망도 의지도 없는, 그래서 원망하고 잊고 사는 쇠락한 나라와 백성들이 되고 맙니다.

그런 곳에서 하나님은 도대체 무엇을 하시는 것일까요? 이는 우리가 던지는 가장 큰 질문입니다. 왜냐하면 그 사실이 이스라엘의 역사이기도 하고 우리의 현실도 되기 때문입니다. 예수님을 믿고 사는 신앙생활에 분명한 감격과 회복과 용서와 소망이 있는데도 불구하고, 시간이 지남에 따라 잊히고 낙심되고 타협하는, 힘을 낼 수 없었던 현실이 지난 2천 년 동안의 기독교 역사이고 우리의 인생이라는 것입니다.

이 고난 속에서 하나님께서 은혜를 베푸시고 구원의 약속을 이루신 것이 사실이면서도 우리 마음에 다 들지는 않는다는 것입니다. 우리가 소원하는 것이 다 응답받은 것은 아니어서 의심과 고통, 도망갈 수 없는 현실을 마주하게 됩니다. 우리가 그런 이사야 59장까지 온 것입니다. "고난은 인생보다 크다." 고난은 우리의 믿음보다 큰 것 같습니다. 그러나 하나님이 1차적 세계관을 넘어서 우리에게 은혜와 약속을 주실 수 있었다면, 결국은 우리의 믿음과 인생과 존재와 운명이 고난보다 큰 것임을 반증하는 것이라고 하는 데까지 온 것입니다.

생명의 성령의 법 아래 있는 자

이제 이사야 60장입니다. "일어나라. 빛을 발하라." 이런 명령의 차원에서 이사야 60장을 읽을 때 그 앞의 장들과 연계해서 읽게 되면, 이 60장은 참으로 느닷없다고 할 수밖에 없습니다. 우리는 지난 과거에 '일어나라. 빛을 발하라'는 주제를 가지고 수련회로 모여서 복음송을 부르고 울고 회개하고 감격했던 때가 있었습니다. 그런 감격을 가지고 돌아오던 버스 안에서 이 말씀을 나누었는데, 몇 년이 흐른 후 그때 그랬던 것이 사실이었는지, 아직도 그 불길이 나에게 남아 있는지 의문이 들게 하는 말씀 같습니다.

로마서 8장에 이 문제에 대한 기가 막힌 신약성경의 해답이 나옵니다.

자유

하지만 사람들이 미처 그 가치를 다 읽어 내지 못하는 것 같습니다. "그러므로 이제 그리스도 예수 안에 있는 자에게는 결코 정죄함이 없나니 이는 그리스도 예수 안에 있는 생명의 성령의 법이 죄와 사망의 법에서 너를 해방하였음이라"(롬 8:1-2). 우리가 잘 아는 말씀입니다. 생명의 성령의 법이 죄와 사망의 법에서 우리를 구원합니다. 말하자면 인류의 현실은 죄와 사망의 법이었고, 거기에 생명의 성령의 법이 들어온 셈입니다. 생명의 성령의 법이 들어온 이유는, 우리가 죄와 사망의 법을 이길 수 없었기 때문입니다. 그것은 몇 절 앞에 나오는 로마서 7:24에서 보는 대로 "오호라, 나는 곤고한 사람이로다. 이 사망의 몸에서 누가 나를 건져내랴"라는 구절에 압축되어 있습니다. 우리는 선을 알아도 행할 수 없는 수준이었습니다.

우리는 사망을 이기지 못합니다. 죽음뿐 아니라, 우리가 저지르는 일이 모두 사망에 종속되어 있다는 것입니다. 우리의 자랑은 그저 몸짓에 불과합니다. 우리의 행복은 다만 도망간 것에 불과하다고 이야기합니다. 우리의 승리는 누군가를 약탈한 것이며, 우리의 정직은 선택의 여지가 없는 것 정도에 불과하다는 것입니다. 그렇지 않습니까? 세상은 사망을 이기지 못하고 모든 덕목이 사망 아래 있다는 것입니다.

세상에서 우리가 선이라고 생각하는 것들은 우리가 다 행할 수도 없고, 행해 봤자 다 거짓인 것입니다. 거기에 하나님이 예수 그리스도로 말미암아 생명의 성령의 법을 주십니다. 그러니까 예수님 안에 있으면 이야기가 달라지는 것입니다. 뭐가 달라집니까? 잘못한 것도 손해를 보지 않습니다. 성경은 분명히 그렇다고 선언합니다. "하나님을 사랑하는 자 곧 그의 뜻대로 부르심을 입은 자들에게는 모든 것이 합력하여 선을 이루느니라"(롬 8:28).

예수님을 믿는 일에서 가장 놀라운 기적은 우리가 잘못한 데서도 하나님이 은혜를 담아내신다는 사실입니다. 세상은 이기더라도 사망에 종속

되지만, 우리는 실패할지라도 그것이 생명에 종속된다는 것입니다. 이처럼 다른 두 가지 것이 현실 속에 있습니다. 이것이 우리를 혼란스럽게 하는 이유입니다.

그리스도 예수 안에 있는 생명의 성령의 법이 우리를 죄와 사망의 법에서 해방시켜 주셨을지라도, 그 구원의 완성은 예수님이 다시 오실 때까지 보류되어 있습니다. 아직도 죄와 사망의 법이 권력을 행사하는 구조와 환경 속에서 우리로 하여금 생명의 성령의 법을 누리는 자로 살아내라고 하십니다. 이렇게 살아내는 자리에 우리의 고난이 존재한다고 말합니다. 로마서 8장은 우리가 고난 속에 살아야 한다는 사실에 대하여 이야기합니다. 로마서 8:14-17을 보겠습니다.

> 무릇 하나님의 영으로 인도함을 받는 사람은 곧 하나님의 아들이라. 너희는 다시 무서워하는 종의 영을 받지 아니하고 양자의 영을 받았으므로 우리가 아빠 아버지라고 부르짖느니라. 성령이 친히 우리의 영과 더불어 우리가 하나님의 자녀인 것을 증언하시나니 자녀이면 또한 상속자 곧 하나님의 상속자요 그리스도와 함께 한 상속자니 우리가 그와 함께 영광을 받기 위하여 고난도 함께 받아야 할 것이니라(롬 8:14-17).

이 생명의 성령의 법 아래 있는 자는 반드시 통과해야 할 과정이 있습니다. 그것은 죄와 사망의 법이라는 구조 환경 속을 통과해야 하는 것입니다. 왜 하나님은 그렇게 하도록 하실까요? 이는 우리가 고난에 대하여 던질 정당한 질문일 것입니다. 고난은 없어야 할 것인데 있는 것도 아니고, 우리의 믿음이 부족해서 생기는 것도 아닙니다. 우리에게 고난이 있는 것은 세상이 아직도 가지고 있는 죄와 사망의 권세 속에서 하나님이 생명의 성령의 법을 우리 안에 충만하게 하시고 또 영광으로 다듬고 계시기 때문입니다. 거기를 통과해야 하는 까닭에 고난은 겪어야 할 과정일 수밖에 없다는 것입니다. 우리는 그것을 수긍해야 합니다.

구원에 요구된 책임

로마서 6:3-4을 보겠습니다.

> 무릇 그리스도 예수와 합하여 세례를 받은 우리는 그의 죽으심과 합하여 세례를 받은 줄을 알지 못하느냐. 그러므로 우리가 그의 죽으심과 합하여 세례를 받음으로 그와 함께 장사되었나니 이는 아버지의 영광으로 말미암아 그리스도를 죽은 자 가운데서 살리심과 같이 우리로 또한 새 생명 가운데서 행하게 하려 함이라(롬 6:3-4).

여기서 "새 생명"이라는 표현은 새 사람으로 소개된 새로운 정체성, 신분, 지위, 운명을 가진 존재로서 그를 우리라고 부르고 있습니다. 그런데 로마서 6:15-19은 그런 존재가 어떤 자리에 놓여 있는가를 말하고 있습니다.

> 그런즉 어찌하리요. 우리가 법 아래에 있지 아니하고 은혜 아래에 있으니 죄를 지으리요. 그럴 수 없느니라. 너희 자신을 종으로 내주어 누구에게 순종하든지 그 순종함을 받는 자의 종이 되는 줄을 너희가 알지 못하느냐. 혹은 죄의 종으로 사망에 이르고 혹은 순종의 종으로 의에 이르느니라. 하나님께 감사하리로다. 너희가 본래 죄의 종이더니 너희에게 전하여 준 바 교훈의 본을 마음으로 순종하여 죄로부터 해방되어 의에게 종이 되었느니라. 너희 육신이 연약하므로 내가 사람의 예대로 말하노니 전에 너희가 너희 지체를 부정과 불법에 내주어 불법에 이른 것같이 이제는 너희 지체를 의

에게 종으로 내주어 거룩함에 이르라(롬 6:15-19).

생명의 성령의 법 아래 있게 되면 죄와 사망의 법과 결별하는 줄 알았
는데, 그 안에서 둘 중 하나를 선택해야 하는 갈등과 위기를 만나게 된다는
것입니다. 이 선택은 구원을 받느냐, 못 받느냐를 넘어서는 것입니다. 구원
이 이미 주어졌기 때문에 주어지는 선택이라는 것이지요. 구원을 받지 못
한 사람들은 생명의 성령의 법을 선택할 수 없습니다. 하지만 구원으로 넘
어온 우리에게 죄와 사망의 법, 생명의 성령의 법을 나란히 놓고 어느 하나
를 선택하라고 합니다. 그것은 있을 수 없는 문제 아닙니까? 무슨 선택의
문제가 되겠습니까? 당연히 생명의 성령의 법을 선택해야 하지 않겠습니
까? 그런데 현실은 그렇지 않다는 것입니다. 우리는 죄와 사망의 법 아래
너무나 자주, 너무나 많이 사로잡혀 있습니다. 에베소서 4:17-24에서는 이
동일한 내용을 다른 식으로 묘사하고 있습니다.

그러므로 내가 이것을 말하며 주 안에서 증언하노니 이제부터 너희는 이방
인이 그 마음의 허망한 것으로 행함 같이 행하지 말라. 그들의 총명이 어두
워지고 그들 가운데 있는 무지함과 그들의 마음이 굳어짐으로 말미암아 하
나님의 생명에서 떠나 있도다. 그들이 감각 없는 자가 되어 자신을 방탕에
방임하여 모든 더러운 것을 욕심으로 행하되 오직 너희는 그리스도를 그같
이 배우지 아니하였느니라. 진리가 예수 안에 있는 것같이 너희가 참으로
그에게서 듣고 또한 그 안에서 가르침을 받았을진대 너희는 유혹의 욕심을
따라 썩어져 가는 구습을 따르는 옛 사람을 벗어 버리고 오직 너희의 심령
이 새롭게 되어 하나님을 따라 의와 진리의 거룩함으로 지으심을 받은 새
사람을 입으라(엡 4:17-24).

로마서 6장에 따르면, 우리는 이미 새 사람입니다. 그런데 에베소서 4장에서는 "새 사람을 입으라"고 권면합니다. 우리는 옛 사람을 고집할 수도 있고 새 사람을 입을 수도 있는, 구원을 받았으나 왔다 갔다 할 수 있는 존재인 것이 현실적으로 분명합니다. 우리는 신앙생활에서 옛 사람이 그 마음에 굳어짐으로 무지함 속에서 방탕으로 방임하는 인생을 보내는 것이 아니라, 새 사람으로 살며 새 생명 가운데 있고 예수님에게서 배운 삶을 살아내야 한다는 것을 알고 있습니다. 그런데 이것이 잘 안 됩니다. 그렇게 잘 안 되는 상태가 허락되어 있다는 것이 이해되지 않습니다. 우리는 기도합니다. "죄를 짓고 싶지 않습니다. 물리쳐 주시옵소서." 우리가 죄 문제를 놓고 드리는 기도입니다. 그런데 그렇게 해주시지 않습니다. "하나님은 내 기도를 안 들어주시니, 목사님에게 가서 기도를 부탁하는 수밖에 없다." 그래서 산더미 같은 기도 주문서가 제 방에 들어와 있습니다. 저에게 대신 살아 달라는 것입니다. 이 문제에 대하여 예수님이 직접 하신 답이 있습니다. 요한복음 8:31-43을 보겠습니다.

그러므로 예수께서 자기를 믿은 유대인들에게 이르시되 너희가 내 말에 거하면 참으로 내 제자가 되고 진리를 알지니 진리가 너희를 자유롭게 하리라. 그들이 대답하되 우리가 아브라함의 자손이라. 남의 종이 된 적이 없거늘 어찌하여 우리가 자유롭게 되리라 하느냐. 예수께서 대답하시되 진실로 진실로 너희에게 이르노니 죄를 범하는 자마다 죄의 종이라. 종은 영원히 집에 거하지 못하되 아들은 영원히 거하나니 그러므로 아들이 너희를 자유롭게 하면 너희가 참으로 자유로우리라. 나도 너희가 아브라함의 자손인 줄 아노라. 그러나 내 말이 너희 안에 있을 곳이 없으므로 나를 죽이려 하는도다. 나는 내 아버지에게서 본 것을 말하고 너희는 너희 아비에게서 들은 것을 행하느니라. 대답하여 이르되 우리 아버지는 아브라함이라 하니 예수께서 이르시되 너희가 아브라함의 자손이면 아브라함이 행한 일들을 할 것이거늘 지금 하나님께 들은 진리를 너희에게 말한 사람인 나를 죽이려 하는도다. 아브라함은 이렇게 하지 아니하였느니라. 너희는 너희 아비가 행한 일들을 하는도다. 대답하되 우리가 음란한 데서 나지 아니하였고 아버지는 한 분뿐이시니 곧 하나님이시로다. 예수께서 이르시되 하나님이 너희 아버지였으면 너희가 나를 사랑하였으리니 이는 내가 하나님께로부터 나와서 왔음이라. 나는 스스로 온 것이 아니요 아버지께서 나를 보내신 것이니라. 어찌하여 내 말을 깨닫지 못하느냐. 이는 내 말을 들을 줄 알지 못함이로다(요 8:31-43).

예수님이 유대인들과 벌인 논쟁은 "진리를 알지니 진리가 너희를 자유롭게 하리라"로 시작합니다. 그 논쟁은 이렇게 진행됩니다. "우리에게 무슨 자유가 필요한가? 우리는 남에게 종이 된 적이 없었다." "너희가 죄를 짓는 것을 보니 너희는 죄의 종이다." "아니다. 우리는 아브라함의 자손이다." "아브라함은 너희같이 굴지 않을 것이다. 아브라함이 나를 봤으면 내 말을 따랐을 것이다. 나는 아버지가 보내서 왔는데 너희는 내 말을 들으려 하지 않는다." "아버지는 한 분뿐이시다." "그렇다. 아버지가 나를 보내셨다. 그러나 너희는 나를 사랑하지 않기 때문에 내 말을 듣지 않는다. 너희는 내 말을 들을 실력이 없다. 너희는 마귀에게서 나왔다." 이렇게 된 것입니다.

이 장에 나오는 중요한 단어들을 열거해 보겠습니다. 진리, 사랑, 순종, 자유, 이런 것이 무엇일까요? 자유란 진리에 자신을 헌신할 수 있게 하는 것입니다. 저들은 예수님을 모르기 때문에 진리 역시 알 수 없습니다. 그들이 예수님을 모르는 이유는 죄의 종이기 때문입니다. 그러니까 예수께서 오셔서 우리를 죄로부터 구원하시고, 하나님을 만나게 하셔서 우리로 진리를 보게 하셨습니다. 이로써 우리에게 자유가 생깁니다. 그런데 하나님은 어찌된 일인지 이 자유를 그저 선물로만 주시지 않고 책임으로 요구하십니다. 세상이 궁극적 권력을 가진 것처럼 우리를 거스르고 위협하는 폭력의 현장에서, 하나님은 우리에게 하나님의 사람인 인생을 살라고 하십니다. 그것이 신자가 겪는 고난입니다.

이 문제는 성경을 들이댈 것도 없이 아서 클라인만이 쓴 『당신의 삶을 결정하는 것들』이라는 책에도 나옵니다. "아무 일 없는 것같이, 두 세상을 사는 자기기만과 침묵은 모든 가치와 진실과 희망을 망친다. 죽고 말 인생을 사는, 그래서 체념하고 사는 사람들조차도 사는 동안은 진실하게 사는 것이 최고다"라고 말합니다.

지금은 두 가지 실재, 즉 타락이라는 사실과 새 창조라는 사실이 공존하고 있습니다. 하나님은 우리를 타락에서부터 새 창조로 부르셔서 그의 백성으로 살게 하는 일에서, 우리에게 주신 자유를 당신을 위하여 쓰도록 요구하십니다. 그것이 신앙생활인 것입니다. 그것은 마치 다음과 같습니다. 우리가 아직 죄인되었을 때 그리스도께서 오셔서 우리 죄를 위하여 죽으심으로 하나님께서 우리를 향한 사랑을 확인해 주셨듯이, 우리에게 구원을 주시되 사망과 고난과 수치와 고통의 조건 속에서 하나님을 사랑하고 하나님께 순종할 기회를 주시는 것과 같습니다.

여러분에게는 고통이라는 문제 때문에 그 가치가 부정적으로 보일 것입니다. 그러나 예수님은 이 땅에 오셔서 인생을 사시고, 배신을 당하시고, 고난을 겪으시고, 수치를 당하시며, 조롱과 폭력 속에 죽으시는 모든 것을 명예와 기쁨으로 아셨습니다. 빌립보서 2장에서 하나님은 당신의 영광으로 예수 그리스도의 죽으심을 맨 위에 놓으셨습니다.

나와 함께 싸우고, 나와 함께 가자

하나님이 우리에게 고난을 요구하시는 것은 고난과 고통과 거스름 속에서 하나님이 허락하신 새 창조, 곧 구원을 살아내라고 하시는 것입니다. 그것은 우리를 대접하시는 명예가 됩니다. "너, 내 뒤에 숨어"라고 하시는 것이 아니라, "나와 함께 싸우자. 나와 함께 가자"라고 책임을 나누는 그 일이야말로 모든 기독교 신자들의 영광일 것입니다. 지금 제가 설명을 드린 것처럼 에베소서 5:8-14에서 이 문제를 설명합니다.

> 너희가 전에는 어둠이더니 이제는 주 안에서 빛이라. 빛의 자녀들처럼 행하라. 빛의 열매는 모든 착함과 의로움과 진실함에 있느니라. 주를 기쁘시게 할 것이 무엇인가 시험하여 보라. 너희는 열매 없는 어둠의 일에 참여하지 말고 도리어 책망하라. 그들이 은밀히 행하는 것들은 말하기도 부끄러운 것들이라. 그러나 책망을 받는 모든 것은 빛으로 말미암아 드러나나니 드러나는 것마다 빛이니라. 그러므로 이르시기를 잠자는 자여, 깨어서 죽은 자들 가운데서 일어나라. 그리스도께서 너에게 비추이시리라 하셨느니라(엡 5:8-14).

은밀히 행하고 부끄럽게 행한 것들이 빛 가운데 드러나게 하심으로써, 하나님이 우리를 고치시고 회복하시고 더 멋진 길로 나가게 하실 것입니다. 남들을 비난하고 정죄하는 것이 빛이 아니라 우리 자신을 위한 빛이 될 것입니다. 그러니 일어나십시오. 빛을 비추십시오. "그런즉 너희가 어떻게 행할지를 자세히 주의하여 지혜 없는 자 같이 하지 말고 오직 지혜 있는 자 같이 하여 세월을 아끼라"(엡 5:15-16).

시간을 살아가십시오. 외치고 주장하고 잘 써서 집에 붙여 놓기만 하

자유

지 말고, 이제는 살아내십시오. 시간을 채우십시오. 모든 경우에 신자로서 대답하십시오. 한 가지 결론을 외우고 있으면서 누가 질문을 할 때마다 품 속에서 답을 꺼내는 행위를 하시지 말고, 여러분이 선 자리에서 자신의 역 할을 신자답게 하십시오. "그러므로 어리석은 자가 되지 말고 오직 주의 뜻이 무엇인가 이해하라. 술 취하지 말라. 이는 방탕한 것이니 오직 성령 으로 충만함을 받으라"(엡 5:1-18).

여러분, 도망가지 마십시오. 면책을 요구하지 마십시오. 마취 주사를 맞지 마십시오. 깨어 있으십시오. 거기서 당해야 되는 것 당하고, 도망가지 않고 서 있어야 할 자리를 지켜 내십시오. 그것이 여기서 말하는 술 취하지 말라는 뜻입니다. 여러분이 하고 싶은 만큼 하지 못하는 신앙 실력에 대해 서는 다음에 더 잘하겠다고 속으로 우십시오. 매 순간 여러분을 자라나게 하십시오. 경험하여 실력이 되게 하십시오.

시와 찬송과 신령한 노래들로 서로 화답하며 너희의 마음으로 주께 노래하 며 찬송하며 범사에 우리 주 예수 그리스도의 이름으로 항상 아버지 하나 님께 감사하며 그리스도를 경외함으로 피차 복종하라(엡 5:19-21).

이런 것들이 나올 수 있으려면 앞의 것들을 행할 수 있어야만 합니다. 그것은 다만 노래도 소원도 아니고, 우리가 맡은 역할이 무엇인지를 아는 자들만 할 수 있습니다. 그것은 찬송과 감사와 복종입니다.

또 다른 인문학 책인 데이비드 브룩스의 『인간의 품격』에서도 이런 성경 구절을 방불케 하는 문장이 있습니다. "실수했다는 것을 깨닫고 한계 의 무게를 느낄 때, 우리는 자신이 도전을 받고 있으며, 극복하고 초월해야 할 상대가 만만치 않다는 것을 깨닫는다. 각각의 결함은 삶의 질서와 의미 를 가져오는 전투를 벌이고, 더 나은 사람이 될 기회가 된다. 그리고 그 과정에서 자신의 실패의 존엄성이 부여된다."

　우리는 죽고 말 인생도 이렇게 해야 가치가 있다는 것을 알아야 합니다. 이길 운명과 영광을 부여받고 종말론적 시간의 역순 속에서 살아내게 하신 인생임을 알아야 합니다. 져도 끝나지 않고, 실패가 끝일 수 없는 운명을 가지고 있는 신자의 지위와 운명이 무엇인지 알고 있다면, 우리야말로 빛으로 살아야 마땅합니다. 그것은 우리의 책임이자 권리이며, 영광이자 감사이고, 명예이며 현실인 것입니다

12

책임의 본질

히 3:7-19

그러므로 성령이 이르신 바와 같이 오늘 너희가 그의 음성을 듣거든 광야에서 시험하던 날에 거역하던 것같이 너희 마음을 완고하게 하지 말라. 거기서 너희 열조가 나를 시험하여 증험하고 사십 년 동안 나의 행사를 보았느니라. 그러므로 내가 이 세대에게 노하여 이르기를 그들이 항상 마음이 미혹되어 내 길을 알지 못하는도다 하였고 내가 노하여 맹세한 바와 같이 그들은 내 안식에 들어오지 못하리라 하였다 하였느니라. 형제들아, 너희는 삼가 혹 너희 중에 누가 믿지 아니하는 악한 마음을 품고 살아 계신 하나님에게서 떨어질까 조심할 것이요 오직 오늘이라 일컫는 동안에 매일 피차 권면하여 너희 중에 누구든지 죄의 유혹으로 완고하게 되지 않도록 하라. 우리가 시작할 때에 확신한 것을 끝까지 견고히 잡고 있으면 그리스도와 함께 참여한 자가 되리라. 성경에 일렀으되 오늘 너희가 그의 음성을 듣거든 격노하시게 하던 것같이 너희 마음을 완고하게 하지 말라 하였으니 듣고 격노하시게 하던 자가 누구냐. 모세를 따라 애굽에서 나온 모든 사람이 아니냐. 또 하나님이 사십 년 동안 누구에게 노하셨느냐. 그들의 시체가 광야에 엎드러진 범죄한 자들에게가 아니냐. 또 하나님이 누구에게 맹세하사 그의 안식에 들어오지 못하리라 하셨느냐. 곧 순종하지 아니하던 자들에게가 아니냐. 이로 보건대 그들이 믿지 아니하므로 능히 들어가지 못한 것이라.

믿음은 순종으로 드러나야 함

이 본문 말씀은 출애굽 사건을 예로 들어 히브리서의 수신인 곧 박해와 어려움 속에서 당황하고 실족하고 머뭇거리는 초대교회 교우들을 힘 있게 격려하고 있습니다. 여기서 주목할 내용은 출애굽 당시 큰 기적으로 구원을 얻은 이스라엘 선조들이 광야 생활을 하는 동안 불순종하여 가나안에 들어가지 못하고 광야에서 죽어 나갔다는 사실입니다.

순종은 예수를 믿는 사람들에게 늘 요구되는 성경의 명령입니다. 우리는 흔히들 "믿음이 없어서 순종하지 못했다"는 말을 씁니다. 순종은 분명 믿음의 행위이고, 믿음은 순종으로 드러납니다. 그런데 많은 경우에서 그렇듯이, 당연한 결론을 강조한다고 해서 반드시 사람이 그렇게 하지는 않습니다. 당연한 결론을 자기 것으로 만드는 데는 수많은 시행착오를 거치게 됩니다.

성경은 이 일을 위해 시간과 과정과 훈련이 필요하다고 말씀합니다. 하지만 성도 대부분은 시간이 안 드는 판별이나 결론, 보상 같은 것을 원합니다. 우리가 이 시간성을 외면하면 시간과 과정이 만들어 내려는 것을 놓치게 되어 깊은 안목을 기를 수 없습니다. 그런 안목은 자기 눈앞의 도전을 극복해야 할 믿음이 요구되는 현실에 부딪쳤을 때 꼭 필요한 것입니다. 이런 안목이 없으면서 이스라엘 백성의 실패를 논하는 것은 전혀 의미가 없습니다. 그래서 본문 14절에 있는 권면 즉 "우리가 시작할 때에 확신한 것을 끝까지 견고히 잡고 있으면 그리스도와 함께 참여한 자가 되리라"는 말씀은 당연하면서도 어렵습니다.

첫사랑, 첫 믿음, 첫 다짐, 첫 마음과 같은 단어가 있다는 것은 인간이 한결같지 않기 때문입니다. 늘 변하고, 또 변하기 쉬운 존재라는 사실을 우리 자신이 잘 압니다. 본문이 인용한 출애굽 사건을 보면 더 이해가 됩니다. 하나님은 이스라엘 백성을 애굽에서 꺼내신 것이지, 그들에게 애굽을 주신 것이 아닙니다. 아마 이스라엘 백성들은 여기서부터 일이 꼬였다고 느꼈을지 모릅니다. 우리 생각에는 하나님이 바로를 죽이신 다음 이스라엘 백성을 잘 대변해 줄 수 있는 권력자를 세워 고충을 해결해 주고 비옥한

땅에서 잘 먹고 잘 살게 했으면 문제가 없었을 것 같습니다. 그런데 하나님
은 그렇게 하시지 않고 그들에게 약속의 땅으로 가라고 하십니다.

　애굽에서 약속의 땅 가나안에 이르는 거리는 상당히 떨어져 있습니
다. 그 둘 사이에 광야 지대가 있고, 이스라엘 백성은 이 광야를 지나 가나
안으로 들어가는 동안 여러 일들을 겪습니다. 여행의 고단함, 광야 생활
의 불편함, 먹을 것과 마실 것이 없는 삶, 기약 없는 막막함 같은 것이 이스
라엘 백성에게 큰 시험거리가 됩니다. 그래서 이스라엘 백성은 큰 기적을
본 후 해방되어 찬송과 기쁨으로 출애굽 여정을 시작했으면서도 계속 푸
념과 절망을 늘어놓고 비명을 질러 댑니다. "왜 우리를 거기서 꺼내셨습니
까? 거기서 종살이하는 게 나았습니다." 굉장한 반발 아닙니까? '무엇으로
부터의 해방'이 '무엇을 위한 해방'으로 마무리되지 않으면, 자유라는 것은
사실 덧없습니다. 공포나 압제로부터의 해방은 당연히 필요한 것이지만,
공포와 압제에서 벗어나 만족할 만한 자랑스러운 자리로 나아가는 해방이
아니라면, 그런 구원이 아니라면, 그런 자유가 아니라면, 이전보다 나을 것
이 없습니다.

책임의 본질은 수단이 아닌 목적

순종해야 한다. 열심히 믿어야 한다. 모두 맞는 말입니다. 그런데 믿음을
동원하여 순종하고 무지와 거역과 비열함과 죄악된 생각들을 끊고 헌신했
음에도 구원을 받아 옮겨진 곳이 광야와 같은 곳이라면 우리는 자신의 믿
음이 잘못된 것인지, 믿는 것이 무슨 소용인지 막막하기만 할 것입니다. 그
러니 이 문제에 대해 좀 더 깊게 질문할 필요가 있습니다. 성경에서 가장
중요한 선언인 '예수를 믿으면 구원을 얻는다'는 말이 은혜로 다가오는가,
그렇지 않으면 책임으로 다가오는가 하는 질문입니다.

그것은 이렇게 질문할 수도 있습니다. '예수를 믿으라'는 말은 책임입니까, 은혜입니까? 우리 한번 옆 사람끼리 서로 물어보시지요? '예수'가 나오면 무조건 은혜에 관한 이야기입니다. 그것은 당연합니다. 그러면 왜 '예수로 말미암는 은혜를 받으라'고 이야기하지 않고 '예수를 믿으라'고 이야기할까요? 믿음은 은혜에 속한 것으로 보입니까, 책임에 속한 것으로 보입니까? "목사님, 제발 질문 좀 하지 마세요. 제가 안심을 얻고 평안을 얻으려고 교회 왔지, 뭘 따지려고 나왔겠습니까?" 이 같은 생각으로 앉아 계시다면 곤란합니다.

믿음은 우리에게 어떤 뉘앙스로 다가옵니까? 책임입니까, 은혜입니까? 대답하기 어려운 이유는 뻔한 질문은 의심해 보라는 교육을 받아 왔기 때문일지도 모릅니다. 틀림없이 함정이 있을 것이라 여기는 것입니다. 은혜가 무엇인지 우리는 모두 압니다. 그러나 성경은 예수를 말하면서 '은혜를 받으면'이라고 표현하지 않고, '믿으면'에 연결하여 책임의 요소가 있음을 분명히 밝히고 있습니다. 그러니 책임을 논하면 은혜가 없어지고, 은혜를 말하면 책임이 없어지는 이 문제가 사실 신앙생활에서 우리를 당황스럽게 합니다. 모순에 빠지게 하고, 자가당착에 빠지게 하고, 막막하게 합니다.

믿음은 '은혜가 책임을 요구한다'는 말에서 나온 단어입니다. 은혜와 책임 중 어느 쪽 역할이 많은가를 동일한 평면에 놓고 분할하자는 것이 아닙니다. 우리의 구원은 은혜로 시작하지만 이 은혜는 책임을 목적으로 삼고 있습니다. 하나님이 시작하신 일이 만들어 내는 궁극적 목적지는 책임이라는 것입니다.

출애굽 사건을 예로 들어 설명하면, 구원은 애굽에서 해방되어 가나안에 들어가 하나님 나라를 건설하는 것입니다. 그런데 애굽에서 이끌어 내는 일은 백 퍼센트 은혜로 이루어집니다. 하나님이 다 하십니다. 열 가지 재앙을 내리고, 홍해를 가르고, 반석에서 물을 내고, 만나를 먹이십니다. 그러나 가나안에 들어가는 일만큼은 순종을 요구하십니다. 놀랍지 않습니까? "아니, 애굽을 다 깨부수고 꺼내셨으면, 그냥 보따리에 싸서 가나안에 택배로 부쳐 버리시지, 좀 불순종했다고 광야에서 다 죽여 버리십니까?" 하나님은 그들의 이런 불평에 대해 이렇게 입을 막으십니다. "그때 내가 진노했다. 너희는 그 땅에 못 들어간다고 내가 맹세했다."

그러니 이 책임의 문제를 그냥 쉽게 이해하듯 '너희가 책임져라'는 식으로 이야기하지 않고 '믿음'이라고 이야기해야 하는 것입니다. 그렇게 함으로써 은혜와 믿음이 시작과 결론으로 어떻게 신비롭게 서로 묶여 있는가를 볼 수 있게 될 것입니다. 그래서 우리는 이 책임을 가나안에 들어가는 조건으로 생각할 것이 아니라 그보다 더 큰, 가나안에 들어가는 일의 본질로 보아야 합니다.

하나님은 예수님을 보내시어 당신이 누구시며, 하나님이 인류를 향해 가지신 목적이 무엇인지를 드러내셨습니다. 그것이 성육신입니다. 하나님은 당신이 누구신가를 분명히 우리에게 납득시키기 위하여, 우리와 방불한 모습으로 우리의 가장 막다른 골목에까지 내려오십니다. 하나님이 우리에게 그렇게 찾아오신 것은 자기 증명을 하시려는 데 있지 않습니다. 우리의 영광과 운명의 승리를 위하여, 우리라는 존재의 가치와 정체성을 알려 주시려고 성육신을 택하신 것입니다. 하나님이 당신의 모든 능력을 동원하여 우리에게 은혜를 베푸신 것은 우리를 당신의 자녀답게 만드시려는 데 있습니다. 그와 더불어 그것은 우리에게 하나님의 영광이 되게 하시려는 목적도 가집니다. 이 영광의 최고 내용은 무엇입니까? 그것이 바로 책임입니다.

책임이라는 말은 쉽게 이해되지 않는 어려운 단어입니다. 그것은 자신의 능력과 자랑을 이야기하려는 데 동원될 말이 아니기 때문입니다. 우리라는 존재가 자발성을 가지고 하나님께 대한 항복과 기쁨과 순종을 자신의 가장 중요한 본질로 삼겠다고 하는 자리에 책임이라는 말이 쓰인다는 것입니다. 성경은 그것을 책임이라고 말합니다.

그래도 책임이라는 단어에는 여전히 의심의 찌꺼기가 남아 있을 수 있습니다. 인류 역사와 인문학에서 이 인간의 자유와 책임에 대해 어떻게 결론 내렸는지 살펴봅시다. "서구 역사의 최고 공헌은 시민 정신을 발견한 것이다"라는 말이 있습니다. 한 나라의 구성원인 시민들은 자유로워야 하고 그 자유에는 책임이 따른다는 것을 알아야 합니다. 이것이 시민 정신입니다. 인간은 자유로워야 하고, 자유에는 책임이 따른다는 것을 이해해야 합니다. 서구에서 시민 정신의 발현이 있었다면, 동양에는 윤리가 있었습니다. 이 둘 모두 굉장한 것입니다. 서구는 시민 정신을 깨닫는 데까지 역사가 흘러왔고, 동양은 윤리라는 책임이 있다는 것을 깨닫는 데까지 왔습니다.

자유와 책임 그 자체에 구체적인 승리와 영광은 없습니다. 그런데 하나님은 우리에게 이렇게 이야기하십니다. 내가 너희를 흙으로 만들었지만, 너희라는 존재는 나와 믿음을 나누고 사랑을 나누고 책임을 나누는 경지에까지 이르도록 내가 목적하였다. 이것이 기독교입니다. 하나님은 우리에게 질문하시고 우리로 답하게 하십니다. 우리더러 해결하라는 것이 아닙니다. 우리는 하나님의 질문과 도전에 답을 해야 하는데, 그 답은 내가 만들 수 있는 것보다 크다는 것입니다. 그럼에도 우리는 그 답을 알고 싶어 하지 않습니다.

이스라엘 백성이 약속의 땅 가나안으로 가는 초입에서 홍해를 건너게 됩니다. 출애굽기 15장에서 보듯, 그들은 이때 영광의 찬송과 고백을 할 수 있었습니다. 자신들을 붙잡고 있던 권력이 깨지고, 거기서 그들을 꺼내신 하나님의 권능을 실컷 보았기 때문입니다. 그들은 열 가지 재앙과 홍해가 갈라지는 사건으로 감격했습니다.

자유

그런 경험이 있었던 그들이 광야에서는 불순종합니다. 광야에서 이 고생을 하며 사느니 차라리 옛날의 삶이 더 나았다고 한 것입니다. 그때는 좀 밑지고 살면 그만이었습니다. 전쟁이나 정치는 윗사람들에게 맡기고, 먹고 사는 일은 각자 알아서 하고, 그냥 괄시받고 좀 힘들게 살면 됐습니다. 그런 애굽에서 나왔는데도 그들은 매일매일 고단할 뿐입니다. 만나를 한꺼번에 주시지 않으니 창고에 쌓아 둘 수 없었고, 물도 풍족하게 마실 수 없었습니다. 그들이 빌고 아우성쳐야 바위에서 겨우 마실 물을 얻는 현실이었습니다. 그들은 이러한 현실을 이해할 수 없었을 것입니다. 앞날도 예측할 수 없었습니다.

이와 달리 그들의 애굽에서의 삶은 어떠했겠습니까? 앞날을 예측할 수 있었고 나름 보장되어 있었습니다. 거기서 사백 년이나 살았으니 그곳에 익숙합니다. 그런 자리에 있으면 사람은 안일해집니다. 우리가 흔히 하는 기도에서도 그런 현상은 나타납니다. "하나님, 제가 뭘 더 바라겠어요? 그저 우리 자식들 남한테 흉이 되지 않고, 돈 걱정 안 하고 살다가 그냥 빨리 곱게 죽으면 그만입니다." 우리가 바로 이런 광야에 있습니다. 하나님은 이런 우리에게 노하십니다. "이 자식들아, 내가 너희 아비인데, 도대체 날 뭘로 아느냐? 뭐 곱게 살다가 그냥 죽게 놔두라고?" 이것이 출애굽 이야기입니다.

우리를 일깨우는 고난

도대체 예수를 믿는다는 말은 무엇인가? 하나님은 큰 진심으로 우리를 만드셨고 우리 인생에 개입하고 계시는가? 역사란 무엇인가? 인생이란 무엇인가? 현실이란 무엇인가? 이런 것들에 대해서 우리는 밤낮 하나님께 다음과 같이 불평합니다. "하나님, 이게 뭐예요? 차라리 돌아가는 게 낫잖아요.

왜 괜히 불러내서는 이렇게 고생시키십니까?" 여러분 옆에 앉아 계시는 교우들의 얼굴을 좀 보십시오. "이게 뭔가?" 하는 표정이 아닙니까? 우리가 명예를 모르면 그런 얼굴을 가질 수 있습니다. 인간이라는 존재와 운명이 갖는 명예를 모르면 그렇게 되는 것입니다. 하나님이 전심을 기울여 우리를 만드시고 기르고 채우고 계시다는 생각을 안 하기 때문입니다. 우리는 쉬운 것으로 때우고 대강 살다가 체념하고 맙니다.

이스라엘 백성이 가나안에 들어가서는 어떻게 됩니까? 거기서는 우상을 섬기다가 망합니다. 우상숭배란 단지 하나님 외에 다른 신을 섬겨 벌 받는 문제가 아닙니다. 본질적으로 말하자면, 우상숭배란 쉬운 것으로 타협하겠다고 하는 생각입니다. 하나님은 쉬운 것으로 타협하려는 우리에게 "그럴 수 없다. 너희는 마음껏 영광을, 명예를, 승리를 구가할 수 있는 존재다. 그런 나라를 만들어라. 그리고 그런 존재로 살아라"고 말씀하시는데, 우리는 거부합니다. 등 따습고 배부르면 그만이기 때문입니다. 그러면 안 됩니다. 총기가 흐려집니다. 다들 정신 차리시기 바랍니다. 예수를 믿는다는 것이 무엇입니까? 예수를 믿으면 형통하고 좋은 일에 둘러싸여 어물어물 그렇게 사는 것이 아닙니다. 절대로 그렇게 살지 못하게 하십니다. 하나님이 박살을 내십니다. 그것이 고난이라는 것입니다.

성경은 예수님의 고난에 대해 이렇게 말씀합니다. "그가 아들이시면서도 받으신 고난으로 순종함을 배워서 온전하게 되셨"(히 5:8-9)다고 말입니다. 예수님도 당하신 고난입니다. 이처럼 고난은 크고 놀라운 것입니다. 단지 무엇 때문에 겪을 수밖에 없는 소극적 관점이 아닌, 이것을 통해 만들어지게 될 적극적이고 구체적인 관점에서 고난을 바라보아야 합니다. 우리는 자신의 정체성을 발견하게 할 도전과 시험을 뿌리치고 최소한의 안심과 확인에 만족하려고 합니다. 그런 우리를 일깨우는 것이 고난인 것입니다.

예수님은 사역 초기에 광야에서 기도하고 준비하시는 중에 시험을 받습니다. "이 돌들로 떡덩이를 만들어라. 성전에서 뛰어내려 보아라. 마귀에게 절해라"와 같은 시험입니다. 예수님은 모두 거부하십니다. 떡에 매인 인생을 거부하시고, 진정한 목적과 내용은 외면한 채 모든 문제를 해결하라고 아우성치는 거짓과 기만을 거부하십니다. 예수님은 무엇을 감수하십니까? 하나님의 일을 이루시기 위해 극단의 정황과 조건조차 다 감수하십니다.

내게 절하면 천하 만물을 주겠다고 하는 사탄의 제안을 단지 거부하는 정도에 그친 것이 아니라, 그렇게 도전하고 위협하는 존재를 그냥 놔둔 채, 그런 조건과 정황 속에서 아버지의 일을 행하십니다. 예수님은 여러 가지 시험을 다 받아 이기시고 고난도 당하십니다. 예수님에게 다가와서 죽이겠다고 덤비고, 기어코 예수를 팔아넘겨 채찍질하고 조롱하고 십자가에 달아맨 세상에서 하나님의 일을 이루시려고 다 감수하십니다. 그 모든 것이 다만 해결되는 것으로 끝나지 않고 우리의 상상을 초월한 더 놀라운 일로 하나님이 예수 안에서 증언하십니다. 이 일은 그 모든 것보다 크고 그 모든 것에 답하는 것으로도 답할 수 없는 것입니다. 하나님이 우리 인생에서 지금도 그 일을 하고 계십니다.

그런데 우리의 기도는 어떻습니까? "하나님, 괜히 저 같은 것 때문에 고생하지 마세요. 물론 저도 고생시키지 말아 주시고요." 이런 기도 말고 해보신 기도가 무엇입니까? 우리가 나라를 위해서 기도하는 이유가 무엇입니까? 사실 나라를 위해 기도할 틈이 없어야 정상입니다. 실제적인 신앙생활에 직면해 보지 않으니 무슨 기도를 해야 하는지도 모르고 삽니다. 어쩌면 우리 마음 하나 편하고 싶어 나라를 위해 기도하는지도 모릅니다. 자신의 현실을 직면하지 않고 어물어물 넘어가느라 체념하며 삽니다. 하나님이 일하신다는 것을 안 믿는 것입니다. "하나님, 너무 힘듭니다. 하나님이 원망스럽습니다. 하나님은 대체 뭘 하시는 것입니까? 제 기도를 듣기만 하고 계십니까? 제 기도 아무리 들어 봐도 소용없습니다. 그러실 것이라면 차라리 관두십시오." 이런 우리를 향해 하나님은 말씀하십니다. "너희가 이스라엘 백성처럼 겨우 그 정도에서 헤매고 있으니 가나안에 들어가지 못하고 거기서 다 죽어 가는 것이다. 정신 차려라. 나는 지금 네 인생 안에서 일하고 있다."

믿음을 무엇이라고 했습니까? 은혜는 우리를 어디로 이끈다고 했습니까? 책임으로 가게 합니다. 하나님은 우리에게 도전하십니다. "너는 어떤 존재냐? 너는 무엇으로 만족할래? 네 가치는 무엇이냐? 네 기대는 무엇이냐? 네가 소원하는 것과 내가 너를 통해 이루려는 것의 차이가 무엇인지 아느냐?" 이런 도전 앞에서 우리는 엄살 부리기 일쑤입니다. "하나님, 저 죽을 것 같습니다."

그러나 하나님은 다시 말씀합니다. "너희는 아느냐. 내 아들을 내가 못 박았다. 나와 너희 중에 누가 더 진정성을 가진 것 같으냐? 억울한 것으로 치면 누가 더 억울한 것이 많겠느냐? 내가 너희에게 언제 대가를 요구한 적 있더냐? 다 너 훌륭해지라고 이러는 것이다. 나는 이 일을 절대 타협하지 않겠다. 아직도 모르겠느냐. 너는 죽고 싶어도 맘대로 죽지도 못하는 존재다. 기억해라." 이러한 하나님의 진심을 기억하십시오. 그래서 우리가 예수 믿는다는 것은 우리의 자랑이자 명예입니다. 이 자리를 바로 이해하지 못하면, 우리는 실제로 신앙생활을 할 수도 없고, 평안한 얼굴을 만들 방법도 없습니다. 그것은 우리에게 손해입니다. 자신의 인생을 살아내지 못하는 아무것도 아닌 존재가 되는 것입니다. 그런 망신일랑 당하지 말고, 주어진 위대한 인생을 사시는 하나님의 자녀가 되시기 바랍니다.

자유

13

남겨 두신 책임과 순종

히 4:1-13

그러므로 우리는 두려워할지니 그의 안식에 들어갈 약속이 남아 있을지라도 너희 중에는 혹 이르지 못할 자가 있을까 함이라. 그들과 같이 우리도 복음 전함을 받은 자이나 들은 바 그 말씀이 그들에게 유익하지 못한 것은 듣는 자가 믿음과 결부시키지 아니함이라. 이미 믿는 우리들은 저 안식에 들어가는도다. 그가 말씀하신 바와 같으니 내가 노하여 맹세한 바와 같이 그들이 내 안식에 들어오지 못하리라 하셨다 하였으나 세상을 창조할 때부터 그 일이 이루어졌느니라. 제칠일에 관하여는 어딘가에 이렇게 일렀으되 하나님은 제칠일에 그의 모든 일을 쉬셨다 하였으며 또다시 거기에 그들이 내 안식에 들어오지 못하리라 하였으니 그러면 거기에 들어갈 자들이 남아 있거니와 복음 전함을 먼저 받은 자들은 순종하지 아니함으로 말미암아 들어가지 못하였으므로 오랜 후에 다윗의 글에 다시 어느 날을 정하여 오늘이라고 미리 이같이 일렀으되 오늘 너희가 그의 음성을 듣거든 너희 마음을 완고하게 하지 말라 하였나니 만일 여호수아가 그들에게 안식을 주었더라면 그 후에 다른 날을 말씀하지 아니하셨으리라. 그런즉 안식할 때가 하나님의 백성에게 남아 있도다. 이미 그의 안식에 들어간 자는 하나님이 자기의 일을 쉬심과 같이 그도 자기의 일을 쉬느니라. 그러므로 우리가 저 안식에 들어가기를 힘쓸지니 이는 누구든지 저 순종하지 아니하는 본에 빠지지 않게 하려 함이라. 하나님의 말씀은 살아 있고 활력이 있어 좌우에 날선 어떤 검보다도 예리하여 혼과 영과 및 관절과 골수를 찔러 쪼개기까지 하며 또 마음의 생각과 뜻을 판단하나니 지으신 것이 하나도 그 앞에 나타나지 않음이 없고 우리의 결산을 받으실 이의 눈앞에 만물이 벌거벗은 것같이 드러나느니라.

책임은 구원의 목적

히브리서는 초대교회 박해기에 어려움을 겪고 있는 성도들에게 보낸 편지입니다. 정치적 위협과 사회적 위협, 게다가 동족 유대인들에게조차 핍박받는 현실이 너무 힘들어 신앙의 침체 속에 빠진 성도들을 격려하기 위해 편지를 보낸 것입니다. 이 편지에 담긴 격려는 "고난은 당연한 것이다. 그러니 잘 견뎌야 한다"고 하는 데 초점이 맞춰져 있습니다. 이 본문 바로 앞에 있는 3:17-19을 보겠습니다.

> 또 하나님이 사십 년 동안 누구에게 노하셨느냐. 그들의 시체가 광야에 엎드러진 범죄한 자들에게가 아니냐. 또 하나님이 누구에게 맹세하사 그의 안식에 들어오지 못하리라 하셨느냐. 곧 순종하지 아니하던 자들에게가 아니냐. 이로 보건대 그들이 믿지 아니하므로 능히 들어가지 못한 것이라(히 3:17-19).

출애굽 한 이스라엘 백성은 가나안 땅에 들어가는 일에 실패하여 하나님의 진노를 받아 광야에서 죽어 나갔습니다. 그들이 순종하지 않았기 때문입니다. 이런 과거를 들어 본문 7절에서는 "오늘 너희가 그의 음성을 듣거든 광야에서 시험하던 날에 거역하던 것같이 너희 마음을 완고하게 하지 말라"고 권면합니다.

방금 전에 읽은 19절 말씀 "이로 보건대 그들이 믿지 아니하므로 능히 들어가지 못한 것이라"에서도 보듯, 성경은 순종을 믿음과 결부하여 언급합니다. 그리고 그 말씀에 바로 이어서 "그러므로 우리는 두려워할지니 그의 안식에 들어갈 약속이 남아 있을지라도 너희 중에는 혹 이르지 못할 자가 있을까 함이라. 그들과 같이 우리도 복음 전함을 받은 자이나 들은 바

자유

그 말씀이 그들에게 유익하지 못한 것은 듣는 자가 믿음과 결부시키지 아니함이라"(히 4:1-2)는 말씀을 보더라도, 순종은 믿음과 긴밀한 관계가 있다고 생각합니다.

얼핏 생각하기에 순종은 시키는 대로 그저 순순히 따르면 되는 것 같지만, 믿음은 그 개념에서부터 책임의 요소가 강하게 느껴진다는 것입니다. 예수 믿는 사람들을 가리킬 때도 그냥 '믿는 사람들'이라고 지칭하지, '예수에게서 은혜 받은 사람들'이라고 표현하지는 않습니다. '예수 믿는 사람'이라는 말과 '은혜 받은 사람'이라는 말은 분명 그 내용에 차이가 있습니다. 그렇다고 구원을 얻는 일에 믿음이 조건으로 작용한다거나 우리가 구원을 선택할 수 있다는 의미는 아닙니다. 구원은 하나님의 은혜로 받는다는 사실을 성경이 이야기하고 우리도 그렇게 알고 있습니다. 그러나 은혜로 구원을 얻었다고 하는 말은 믿음을 설명하려고 동원한 말이지, 하나님 앞에 구원받은 사람들을 이야기할 때는 은혜를 입었다고 하는 표현보다는 언제나 믿음이라는 단어를 앞세웁니다. 물론 믿음에는 은혜의 요소가 있지만, 책임의 요소 역시 있습니다. 말하자면 은혜는 우리를 책임으로 이끕니다.

책임은 구원받는 조건이 아니고 구원의 목적입니다. 그러니 출애굽 사건을 논할 때 이 점을 주의해야 합니다. 출애굽은 구원의 완성이 아니라 시작이며, 가나안에 들어가는 것이 구원의 완성입니다. 그러면 '가나안에 들어가지 못하고 중간에 광야에서 죽으면 지옥에 가는가'라고 물을 수 있겠지만, 이런 이야기를 하려고 꺼낸 말이 아닙니다. 구원의 목적이 가나안에 들어가는 데 있음을 말하고 싶었을 따름입니다. 이것이 바로 구원의 완성입니다. 히브리서 4장에서는 이를 안식에 들어간다고 표현합니다. "너희는 안식에 들어갈 약속이 남아 있는 도상에 있다. 그러니 순종해라. 구원이 완성되는 자리까지 자라 가라"고 권면합니다.

순종과 책임의 역할

이제 출애굽 사건을 하나님의 창조와 연결하여 생각해 봅시다. 본문에도 등장하듯이, 하나님은 엿새 동안 천지를 창조하시고 제칠일에 안식하셨습니다. 창조를 이루시고 안식의 자리에 들어가신 것입니다. 그리고 이스라엘 백성은 출애굽 하여 구원을 얻었으나, 안식의 자리에는 들어가지 못합니다. 성경은 그들이 안식에 들어가지 못한 이유를 불순종에 있다고 지적합니다. 그렇다면 이런 질문이 등장할 수 있습니다. "구원이 불완전한 상태로 끝날 수 있는가?" 그럴 수 없습니다. 하나님이 안식하셨으므로 우리에게 주시려는 안식도 취소되지 않습니다. 그래서 이스라엘 백성이 가나안에 들어가지 못한 것을 어떻게 이해해야 하는가 하는 문제가 남습니다.

구원을 이루시는 일에 하나님이 모세를 세우시고 열 가지 재앙으로 바로를 꺾으시고 홍해를 가르시고 반석을 쳐 물을 내시고 만나와 메추라기를 먹이시고 구름기둥과 불기둥으로 인도하셨습니다. 하나님이 다 하셨습니다. 그런데 특이하게도 가나안에 들어가는 일만은 백성들의 선택에 맡기셨습니다.

하나님은 창조를 이루셨고, 당신의 아들을 보내어 구원을 이루셨습니다. 그 아들이 우리를 위하여 십자가를 지고 부활하셨습니다. 그런데 희한하게도 순종과 책임이라는 역할은 우리에게 남겨 두셨습니다. 순종은 시키는 대로 따르면 그만인 것, 책임은 선택하여 맡으면 되는 것 같은 종교적 윤리나 명분이 아닙니다. 우리 인생과 인류 역사에 반복하여 나타나는 하나님의 구원 사역에서 우리에게 요구하시는 것이 순종이며 책임이라고 성경은 이야기합니다.

우리 인생에서 보다시피 신자의 인생에서 반드시 겪게 되는 것은 무엇입니까? 구원은 받았으나 안식에 이르지 못한다는 현실입니다. 하나님이 우리 인생에 고난을 두신 이유를 성경이 푸는 대로 이해하지 못하면, 사실상 우리는 신앙 인생을 살아낼 수 없습니다. 체념하고 변명하거나 외면하고 얼버무리고 말 것입니다. 히브리서는 지금 여기를 찌르고 있습니다. 본문의 결론에 해당하는 12-13절에서 하나님의 말씀은 어떤 검보다도 예리하여 우리의 생각을 찌르고 쪼개며 판단하신다고 합니다.

> 하나님의 말씀은 살아 있고 활력이 있어 좌우에 날선 어떤 검보다도 예리하여 혼과 영과 및 관절과 골수를 찔러 쪼개기까지 하며 또 마음의 생각과 뜻을 판단하나니 지으신 것이 하나도 그 앞에 나타나지 않음이 없고 우리의 결산을 받으실 이의 눈앞에 만물이 벌거벗은 것같이 드러나느니라(히 4:12-13).

구원받은 삶에서 고난을 이해하고 살아내지 못하고서, 변명하고 타협하고 외면하고 책임을 집어던지는 것은 하나님을 속이는 것이며 하나님의 뜻에서 벗어나는 일이다. 그러니 고난을 제대로 살아내라. 순종해라. 책임을 져라. 이렇게 말씀합니다. 순종하고 책임지는 일이 얼마나 어려운가는 우리가 매일 드리는 기도만 봐도 알 수 있습니다. "하나님, 제 뜻대로 마시고 주의 뜻을 이루시옵소서. 만일 주께서 원하지 않으시는 길을 제가 가려고 하거든 제 다리몽둥이를 부러뜨려 주옵소서." 그런데 하나님은 이런 기도에는 응답해 주시지 않습니다. 우리가 몰라서 잘못 가는 것뿐 아니라, 알면서도 바르게 행하지 못하고 반복적으로 실패합니다. 그러다가 우리는 하나님에게 원망을 쏟아냅니다. 이것이 신앙 현실입니다. "하나님, 왜 이런 인생을 살게 하십니까?" 하나님은 우리에게 그런 인생을 살아 보라고 하십니다. 여기에 고난의 신비가 있습니다.

순종할 수 있는 실체

우리는 순종이나 믿음을 어떻게 이해해야 합니까? 하나님은 우리를 구체적인 고난 속에 몰아넣으시고 거기서 순종과 믿음의 방법을 통해 당신의 구원을 완성하신다는 것입니다. 그런 이해가 필요합니다. 그렇다면 체념하고 원망하느라 망연자실하는 삶은 결코 답이 될 리 없습니다. 성경은 이에 대해서 어떻게 답했는지 찾아봅시다. 순종과 책임은 우리에게 어떤 의미이고, 어떤 요구사항인가를 마태복음 7:15-23에서 확인해 보겠습니다.

거짓 선지자들을 삼가라. 양의 옷을 입고 너희에게 나아오나 속에는 노략질하는 이리라. 그들의 열매로 그들을 알지니 가시나무에서 포도를, 또는 엉겅퀴에서 무화과를 따겠느냐. 이와 같이 좋은 나무마다 아름다운 열매를 맺고 못된 나무가 나쁜 열매를 맺나니 좋은 나무가 나쁜 열매를 맺을 수 없고 못된 나무가 아름다운 열매를 맺을 수 없느니라. 아름다운 열매를 맺지 아니하는 나무마다 찍혀 불에 던져지느니라. 이러므로 그의 열매로 그들을 알리라. 나더러 주여, 주여, 하는 자마다 다 천국에 들어갈 것이 아니요 다만 하늘에 계신 내 아버지의 뜻대로 행하는 자라야 들어가리라. 그날에 많은 사람이 나더러 이르되 주여, 주여, 우리가 주의 이름으로 선지자 노릇하며 주의 이름으로 귀신을 쫓아내며 주의 이름으로 많은 권능을 행하지 아니하였나이까 하리니 그때에 내가 그들에게 밝히 말하되 내가 너희를 도무지 알지 못하니 불법을 행하는 자들아, 내게서 떠나가라 하리라(마 7:15-23).

사람들이 "주여, 주여"를 부르며, 주의 이름으로 선지자 노릇을 하고, 주의 이름으로 귀신을 쫓아내는 큰일을 이루어 냈음에도 예수님은 "내가 너희를 도무지 알지 못한다"고 말씀하실 수 있다고 합니다. 앞뒤 문맥을

자유

살펴볼까요. 무슨 이야기 중에 나온 말씀입니까? 어떤 나무가 좋은 나무이고, 어떤 나무가 못된 나무인가를 이야기하다가 나온 말씀입니다. 좋은 나무와 못된 나무는 무엇으로 알 수 있다고 합니까? 그 열매로 알 수 있다고 합니다. 좋은 나무가 아름다운 열매를 맺고 못된 나무가 나쁜 열매를 맺습니다. 여기서 열매는 나무의 종류를 비교하게 하는 시금석일 뿐, 본질은 아닙니다. 이 비유에서 중요한 대목입니다.

선지자가 아니어도 선지자 노릇을 할 수 있으나, 그가 선지자다운가는 다른 문제라는 것입니다. 순종은 윤리이고 명분이라서 신자에게 요구된 것이 아닙니다. 순종할 수 있는 구체적 존재에게 요구된다는 것입니다. 기꺼이 순종을 해낼 수 있는 실체에게 믿음이 요구되고 있습니다. 인간이라는 존재의 위상과 경지와 속성이 그런 자리에 있어야 합니다. 그러니 순종은 구호나 강요나 명분으로 행하는 것일 수 없습니다. 자신이 그것을 만들어 내야 합니다. 그렇게 순종을 만들어 낼 수 있으려면 우선 자신이 커야 합니다. 순종은 법칙이나 수단이 아니기 때문입니다. 우리 자신이 기꺼이 순종할 수 있는 실력을 갖추도록 우리에게 성장하기를 바라고 요구하십니다. 그것이 주님의 명령입니다.

요셉의 인생에서 순종과 책임

군대에 가면 가장 많이 요구되는 것이 충성입니다. 시키는 대로 하라는 것이죠. 부대마다 구호가 다를 수 있지만, 대개 경례와 함께 '충성!'이라는 구호를 붙입니다. 무엇에 대한 충성일까요? 당연히 나라에 대한 충성입니다. 국토방위를 맡고 있기에 나라에 충성해야 합니다. 그런데 충성에는 조건이 있습니다. 그것은 충성을 맹세하는 자가 실력을 갖추고 있어야 한다는 점입니다. 어리바리한 허깨비 같은 사람들이 아무리 "충성! 충성!"을 외쳐

봤자 별 소용이 없습니다. "충성!"이라고 외치는 자가 국방의 주요한 부분을 감당할 수 있어야 그 충성이 의미가 있는 것입니다.

하나님이 이스라엘 백성을 애굽에서 이끌어 내신 후 그들이 가나안으로 들어가는 일에 그들의 결단이나 책임을 요구하신 이유가 무엇이겠습니까? 왜 하나님은 바로를 깨뜨리시고 홍해를 가르시고 강권적으로 이스라엘 백성을 가나안에 집어넣지 않으셨을까요? 가나안은 다만 지리적 목적지가 아니라, 실력을 갖추어야 이를 수 있는 곳이라고 성경은 말하고 싶은 것입니다. 실력을 갖춘 자가 되어야 들어갈 수 있는 문제 즉 아름다운 열매를 맺기 위해 먼저 좋은 나무가 되어야 하는 문제입니다. 이는 다만 열매를 많이 맺는 실천에 관한 싸움이거나 명분에 관한 싸움이 아니라, 우리 존재 자체 즉 우리 자신이 목적이라는 것입니다. 구원의 목적은 그런 열매를 만들어 낼 수 있고 그런 책임을 질 수 있는 우리 자신에 있습니다. 이 일을 이루시기 위하여 하나님은 우리의 수많은 시행착오를 기다려 주십니다. 반복되는 실패에도 불구하고 될 때까지 시간을 주십니다.

우리는 이런 역사를 요셉에게서 발견합니다. 요셉은 형들의 미움을 받아 애굽으로 팔려갑니다. 거기서 종노릇하다가 감옥에 갇히기까지 했으나 마침내 총리가 됩니다. 잘못 이해하면 요셉을 입지전적 인물로 착각할 위험이 있습니다. 그러나 요셉은 결단코 그런 성공 신화의 주인공으로 등장한 것이 아닙니다. 요셉이 걸어간 길이 우리의 기대와 얼마나 다른 길이었는지를 성경에서 여러 차례 확인한 바 있습니다. 시편 105편에 요셉을 묘사한 대목이 나옵니다. "그가 한 사람을 앞서 보내셨음이여 요셉이 종으로 팔렸도다. 그의 발은 차꼬를 차고 그의 몸은 쇠사슬에 매였으니 곧 여호와의 말씀이 응할 때까지라. 그의 말씀이 그를 단련하였도다"(시 105:17-19).

대개 우리는 현실을 인과법칙으로 이해하는 편이라서 요셉의 성공은 그에게 남다른 조건이나 자격이 있었기 때문에 거둔 것이라고 결론짓습

자유

니다. 그렇게 생각하게 되면 다음 구절에 대해 오해를 불러일으킬 수 있습니다. "곧 여호와의 말씀이 응할 때까지라. 그의 말씀이 그를 단련하였도다"(시 105:19)라는 말씀을 '요셉은 고난 중에도 말씀을 붙들며 믿음을 지켰다'고 해석할 우려가 있다는 것입니다. 이는 요셉의 실상과 아주 거리가 먼 생각입니다.

요셉은 자신의 현실과 인생에 대하여 넋이 빠져 있었습니다. 그런데 느닷없이 총리가 됩니다. 총리에 오른 요셉은 자기 가족을 구하고 애굽을 구하고 세상까지 구합니다. 자기를 팔아넘긴 형들이 마침내 자기에게 무릎 꿇고 절하는 자리에까지 이릅니다. 그때 깨닫습니다. 자기 인생이 운명의 장난에 휘둘렸던 것이 아니라, 하나님이 준비하시고 간섭하신 생애였음을 말입니다. 어떻게 알게 되었을까요? 요셉이 어렸을 때 꾼 꿈을 통하여 알게 됩니다. 형들이 거둔 곡식단들이 자기에게 절하는 꿈을 꾸었는데, 그때는 무슨 꿈인지도 모르고 그냥 개꿈 같아서 형들 앞에서 이야기했습니다. 형들 입장에서 안 그래도 아버지의 사랑을 독차지하는 꼴 보기 싫은 놈이 그런 꿈까지 자랑하듯 떠벌려 대니 얼마나 미웠겠습니까? 그래서 요셉을 죽이려 든 것입니다. 그는 형들에 의해 팔려 억울하게 감옥에 갇힙니다. 그것도 가장 혹독한 감옥에 갇혀 쇠사슬에 묶이는 자리까지 내려갑니다.

요셉은 자기 인생을 이해할 수 없었을 것입니다. 그런데 성경은 그 이해할 수 없는 인생에 대하여 하나님이 그를 단련하고 붙드신 것이라고 말씀합니다. 나중에 형들이 와서 자기에게 절하는 모습을 보고 깨닫습니다. 이 모든 일의 배후에 하나님이 계셨음을 깨달은 요셉은 이런 말로 형들을 안심시킵니다. "형님들, 두려워하지 마십시오. 이곳에 나를 보낸 것은 형님들이 아니라 하나님이십니다. 우리 가족을 구하고 세상을 구한 것은 하나님의 일하심 때문이었습니다. 나는 내 존재와 생애를 이제야 이해하게 되었습니다. 하나님이 나를 창조와 구원 역사에 동역자로 동참하게 해주셨다는 것을 이제 알게 됐습니다."

바로 여기에 순종과 책임이 신자된 속성과 본질로 작용하는 것을 보여주는 역사적 증거가 있다는 것입니다. 이 대목에서 아멘 안 하면 대체 어디서 아멘 하실 겁니까? "그런 건 아무래도 좋다. 그냥 하루만 편하게 살게 해주십시오"와 바꾸시겠다는 생각입니까?

예수님의 순종

성경은 예수님에 대해서도 순종이라는 단어로 설명합니다. 히브리서 5:8 이하의 말씀은 꼭 기억해야 할 구절입니다. "그가 아들이시면서도 받으신 고난으로 순종함을 배워서 온전하게 되셨"다는 것입니다. 왜 고난을 받으셔야 했고 이 고난으로 순종을 배우셔야 했을까요? 고난으로 순종을 배워 온전하게 되셨다는 말은 무슨 뜻일까요? 예수님마저도 친히 걸으셔야 했고 또 걸으신 길이니 당연히 우리에게도 요구되는 고난이며 순종의 길일 것입니다. 요한복음 17:21-23을 보겠습니다.

> 아버지여, 아버지께서 내 안에, 내가 아버지 안에 있는 것같이 그들도 다 하나가 되어 우리 안에 있게 하사 세상으로 아버지께서 나를 보내신 것을 믿게 하옵소서. 내게 주신 영광을 내가 그들에게 주었사오니 이는 우리가 하나가 된 것같이 그들도 하나가 되게 하려 함이니이다. 곧 내가 그들 안에 있고 아버지께서 내 안에 계시어 그들로 온전함을 이루어 하나가 되게 하려 함은 아버지께서 나를 보내신 것과 또 나를 사랑하심 같이 그들도 사랑하신 것을 세상으로 알게 하려 함이로소이다(요 17:21-23).

성부 하나님과 긴밀한 연합 가운데 계신 성자 하나님, 곧 예수께서 하나님을 외면하고 도망간 우리를 찾으러 오셨습니다. 그분의 찾아오심은 우리에게 다만 구원을 베푸시고 천국에 보내 주시고 마는 것 정도에 있지 않습니다. 성부 하나님과 성자 하나님이 하나인 것같이, 우리 또한 긴밀한 연합의 자리로 부르고 계십니다. 여기서 하나라는 것은 가장 긴밀한 연합을 의미합니다. 예수의 성육신이 우리에게 증명한 것이 무엇입니까? 하나님이 우리의 형편과 자리에 찾아오셔서 더 이상 우리가 혼자가 아니며, 하나님이 늘 함께하신다는 것을 증명한 것 아닙니까? 그가 말도 안 되는 자리까지 오신 것입니다. 우리를 위해 십자가까지 지셨으니 말입니다.

우리가 잘못을 저지를 때마다 하나님도 나를 외면하실 거라고 생각하는 것은 십자가를 부인하는 것과 같습니다. "예수님은 십자가를 지실 필요가 없었다"고 이야기하는 것은 우리가 하나님과 함께하지 않는 경우를 만들어 낼 수 있다는 의미입니다. 그런 경우란 없습니다. 그런 장소도, 그런 시간도 없습니다. 모세가 하나님에게 제기했던 반문을 기억하십니까? "하나님, 당신은 누구십니까? 지난 사십 년 동안 뭐하고 계시다가 이제 나타나셨습니까?" 그러자 하나님이 이렇게 말씀하십니다. "나는 스스로 있는 자다." 전에 이 말을 이렇게 풀어 드린 적이 있습니다. "나는 하나님이기를 중단한 적이 없다. 네가 혼자 있던 시간은 없었다. 네가 죽어나고 잊었다고 생각했던 날들이 너를 만들고 있었다."

모세도 요셉도 자기 인생을 이해할 길이 없었을 것입니다. 선택의 여지가 없는 길로 붙들려 왔으니 말입니다. 그러나 그 길은 모두를 구원한 최고의 시간이었습니다. 예수님은 자발적으로 오셨습니다. 성부 하나님과 성자 하나님이 하나인 것같이, 우리와 하나가 되려고 찾아오신 것입니다. 이런 표현이 어떻지 모르겠지만, 말하자면 하나님은 우리에게 순종하신 것입니다. 세상에서는 낮은 자가 높은 자에게 순종하지만, 성경에서 말하는 순종은 사랑하는 자가 그 사랑하는 대상에게 하는 것입니다. 하나님은 우리가 있는 자리라면 어디까지나 내려오셔서 우리에게 마음을 달라고 하십니다. 그리고 우리에게도 순종을 요구하십니다. 이 순종은 구호나 명분이나 수단이 아닙니다. 우리와 이심전심이신 하나님이 사랑과 창조와 부활의 자리로, 아니 사랑하는 아들을 통해 부르신 이 자리로 오라고 하신 초대인 것입니다.

하나님의 진정성

책임이란 우리 편에서는 조건이고 수단이지만, 하나님 편에서는 우리를 향해 가지신 목적입니다. 그러니 스스로를 돌아보십시오. 우리는 히브리서 3장과 4장에 걸쳐 순종에 관한 경고를 내내 듣는 중입니다. "오늘 너희가 주의 음성을 듣거든 너희 선조들이 므리바에서 한 것같이 완악한 마음을 가지고 거역하지 마라. 그들은 그렇게 하는 바람에 광야에서 다 죽어 나갔다. 누가 죽었느냐? 애굽에서 나온 자들이 다 거기서 죽었다. 너희는 그러지 마라." 이 구절들만 보면, 굉장히 무서운 경고 같습니다. 그러나 시편 95편 전체의 맥락에서 보면 그렇지 않습니다.

히브리서 3장과 4장에서 그런 순종에 관한 경고를 시편 95편에서 여러 번 길게 또는 짧게 인용하고 있습니다. 순종에 관한 경고가 나오는 시편 95:8-11을 먼저 보겠습니다.

너희는 므리바에서와 같이 또 광야의 맛사에서 지냈던 날과 같이 너희 마음을 완악하게 하지 말지어다. 그때에 너희 조상들이 내가 행한 일을 보고서도 나를 시험하고 조사하였도다. 내가 사십 년 동안 그 세대로 말미암아 근심하여 이르기를 그들은 마음이 미혹된 백성이라. 내 길을 알지 못한다 하였도다. 그러므로 내가 노하여 맹세하기를 그들은 내 안식에 들어오지 못하리라 하였도다(시 95:8-11).

이 말씀이 무섭게 들리십니까? 언뜻 읽으면, "너희 말 안 들으면 죽어 버릴 수 있다"는 경고 같습니다. 그러나 95편은 그런 시가 아닙니다. 1절 부터 보면 그 사실을 알 수 있습니다.

오라. 우리가 여호와께 노래하며 우리의 구원의 반석을 향하여 즐거이 외 치자. 우리가 감사함으로 그 앞에 나아가며 시를 지어 즐거이 그를 노래하 자. 여호와는 크신 하나님이시요 모든 신들보다 크신 왕이시기 때문이로 다. 땅의 깊은 곳이 그의 손 안에 있으며 산들의 높은 곳도 그의 것이로다. 바다도 그의 것이라. 그가 만드셨고 육지도 그의 손이 지으셨도다. 오라. 우 리가 굽혀 경배하며 우리를 지으신 여호와 앞에 무릎을 꿇자. 그는 우리의 하나님이시요 우리는 그가 기르시는 백성이며 그의 손이 돌보시는 양이기 때문이라(시 95:1-7).

따라서 이런 맥락에 이어 "너희는 오늘 그의 음성을 듣거든 거역하지 마라"는 경고가 주어진 것임을 알아야 합니다. 순종에 대한 경고가 무서운 협박성 경고가 아니라는 것입니다.

하나님이 우리를 향하여 가지신 진정성이 느껴지십니까? 우리가 겪는 고난 속에서 하나님이 무엇을 만들고자 하시는지 짐작됩니까? 하나님은 홀로 다 하실 수 있는 분이지만, 그렇다고 우리를 조종하거나 강제로 굴복 시키려 하지 않습니다. "내가 너희를 사랑하고 너희에게 순종한 것처럼 너 희도 나에게 마음을 다오. 우리 같이 가보자. 될 때까지 가자. 너희 잘못이 그것으로 끝이 아니다. 나는 너희 하나님이고 너희는 내 사랑하는 자녀다. 내가 어찌 너희를 포기하겠느냐? 나는 타협하거나 체념하거나 외면할 수 없다. 너희도 그렇다." 이런 하나님의 초청이 들리십니까? 여러분의 고난에 찬 인생을 하나님의 목적을 이루어 내는 기회로 여기시고, 하루만큼 커가는 나날이 되시기 바랍니다.

14
영광의 기회가 되는 책임

사 66:15-24

보라, 여호와께서 불에 둘러싸여 강림하시리니 그의 수레들은 회오리바람 같으리로다. 그가 혁
혁한 위세로 노여움을 나타내시며 맹렬한 화염으로 책망하실 것이라. 여호와께서 불과 칼로
모든 혈육에게 심판을 베푸신즉 여호와께 죽임 당할 자가 많으리니 스스로 거룩하게 구별하며
스스로 정결하게 하고 동산에 들어가서 그 가운데에 있는 자를 따라 돼지고기와 가증한 물건
과 쥐를 먹는 자가 다 함께 망하리라. 여호와의 말씀이니라. 내가 그들의 행위와 사상을 아노
라. 때가 이르면 뭇 나라와 언어가 다른 민족들을 모으리니 그들이 와서 나의 영광을 볼 것이
며 내가 그들 가운데에서 징조를 세워서 그들 가운데에서 도피한 자를 여러 나라 곧 다시스와
뿔과 활을 당기는 룻과 및 두발과 야완과 또 나의 명성을 듣지도 못하고 나의 영광을 보지도
못한 먼 섬들로 보내리니 그들이 나의 영광을 뭇 나라에 전파하리라. 나 여호와가 말하노라.
이스라엘 자손이 예물을 깨끗한 그릇에 담아 여호와의 집에 드림 같이 그들이 너희 모든 형제
를 뭇 나라에서 나의 성산 예루살렘으로 말과 수레와 교자와 노새와 낙타에 태워다가 여호와
께 예물로 드릴 것이요 나는 그 가운데에서 택하여 제사장과 레위인을 삼으리라. 여호와의 말
이니라. 내가 지을 새 하늘과 새 땅이 내 앞에 항상 있는 것같이 너희 자손과 너희 이름이 항상
있으리라. 여호와의 말이니라. 여호와가 말하노라. 매월 초하루와 매 안식일에 모든 혈육이 내
앞에 나아와 예배하리라. 그들이 나가서 내게 패역한 자들의 시체들을 볼 것이라. 그 벌레가
죽지 아니하며 그 불이 꺼지지 아니하여 모든 혈육에게 가증함이 되리라.

은혜와 책임의 충돌

우리는 이사야서에서 두 가지 중요한 주제를 만났습니다. 하나는 원칙과

심판에 관한 것이고, 다른 하나는 은혜와 구원에 관한 것입니다. 이스라엘 역사에서 하나님의 백성은 하나님의 명령을 거역하고 그를 배반했을 때 참혹한 심판을 받았습니다. 그들이 하나님의 약속은 잊었을지라도 하나님이 그들의 하나님이 되시기로 한 언약은 유효해서 그들에게 은혜와 구원을 베푸신 것도 우리는 확인했습니다. 역사적으로 이스라엘은 바벨론의 포로가 되었고, 70년 만에 회복되어 본토로 돌아와서 땅을 되찾고 성전도 재건할 수 있었습니다.

이사야 56장부터 마지막 장에 이르기까지, 은혜가 모든 책임과 심판을 극복할 약속으로 주어지지만, 그 상태에서 다시 심판이 구원과 함께 시퍼런 칼날을 휘두르는 것을 보게 됩니다. 그래서 우리는 마음에 이런 질문을 갖게 됩니다. "하나님은 구원하시겠다는 것인가, 심판하시겠다는 것인가?" 이것이 이사야서 마지막 열한 장의 주요한 주제가 됩니다. 하나님의 구원은 그들에게 경고하시는 심판과 어떻게 조화될 수 있을까요?

누가복음 15장에서 이해의 실마리를 한 가지 얻을 수 있습니다. 여기에는 예수님이 베푸신 비유 세 가지가 등장합니다. 첫째는 양 아흔아홉 마리를 들에 두고 잃어버린 양 한 마리를 기어코 찾아와서 기쁨을 나누는 목자의 비유이고, 둘째는 한 드라크마를 잃어버린 주인이 그 드라크마를 기어코 찾아내어 이웃과 함께 기쁨을 나누는 비유이며, 셋째는 우리가 잘 아는 돌아온 탕자 이야기입니다.

우리는 이 비유들이 잃은 것을 찾는 하나님의 사랑과 열심, 그리고 그 찾은 것으로 인하여 기뻐하시는 아버지의 모습을 보여준다고 가르침을 받았고, 그렇게 이해하고 있습니다. 그러나 이 비유들은 각각 그 마지막에 결론을 가지고 있는데, 다 똑같지는 않습니다. 잃은 양을 찾은 목자 비유의 마지막은 다음과 같습니다. "집에 와서 그 벗과 이웃을 불러 모으고 말하되 나와 함께 즐기자. 나의 잃은 양을 찾아내었노라 하리라. 내가 너희에

자유

게 이르노니 이와 같이 죄인 한 사람이 회개하면 하늘에서는 회개할 것 없는 의인 아흔아홉으로 말미암아 기뻐하는 것보다 더하리라"(눅 15:6-7). 이 비유는 잃은 양을 찾아온 이야기인데 그 결론은 "회개하라. 돌아오라"는 것입니다.

드라크마 이야기도 그와 같습니다. "또 찾아낸즉 벗과 이웃을 불러 모으고 말하되 나와 함께 즐기자. 잃은 드라크마를 찾아내었노라 하리라. 내가 너희에게 이르노니 이와 같이 죄인 한 사람이 회개하면 하나님의 사자들 앞에 기쁨이 되느니라"(눅 15:9-10). 이것은 잃었던 것을 찾은 이야기일까요, 회개한 이야기일까요? 주인이 찾아낸 이야기이면 은혜이고, 길을 잃은 자가 돌아오는 것이라면 회개의 문제가 됩니다. 전자는 은혜이고, 후자는 책임이 되는 것입니다. 이사야서에서 내내 확인했듯이, 그들이 책임을 다하지 못해서 심판을 받은 것 아닙니까? 그래서 은혜가 주어진 것 아닙니까? 은혜로 그들을 찾아 놓고 다시 회개하라고 하면 이 구원은 은혜가 맞는 것입니까, 아니면 책임이 맞는 것입니까? 이렇게 묻고 있는 셈이 됐습니다.

셋째 비유는 앞의 것과 전혀 다릅니다. 이 비유가 앞의 두 비유와 일관성을 갖는 것으로 저도 가르침을 받았고, 또 설교도 듣곤 했습니다. 둘째 아들은 아버지가 가서 찾아온 아들이 아닙니다. 그가 제 발로 돌아옵니다. 아직도 거리가 먼데 아버지가 그를 보고 측은히 여겨 달려가서 반깁니다. 말 그대로 기다렸지, 찾아 나선 것은 아닙니다. 이렇게 돌아온 아들로 인해 아버지가 기뻐합니다. 앞의 두 비유와 마찬가지로 기뻐합니다. 잔치를 엽니다. 새 옷을 입히고 신발을 신기고 가락지를 끼웁니다.

맏아들이 밭에서 돌아와서 이게 무슨 난리냐고 묻습니다. 하인들이 대답합니다. "당신 동생이 돌아와서 아버지가 기뻐서 잔치를 열었습니다." 아버지가 나와서 맏아들에게 권합니다. "이 기쁨을 함께 나누자." 맏아들이 대답합니다. "저는 못합니다. 아버지 재산을 갖고 나가서 탕진하고 돌아온 아들을 위해서 어찌 잔치를 연단 말입니까? 그럼 저는 뭡니까? 그와 같은 짓도 한 적 없고 성실하게 살았는데, 제게는 한 번도 해주지 않은 일입니다." 아버지가 기이한 답을 합니다. "내 것이 다 네 것 아니냐?"

이 탕자의 비유는 둘째 아들이 돌아온 것으로 이야기가 끝나지 않습니다. 이 비유는 단지 아들이 돌아온 여부가 아니라, 신분과 지위에 관한 문제로 봐야 한다는 것입니다. 이 비유는 그 탕자를 물건처럼 찾아오면 된다는 것이 아니라, 그가 회개하고 정체성을 확인해야 한다는 것을 말하고 있습니다. 여기서 우리는 이 설교에서 다루려고 하는 문제 해결의 실마리를 찾을 수 있습니다. 그 문제는 이것입니다. "왜 아직도 은혜와 책임, 구원과 심판이 서로 각을 세우고 있는가? 그 주장을 한 치도 양보하지 않고, 왜 두 주장이 날을 세우고 서 있는가?" 이 물음에 대한 해결의 문이 열린다는 것입니다.

명예와 영광의 기회가 되는 책임

이 문제를 조금 더 살펴보기 위해 먼저 로마서 8:15-17을 보겠습니다.

> 너희는 다시 무서워하는 종의 영을 받지 아니하고 양자의 영을 받았으므로 우리가 아빠 아버지라고 부르짖느니라. 성령이 친히 우리의 영과 더불어 우리가 하나님의 자녀인 것을 증언하시나니 자녀이면 또한 상속자 곧 하나님의 상속자요 그리스도와 함께 한 상속자니 우리가 그와 함께 영광을 받기 위하여 고난도 함께 받아야 할 것이니라(롬 8:15-17).

여기에 중요한 내용이 나옵니다. "너희는 공포에 질릴 이유가 없다."

성경이 구원과 심판 또는 은총과 책임을 이야기할 때, 심판 또는 책임에 따라오는 것이 무엇입니까? 그것은 공포입니다. 하지만 책임을 묻는 것이 곧 심판을 위한 것이 아니라는 것입니다. 부모와 자녀의 관계에서 묻는 책임이라면, 그것은 자격을 묻는 것이 아닙니다. 정체성에 따른 명예를 격려하려는 것과 관계가 있습니다. 그래서 이렇게 등장합니다. "너희는 두려워해야 할 자가 아니다. 너희는 사랑을 입은 자요, 영광으로 인도되고 있다." 그런 이야기가 됩니다. 이어서 다음 구절도 보겠습니다.

생각하건대 현재의 고난은 장차 우리에게 나타날 영광과 비교할 수 없도다. 피조물이 고대하는 바는 하나님의 아들들이 나타나는 것이니 피조물이 허무한 데 굴복하는 것은 자기 뜻이 아니요 오직 굴복하게 하시는 이로 말미암음이라. 그 바라는 것은 피조물도 썩어짐의 종노릇한 데서 해방되어 하나님의 자녀들의 영광의 자유에 이르는 것이니라(롬 8:18-21).

"하나님의 자녀들의 영광의 자유", 이 자유는 책임이 전제되어야 할 조건입니다. 그런데 책임이 자유 없이 요구된다면 그것은 협박에 지나지 않습니다. 성경은 우리에게 공포를 말하지 않습니다. 하나님은 우리의 아버지가 되시고, 우리는 그의 자녀로 부름을 받습니다. 책임은 더 이상 자격의 기준이 아니라 명예와 영광의 기회가 된다는 것입니다. 하나님이 우리에게 요구하시는 모든 책임은 여기에 있는 바와 같이 영광으로 가는 우리의 자유를 격려하는 것입니다.

하나님의 창조의 꿈

이 사실은 에베소서 1:3-6에서 더 분명하게 설명됩니다. 이 본문은 창조 전체에 대한 이해를 촉구합니다.

> 찬송하리로다. 하나님 곧 우리 주 예수 그리스도의 아버지께서 그리스도
> 안에서 하늘에 속한 모든 신령한 복을 우리에게 주시되 곧 창세 전에 그리
> 스도 안에서 우리를 택하사 우리로 사랑 안에서 그 앞에 거룩하고 흠이 없
> 게 하시려고 그 기쁘신 뜻대로 우리를 예정하사 예수 그리스도로 말미암아
> 자기의 아들들이 되게 하셨으니 이는 그가 사랑하시는 자 안에서 우리에게
> 거저 주시는 바 그의 은혜의 영광을 찬송하게 하려는 것이라(엡 1:3-6).

하나님의 창조는 그의 기쁘신 뜻으로 우리를 하나님의 영광의 찬송이
되게 합니다. 우리는 하나님의 영광을 드러내고 영광의 꽃이 되어 하나님
의 영광을 찬송합니다. 하나님의 영광은 우리에게 감사가 되고, 자랑이 되
고, 기쁨이 됩니다. 하나님의 영광이 우리의 영광으로 드러나고, 그 목적
과 뜻이 피어납니다. 하나님의 창조는 그의 사랑을 입은 자녀들의 지위와
내용과 실력에서 그 아름다움이 충만하게 피어나도록 겨냥되었다는 것입
니다.

그런데 이 모든 목적이 앞서 본 에베소서 1장의 본문에서 예외 없이
거듭 예수 그리스도와 묶이는 것을 확인할 수 있습니다. "찬송하리로다.
하나님 곧 우리 주 예수 그리스도의 아버지께서 그리스도 안에서 하늘에
속한 모든 신령한 복을 우리에게 주시되 곧 창세 전에 그리스도 안에서 우
리를 택하사 우리로 사랑 안에서 그 앞에 거룩하고 흠이 없게 하시려고 그
기쁘신 뜻대로 우리를 예정하사 예수 그리스도로 말미암아 자기의 아들들
이 되게 하셨으니 이는 그가 사랑하시는 자 안에서 우리에게 거저 주시는
바 그의 은혜의 영광을 찬송하게 하려는 것이라"(엡 1:3-6). 이렇게 그 목적
과 뜻은 예수로만 완성됩니다. 우리가 하나님의 영광의 찬송이 되는 것은

자유

하나님의 지혜와 능력으로 되는 것인데, 이것은 예수님 안에서, 역사 속에서, 우리의 실존 속에서 이루어집니다. 이것이 하나님의 꿈입니다. 그의 창조의 꿈입니다.

이사야서 설교가 '하나님의 비전'이라는 이름을 가진 이유에 대하여 우리는 첫날부터 궁금해 했어야 맞습니다. '하나님의 비전'은 곧 '하나님의 꿈'입니다. 하나님이 "예수 안에서, 예수 안에서"라고 거듭 말씀하시는 것은 무엇일까요? "예수님을 믿으면"이라는 말로 한국교회에 소개된, 예수님을 믿는다는 말은 그 본질을 충만히 드러내지 못한 것처럼 보입니다. 그것이 진실하고 분명한 답이긴 하지만, 그 내용의 깊이와 충만한 내용에 있어서는 우리가 한 걸음 더 나아갈 기회를 가져야 할 것 같습니다. 요한복음 17:18-24을 보겠습니다.

아버지께서 나를 세상에 보내신 것같이 나도 그들을 세상에 보내었고 또 그들을 위하여 내가 나를 거룩하게 하오니 이는 그들도 진리로 거룩함을 얻게 하려 함이니이다. 내가 비옵는 것은 이 사람들만 위함이 아니요 또 그들의 말로 말미암아 나를 믿는 사람들도 위함이니 아버지여, 아버지께서 내 안에, 내가 아버지 안에 있는 것같이 그들도 다 하나가 되어 우리 안에 있게 하사 세상으로 아버지께서 나를 보내신 것을 믿게 하옵소서. 내게 주신 영광을 내가 그들에게 주었사오니 이는 우리가 하나가 된 것같이 그들도 하나가 되게 하려 함이니이다. 곧 내가 그들 안에 있고 아버지께서 내 안에 계시어 그들로 온전함을 이루어 하나가 되게 하려 함은 아버지께서 나를 보내신 것과 또 나를 사랑하심 같이 그들도 사랑하신 것을 세상으로 알게 하려 함이로소이다. 아버지여, 내게 주신 자도 나 있는 곳에 나와 함께 있어 아버지께서 창세 전부터 나를 사랑하시므로 내게 주신 나의 영광을 그들로 보게 하시기를 원하옵나이다(요 17:18-24).

이 기도에서 예수님은 자신이 성부 하나님과 긴밀한 연합 관계에 있으며, 그 연합이 사랑으로 묶인 관계라고 말하고 있습니다. 그리고 우리를 그 연합의 관계와 지위로 초대하고 있습니다. 그런데 하나님이 그의 아들을 세상에 보내시고, 아들이 아버지의 영광을 드러내며, 아버지가 그 아들을 영화롭게 하고 계시다는 것을 우리에게 보라고 하십니다.

그를 세상에 보낸다는 것은 무엇입니까? 하나님은 당신을 거부하고 외면하고 저항하는 세상에 그 아들을 보내십니다. 하나님의 사랑은 선언이나 말로 한 사랑도 아니고, 권력과 힘으로 압제한 사랑도 아닙니다. 우리의 외면과 무지, 거부와 패역 속에 그의 아들 예수 그리스도를 보내서 당신의 사랑을 증명한 것입니다.

히브리서 5:8 이하의 말씀대로, 그는 아들이라도 받으신 고난으로 말미암아 순종함을 배워서 온전하게 되시는 놀라운 성육신의 과정을 취하십니다. 하나님이 우리를 사랑하사 오셔서, 우리의 무지와 조롱과 우리 손으로 행한 고난과 죽음을 감수하는 방법을 취하십니다. 그 모든 것을 뛰어넘고, 그런 것으로도 방해받거나 타협할 수도 없는, 하나님의 사랑을 증명한 그 사랑을 예수님으로 실증하십니다. 우리가 가지는 모든 부족함과 자책조차도 방해할 수 없습니다.

사망을 넘어선 우리의 존재

로마서 8:38-39을 보겠습니다.

내가 확신하노니 사망이나 생명이나 천사들이나 권세자들이나 현재 일이나 장래 일이나 능력이나 높음이나 깊음이나 다른 어떤 피조물이라도 우리를 우리 주 그리스도 예수 안에 있는 하나님의 사랑에서 끊을 수 없으리라(롬 8:38-39).

하나님의 사랑은 그 어떤 것으로도 방해할 수 없는 예수님으로 증언되고 있습니다. 예수님은 시간과 공간 속에서 우리와 세상이 저지르는 하나님을 거스르는 모든 것을 이기고, 그것으로 꺾을 수 없고 사망으로도 덮지 못하는 하나님의 사랑을 증언해 내십니다. 예수님은 우리를 그런 세상에 보내십니다. 그것이 고난입니다. 예수님이 누구신지 모르고 우리가 누구인지 모르는 세상, 우리를 거스르는 조건 속에서 책임져야 할 사랑의 자리로 오라고 부르십니다. 그것이 이사야서가 요구하는 책임입니다. 우리는 모두 그 자리가 싫은 것입니다.

인생을 살아가면서 성경의 이 말씀을 늘 기억하면서 신앙생활을 하십시오. 사도행전 4장에 나오는 사도들의 증언입니다. "예수의 이름을 증언하지도 말고 그 이름으로 무슨 일도 행하지 말라"고 하는 당시의 권력자들 앞에서 사도들은 "예수 이름 외에 다른 구원받을 이름을 주신 적이 없다"고 담대히 말합니다. 그것이 무슨 말입니까? 하나님이 당신의 사랑을 예수님 안에서 구체적으로 증언하신 것같이, 우리가 우리의 정체성과 가치와 우리가 할 수 있는 모든 최선을 동원하여 하나님을 사랑한다는 사실을 하나님 앞에 자유롭게 책임지겠다는 것입니다.

그것이 자격이겠습니까? 조건이겠습니까? 아닙니다. 기회요 명예요 위대한 것입니다. 하나님이 이것을 목적하고 계십니다. 그것이 창조이고 구원이며 현실입니다. 각자가 겪는 인생입니다. 여러분, 예수님께 일어난 사건에서 보듯이 삶의 고단한 것들이 그를 방해할 수도 없었고, 그것들과 타협할 수 있는 것도 아니었습니다. 그가 받으신 시험을 보십시오. 예수께서 이제 죽어야 한다고 말씀하시자 베드로가 뭐라고 말했습니까? "주여, 결단코 이 일이 주께 미치지 않을 것입니다. 내가 주를 보호하고 죽지 않게 막겠습니다.""사탄아, 내 뒤로 물러가라. 네가 하나님의 일을 생각하지 아니하고 도리어 사람의 일을 생각하는도다 하시고 무리와 제자들을 불러 이르시되 누구든지 나를 따라오려거든 자기를 부인하고 자기 십자가를 지고 나를 따를 것이니라"(막 8:34). 이렇게 말씀하십니다.

이것이 우리에게서는 충성과 헌신, 진심이라는 추상명사로 바뀌었습니다. 현실 속에서 자기를 부인하고 자기 십자가를 지는 자기 현실이 되지 못했다는 것입니다. 일부러 그렇게 만들 필요가 없는 지금의 조건, 내일을 못 볼 것 같은 짐 속에서 하나님의 사람으로 자유롭게 자신이 할 수 있는 신자된 책임을 감수하지도 못했고 지켜내지도 못했습니다. 우리는 "이것만 해결해 주시면 제 모든 것을 바치겠습니다"라고 얼마나 자주 말해 왔습니까? 그 기도가 뭐가 잘못이겠습니까? 현실이 그렇지 않습니까? 현실적으로 실력 있고 많은 것들을 가져서 하나님께 바치고 그분의 일을 하는 그런 인생을 산 사람이 어디 있습니까? 모든 인생에서 신앙의 헌신은 무언가 손해 보고 감수해야 하는 것 아닙니까? 그런 조건 속에서 위대해질 수 있어야 한다고 성경은 말하고 있습니다.

결국 사망은 없어질 것입니다. 고린도전서 15장에 따르면, "맨 마지막에 멸망 받을 원수는 사망"이라고 했습니다. 천국에 관한 성경의 약속은 다시 사망이 없는 것, 눈물이 없는 것, 상함이나 해함이 없는 것이라고 말합니다. 그것은 환경의 문제를 훨씬 벗어난 우리의 수준이 어떠하다는 것을 말하는 것입니다. 하나님과 나 사이를 갈라놓을 수 없는 자리, 우리가 예수님을 믿는다는 것으로 우리의 생애 속에서 만들어 가시는 것, 그리하여 도달하는 자리를 말합니다. 이사야 66장에 언급된, 패역한 시체를 보는 이 무시무시한 심판의 선언은 우리로 공포를 자아내게 하려는 것이 아닙니다. 사망이 우리 발밑에 나자빠져 있는 것을 그때 보게 될 것입니다. 하나님을 대적하는 사망을 극복하고, 하나님의 사람으로 서 있는 우리를 볼 것입니다.

우리는 지금 그 길로 나아가는 중에 있습니다. 고린도전서 15장에서 "사망아, 네가 쏘는 것이 어디 있느냐"라는 이 결정적인 물음은 "사망이 이김에 삼킨 바 되리라"고 하신 약속에서 해소될 것입니다. 그것은 먼저 예수님 안에서 증언되었습니다. 예수님이 죽음을 받아들이십니다. 그리하여 그 죽음을 깨뜨리십니다.

우리의 신앙 인생에서 최고의 공포는 무엇입니까? 그것은 죽음입니다. 여러분의 마음에 늘 위협과 시험으로 찾아오는 그 어떤 일도 결국 어디로 여러분을 몰고 갑니까? 죽음으로 몰고 갑니다. 원망, 분노, 자책, 그것이 어디로 향합니까? "살아서 뭐 해." "난 그가 살아 있는 꼴 못 봐." 이 둘 중하나가 아닙니까? 저 사람을 죽이든지 내가 죽든지 말입니다. 우리는 사망을 넘어서는 존재입니다. 여러분, 예수님을 믿는다는 것은 세상조차도 방해할 수 없는 일입니다. 여러분의 현실적 조건 속에 더 필요한 것은 없습니다. 지금의 조건에서 위대해질 수 없다면, 여러분은 예수님의 죽음을 모독하는 것이 됩니다.

야곱의 생애는 이러한 이해를 돕는 데 굉장히 중요합니다. 그는 태어날 때부터 장자가 되려고 형의 발꿈치를 붙잡고 먼저 나오려고 했습니다. 그는 형과 아버지를 속이고 모든 것을 쟁취했지만 행복할 수 없었습니다. 외삼촌 집으로 피난을 가던 도중에 하나님을 만났고, 하나님은 그에게 밑도 끝도 없는 복을 약속하십니다. "내가 너 누운 땅을 주고 네 자손을 창대하게 하여 동서남북에 편만하게 하고, 네가 어디로 가든지 너와 함께 있고 네게 약속한 것을 다 이루기까지 너를 떠나지 아니하리라." 그는 외삼촌 집에 가서 20년을 일하여 거부가 됩니다. 약삭빠르고 꾀가 많은 사람이라 힘을 다하여 부자가 됩니다. 그래서 거기서 더 이상 살 수 없게 됩니다. 모두의 적이 되었으니 갈 데가 없습니다. 고향 집으로 돌아오는데 형이 20년

전의 복수를 하려고 400명의 군사를 이끌고 자기를 맞으러 온다고 합니다. 야곱은 얍복 나루에서 밤을 새워서 고민합니다. 형의 마음을 누그러뜨리려고 여태껏 쌓은 부를 앞서 선물로 보내고 홀로 남습니다. 해답이 없습니다.

하나님이 찾아와 그와 씨름을 하십니다. 야곱은 깨닫지 못합니다. 날이 새려 하자, 씨름하시던 하나님이 그를 치고 "나는 간다"하고 최후통첩을 하십니다. 야곱이 붙잡고 늘어집니다. "내게 축복하지 않으면 보낼 수 없습니다." 아직도 복을 달라고 합니다. 그는 자신의 생애가 무엇이었는지 이해하지 못하고 있습니다. 하나님이 묻습니다. "네 이름이 무엇이냐?" "야곱입니다. 약탈자입니다. 사기꾼입니다." 하나님의 답은 대단히 놀랍습니다. "다시는 네 이름을 야곱이라 부르지 마라. 너는 이스라엘이다. 하나님과 겨루어 이긴 자다." 그가 무엇을 이겼을까요? "부모는 자녀를 이길 수 없는 법이다. 너는 내 자녀다. 너는 어디 가서 '나는 약탈자다. 나는 고아다. 내 손으로 나를 지켜내야 한다.' 그런 말 하지 마라. 내가 네 아버지다. 알아들었느냐?" 여러분, 힘든 인생이 될 것입니다. 그러나 그것은 위대한 인생이고, 여러분을 패배시킬 것은 없습니다.

로마서 8:38-39에서 증언한 대로, 하나님의 사랑을 막을 수 있는 것이 없듯이, 우리의 자유와 사랑과 책임과 영광을 막을 수 있는 것도 없습니다. 예수님이 우리를 위하여 죽으셨기 때문입니다. 그것이 우리로 죽음을 극복하게 만들 것입니다. 그 믿음 가지고 위대한 생애를 사는 여러분의 신자된 현실이기를 바랍니다.

자유

2

시간·인생·역사

15

초림과 재림 사이에

히 9:11-17

그리스도께서는 장래 좋은 일의 대제사장으로 오사 손으로 짓지 아니한 것 곧 이 창조에 속하지 아니한 더 크고 온전한 장막으로 말미암아 염소와 송아지의 피로 하지 아니하고 오직 자기의 피로 영원한 속죄를 이루사 단번에 성소에 들어가셨느니라. 염소와 황소의 피와 및 암송아지의 재를 부정한 자에게 뿌려 그 육체를 정결하게 하여 거룩하게 하거든 하물며 영원하신 성령으로 말미암아 흠 없는 자기를 하나님께 드린 그리스도의 피가 어찌 너희 양심을 죽은 행실에서 깨끗하게 하고 살아 계신 하나님을 섬기게 하지 못하겠느냐. 이로 말미암아 그는 새 언약의 중보자시니 이는 첫 언약 때에 범한 죄에서 속량하려고 죽으사 부르심을 입은 자로 하여금 영원한 기업의 약속을 얻게 하려 하심이라. 유언은 유언한 자가 죽어야 되나니 유언은 그 사람이 죽은 후에야 유효한즉 유언한 자가 살아 있는 동안에는 효력이 없느니라.

영원한 대제사장

히브리서는 핍박받는 초대교회를 향해 그들이 받는 고난을 당연하게 여기라고 권면합니다. 본문 11절에서 보는 대로, 예수 그리스도는 장래 좋은 일의 대제사장으로 오셨습니다. 우리는 지금 여기에 있고, 예수 그리스도는 장래 좋은 일을 완성하기 위한 대제사장으로 지금 하늘에 계십니다. 이처럼 히브리서에서 다루는 예수 그리스도의 사역은 십자가를 넘어서 있습니다.

자유

그런데 우리는 무슨 일만 생기면 바로 십자가로 돌아갑니다. 신앙생활에 대해 잘잘못을 기준으로 판단한 다음, 잘못했다는 생각이 들면 매번 십자가로 돌아갑니다. 그렇게 하면 십자가가 신앙생활의 유일한 목적지가 되는 것입니다. 십자가는 종착지가 아니라 시작점 곧 새로운 미래를 향해 나아가는 출발선이라는 것입니다. 그래서 다음과 같은 일이 일어나게 됩니다. 모든 신앙 행위를 언제나 회개와 관련지어 생각할 뿐, 잘하기 위한 기회로 삼지 못한다는 것입니다.

이에 대하여 성경이 뭐라고 말씀하는지 보겠습니다. "이로 말미암아 그는 새 언약의 중보자시니 이는 첫 언약 때에 범한 죄에서 속량하려고 죽으사 부르심을 입은 자로 하여금 영원한 기업의 약속을 얻게 하려 하심이라"(히 9:15). 십자가로 과거를 끝내고 새로운 시작을 만들어 우리로 영원한 기업을 얻게 하려고 예수께서 죽으셨다는 것입니다. 이 예수는 지금 하늘 보좌 우편에서 우리를 위한 대제사장으로 일하고 계십니다.

앞서 보았던 히브리서 8장으로 돌아가 보겠습니다. "지금 우리가 하는 말의 요점은 이러한 대제사장이 우리에게 있다는 것이라. 그는 하늘에서 지극히 크신 이의 보좌 우편에 앉으셨으니"(히 8:1). 이 구절을 로마서 8장의 표현식으로 이해해 보자면 "우리를 위하여 친히 간구하시느니라"(롬 8:26)입니다. 이것의 시제는 현재입니다. 그런데 우리가 신앙생활을 하면서 가장 답답했던 대목은 이런 것입니다. 예수께서 십자가로 우리를 구원하시고 영원한 대제사장으로 지금 보좌 우편에 앉아 우리를 위하여 기도하고 계시는데, 우리 인생은 왜 이렇게 고단한가? 왜 우리는 만족할 만한 신앙생활을 못하고 있는가 하는 것입니다. 누군가가 이런 고민을 털어놓으면 다음과 같이 충고하곤 합니다. "그러니 잘 좀 하지. 무얼 또 잘못해서 벌 받고 앉아 있느냐?" 이렇게 말하는 것은 성경이 기대한 바와 다른 것입니다.

훌륭해질 기회와 시간

히브리서 9:27-28을 보겠습니다.

> 한 번 죽는 것은 사람에게 정해진 것이요 그 후에는 심판이 있으리니 이와
> 같이 그리스도도 많은 사람의 죄를 담당하시려고 단번에 드리신 바 되셨고
> 구원에 이르게 하기 위하여 죄와 상관없이 자기를 바라는 자들에게 두 번
> 째 나타나시리라(히 9:27-28).

느닷없이 왜 이런 이야기가 나올까요? "한 번 죽는 것은 사람에게 정
해진 것이요 그 후에는 심판이 있"을 것이라고 말입니다. 사실 이런 이야
기를 들으면 겁이 날 것입니다. 누군가 갑자기 와서 "너 이제 곧 죽는다. 그
리고 죽은 다음에는 심판이 기다리고 있어." 이런 말을 듣는다면 어떤 생
각이 들겠습니까? "이제부터라도 죄짓지 말고 살아야겠다"는 생각이 스치
겠지요. 우리는 이런 생각밖에 해낼 수 없는 이 대목을 히브리서는 어떻게
풀어냅니까? 지금은 예수의 초림과 재림 사이를 살아가는 시간이다. 마음
대로 살아도 되는 시간이 아니다. 이 시간은 심판으로 가는 과정 곧 하나님
이 허락하신 시간을 살아 볼 기회로 주어진 기간이다. 이것을 기억하라는
뜻이라고 생각합니다. 이해하기 좋게 예화를 하나 들어 보겠습니다.

집안이 몹시 가난한 어떤 아이가 있었습니다. 그 아이는 학교 근처에
도 가보지 못하고 매일 나가서 껌 팔고 구두닦이를 하여 가족을 먹여 살립
니다. 어느 날 한 노신사가 길에 넘어져 신음하고 있자, 이 아이가 달려가
그를 일으키고 사람들을 불러와 병원에 데려가 살려 냅니다. 알고 보니 그
노신사는 교육계의 유력한 어른이었습니다.

그는 자기를 살려 준 아이를 찾아가서 "너 왜 그 시간에 날 살렸냐?"라

자유

고 묻습니다. 이 물음에 당황한 아이는 "아, 제가 어르신을 살려 준 게 잘못입니까?"라고 되묻습니다. 노신사는 "그런 말이 아니다. 그 시간이면 학교에서 공부하고 있을 시간인데, 왜 거기 있었냐는 뜻이다"라고 하자, 소년은 "집이 몹시 가난해서 저는 학교 다니는 대신 돈을 벌어야 합니다"라고 말합니다. 아이의 이야기를 잠자코 듣던 노신사가 무언가 생각한 다음 아이의 집에 통보합니다. "이 아이에게 필요한 모든 학비를 대줄 테니 학교에 보내십시오." 그러자 소년의 부모가 "저희도 그 애가 학교에 다니는 걸 원하지만, 그렇게 되면 저희 식구는 모두 굶어 죽게 되니 그렇게는 할 수 없습니다"라며 거절합니다. 노신사는 다시 제안합니다. "좋소. 그렇다면 생활비까지 대 주겠소." 그리하여 마침내 소년은 이제 학교에 갈 수 있게 되었습니다.

그런데 아이와 그 부모는 노신사가 베푼 은혜에 감격한 나머지 매일 아침 아홉시에 광화문 앞에 나가 촛불을 켠 채, "은혜로우시고 자비로우신 선생님을 기리는 뜻으로 하루에 열 시간씩 무릎 꿇고 기도하겠다"라고 결정하고 기도만 한다면 어떻겠습니까? 그것은 말이 안 됩니다. 이제 드디어 학교에 다닐 수 있게 되었는데, 저렇게 나와 기도만 하고 있으니 말입니다. 학교에 다닐 수 있게 되었다면 공부를 열심히 해야 합니다. 공부는 왜 하는 걸까요? 훌륭해지라고, 더 깊고 위대해지라고 하는 것입니다. 그러니 좋은 학교란 학생에게 훌륭해질 것을 요구하고 그 요구를 채워 줄 수 있는 학교라야 합니다. 좋은 환경, 좋은 교사, 그 밖의 좋은 조건을 갖추어야 좋은 학교인 것입니다. 그러나 학교가 아무리 좋은 외적 조건을 갖추고 있다고 해도 당사자가 훌륭해지기로 하지 않는 한 아무 소용이 없습니다.

히브리서가 하고 싶은 이야기도 바로 이것입니다. "한 번 죽는 것은 사람에게 정해진 것이요 그 후에는 심판이 있으리라"고 한 말씀은 무서운 선언이 아니라는 것입니다. 지금이 기회다. 열심히 공부하고 배워라. 다 너 훌륭해지라고 하는 요구다. 너는 훌륭해질 기회와 조건 속에 있다. 외적 조건은 내가 다 갖춰 놓을 테니 너는 실력을 길러라. 네 정체성과 가치를 가꾸어 네 자신이 훌륭해지지 않는 한, 아무리 외적 조건이 잘 갖춰져 있다 해도 아무 소용도 없다. 바로 이런 이야기라는 것입니다.

우리 자신이 이런 기회와 책임 속에 있다는 사실을 깨닫지 못하면, 우리는 언제나 잘잘못이라는 기준에 묶여 울고 회개하고 하나님 앞에 진심을 확인받고 하는 일만 반복하게 될 것입니다. "하나님, 이것도 잘못했습니다. 저것도 잘못했습니다"라는 회개만 거듭할 뿐, 거기서 한 발짝도 앞으로 나아가지 못하고 제자리걸음만 할 뿐입니다. 공부는 어떻게 하는 것입니까? 실제로 해보는 것입니다. 시험을 치러 보면, 알고 있다고 생각한 것인데 틀리고 엉뚱한 답을 찍었는데 정답을 맞히는 일을 경험하게 됩니다. 이런 과정을 통해 실력이 길러진다는 것입니다.

우리 인생을 보면, 마치 하나님이 우리를 학교에 보내신 것 같습니다. 우리로 많은 도전과 위협과 시험 속에 살게 하십니다. 가장 큰 도전은 무엇입니까? 세상이 가진 폭력입니다. 약육강식과 적자생존입니다. 세상은 우리더러 강해지거나 독해지라고 합니다. 하나님은 그 조건 속에 우리를 집어넣어 두고 일하십니다. 하나님이 우리를 위하여 자기 아들을 보내셨고, 그 아들이 십자가를 지고 부활하시고 승천하셔서 지금 우리 편을 들고 계시는데도 이 폭력과 공포 속에 살아간다는 것이 믿어지지 않습니다. 더구나 이런 세상 속에 하나님이 일하신다는 것은 더더욱 믿어지지가 않습니다. 이 같은 하나님의 일하심은 우리에게 매일의 도전과 시험에 스스로 답을 해보라고 합니다. 우리더러 문제를 해결하라는 것이 아닙니다.

예수를 믿어도 이런 일에서 보호받는다거나 시험이 면제되지는 않습니다. 또 이런 공포를 이겨 낼 실력이 우리에게 미처 갖춰져 있지도 않습니다. 이럴 때는 어떻게 해야 합니까? 우리 현실에서 보듯이 법보다 주먹이

자유

가깝습니다. 그런데 나중에는 성경이 가깝다고 말할 수 있어야 합니다. 현실은 법보다 주먹이 가까우니 우리는 자주 집니다. 계속 지고 또 계속 타협합니다. 우리 생애의 거의 대부분을 실컷 지고 나면 원망합니다. 매일 더큰 힘을 갖지 못하고 더 독해지지 못한 것을 후회하여 날로 더 독해지고 악해지려 합니다. 이런 생각에 발맞추느라 원망과 분노가 쌓이게 됩니다. 우리의 표정과 행동을 보면 "나 건들지 마. 싫으면 같이 죽든가"라고 말하는것 같습니다.

　　나이를 먹으면 다시 학창 시절로 돌아가고 싶은 생각이 듭니다. "내가다시 중학교로 돌아가면 그때는 친구들과 어울려 다니지 않고 공부만 할거야"라고 다짐합니다. 잘한다는 게 무엇입니까? 모든 시간에 집중하는 것입니다. 그런 마음을 가지는 것이 열매입니다. "인생의 최고 덕목이 성실함이라는 걸 이제야 알았어. 학교 다닐 때 난 수학을 못했어. 난 내 머리가나빠서 수학을 못한 줄 알았어." 수학은 어떻게 해야 잘하죠? 머리가 좋아야 잘하는 게 아니라, 외워야 잘합니다. 수학도 암기 과목이라는 것을 그때는 생각하지 못했는데, 수학도 외워야 잘합니다. 외우면 이치가 깨달아집니다. 영어는요? 물론 외워야 합니다. 나이 들면 인생 속에서 배웁니다. 악해지고 독해져서 이긴 것들이 결국 아무런 가치가 없다는 것을 말입니다.

자발적 항복을 원하심

그렇게 되면 이것이 인생이란 말인가? 이것이 인간이란 말인가? 이 같은질문이 드디어 나올 것입니다. 이겨도 아무 소용이 없고 보복해도 쓸데없음을, 이겼다고 생각한 것이 내 인생에 아무런 의미가 없음을 깨닫게 된다는 것입니다. 나이가 들면 이 깨달음을 얻게 됩니다. 그래서 하나님은 우리에게 이 긴 시간을 허락하시는 것입니다.

탕자의 비유를 생각해 봅시다. 그는 고아였습니까? 아닙니다. 그는 그 집안의 작은아들이었습니다. 그런데 이 아들이 집을 나갑니다. 나가서 무엇을 배웁니까? 세상에는 가치 있는 것이 없다는 사실을 배웁니다. 정당한 보상도 없고 영광도 없다는 것을 깨달아 아버지께 돌아옵니다. "내 아버지 집에는 품꾼들마저도 넉넉했다." 이는 다만 경제적 측면만을 이야기한 것이 아닙니다. "내 아버지 집에서는 모두가 사람대접을 받았다. 이제 나는 아버지께 돌아가야겠다." 그는 이렇게 결심합니다. 작은아들이 돌아와서는 아버지에게 뭐라고 이야기합니까? "아버지, 저는 감히 아버지의 아들이라고 불릴 자격도 없습니다. 그저 저를 품꾼의 하나로 보소서." 이에 아버지가 뭐라고 합니까? "무슨 소리냐. 여봐라, 내 아들에게 새 신을 신겨라. 가락지를 끼워라. 송아지를 잡아라. 죽었던 내 자식이 살아 돌아왔다." 이 비유가 회개를 말하고 있다고 생각하십니까? 회개의 가치와 비교할 수 없는 더 깊은 진리를 말하고 있습니다.

이것이 우리가 겪는 신앙 인생의 진솔한 내용입니다. 인생이라는 긴 시간 동안, 신자다운 인생을 살 겨를은 막판밖에 없습니다. 그 전에는 집을 나가 본 적 없는 맏아들처럼 삽니다. 맏아들이 아버지에게 했던 이야기를 우리도 하게 됩니다. "저 자식은 다 팔아먹고 빈털터리로 돌아왔는데, 왜 송아지를 잡아 주죠? 나에게 염소 새끼라도 줘 봤어요? 병아리라도 삶아 줘 봤어요?" 맏아들의 이런 불평은 자기가 처한 자리와 그 자리에서 배워야 할 가치를 자신도 모르고 있었다는 뜻입니다. 순종하고 말씀을 따르는 삶이 지닌 가치를 모르면 "내 것이 다 네 것이 아니냐"라는 아버지의 말을 깨닫지 못합니다. 맏아들은 아버지의 기업을 아직 자기 것으로 삼지 못했습니다. 그것은 다만 강제로 묶여 있는 자리에 불과한데, 하나님은 그것을 원하지 않습니다.

하나님이 우리에게 원하시는 것은 자발적 항복입니다. 하나님이 우리에게 자원하여 그리하셨듯이 우리 역시 하나님에게 기꺼이 나아오기를 원하십니다. 우리가 아직 죄인이었을 때 우리를 찾아오신 것처럼 말입니다. 우리가 소원하고 기도하여 우리에게 보상해 주신 것이 아닙니다. 하나님이 먼저 우리를 찾아오셨습니다. 하나님은 우리에게 세상과 하나님을 동등한 기회에 놓고 당신에 대한 자발적 항복을 요구하고 계십니다. 지고 이기는 것이 전부가 아니라, 인간이라는 존재에 대한 확인과 자기만족의 가치를 알게 하십니다. 하나님이 그런 거대한 목적과 뜻을 우리에게 두시고 역사와 인생 속에서 살 기회를 주신 것입니다. 얼마나 굉장한 기독교입니까?

본문으로 자신을 채우는 순종

우리는 다음의 일들이 역사에서 실제로 일어난 사실로 알고 있습니다. 바로 출애굽 사건입니다. 애굽에서 나온 것, 열 가지 재앙, 홍해를 가른 일, 구름기둥과 불기둥, 만나와 메추라기, 반석에서 나는 샘물, 이 모든 것을 하나님이 주셨지만, 가나안 땅은 이스라엘 백성이 자발적으로 결심하고 순종해야 들어갈 수 있었습니다. 가나안은 그런 땅입니다. 신자 노릇을 한다는 것은 우리의 선택이고, 우리의 자유이며, 우리의 책임이어야 합니다. 이것을 순종이라고 합니다. 순종은 한 번 선택하여 복권에 당첨되는 것과 같은 행운에 우리 생애를 넘겨 버리는 도박 같은 것이 아닙니다. 그런 순종은 없습니다. 자기가 한 선택을 본인이 살기로 하는 것, 자기가 한 선택의 결과를 책임지기로 한 것이 순종입니다.

순종에 대해 제가 정의를 내려 보았습니다. 순종이라는 개념이 사람마다 제각각이라서 한번 정리해 보았습니다. 순종이란 하나님이 원하시는 콘텍스트에 자신을 본문으로 채우는 것입니다. 그러니까 우리의 모든 조건 즉 우리가 태어난 시대와 가문, 우리의 부모, 우리가 고른 배우자, 우리가 낳은 자식, 한국이라는 나라의 근현대사, 이 모든 것 속에서 하나님은 우리에게 매번 도전과 선택을 하게 하십니다. 우리 스스로 그렇게 해볼 수 있는 경우와 기회와 선택을 허락하신다는 것입니다. 우리가 잘못한 것조차 일을 합니다. 왜 그럴까요? 그 후회와 회한이 우리를 더 깊이 있는 존재로 만들기 때문입니다. "하나님을 사랑하는 자 곧 그의 뜻대로 부르심을 입은 자들에게는 모든 것이 합력하여 선을 이루느니라"(롬 8:28)는 말씀이 그런 의미입니다.

순종은 자원하여 몸소 해보지 않으면 안 됩니다. 늘 이야기했듯이, 겸손은 자기 실체를 깨달아 다른 사람을 비난할 수 없다는 사실을 아는 자만이 할 수 있습니다. 자신의 못남을 확인하지 않은 채, 겸손을 떠는 것은 동정입니다. 그것은 낯빛만 봐도 압니다. 동정을 가장한 얼굴인지, 진짜 겸손한 것이지는 속일 수 없습니다. 당구장 문을 열고 들어서는 걸음걸이만 봐도 "아, 저 사람 고수구나"를 알아챕니다. 신기하지 않습니까? 교회도 그렇습니다. 성경책 들고 들어서는 모습만 봐도 압니다. "아, 저 사람은 실력이 있구나."

한국교회는 아직 실력이 부족합니다. 웃을 줄도 열어 놓을 줄도 몰라 겁을 내며 삽니다. 눈을 안 맞추려 하고, 무슨 말을 해야 할지 모릅니다. 한국교회가 직면한 도전입니다. 구원의 감동, 순교의 각오를 넘어선 다음 단계인 신자의 일상 속에서, 매번 반복해야 하는 공동체의 삶과 주어진 사회 속에서, 이웃 앞에서, 가장 당연한 기본을 발휘하도록 배우지 못했습니다. 그래서 모두 놀라 도망칩니다. 우리는 책임을 져 본 적도 없고, 기회를 선용할 줄도 모르는, 그저 다만 시력이 좋아서 옆 사람 답안지 보고 합격한 실력 정도밖에 되지 않습니다. 우리가 인생을 제대로 산다면, 하나님이 우리 인생에서 만들고 싶어 하는 가치가 무엇인지를 보게 될 것입니다.

자유

실력만큼 하십시오

디트리히 본회퍼는 훌륭한 신학자요 목회자였으나 히틀러 암살에 참여한 일로 붙잡혀 교수형에 처해집니다. 그가 쓴 책 중에 『정말 기독교는 비겁할까?』라는 책이 있습니다. 제목이 아주 도전적입니다. 우리는 비겁합니다. 다들 예수를 믿으면서도 어떻게 믿어야 하는지, 어떻게 책임져야 하는지 몰라 다 고개 숙이고 도망 다녔으니 말입니다. "정말 기독교는 비겁할까?" 본회퍼만 이 질문을 할 수 있습니다. 그렇게 물은 본회퍼는 결코 비겁하게 살지 않았기 때문입니다.

그는 시간이라는 주제에 대해 자신의 책에서 이렇게 썼습니다. "우리가 사람으로 살며 경험하고 배우며 창조하고 즐기며 고통 받지 않은 시간은 잃어버린 시간일 것입니다. 잃어버린 시간이란 채워지지 않은 텅 빈 시간입니다. 하나님의 말씀은 나의 시간을 요구합니다. 하나님 자신이 시간 속으로 들어오셔서 나의 시간을 그분께 내어 드리길 원하십니다. 그리스도인으로 산다는 것은 순간이 아니라 지속적으로 시간을 드려야 하는 일입니다."

그런데 우리의 시간은 어떻습니까? 우리는 현실을 원망하면서 시간을 보냅니다. 그것이 우리의 현실이자 현재입니다. 무얼 어떻게 해야 합니까? 할 수 있는 것을 하십시오. 실력만큼 하십시오. 잘할 수도 있고 잘못할 수도 있습니다. 잘못한 것을 깨달았다면 그 잘못을 반복하지 마십시오. 더 나아지려고 애쓰십시오. 그래서 실제로 나아지십시오. "이래봬도 내가 중학교 때 수석했어"라고 자랑할 게 아니라, 그것이 지금 어떤 열매를 맺으며 어떤 나로 만들었는지를 돌아보십시오.

한국교회가 겁을 내는 것은 비겁한 것입니다. 예수를 믿는 것을 무얼 나가서 소리를 지르고 광분하면서 알리겠습니까. 우리에게는 이미 주어진 도전이 있습니다. 우리의 가족, 이웃, 회사, 우리가 속한 사회가 있습니다. 우리는 지하철에 서 있어도 모습이 달라야 합니다. 이 말은 '거룩함'을 이마에 써 붙이고 다니라는 것이겠습니까? 우선 표정이 달라야 합니다. 살아 있는 존재가 마땅히 지어야 할 표정, 마땅히 가져야 할 여유, 인간이기에 짐승과 다르고 기계와 달라야 하는 정체성을 지녀야 합니다. 우리는 명분이라는 것에 속지 말아야 합니다. 이 일을 에베소서 4:13-15에서는 이렇게 요구합니다.

우리가 다 하나님의 아들을 믿는 것과 아는 일에 하나가 되어 온전한 사람을 이루어 그리스도의 장성한 분량이 충만한 데까지 이르리니 이는 우리가 이제부터 어린아이가 되지 아니하여 사람의 속임수와 간사한 유혹에 빠져 온갖 교훈의 풍조에 밀려 요동하지 않게 하려 함이라. 오직 사랑 안에서 참된 것을 하여 범사에 그에게까지 자랄지라. 그는 머리니 곧 그리스도라(엡 4:13-15).

이 말씀을 보면 하나님이 우리를 신적 경지로 부르고 있습니다. 놀랍지 않습니까? 우리를 당신의 자녀라고 부르십니다. 우리로 하나님을 아버지라고 부르게 하십니다. 아버지와 자식은 모든 관계 중 가장 친밀한 사이입니다. 우리의 인생이 이런 일을 우리 것으로 만들기 위하여 하나님이 구체적으로 일하시고 요구하시는 시간이요 기회라는 것을 안다면, 우리는 다만 명분이나 이상이나 기대라는 이름으로 오늘을 낭비하거나 외면하는 인생을 살 수 없을 것입니다. 결국 사랑일까요? 네, 그렇습니다. 여기서 사랑이란 윤리도 명분도 아니고 최고의 자발성을 의미합니다. 우리는 사랑하는 존재가 되어야 합니다. 책임지는 존재가 되어야 합니다.

대개 사람들이 종교를 가지는 이유는 자기 책임을 미루기 위해서가

자유

아닙니까? 우리가 하는 대부분의 기도와 마찬가지로 말입니다. "하나님의 뜻을 제게 알려 주셔서 제가 책임지지 않게 해주십시오." 기도할 수밖에 없고, 비명 지를 수밖에 없는 때에도 하나님이 답을 안 주시면 우리는 어떻게 해야 할까요? 그때는 실력만큼 하십시오. 때로는 화를 내기도 하고, 울기도 하고, 밥상을 걷어차기도 할 것입니다. 그러고서는 무엇을 배우게 됩니까? 밥상을 엎으면 내가 치울 수밖에 없다는 것을 배웁니다. 그건 명예롭지 않다. 그건 강한 것도 아니요, 다만 못난 짓이다 하는 것을 배우게 됩니다. 교회를 30년, 40년 다니고 평생 예수를 믿었는데도 느낀 것이 없는 자신의 신앙을 부끄러워해야 합니다. 각자의 신앙 인생을 참되고 충일하게 살아내시고 비난하고 원망해서 누구에게 책임을 떠미는 기만에서 벗어나 위대한 신자로 살아가시기 바랍니다.

16

시간을 마음껏 주시다

사 8:16-18

너는 증거의 말씀을 싸매며 율법을 내 제자들 가운데에서 봉함하라. 이제 야곱의 집에 대하여 얼굴을 가리시는 여호와를 나는 기다리며 그를 바라보리라. 보라, 나와 및 여호와께서 내게 주신 자녀들이 이스라엘 중에 징조와 예표가 되었나니 이는 시온 산에 계신 만군의 여호와께로 말미암은 것이니라.

스알야숩과 마헬살랄하스바스

하나님께서 이사야에게 아람과 북이스라엘이 곧 망하리라는 것을 큰 서판에 "마헬살랄하스바스"라고 써서 증거로 삼으라고 하십니다. 마헬살랄하스바스란 '침략 혹은 노략이 신속히 이루어진다'는 뜻입니다. 그 노략의 대상은 남유다를 공격하는 두 동맹국 아람과 북이스라엘이 될 것이며, 앗수르가 이 두 나라를 노략할 것입니다. 그런데 일이 묘하게도 이 마헬살랄하스바스를 이사야와 그 아내 사이에 낳을 아이의 이름으로 삼으라고 하십니다. 이사야에게는 아들이 둘 있는데 첫째 아들은 스알야숩이고, 둘째 아들은 마헬살랄하스바스입니다. 이렇게 둘째 아이에게 그 이름이 붙여집니다.

우리가 읽은 본문에서는 이렇게 말합니다. "너는 증거의 말씀을 싸매며 율법을 내 제자들 가운데에서 봉함하라. 이제 야곱의 집에 대하여 얼굴

자유

을 가리시는 여호와를 나는 기다리며 그를 바라보리라. 보라, 나와 및 여호와께서 내게 주신 자녀들이 이스라엘 중에 징조와 예표가 되었나니." 유다 왕 아하스에게 "아람과 북이스라엘의 동맹군은 결코 성공하지 못한다. 너희는 안전하다. 걱정 마라"고 합니다. 그럼에도 아하스가 믿지 않았고, 그래서 주신 징조가 처녀가 아들을 낳는 것이요 그 아들의 이름은 임마누엘이었습니다. 또한 그 두 나라가 결국 멸망하리라는 것을 확인시켜 주시려고 이사야에게 마헬살랄하스바스를 아들로 주십니다. 그리고 유다는 믿지 않은 죄로 다 사로잡혀 가게 될 것이라고 합니다. 심한 고난을 당하고 국가의 운명까지 꺾여 멸망당한 뒤 포로로 잡혀가서 남은 자만 돌아온다는 것입니다. 그것을 말해 주는 것이 스알야숩입니다. 이것이 그 시대적 상황입니다.

왜 하나님이 진노하십니까? 이스라엘이 하나님을 섬기지 않고 하나님이 주신 선택받은 백성으로서의 사명을 감당하지 못했기 때문입니다. 즉 하나님이 누구이며, 하나님의 자녀가 된다는 것이 무엇인지 알아야 하는 책임을 저버림으로써 그들 자신과 하나님께 불명예가 되었기 때문입니다. 이스라엘의 실패는 곧 하나님의 실패가 되는 것과 마찬가지이기 때문입니다. 그렇지만 다시 구원을 약속하십니다. "결단코 내가 너희를 버리지 않고 너희를 정화하여 회복하겠다. 구원을 완성하고야 말겠다"고 하십니다. 이사야서를 읽을 때 이처럼 심판과 구원이라는 두 주제가 각 장마다 반복해서 나오는 바람에 어디까지가 진심이고, 어디까지가 궁극적인 결과인지 가늠할 수 없을 정도입니다. 그만큼 서로 타협할 수 없는 반대의 길로 이사야서가 맹렬하게 진행되는 것을 볼 수 있습니다.

하나님의 진노와 경고에도 불구하고 하나님 따르기를 거절하는 북이스라엘은 물론이요 남유다도 하나님이 구원하실 것입니다. 그것이 지금으로서는 실현될 가능성도 보이지 않습니다. 하지만 이 일이 가능한 첫 번째 징조로 이사야가 섭니다. 이사야는 선지자입니다. 우리가 보통 이해하는 대로라면, 선지자는 가서 백성들을 책망하고 하나님의 엄중한 진노를 피하도록 회개하라 가르치는 것이 첫째 임무입니다. 그러니 선지자를 보낸 것으로도 이미 이스라엘은 포기의 대상이 아니라는 뜻입니다. 그런데 선지자 이사야가 가서 "회개하라. 너희가 잘못했다" 하는 정도의 일을 하도록 보냄을 받는 것이 아니라, 네가 가서 말할지라도 못 알아들을 것이라고 합니다. 그것을 수사학적으로 과장해서 말하자면, "알아들을까봐 두려우니 가서 눈과 귀를 막고 와라" 하는 사명을 주십니다. 그러나 그 선지자의 이름은 '여호와는 구원이시다'라는 뜻입니다.

이러한 성경의 역설을 이해하지 못하면 하나님의 주권적이고 성실하신 의지를 우리가 저지르는 현실과 어떻게 연결할 것인지에 대하여 해답을 얻기 어렵습니다. "하나님이 결국 이기신다. 그러니 우리가 하는 일은 아무 의미가 없구나"라고 답을 내야 할 테니 말입니다. 하지만 "이래도 되고 저래도 되는구나"라고 생각하기에는 그 문제의 깊이가 너무 깊습니다. 우리의 인생이 그렇듯이 말입니다.

우리의 인생이 얼마나 깊은 층을 갖는지 쉽게 설명할 수 없지 않습니까. 인간은 깊고 신묘한 존재입니다. 창조의 목적과 하나님의 구원은 우리가 쉽게 생각하듯이 고통이 없고 자존심 상하지 않고 걱정하지 않아도 되는 그런 것이 아닙니다. 그것보다 훨씬 깊습니다. 무에서 유를 창조하신 하나님의 능력이 요구하는 바가 있기 때문입니다. 따라서 기독교 신앙이란 여러분이 기대하고 소원하듯이 삶의 어려움이 없는 그런 소극적인 것과는 차원을 달리 합니다. 기독교 신앙은 그런 것들과 쉽게 타협할 수 있는 것이 아닙니다. 기독교 신앙이 요구하는 바를 우리가 소원하거나 상상할 수 없기에 하나님의 인도하심과 구원의 여정은 우리에게 힘들 수밖에 없습니다.

자유

약속, 그리고 오늘이라는 시간

이 자녀들이 징표가 된다는 것은, 임마누엘의 징조에서 그랬듯이 처녀가 잉태하여 아들을 낳아 열두 살이 되기 전에 저 두 나라의 왕이 패배한다는 것입니다. 그렇다면 처녀가 아이를 낳기 전에는 사람들이 어떤 위기의식을 갖지 않아도 될 것입니다. 그러나 아이가 태어나면 그들에게는 이제부터 말세입니다. 해가 가면 갈수록 그 징조는 사람들에게 더욱 실제적으로 다가와 위기감을 느끼게 할 것입니다. 이사야의 두 아이들도 똑같습니다. 스알야숩과 마헬살랄하스바스는 모두 어린아이입니다. 그들은 태어나서 어린아이로 자라나고 있습니다. 언제 죽을지 정확하게 모르는 일이지만 그 아이들이 자라나고 있다는 것은 두 나라의 멸망이 다가오고 있다는 뜻입니다.

왜 하나님이 이러한 방법을 쓰실까요? 여러분의 인생이 아무것도 아닌 것 같고, 국제 정세는 고사하고 내가 사는 동네에 아무 이바지조차 할 것이 없다 해도 여러분의 한 해는 그만큼 하나님께서 무엇을 하시는 한 해이기 때문입니다. 그것이 얼마나 중요한지 아십니까? 여러분이 중요하게 생각하지 않는 나의 일 년, 나의 하루가 하나님이 함께하신 임마누엘이요 스알야숩이요 마헬살랄하스바스입니다.

그런 것들이 우리의 존재를 형성합니다. 너무나 평범한, 아무것도 아닌, 감추어진 것들이 이런 약속에 들어 있습니다. 우리가 이런 것들을 간과하기 때문에 처녀 잉태가 가진 의미를 모를 수밖에 없습니다. 그 징조가 주어질 당시 사람들에게는 시간적 개념 정도로 이해되었겠지만, 예수님이 오시자 그것이 어떻게 됩니까? 무에서 유의 창조가 되지 않습니까? 창조주가 처녀의 자손으로 태어나심으로 예수님은 미래의 운명을 확증하고 확정하시는 존재로 오십니다. 그러니 예수를 믿는다는 것은 그 믿음의 시작과 과정과 결과 그 자체로 신적 증거인 것입니다. 그 증거를 우리 눈으로 본 것이요 우리가 사는 삶으로 확인한 것입니다. 우리가 사는 모든 인생이, 60년을 살든 80년을 살든, 그 시작과 최종 운명이 서로 한데 묶인 그 사이를 살아가는 것임을 확인할 수 있어야 합니다.

다시 본문으로 돌아와서 스알야숩과 마헬살랄하스바스 이야기를 살펴보겠습니다. 당시에 유치원이 있었는지 없었는지는 모르겠지만, 한번 이렇게 상상해 보지요. 아이들은 유치원도 가고 학교도 가고 친구들도 만나고 나가서 장난도 칠 것입니다. 그런데 마헬살랄하스바스가 사고를 칩니다. 이웃집 아이를 다치게 한 것입니다. 그러자 어떤 사람이 마헬살랄하스바스의 어머니에게 와서는 이렇게 말합니다. "마헬살랄하스바스 어머니, 마헬살랄하스바스가 옆집에 사는 아이를 때리는 바람에 경찰이 와서 데리고 갔어요. 지금 아이가 눈물이 그렁그렁해서는 엄마만 찾고 있어요. 마헬살렐하스바스 어머니, 빨리 가보세요." 사람들은 이런 일상의 일들에 파묻혀 익숙해진 나머지 아무도 이 마헬살렐하스바스에 관한 예언을 기억하지 못합니다. 그 예언이 뜻하는 바가 무엇인지 다 놓치고 있다는 것입니다.

세상은 멸망할 것입니다. 심판으로 끝날 것입니다. 하나님 나라가 임할 것입니다. 우리가 다 아는 이야기입니다. 우리 생애 가운데 일어나는 일에는 잘한 것, 못한 것, 의도한 것, 의도하지 않은 것, 주도권을 잡고 일으킨 것, 또는 다른 사람과 엮여서 일어난 것 등 모든 경우가 들어 있습니다. 말하자면 이사야의 두 아들의 경우에도 그들의 현실 속에 그런 모든 일들이 들어 있듯이 말입니다. 이사야를 통해 주신 하나님의 약속은 당시의 모든 현실과 따로 분리되어 있는 게 아니라, 모두 한데 묶여 있습니다. 그래서 그 모든 경우를 쓸어 담아 이 약속은 성취될 것입니다.

우리는 종종 하나님이 하시려는 일에 우리가 더 적극적이고 더 필요하고 더 유효한 자리에 있어야 한다고 생각하곤 합니다. 그러나 그렇지 않

자유

습니다. 하나님 나라라는 큰 명분을 드러내고 싶은 자리를 택하려고 할 것이 아니라, 먼저 여러분 자신이 어떤 사람이 되어야 할 것인지를 위해 선택하는 것이 마땅합니다. 하나님은 지금이라도 하늘나라를 임하게 하실 수 있고, 세상 역사를 끊으실 수 있기 때문입니다. 하나님은 우리에게 시간을 주고 계십니다. 따라서 인류 역사의 끝이 무엇인지를 알며, 그 끝을 위하여 하나님이 이제껏 그의 백성을 어떻게 다루셨고, 지금 무슨 일을 하고 계신지 아는 자로서는 그 안에서 무르익어야 합니다. 성숙해져야 합니다. 이런 성숙과는 상관없이 하나님을 위해 쓸모 있는 인간이 되겠다고 나서는 것이 아니라, 하나님이 누구시며 나에게 무엇을 요구하시는지 아는 자로 서야 한다는 것입니다.

문제는 이것입니다. 마음에는 원이로되 육신이 말을 듣지 않는 것입니다. 매일 실수합니다. 그리고 정신을 차렸을 때는 이미 너무 멀리 와 있습니다. 거기가 문제입니다. 그러나 그것을 모두 만회하고 과거의 죄를 다 씻고 오려고 하시지 말고, 어제 것까지는 다 잘라 버리고 오늘을 사십시오. 이것이 처녀 잉태의 가장 중요한 상징입니다. 스알야숩과 마헬살랄하스바스에게 주어진 징조의 진정한 의미입니다.

시간을 마음껏 주신다

우리는 인생을 살면서 매우 당황스러운 일을 만날 때가 있습니다. 인과관계나 논리적인 이해나 관습을 벗어나는 일들이 벌어지기 때문입니다. 우리 기독교 신앙에는 다른 이해들과 차이가 나는 아주 중요한 것이 있습니다. 그것이 뭐냐 하면 말이 안 되는 게 있다는 것입니다. 무에서 유를 창조하기 때문입니다. 거슬러 올라갈 원인이 더 이상 없습니다. 가장 중요한 것은 무엇입니까? 그것은 바로 구원입니다. 구원을 왜 받았는지, 어떻게 받았는지 묻지만 우리는 모릅니다. "그날 예수님을 알게 되었고, 내가 죄인이라는 사실을 알게 되었습니다." 그다음에는 어떻게 삽니까? 그다음에도 비슷하게 삽니다. 그런데 구원을 받은 것은 확실합니다. "그렇게 살아도 되겠는가?" "안 됩니다." "그러면 오늘부터 바꾸겠는가?" "그러겠습니다." 하지만 그러고도 또 예전과 똑같이 삽니다.

하나님의 창조의 능력과 부활의 능력이 여러분을 기어코 완성의 자리에 이르게 할 것입니다. 말이 안 되는데도 불구하고 말입니다. 시작도 과정도 결과도 그럴 것입니다. 성경이 이렇게 이야기하는 사실을 여러분이 믿지 못하는 가장 큰 이유는 여러분이 기독교를 도덕이라 생각하고 있기 때문입니다. 여러분이 유용해야 한다고 생각하기 때문입니다. 그렇지 않습니다. 부모가 자식이 쓸모 있기를 바라는 것은 자식을 돈벌이 수단으로 삼겠다는 욕심 이외에 다른 것이 아닙니다. 자식은 자기 인생을 살아야 합니다.

거기에 가장 큰 깨우침이 필요합니다. 인간은 게으르다는 것, 인간은 이기적이라는 것, 인간은 허영심이 있다는 것, 인간은 남의 말을 듣지 않는다는 사실에 깨우침이 있어야 합니다. 이런 것들을 배우는 것이 훨씬 더 중요합니다. 하나님이 그 일을 하십니다. 그래서 우리가 신앙 좋은 사람에 대해 이야기할 때마다 역사에서 손꼽히는 사람들을 예로 들면서 본받아야 한다고 말하는 것은 하나님이 그의 자녀를 어떻게 키우시는가 하는 방법을 전혀 모르는 처사입니다.

하나님은 아담과 하와에게 선악과를 먹지 말라고 하시고서 그들이 따먹자 그에 대해 벌을 내리시고도 인류 역사는 그대로 유지해 나가십니다. 그런 잘못 속에서도 하나님이 키우십니다. 자신이 결정한 것이 무엇인지 지켜볼 기회를 주십니다. 탕자의 비유에서 작은아들이 자기 몫을 달라고 하자 재산을 털어서 그에게 줍니다. 아버지는 아들이 나가서 다 말아먹고 배곯아서 돌아올 때까지 기다립니다. 그리고 나중에 그가 돌아왔을 때 "거봐, 내가 뭐랬니"라고 하지 않습니다. 오히려 반가워합니다. 사람은 그렇게 해서 큽니다.

신앙 인생이란 옳고 그르고, 쓸모 있고 자랑스럽고, 그런 것이 아닙니다. 믿으나 마나 하고, 예수 믿는 것 때문에 더 욕먹습니다. 동창끼리 모이면 제일 미운 소리 듣는 게 교회 나가는 사람입니다. 모두들 욕하지요. "절에 다니는 애들은 안 그러는데, 교회 나가는 애들은 왜 그러냐?" 모욕을 당하고 오해를 받는 일을 하나님이 감수하십니다. 잘못을 해본 적이 없는 사람은 역전시킬 건더기가 없습니다. "꼭 잘못을 해봐야 하는가?" 예, 잘못을 해봐야 됩니다. 인간이 어디까지 잘못할 수 있는가에 인간의 재능들이 들어 있습니다. 인간된 재능, 더 큰 욕심, 더 큰 기대, 더 큰 만족을 요구하는 욕심이 있습니다. 아무것도 없어서 잘못하지 않는 것은 안 됩니다. 하나님은 우리에게 시간을 마음껏 주십니다. 하나님이 그런 시간 속에서 일을 하십니다. 스알야숩과 마헬살랄하스바스를 주십니다. 성경이 이런 식의 깨우침을 주는 것에 대하여 우리는 매우 놀라울 뿐입니다.

시간이 간다는 것의 의미

로마서 4:17 이하를 보겠습니다.

기록된 바 내가 너를 많은 민족의 조상으로 세웠다 하심과 같으니 그가 믿은 바 하나님은 죽은 자를 살리시며 없는 것을 있는 것으로 부르시는 이시니라. 아브라함이 바랄 수 없는 중에 바라고 믿었으니 이는 네 후손이 이같으리라 하신 말씀대로 많은 민족의 조상이 되게 하려 하심이라. 그가 백 세나 되어 자기 몸이 죽은 것 같고 사라의 태가 죽은 것 같음을 알고도 믿음이 약하여지지 아니하고 믿음이 없어 하나님의 약속을 의심하지 않고 믿음으로 견고하여져서 하나님께 영광을 돌리며 약속하신 그것을 또한 능히 이루실 줄을 확신하였으니(롬 4:17-21).

하나님은 아브라함이 이렇게 믿은 것을 그의 의로 여기셨습니다. 이 지점이 어렵습니다. 예수님을 믿어 구원을 얻는다는 뜻에서 믿음입니다. 기독교 신앙의 가장 기본적인 것은 이 믿음이라는 고백입니다. "나는 예수님을 믿습니다." 예수님을 믿는다는 것은 구원을 받는다는 것인데, 구원은 믿음으로만 얻습니다. 이때 믿음이란 어떤 다른 조건이 아닙니다. 이해, 선행, 소원, 업적, 이 모든 것이 아닌 것으로 구원을 얻은 줄 압니다.

그 방법이 무엇입니까? 바로 예수님입니다. 예수님이 누구십니까? 처녀 잉태, 즉 없는 데서 나신 이입니다. 하나님이 그의 백성을 구하기 위하여 없는 데서 나게 하신 분입니다. 시작이고 끝인 하나님입니다. 우리가 이것을 믿는 것입니다. 그것이 믿음입니다. 그러니 예수님을 믿으면 무엇이 달라집니까? 인생과 자신이 속한 시대와 사회와 역사와 모든 가치에 어떤 자세를 갖게 됩니까? 하나님은 없는 데서 있는 것을 만드실 수 있고, 잘못한 것을 뒤집으실 수 있다고 믿게 되는 것입니다. 여러분 자신뿐 아니라 여러분이 속한 사회, 여러분이 만나는 모든 경우, 모든 이웃 앞에서 그 자세를 가질 수 있게 됩니다.

아브라함은 하나님 앞에 부름을 받고 열국의 아비가 되기로 합니다. 자녀를 열 명 주시겠다는 것도 아니고, 열 개의 부족을 주시겠다는 것도 아니라 열방, 전 세계의 아버지가 되게 하시겠다는 것입니다. 그런데 자녀는 하나도 없습니다. 그 삶이 얼마나 말이 안 되었을지 한번 생각해 보십시오. 아이는 하나도 없는데 열국의 아비라니요. 그가 돌아다닐 때 사람들이 묻습니다. "당신의 이름이 무엇입니까?" "저는 열국의 아비입니다. 내게는

자유

자손이 하나도 없지만, 하나님이 나에게 열국을 주기로 하셨습니다." 이처럼 아이가 하나도 없는 가운데서 그가 배우는 것입니다.

그 열국 속에 우리가 들어가 있지 않습니까? 우리는 아브라함이 무엇을 배웠는지 알아야 합니다. 아브라함이 돌아다니면서 자신의 생애를 통해 무엇을 증언했겠습니까? "너를 축복하는 자에게는 내가 복을 내리고 너를 저주하는 자에게는 내가 저주하겠다." 이것 아니겠습니까? 그런데 그런 아브라함을 보고 비웃는다면 그는 바보가 되는 것입니다. 마찬가지로 사람들이 우리의 믿음을 비웃을 때 그 말을 듣고서 화를 낸다면 정작 우리가 바보가 되는 것입니다. 예수님을 믿는다는 것이 뭔지 아시겠습니까? 성경이 이렇게 크고 깊은 의미를 담아 쓴 말들이라는 것을 이해해야 합니다. 고린도후서 5:11 이하를 보겠습니다.

우리는 주의 두려우심을 알므로 사람들을 권면하거니와 우리가 하나님 앞에 알리어졌으니 또 너희의 양심에도 알리어지기를 바라노라. 우리가 다시 너희에게 자천하는 것이 아니요 오직 우리로 말미암아 자랑할 기회를 너희에게 주어 마음으로 하지 않고 외모로 자랑하는 자들에게 대답하게 하려 하는 것이라. 우리가 만일 미쳤어도 하나님을 위한 것이요 정신이 온전하여도 너희를 위한 것이니 그리스도의 사랑이 우리를 강권하시는도다. 우리가 생각하건대 한 사람이 모든 사람을 대신하여 죽었은즉 모든 사람이 죽은 것이라. 그가 모든 사람을 대신하여 죽으심은 살아 있는 자들로 하여금 다시는 그들 자신을 위하여 살지 않고 오직 그들을 대신하여 죽었다가 다시 살아나신 이를 위하여 살게 하려 함이라. 그러므로 우리가 이제부터는 어떤 사람도 육신을 따라 알지 아니하노라. 비록 우리가 그리스도도 육신을 따라 알았으나 이제부터는 그같이 알지 아니하노라. 그런즉 누구든지 그리스도 안에 있으면 새로운 피조물이라. 이전 것은 지나갔으니 보라, 새 것이 되었도다(고후 5:11-17).

이 본문이 무엇을 말하고 있는지 아시겠습니까? 세상이 바뀌었다는 것입니다. 아무것도 아닌 것은 없으며, 어느 것도 실패할 수 없는 세상에 내가 살게 되었다는 것입니다. 일이 이렇게 되었으니 괜찮다는 것입니다. "모든 것이 합력하여 선을 이루느니라." 이 로마서의 한 줄 선언대로 온 인류, 역사, 경우, 각 개인의 처지 등 그 모든 것이 바뀐 세상 속에 들어 있습니다. 처녀 잉태, 죽음으로부터의 부활이 이제 그 바뀐 세상 안에 들어 있다는 것입니다. 아무것도 거기서 벗어날 수 없습니다.

시간이 가는 것은 무엇이냐고요? 하나님의 약속이 성취되어 가고 있다는 뜻입니다. 우리가 그 속에서 살고 있는 것입니다. 겁을 낼 이유가 없습니다. 예수님을 믿는다는 말의 뜻을 이해한다는 것이 무엇일까요? 내가 그 완성으로 가는 여정 속에서 지금 여기에 살고 있다는 것입니다. 누구든지 그리스도 예수 안에 있으면 새로운 피조물입니다. 이것은 나 하나의 구원을 말하는 정도가 아닙니다. "이전 것은 지나갔으니 보라, 새 것이 되었도다"라고 말씀하지 않습니까? 그 새로운 피조물이란 새로운 세상을 말하는 것입니다. 그러니 모든 것이 달라 보입니다. 여러분의 존재, 여러분의 결정, 여러분의 처지, 여러분이 지금 풀어야 할 그 산더미 같은 문제들이 다 반전될 수 있습니다. 여러분이 할 수 있는 것은 이 믿음을 갖고 그 모든 짐, 그 모든 위기를 명예로 짊어지는 것이어야 합니다. 멋있게 웃어야 합니다. 여러분을 보는 사람들이 여러분을 통해 희망과 생명과 영생과 기쁨과 하나님을 보게 하십시오.

자유

17

시간을 고려해야

롬 14:1-12

믿음이 연약한 자를 너희가 받되 그의 의견을 비판하지 말라. 어떤 사람은 모든 것을 먹을 만한 믿음이 있고 믿음이 연약한 자는 채소만 먹느니라. 먹는 자는 먹지 않는 자를 업신여기지말고 먹지 않는 자는 먹는 자를 비판하지 말라. 이는 하나님이 그를 받으셨음이라. 남의 하인을비판하는 너는 누구냐. 그가 서 있는 것이나 넘어지는 것이 자기 주인에게 있으매 그가 세움을받으리니 이는 그를 세우시는 권능이 주께 있음이라. 어떤 사람은 이 날을 저 날보다 낫게 여기고 어떤 사람은 모든 날을 같게 여기나니 각각 자기 마음으로 확정할지니라. 날을 중히 여기는 자도 주를 위하여 중히 여기고 먹는 자도 주를 위하여 먹으니 이는 하나님께 감사함이요 먹지 않는 자도 주를 위하여 먹지 아니하며 하나님께 감사하느니라. 우리 중에 누구든지 자기를위하여 사는 자가 없고 자기를 위하여 죽는 자도 없도다. 우리가 살아도 주를 위하여 살고 죽어도 주를 위하여 죽나니 그러므로 사나 죽으나 우리가 주의 것이로다. 이를 위하여 그리스도께서 죽었다가 다시 살아나셨으니 곧 죽은 자와 산 자의 주가 되려 하심이라. 네가 어찌하여네 형제를 비판하느냐. 어찌하여 네 형제를 업신여기느냐. 우리가 다 하나님의 심판대 앞에 서리라. 기록되었으되 주께서 이르시되 내가 살았노니 모든 무릎이 내게 꿇을 것이요 모든 혀가하나님께 자백하리라 하였느니라. 이러므로 우리 각 사람이 자기 일을 하나님께 직고하리라.

믿음이 약한 자와 강한 자

우리는 로마서 13장을 살피면서 다음의 내용을 확인한 바 있습니다. 하나님이 시간과 공간 속에 허락하신 무대와 정황 가운데서 자신의 역할을 감당해야 합니다. 우리는 하나님이 그 안에 담으시는 텍스트를 품고 살아야 합니다. 우리는 본문을 품고 사는 것입니다. 예수께서 그리하셨듯이 말입니다. 이렇게 살기 위하여 에베소서 5장의 말씀처럼 술 취하는 것으로 허송세월하지 말고 잠자던 자리에서 일어나야 합니다.

그런데 신앙생활을 하다 보면, 자기와 생각이 다른 사람이 많다는 것을 알게 됩니다. 이런 내용을 로마서 14장에서 다루고 있습니다. 본문에서 예로 든 바와 같이, 어떤 사람은 채소만 먹고 어떤 사람은 고기도 먹습니다. 초대교회 당시는 로마제국이 통치하던 때였습니다. 로마는 많은 신들을 숭배하며 그 우상들에 의지하여 통치한 나라입니다. 시장에 나온 고기 대부분은 그 우상들에게 바쳐졌던 제물이었습니다. 포로가 되어 바벨론에 잡혀간 다니엘과 세 친구들과 같이, 로마서 14장에서 "나는 절대 고기를 먹지 않겠다"고 다짐한 사람들은 우상을 섬기지 않겠다는 뜻을 그렇게 표현한 것입니다.

한편 고기를 먹는 사람들의 주장은 이렇습니다. 우상이란 원래 없는 것인데 사람들이 무지하여 우상에다 제물을 갖다 바친다. 그러니 고기를 먹지 않겠다는 사람들은 우상에게 바친 제물이므로 안 먹겠다는 것인데 이는 우상을 인정하는 꼴이다. 그러나 우상의 존재를 인정하지 않는 나로서는 고기를 먹겠다고 하는 논리입니다.

어떤 이들은 고기를 먹지 않음으로써 우상을 섬기지 않는 신앙을 실천하려 하고, 또 다른 이들은 고기를 먹음으로써 존재하지도 않은 우상을 아예 부정하는 방식으로 우상숭배하지 말라는 명령을 실천한 것입니다. 그래서 이 둘 사이에 갈등이 생긴 것입니다. 로마서 14장에서는 믿음이 연약한 자에 대한 설명이 나오고, 15장에서는 믿음이 강한 자와 믿음이 약한 자의 대비가 나옵니다. 바울은 이 문제에서 믿음이 강한 자와 믿음이 약한 자 중 어느 한쪽도 편들어 줄 의도가 전혀 없어 보입니다.

자유

또 5절 "어떤 사람은 이 날을 저 날보다 낫게 여기고 어떤 사람은 모든 날을 같게 여기나니 각각 자기 마음으로 확정할지니라"에서 보듯이, 유대교의 전통을 따라 토요일을 성일로 지키는 자들과 예수님이 부활하신 주일을 성일로 지키는 사람들 사이에도 논쟁이 있었다는 것을 알 수 있습니다.

구약 내내 안식일을 지키라고 했고 이는 십계명에도 들어 있는 내용인데 어떻게 이를 바꿀 수 있겠느냐 하는 것이 한편의 주장이었고, 다른 한편은 안식일이 가진 상징성과 안식일이 증언하고자 한 내용이 이미 예수 안에서 완성되었으므로 기독교인들은 이제 안식일이 아니라 주일을 지켜야 한다고 주장한 것입니다. 이것도 큰 싸움이었습니다.

바울이 말하고 싶은 것은 이 두 가지 모두 사활이 걸린 문제는 아니라는 것입니다. 바울은 이 점을 분명히 언급합니다. 로마서 14장에서 가장 중요한 구절은 1절로 "믿음이 연약한 자를 너희가 받되 그의 의견을 비판하지 말라"는 말씀입니다. 만만치 않은 내용입니다. 그런데 15:1에 가면, "믿음이 강한 우리는 마땅히 믿음이 약한 자의 약점을 담당하고 자기를 기쁘게 하지 아니할 것이니라"는 말씀으로 더 나아갑니다. 믿음이 강한 자와 약한 자가 우열의 개념으로 비교되어 있지 않다는 점을 알 수 있습니다.

그러니 14:4에 있는 "남의 하인을 비판하는 너는 누구냐. 그가 서 있는 것이나 넘어지는 것이 자기 주인에게 있으매 그가 세움을 받으리니 이는 그를 세우시는 권능이 주께 있음이라"는 말씀을 기억해야 합니다. 우리는 이 믿음이 강한 자와 믿음이 약한 자라는 것을 대부분 평면적으로 이해하여 누구는 강하고 누구는 약하고, 누구는 우월하고 누구는 열등하다 하는 식으로 대비하여 이해합니다. 그러나 로마서에서 내내 확인하듯, 하나님의 일하심이나 우리의 신앙을 제대로 이해하려면 '시간'이라는 요소를 중요하게 고려해야 한다는 것을 잊지 말아야 합니다.

콘텍스트에 대한 이해가 더 넓어져야

초등학생이 고급한 단어나 사상을 알지 못한다고 해서 그를 열등하다고 생각하지는 않습니다. 아이를 평가할 때는 아이의 나이를 고려하는 법입니다. 보통 그 또래의 아이를 기준으로 평가하지, 아이를 한 분야의 전문가와 대등한 차원에 놓고서 비교하지는 않습니다. 이처럼 '믿음이 강한 자와 약한 자'의 대비는 시간이라는 요소를 고려해야 올바로 이해할 수 있습니다. 더욱이 성경은 이 문제에 대한 심판권은 하나님께 있다고 이야기합니다. 로마서 14:10-12을 보겠습니다.

> 네가 어찌하여 네 형제를 비판하느냐. 어찌하여 네 형제를 업신여기느냐. 우리가 다 하나님의 심판대 앞에 서리라 기록되었으되 주께서 이르시되 내가 살았노니 모든 무릎이 내게 꿇을 것이요 모든 혀가 하나님께 자백하리라 하였느니라. 이러므로 우리 각 사람이 자기 일을 하나님께 직고하리라 (롬 14:10-12).

판단은 하나님이 하십니다. 그러니 먼저 태어나고 나중에 태어나고, 먼저 깨닫고 나중에 깨닫고 하는 순서를 고려하지 않은 채 대등한 이들을 평면적 차원에서 서로 비교하지 말라는 것입니다.

우리의 신앙 현실에서 심각한 문제 중 하나는 예수를 믿는다는 고백 말고는 신앙의 내용에서 일치하는 부분이 적다는 사실입니다. 예수를 믿는다는 것 말고는 그 밖의 문제에서 일치하는 것이 거의 없습니다. 다들 각자의 신앙을 다른 방식으로 확신하는 셈입니다.

제 청년 시절은 한국교회에 부흥이 막 일어났던 70년대인데, 이 당시 한국교회를 강타한 것이 '구원의 확신이 있는가?'라는 질문이었습니다. 그

자유

런데 이 질문은 사실 매우 애매합니다. '당신은 구원을 받았는가' 혹은 '당신은 예수를 믿는가'라고 물어야 맞는데, '구원의 확신이 있는가'라고 물었던 것입니다. 이렇게 물은 것은 요구하는 답이 조금 달랐기 때문일 것입니다. 즉 당신이 구원을 받은 그 순간이 당신에게 극적인 사건으로 기억되어 있는가 하는 물음이 구원의 확신을 묻는 말 속에 담겨 있었습니다. 그러니 저 같은 모태신앙인에게 그 질문은 답하기가 대단히 애매했습니다. 기억 속 가장 아득한 어린 시절에도 저는 교회 안에 있었으니 말입니다.

구원의 확신에 대해 묻는 이들이 확인하고 싶은 것은 이런 것이었습니다. 유아세례를 받고 교회 안에서 어물쩍 살아온 것 말고 자기가 분명하게 기억하는 계기, 그 전과 후가 명백히 다른 그런 결정적 사건이 있었는가 하는 것이었습니다.

그 질문이 어떤 오해에서 나오게 되었는가를 나중에서야 알게 되었습니다. 하나님으로부터 생명과 구원을 받은 날이라는 콘텍스트가 하나님이라는 텍스트와 분리되지 않은 데서 그런 오해가 생겼던 것입니다. 텍스트가 특정한 정황, 곧 어떤 특정한 콘텍스트에서만 담겨질 수 있다고 혼동했던 것입니다. 모두 다 요한복음 3:16로 구원을 받았다고 고백해야만 했습니다. 구원받은 근거로서 다른 성경 구절을 대면 열등한 것으로 취급받든지 아니면 그의 믿음이 의심을 받았던 것입니다.

제 경험을 떠올려 보면, 저는 구약을 읽다가 밤하늘에 문득 떠오른 둥그런 달처럼 그렇게 하나님을 만났습니다. 그래서 어떤 구절로 구원을 받았는가 하는 질문을 들으면 매우 애매합니다. 구약에서 하나님을 만난 것은 맞는데, 시내 광야에서였는지 바벨론 포로 때였는지는 기억이 안 납니다. 이스라엘의 장구한 역사와 저들의 흥망성쇠 속에 나타난 하나님의 성실하심을 보며 문득 하나님을 만난 것입니다. 만난 것은 맞는데, 제게는 그 콘텍스트가 모호했던 것입니다.

지금으로부터 약 30년 전인 부흥기 직전까지만 해도 한국교회가 붙들고 있던 것은 콘텍스트에 불과한 것들이었습니다. 주일 성수 문제가 대표적입니다. 주일 성수, 술 담배 안 하는 것이 본문에 나온 바로 그 싸움입니다. 무엇을 먹느냐, 안 먹느냐 하는 문제는 제사 지내는 문제에만 연결되는 것이 아니라 이스라엘의 정결법 곧 어떤 음식은 부정한 것이고 어떤 음식은 괜찮다고 하는 문제에도 걸렸습니다. 그러니 만만치 않은 문제였습니다. '무엇이든지 피째 먹지 말라' 하는 문제 때문에 피가 들어간 순대를 먹느냐, 그냥 맨 순대만 먹느냐, 선지 해장국을 먹을 수 있느냐, 선지를 넣지 않은 해장국을 먹어야 하느냐 하는 문제로 우리가 고민했었습니다.

　　그러나 이제는 신자들이 대부분 이 문제에 대해 신경 쓰지 않습니다. 어느 날 이미 먹어 버렸으니까 그렇겠지요. 신경 쓰지 않게 된 더 중요한 이유는 텍스트를 담은 콘텍스트에 대한 이해가 이제 좀 더 커지고, 깊어진 데 있을 것입니다.

　　텍스트와 콘텍스트가 어떻게 묶이는지 안다면, 또한 콘텍스트에는 공간과 틀뿐 아니라 시간이라는 요소도 있다는 것을 안다면, 신앙을 더 깊이 이해하게 될 것입니다. 공간적 차원이나 구조나 틀이나 형식이나 원칙만을 고려하지 않고, 그에 못지않게 시간에 대한 이해를 담는다면 말입니다. 우리가 따지는 앞서고 뒤서고 하는 문제는 콘텍스트일 뿐입니다. 지금은 우리 뒤에 있는 연약한 이가 장차 어떤 본문을 담을지 우리로서는 알 수도 결정할 수도 없습니다.

　　피카소는 열일곱 살에 고전 미술에 대한 이해와 기법을 다 터득한 것으로 유명합니다. 그러나 그 때문에 그는 평생토록 동심을 회복할 수 없었다고 합니다. 기가 막힌 이야기입니다. 동심이란 그 시절에만 나타날 수 있는 기발한 것이죠. 신앙생활에서도 새 신자 때만 단 한 번 발휘되는 대단한 능력과 진심과 기적이 있는 것처럼 말입니다. 그다음부터는 새 신자 때

자유

는 전혀 가질 수 없는 실력이, 나이와 경험이 쌓여 가면서 지혜와 주름살로 나오는 것입니다. 그러니 무엇이 더 나은가를 이야기하는 것은 정말 한심한 일입니다. 왼쪽 신발이 더 낫냐, 오른쪽 신발이 더 낫냐, 그렇게 비교하는 것과 같습니다. 그러니 신앙생활을 하면서 각각에게 주어진 현실과 정황과 조건을 긍정적으로 감수해야 합니다.

교회에서는 특히 더 그렇게 해야 합니다. 사회에서는 법이나 윤리 도덕이나 유용성이 아니고서는 묶을 방법이 없습니다. 이와 달리 교회는 예수로 말미암은 하나님의 은혜로 묶이는 사회입니다. 그래서 교회는 더 깊고 넓고 더 놀라워야 합니다.

그러나 뜻밖에도 교회는 교회가 가진 분명한 명분과 확신 때문에 사회보다도 더 경직되고 융통성 없이 행동할 때가 종종 있습니다. 때로는 교회에서 하는 정죄가 더 심하기도 하지요. 제가 자라났던 교단에서는 파마하는 것도 죄였습니다. 매니큐어 바르는 것은 그보다 더 심한 죄였습니다. 사실 이런 일은 본문 곧 텍스트가 아니었는데도 말입니다. 그러나 그때는 본문을 어떻게 담아내야 하는지 몰라 절제, 희생, 심지어 자학에 가까운 방법으로 본문을 대신할 수밖에 없었습니다. 금식기도, 산기도, 직장 신우회 같은 것이 전부였습니다. 이런 것이 소용없다는 이야기가 아니라는 것쯤은 다 아실 것입니다. 그러나 거기에 텍스트를 모두 담을 수는 없습니다.

따라서 콘텍스트에 대한 이해가 더 넓어져야 합니다. 직장에서 신우회로 모이지 말라고 제가 30년 전부터 말씀드렸습니다. 신우회로 모이는 것 자체가 잘못은 아니지만 그렇게 모여서 할 수 있는 것은 제한적입니다. 신앙의 분명함을 나타내기 위해서는 모일 수 있지만, 그것으로 신앙의 모든 것을 다 담으려고 해서는 안 된다는 것을 여러 번 말씀드렸습니다. 전부를 담으려면 우리에게 주어진 이 시대, 지금의 현실, 자신의 지위 그리고 우리와 연결되어 있는 이웃 안으로 우리가 직접 들어가야 합니다.

모두를 하나로 묶으시는 예수

이제 본문 7-8절을 다시 한번 보겠습니다.

> 우리 중에 누구든지 자기를 위하여 사는 자가 없고 자기를 위하여 죽는 자
> 도 없도다. 우리가 살아도 주를 위하여 살고 죽어도 주를 위하여 죽나니 그
> 러므로 사나 죽으나 우리가 주의 것이로다(롬 14:7-8).

이 말씀에 대해 '아멘' 하지 않는 기독교인은 아마 없을 것입니다. 그
런데 "주를 위하여 살고 주를 위하여 죽는 것"이 관심과 표현에서 각각 다
르게 나타납니다. 한국교회에서 신앙을 실천하는 가장 잘 알려진 행위는
새벽기도와 헌금이었습니다. 이는 각자의 충성과 신앙을 드러내는 중요한
행위였습니다.

그러나 그것으로는 한계가 있다는 것을 알게 되었고 이 한계를 극복하
기 위해서는 더 넓어져야 했습니다. 그런데 한국교회는 열심히 헌금하고
기도하는 것 말고 그다음에 무엇을 더 해야 하는지에 대해서는 답을 주지
못했습니다. 교인 수가 폭발적으로 늘어나는 바람에 더 많은 자원을 동원
해서 전도하고 선교하는 것으로 바로 넘어가 버렸습니다. 그 바람에 실제
우리 삶의 현장에서 콘텍스트에 대한 이해가 더 넓어지는 일은 일어나지
못했습니다. 성도의 현실과 일상이라는 자리까지는 넓어지지 못했습니다.
그러니 '가든지 보내든지 하라'는 선교에 대한 유명한 구호에서 보듯 신앙
을 특별한 미션에 묶을 뿐, 정말 일상에서 어떻게 살아야 하는지에 대해서
는 한국교회가 분명한 답을 주지 못했습니다. 이는 여전히 풀어야 할 한국
교회의 숙제입니다. 그러니 우선 가장 급한 것은 지금 이야기하는 '앞서고
뒤서는 문제'를 제대로 이해하는 일입니다. 7절부터 다시 읽겠습니다.

우리 중에 누구든지 자기를 위하여 사는 자가 없고 자기를 위하여 죽는 자도 없도다. 우리가 살아도 주를 위하여 살고 죽어도 주를 위하여 죽나니 그러므로 사나 죽으나 우리가 주의 것이로다. 이를 위하여 그리스도께서 죽었다가 다시 살아나셨으니 곧 죽은 자와 산 자의 주가 되려 하심이라(롬 14:7-9).

강한 자와 약한 자 정도가 아니라 산 자와 죽은 자의 구분이 나옵니다. 여기서 산 자와 죽은 자는 예수 믿은 자와 안 믿은 자를 말합니다. 이 둘을 다 예수 안에서 묶으시려고 예수께서 죽었다가 다시 살아나셨다고 말씀합니다. 그러니 흔히 우리가 쉽게 말하듯 "나는 그렇게 하는 게 싫어! 당신은 왜 그따위로 해?"라는 구분보다 얼마나 더 큰 것을 말씀하고 있는지 보십시오. 예수 믿는 자와 안 믿는 자 모두의 주가 되시려고 예수께서 죽으시고 살아나셨다고 합니다. 모두의 주인이 되려고 말입니다. 물론 예수는 믿는 자에게는 영생의 주가 되시며, 믿지 않는 자에게는 심판의 주가 되실 것입니다. 그러나 본문은 이런 이야기를 하려고 하는 것이 아닙니다.

로마서 14장은 구체적으로 신앙의 삶을 살기로 한 자들, 즉 "우리 중에 누구든지 자기를 위하여 살거나 자기를 위하여 죽지 않는 자들에게" 하는 이야기입니다. 생명과 사망이라는 묶을 수 없는 간격을 묶으시는 예수임을 기억하여 신앙생활을 하라는 것입니다. 만만치 않은 요구입니다. 우리가 이렇게 신앙생활을 할 수 있는 이유를 빌립보서 1:3-6에서 찾을 수 있습니다.

내가 너희를 생각할 때마다 나의 하나님께 감사하며 간구할 때마다 너희 무리를 위하여 기쁨으로 항상 간구함은 너희가 첫날부터 이제까지 복음을 위한 일에 참여하고 있기 때문이라. 너희 안에서 착한 일을 시작하신 이가 그리스도 예수의 날까지 이루실 줄을 우리는 확신하노라(빌 1:3-6).

착한 일을 시작하신 이가 실패하지 않으시리라는 확신이 여기 있습니다. 구원을 주신 이가 구원을 완성하시며 우리를 승리하게 하실 것이라고 확신합니다. 이를 교리적으로 '성도의 견인'이라고 합니다. 신앙의 성패는 우리 손에 달려 있지 않습니다. 이미 약속하셨고 목적하신 하나님이 구원을 주시고 완성하십니다.

우리의 인생, 우리의 고백, 우리의 운명이 예수로 확인되고 있으며 예수의 부활을 분명한 증거로 삼고 있다는 사실을 언제든 놓치지 않아야 합니다. 그러니 신앙이란 같은 교회 공동체 내에서 모두 마음이 같고, 뜻이 같고, 표현이 같고, 척하면 알아듣는 일사불란한 신앙 행위에 있지 않다는 사실을 깨달아야 합니다. "저 사람은 왜 교회 나올까?" 하는 질문이 나오는 정황 속에 자신의 신앙이 담겨야 합니다. 이 사실은 중요합니다. 이를 살아낼 실력이 없으면 교회는 힘을 잃습니다.

조건을 기꺼이 감수하라

에베소서 5:18-21을 보겠습니다.

술 취하지 말라. 이는 방탕한 것이니 오직 성령으로 충만함을 받으라. 시와 찬송과 신령한 노래들로 서로 화답하며 너희의 마음으로 주께 노래하며 찬송하며 범사에 우리 주 예수 그리스도의 이름으로 항상 아버지 하나님께 감사하며 그리스도를 경외함으로 피차 복종하라(엡 5:18-21).

성령 충만은 피차 복종하는 것입니다. 어떤 피차일까요? 마음에 드는 사람들끼리 하는 복종이 아닙니다. 이 점이 중요합니다. 인생을 살면서 제일 많이 하는 고민이나 항변이 있다면 "하나님, 어쩌자고 이러십니까!"라는 말일 것입니다. "하나님, 어떡하라고요." 이는 하나님을 무시하는 말입니다. 하나님이 전능하시고 지혜로우시다는 말을 이해하지 못해서 하는 말입니다. 자식들이 부모에게 제일 많이 하는 원망이 있습니다. "왜 날 낳았어? 누가 낳아 달라고 했어?"

이 "피차 복종하라"는 말씀은 부부에게로 향합니다. 에베소서 5:22입니다. "아내들이여, 자기 남편에게 복종하기를 주께 하듯 하라." 아내들에게 남편에게 복종할 것을 명합니다. 주어진 조건을 기꺼이 감수하라. 그 조건 속에서 일하라는 말입니다.

부부란 무엇일까요? 평생 일치하지 않는 존재입니다. 부부는 감수하고 사는 사람들입니다. 대안이 없어서 그렇게 사는 것입니다. 그러나 그런 자리에서 하나님이 무언가를 만들어 내십니다. 신기한 점은 부부로 살면서 위대해진다는 것입니다. 아내 하나 만족시킬 수 없는 남편으로, 남편 하나 믿고 살 수 없는 아내로 서로 새삼스레 묶입니다. 그런데 그런 인생에서 크고 위대해집니다. 우리가 이를 모두 알고 있습니다. 그것이 하나님이 우리에게 요구하시는 콘텍스트입니다. 이 콘텍스트가 많은 도전을 던집니다.

전에 말씀드렸듯이 인문학은 어떤 도전입니다. 자세히 들여다보면 질문뿐입니다. 인생이란 무엇인가? 이게 전부인가? 역사란 무엇인가? 이렇게 죽고 말 인생이라면 어떻게 해야 하는가? 이렇게 계속 묻습니다. 인류 역사 내내 진지하게 반복적으로 묻는 내용입니다. 그러나 이런저런 치장만 할 뿐 답을 만들어 내지는 못합니다. 인간은 생명을 어떻게 할 수가 없기 때문입니다.

생명과 진리는 하나님께서만 주실 수 있습니다. 하나님이 생명과 진리를 알게 하는 은혜를 주시지 않으면, 생명을 키우시는 그의 능력을 우리에게 베푸시지 않으면, 승리와 영광을 주시는 하나님의 약속을 우리에게 허락하시지 않으면, 하나님이 그의 본문을 우리에게 심어 주시지 않으면, 어떤 콘텍스트라도 아무 의미가 없습니다.

하나님이 바로 여기서 일하시겠다고 했기 때문에 우리는 기다립니다. 오늘을 살아냅니다. 자기 역할을 소중히 여기며 보이는 지금의 정황뿐 아니라 보이지 않는 것에 귀 기울여 순종합니다. 우리는 콘텍스트를 조작할 수 있습니다. 그렇게 해서 잠시 도망갈 수 있습니다. 그러나 텍스트를 조작할 수는 없습니다. 그것은 하나님께 속한 것이요 은혜로만 주어지는 것이기 때문입니다. 그것이 예수 안에서, 산 자와 죽은 자라는 구별 없이, 모든 죄인들을 위하여 "하나님이 세상을 이처럼 사랑하사 독생자를 주셨으니"라는 말씀에 담긴 깊이와 넓이입니다. 이렇게 알고 또한 믿고 있다면 우리가 살아내지 못할 콘텍스트는 없습니다. 그러니 각자의 인생과 현실과 지위에 대해 불평하고 비교하여 다른 쉬운 것으로 확인하려고 들지 말고, 각자의 조건에서 억울함과 막막함과 의심과 불안과 두려움을 견디면서 기다리십시오. 그것이 믿음입니다.

이런 이유로 성경에서 믿음이라는 말은 종종 순종이나 인내로 대체됩니다. 왜 그런 말을 쓰는지, 왜 시간이라는 개념이 동원되는지 이해해야 합니다. 우리에게 성숙해지는 날이 올 것입니다. 따뜻한 눈을 가지는 것, 무슨 일이든 감수할 수 있는 것, 하나님이 예수 안에서 구원을 베푸셨다는 것과 우리를 사랑하신다는 말이 무엇인지 아는 것, 이 지점에 오면 성숙한 자리에 이르게 될 것입니다. 거기서는 보이는 것, 편안한 콘텍스트 같은 것으로는 갈 수 없습니다. 하나님이 매일 텍스트를 주고 계십니다. 우리가 잘 모르고 있을 뿐입니다. 그러니 이런 말씀이 등장하는 것입니다.

자유

범사에 우리 주 예수 그리스도의 이름으로 항상 아버지 하나님께 감사하며 그리스도를 경외함으로 피차 복종하라(엡 5:20-21).

이 말씀에 '아멘' 하시고 기대에 찬 하루하루를 위대하게 살아가는 인생 되시기를 바랍니다.

18
함께하시는 시간

호 12:1-14

에브라임은 바람을 먹으며 동풍을 따라가서 종일토록 거짓과 포학을 더하여 앗수르와 계약을
맺고 기름을 애굽에 보내도다. 여호와께서 유다와 논쟁하시고 야곱을 그 행실대로 벌하시며
그의 행위대로 그에게 보응하시리라. 야곱은 모태에서 그의 형의 발뒤꿈치를 잡았고 또 힘으
로는 하나님과 겨루되 천사와 겨루어 이기고 울며 그에게 간구하였으며 하나님은 벧엘에서 그
를 만나셨고 거기에서 우리에게 말씀하셨나니 여호와는 만군의 하나님이시라. 여호와는 그를
기억하게 하는 이름이니라. 그런즉 너의 하나님께로 돌아와서 인애와 정의를 지키며 항상 너
의 하나님을 바랄지니라. 그는 상인이라 손에 거짓 저울을 가지고 속이기를 좋아하는도다. 에
브라임이 말하기를 나는 실로 부자라. 내가 재물을 얻었는데 내가 수고한 모든 것 중에서 죄라
할 만한 불의를 내게서 찾아 낼 자 없으리라 하거니와 네가 애굽 땅에 있을 때부터 나는 네 하
나님 여호와니라. 내가 너로 다시 장막에 거주하게 하기를 명절날에 하던 것 같게 하리라. 내
가 여러 선지자에게 말하였고 이상을 많이 보였으며 선지자들을 통하여 비유를 베풀었노라.
길르앗은 불의한 것이냐. 과연 그러하다. 그들은 거짓되도다. 길갈에서는 무리가 수송아지로
제사를 드리며 그 제단은 밭이랑에 쌓인 돌무더기 같도다. 야곱이 아람의 들로 도망하였으며
이스라엘이 아내를 얻기 위하여 사람을 섬기며 아내를 얻기 위하여 양을 쳤고 여호와께서는
한 선지자로 이스라엘을 애굽에서 인도하여 내셨고 이스라엘이 한 선지자로 보호받았거늘 에
브라임이 격노하게 함이 극심하였으니 그의 주께서 그의 피로 그의 위에 머물러 있게 하시며
그의 수치를 그에게 돌리시리라.

자유

야곱과 방불한 북이스라엘

이스라엘 백성은 하나님을 배반하고 불순종함으로써 하나님의 백성으로서 책임 있게 살아야 할 실제적 특권이자 자랑인 신앙을 놓치고 맙니다. 그들은 현실적으로 필요한 정치나 경제 조건을 만족시키기 위해서 하나님을 섬기는 신앙을 왜곡하여 신앙을 하나의 형식으로 치부해 온 것입니다. 이스라엘이 자신들의 실제 욕심을 이루기 위하여 우상을 섬기고 하나님과 우상을 대등한 존재로 치부하면서도 잘못을 깨닫지 못하자, 하나님은 이제 그들을 앗수르에 포로로 넘기려고 하십니다.

하나님은 다만 이스라엘의 잘잘못을 가리려고 하시는 것이 아닙니다. 이스라엘을 사랑하시기 때문에 그들의 범죄와 배반에 대하여 얼마나 가슴 아파하고 괴로워하시는가 하는 하나님의 심정에 호세아 선지자로 하여금 동참하게 하여 하나님이 어떤 분이시며 이스라엘에게 어떤 하나님이신가를 깨우치십니다. 그러나 이런 하나님의 아파하심과 경고로 인해 이스라엘이 돌이키거나 회개했다는 기록은 없습니다. 그들은 선지자의 계속된 경고와 깨우침에도 불구하고 고집을 부려 기어코 멸망의 자리로 가고 맙니다.

이렇게 되면 큰 질문 두 가지가 남습니다. 하나는 하나님의 수고가 헛된 것인가 하는 문제이고, 다른 하나는 이스라엘 백성이 하나님에게 불순종하여 결국 멸망하고도 다시 회복되는 이유가 무엇인가 하는 문제입니다. 말하자면, 하나님의 사랑과 능력이 인간의 거부나 못남으로 좌절될 수 있는가 하는 문제와, 만일 저들이 잘못해서 포로로 넘겨졌다면 그것으로 끝인가 하는 질문으로 풀어 볼 수 있습니다. 이것으로 끝이 아니라는 사실을 포로에서의 귀환과 예수 그리스도의 오심을 통해 우리는 알고 있습니다. 그러면 이런 이스라엘의 회복과 연속성은 무엇에 근거한 것인가 하는 문제가 남습니다.

호세아서의 결론에 해당하는 12-14장은 이 주제를 다룹니다. 하나님이 이스라엘을 사랑하신다는 것이 무슨 뜻이며, 이스라엘이 범죄했다는 것이 무슨 뜻인가 하는 결론으로 정리될 것입니다. 여기서 우리는 하나님이 이스라엘을 그 민족의 선조인 야곱과 방불한 존재로 보신다는 점에 초점을 맞추어 살펴보려고 합니다. 호세아 12:2에 보면, "여호와께서 유다와 논쟁하시고 야곱을 그 행실대로 벌하시며 그의 행위대로 그에게 보응하시리라"고 합니다. 야곱에게 새롭게 준 이름이 이스라엘인데, 이 이름이 나중에 국호가 됩니다. 여기서 야곱은 이스라엘 나라의 조상으로서 하나님이 이스라엘 민족에 대하여 "너희는 야곱의 후손이므로 야곱과 똑같은 존재다"라고 하신 말씀에서 등장합니다. 3절 이하를 보겠습니다.

> 야곱은 모태에서 그의 형의 발뒤꿈치를 잡았고 또 힘으로는 하나님과 겨루되 천사와 겨루어 이기고 울며 그에게 간구하였으며 하나님은 벧엘에서 그를 만나셨고 거기에서 우리에게 말씀하셨나니(호 12:3-4).

야곱이 그의 형 에서의 발뒤꿈치를 잡은 일은 우리가 잘 아는 이야기입니다. 야곱은 태어날 때 맏이가 되려고 쌍둥이 형과 싸우다가 이기지 못하고 뒤처지게 되자, 결국 형의 발뒤꿈치를 붙잡고 나옵니다. 야곱이라는 이름은 '발뒤꿈치를 잡았다'는 뜻으로, 의역하면 '약탈자'입니다. 약탈자란 자기의 필요를 채우기 위하여 누군가의 것을 빼앗아 가는 자입니다. 야곱이 바로 그런 약탈자라는 것입니다. 그는 모태에서부터 그랬습니다.

계속해서 4절을 보겠습니다. "천사와 겨루어 이기고 울며 그에게 간구하였으며"(호 12:4). 이 구절의 배경은 얍복 나루터입니다. 야곱은 팥죽 한 그릇으로 형 에서에게서 장자의 명분을 빼앗고, 어머니와 짜고 아버지를 속여 장자의 복을 받아 냅니다. 에서의 미움을 받자 야곱은 외삼촌 집으로 피난 갔다가 20년 동안 거기서 일하여 부자가 됩니다. 다시 돌아오는 길에 형의 복수를 면하려고 몸부림쳤던 곳이 바로 얍복 나루터입니다.

야곱은 하나님의 사자와 겨루어 이깁니다. 이 표현은 좋은 의미로 쓰인 것이 아닙니다. 끝까지 고집을 꺾지 않은 욕심 덩어리, 자기 뜻을 이루기 위하여 온갖 술수를 자행한 모략꾼이라는 의미로 등장한 표현입니다. "이기고 울며 그에게 간구하였으며"라는 구절에서 야곱을 이긴 자로 표현함으로 하나님의 뜻과 목적에 끝까지 승낙하지 않았던 존재로 묘사하고 있음을 알 수 있습니다.

호세아서에서 옛 사건을 다시 언급한 이유는 이스라엘을 꾸중하기 위해서입니다. "너희 나라의 이름인 이스라엘은 야곱에게서 유래한 것인데, 이 이름은 너희 조상이 어떤 존재인지를 말해 준다." 하나님의 말씀에 끝까지 순종하지 않았던 고집쟁이라는 뜻이 '이스라엘'이라는 이름 속에 들어 있다고 한 것입니다. 이것은 역사적 사실입니다.

야곱의 생애에서 벧엘 사건은 얍복 나루터 사건보다 먼저 나오지만, 호세아서에서는 벧엘 사건을 얍복 나루터 사건보다 나중에 언급합니다. 야곱은 형 에서를 피하여 외삼촌 집으로 가는 길에 벧엘에서 돌베개를 하고 자다가 하나님을 만납니다. 하나님은 아브라함에게 하셨던 약속을 근거로 야곱에게 복을 주십니다. 창세기 28:10-15을 보겠습니다.

야곱이 브엘세바에서 떠나 하란으로 향하여 가더니 한 곳에 이르러는 해가 진지라. 거기서 유숙하려고 그 곳의 한 돌을 가져다가 베개로 삼고 거기 누워 자더니 꿈에 본즉 사닥다리가 땅 위에 서 있는데 그 꼭대기가 하늘에 닿았고 또 본즉 하나님의 사자들이 그 위에서 오르락내리락 하고 또 본즉 여호와께서 그 위에 서서 이르시되 나는 여호와니 너의 조부 아브라함의 하나님이요 이삭의 하나님이라. 네가 누워 있는 땅을 내가 너와 네 자손에게 주리니 네 자손이 땅의 티끌 같이 되어 네가 서쪽과 동쪽과 북쪽과 남쪽으로 퍼져나갈지며 땅의 모든 족속이 너와 네 자손으로 말미암아 복을 받으리라. 내가 너와 함께 있어 네가 어디로 가든지 너를 지키며 너를 이끌어 이 땅으로 돌아오게 할지라. 내가 네게 허락한 것을 다 이루기까지 너를 떠나지 아니하리라 하신지라(창 28:10-15).

여기서 야곱은 하나님의 인도하심이라는 큰 통치 속에서 자기에게 일어난 현실을 신앙으로 이해하고 순종하는 일에 전혀 관심 없는 사람을 대표하고 있습니다. 그는 보이는 것을 목적으로 삼고 그것을 얻기 위하여 보이는 방법을 사용하는 자입니다. 이런 사람이 바로 야곱입니다. 지금 이스라엘을 꾸중하는 내용과 동일합니다.

이스라엘이 국가적으로나 개인적으로 부요와 안정을 누리기 위하여 우상을 섬긴 것같이 저들에게는 보이는 것이 전부요 목표이고 내용이며, 이를 위해서 보이는 힘을 차용한 것은 사실 옛적에 야곱이 다 했던 행위라는 것입니다. 이스라엘이라는 이름이 바로 야곱에서 유래했다. 너희는 원래 그런 족속이었다 하는 말씀입니다.

씨름하시는 하나님

그렇다면 이 말씀이 "너희는 내가 더 이상 어떻게 할 수 없으니 너희 마음대로 살라"고 하시는 하나님의 포기이거나 마지막 경고일까요? 그렇지 않습니다. 하나님은 전에 아브라함에게 하셨던 약속으로 벧엘에서 야곱에게 복을 주십니다. 이 내용이 창세기 28:13 이하에 나옵니다.

자유

또 본즉 여호와께서 그 위에 서서 이르시되 나는 여호와니 너의 조부 아브라함의 하나님이요 이삭의 하나님이라. 네가 누워 있는 땅을 내가 너와 네 자손에게 주리니 네 자손이 땅의 티끌 같이 되어 네가 서쪽과 동쪽과 북쪽과 남쪽으로 퍼져나갈지며 땅의 모든 족속이 너와 네 자손으로 말미암아 복을 받으리라(창 28:13-14).

이는 분명 아브라함에게 하셨던 약속입니다. "너와 네 자손으로 말미암아 복을 받으리라"는 이 약속은 하나님이 하나님이시기 때문에 주신 약속입니다. 이 약속을 받을 만한 조건이나 복을 받을 조건이 야곱에게 있었던 것이 아닙니다. 하나님이 야곱의 어떤 조건을 보고 보상하신 것이 아닙니다. 하나님은 이 약속을 누구와 의논할 필요 없고 누구와 합의할 필요 없이 당신의 온전하심으로 작정하시고 이루실 수 있습니다.

이런 이야기를 하면, "그럼 우리는 뭔가?" 하면서 숙명론자나 결정론자가 되어 버립니다. 하나님이 작정하신 것이 다 그대로 이루어질 것이라면 우리의 책임이나 선택이나 노력이 무슨 소용 있으며 시행착오라는 것이 허락되겠는가? 그런 것이 가능하겠는가 하는 질문이 나올 수 있습니다.

하나님은 당신의 뜻을 이루시는 일에서 우리와 씨름하십니다. 이는 야곱에게 이미 있었던 일이고 이스라엘 역사에서도 나타났던 일입니다. 참으로 신비합니다. 성공해야만 그 결과가 나옵니까? 아닙니다. 순종해야만 나올 수 있는 조건이 실패와 반대 속에서도 동일한 목적을 이룬다는 것입니다. 우리가 늘 혼동하는 대목입니다. 최선을 다하지 않아도 된다든가, 모든 책임이 하나님에게 있다는 뜻도 아닙니다. 약속하신 하나님의 하나님되심으로 말미암아 그 약속이 취소될 수 없으며, 그렇기 때문에 하나님이 우리의 거부와 반대를 받아들이신다는 것입니다. 우리의 현실에 대한 성경의 조명이 여기 있습니다.

그런데 우리는 겨우 이렇게밖에 이해하지 못합니다. "내가 그때 말씀을 안 들어서 이 꼴이 되었구나." 이것이 우리가 후회하고 회개하는 논리의 전부입니다. "내가 하나님의 말씀을 잘 들었더라면 이 꼴을 안 당했을 텐데, 말씀대로 안 살아서 이 꼴이 되었구나." 이는 물론 정당한 분석이지만 처음부터 인간은 하나님의 말씀을 다 받아들이고 순종할 만한 실력이나 유전인자를 갖고 태어나지 않았습니다. 이 부분이 우리를 놀라게 합니다. "이스라엘아, 너희가 이 모양 이 꼴인 것은 너희에게만 일어난 일이 아니라 너희 조상에게서 물려받은 유전인자다"라고 하시는 것입니다.

그러면 우리는 "하나님, 그렇다면 야곱을 조상으로 하여 이 민족을 이루시지 말고 괜찮은 사람으로 민족을 이루시지 왜 하필 야곱의 인자를 받게 하셨습니까?"라고 묻게 됩니다. 이러한 질문은 "우리가 아담의 후손이라서 죄인으로 태어났고 죄성이 우리의 본성이니까 창세기 3장에서 인류가 타락했을 때 다 쓸어버리시고 4장에서 새로 인간을 만들지 그러셨어요?"라는 의문을 갖게 할 것입니다.

시간이 주어진 까닭

그렇지 않습니다. 하나님은 이 일을 위해 예수님을 보내십니다. 그러나 예수께서 오시기까지 긴 시간이 걸린 까닭에 우리는 이를 잘 이해하기가 어려웠습니다. 왜 우리를 죄인으로 태어나게 하여 예수 그리스도로 우리 죄를 위하여 죽게 하시고 다시 살아나게 하셔서 그의 후손으로 삼으셨는가 하는 문제가 있습니다. 우리는 그런 시간과 과정이 있었다는 것이 이해되지 않습니다. 그러나 시간과 공간을 초월하시는 하나님 쪽에서 보면 아담은 실패한 것이고 예수로 새로운 인류의 조상을 삼아 우리를 만들었다고 성경은 이야기합니다.

그렇다면 시간과 순서가 필요한 긴 과정이란 무엇일까요? 우리는 도무지 알 수 없습니다. 우리가 다만 아는 것은 이것입니다. 우리가 아담의 후손으로 태어났다는 것, 아담의 선택을 존중하시지만 그가 초래한 결과가 우리의 비극적 결과로 이어지도록 놓아두지 않으셨다는 것입니다. 우리가 잘못한 것을 우리로 경험하게 하시며 우리의 본성적 불신앙과 배반을 하나님이 감내하시면서 씨름하신다는 사실만 알 뿐입니다. 그리하여 창세기 4장으로 끝났을 성경을 66권까지 이어지도록 그 긴 기간에 걸쳐 우리에게 항복을 받아 내시더라는 것입니다.

우리는 이스라엘이 포로된 것이 손해가 아님을 이제 호세아서를 통하여 알게 됩니다. 창세기 28장에 나오는 야곱의 생애 속에서 확인하는 바와 같이, 그가 잘한 것이 없어도 하나님이 야곱에게 복을 주신 것은 결국 하나님이 아브라함에게 하신 약속 때문입니다. 이 점이 중요합니다. 아브라함에게 하신 약속이란 인간에게 조건이나 자격을 묻지 않고 하나님이 복을 주시기로 작정하신 첫 대표자가 아브라함이었다는 의미입니다. 아브라함이 우리와 달라서 제2의 아담을 만든 것이 아닙니다. 아브라함은 예수 안에서 하나님의 약속을 받은 것입니다. 말하자면 예수로 말미암아 세울 하나님의 새로운 백성이 하나님의 성실하심과 은혜로 복을 받게 될 것을 처음으로 선포하고 약속한 사람이 아브라함일 뿐입니다. 우리는 아브라함과 차이 나는 것이 없습니다. 예수 안에서 동일합니다.

그러나 이 약속을 이루는 데 다음 구절이 중요합니다. 창세기 28:15을 다시 보겠습니다.

내가 너와 함께 있어 네가 어디로 가든지 너를 지키며 너를 이끌어 이 땅으로 돌아오게 할지라. 내가 네게 허락한 것을 다 이루기까지 너를 떠나지 아니하리라 하신지라(창 28:15).

이 구절을 인간적인 관점으로만 이해하면, 하나님이 결국 이렇게 하실 것이었는데 왜 외삼촌 집에서 20년씩이나 방황하도록 놓아두실 필요가 과연 있었겠는가? 지금 여기 벧엘에서 하시면 되지 않았겠습니까? 우리는 이런 질문을 할 수 있습니다. 그러나 하나님은 그렇게 하지 않으십니다. 북이스라엘이 멸망할 무렵에 벧엘은 우상숭배가 횡행했던 대표 도시입니다. 원래 이곳의 이름은 루스였는데, 야곱이 하나님을 만나 그 이름이 벧엘로 바뀝니다. 벧엘은 '하나님의 집'이라는 뜻입니다. 그러나 북이스라엘에서는 하나님의 집 벧엘이 국가적으로 우상을 섬기고 산당을 세워 신성모독과 배은망덕한 짓을 자행한 곳이 되어 버립니다.

하나님이 함께하셨다

야곱은 하나님의 일하심에 대한 아무런 이해도 없이 자기 인생을 자기 뜻과 욕심을 근거로 하여 초래한 피난길에 하나님을 만나게 됩니다. 하나님은 그에게 나타나셔서 약속하십니다. 그 약속은 하나님의 의로우심과 선하심과 자비하심과 전능하심에 근거하여 일어난 것입니다. 내가 너와 함께 있어 네가 어디로 가든지 너를 지키며 너를 이끌어 이 땅으로 돌아오게 할지라. 내가 네게 허락한 것을 다 이루기까지 너를 떠나지 아니하리라고 하십니다.

어느 목사님에게 이런 질문을 받은 적이 있습니다. "목사님은 어떻게 그리 설교를 잘하십니까? 은사입니까, 아니면 공부해서 그런 것입니까?" 좀 낯간지럽지만 제 과거를 다 아시니 그냥 이야기하겠습니다. 제가 그 질문을 받고 금방 무슨 의미인지 알아듣고 이렇게 대답했습니다. "그것은 은사도 아니고 노력도 아닙니다. 제가 설교를 잘하는 것은 하나님을 찾느라고 방황한 현실 경험이 너무 많기 때문입니다." 이렇게 말해도 그분에게는

자유

아마 이해가 쉽지는 않았을 것입니다.

하나님이 우리를 항복시킬 때에 가장 먼저 허락하시는 중요한 일은 하나님 없이 사는 것이 무엇인가를 경험하게 하신다는 사실입니다. 그냥 내버려 두셨다가 기한이 되면 찾아오시는 것이 아닙니다. 우리가 자신의 정체와 가능성을 알고 소원을 이루게 하시려고, 그리고 우리의 소원이 이루어지지 않는 한계와 현실을 알게 하시려고, 우리가 방황하며 거부하며 비명 지르는 모든 경우와 자리에 하나님이 동행하신다는 것입니다. 그곳이 어느 자리든지 말입니다.

우리는 결국 어디에서 항복합니까? 우리가 간절히 기도했더니 하나님이 답하시는 것도 아니요, 해보고 해보고 다 해보다 결국 다른 방법이 없어서 자신을 집어던졌더니 하나님이 받아 주시는 것도 아닙니다. 따지고 보면 어느 경우도 내가 혼자가 아니었다는 사실을 어느 날 하나님을 만났을 때 알게 되는 것입니다. 그때 우리는 울어 버립니다. 하나님이 늘 함께하셨는데도 내가 그동안 몰랐다는 것이 한꺼번에 응축되어 눈물로 터지는 것입니다. 하나님은 늘 옆에 계셨는데 나는 내 갈 길 돌아다니고 자기 확인하느라 옆에 계신 하나님을 몰라보았으며, 여태껏 혼자 걷고 혼자 억울하다고 생각했던 모든 경우와 모든 자리에 하나님이 함께해 주셨다는 사실에 녹아 버리는 것입니다.

신앙 간증을 들을 때 가장 놀라는 것은 간증이 정말 극적이라는 사실입니다. 하나님 없이 살던 삶이 우리 경험을 상회하는 현실이라는 점에 대해서 놀라고, 약 먹고 죽으려 하고, 뛰어내려 죽으려고 한 어떤 상황에서 극적 반전을 이루어 주시는 데 대해서 놀랍니다. 그런데 무엇보다 간증의 놀라운 힘은 그것을 잘 설명하는 데 있지 않고 본인이 실제로 그 길을 걸었다는 점에 있습니다. 말의 앞뒤가 맞지 않는데도 본인이 그 길을 걸었고, 그 경우를 만났고, 본인이 울고 폭발했고, 본인이 무릎 꿇어서 체험한 간증

이기 때문에 힘 있고 놀라운 것입니다.

그러니 그것이 은사냐, 노력이냐, 이렇게 묻는 것은 정말 초점에서 벗어나 있는 것입니다. 하나님이 어떤 분이시냐 물었을 때, 하나님을 얼마나 잘 설명할 수 있느냐 하는 것은 무의미합니다. 우리 삶의 모든 구체적인 경우와 곡절에 실제로 하나님이 함께하셨다는 사실로 인해 우리가 하나님께 항복하게 되며, 하나님의 하나님되심으로 우리를 만족하게 만드시는 것입니다. 이제 그것이 이스라엘에게도 동일하게 선언되는 것을 볼 수 있습니다. "내가 너와 함께 있어 네가 어디로 가든지 너를 지키겠다"고 하신 약속입니다.

그런데 야곱과 북이스라엘이 어떤 존재인가에 대해서, 그들이 존재론적으로 얼마나 악하며 본성적으로 얼마나 못난 존재인가에 대해서 야곱의 인생으로 증언하십니다. 호세아서 12:5-6을 보겠습니다.

여호와는 만군의 하나님이시라. 여호와는 그를 기억하게 하는 이름이니라. 그런즉 너의 하나님께로 돌아와서 인애와 정의를 지키며 항상 너의 하나님을 바랄지니라(호 12:5-6).

여기에서 인애와 정의란 "이를 행하면 하나님이 너희를 용서해 주시겠다"고 하는 법칙으로 서 있지 않습니다. 야곱은 못난 자인데 그가 한 짓에 대한 보상관계로는 얻지 못할 결과를 얻었다는 데서 알 수 있습니다. 그것은 하나님의 하나님되심 때문에 일어난 것입니다. "너희는 너희의 고집과 불순종으로 말미암은 결과를 보아야 하는데, 그것은 너희가 앗수르의 포로가 되는 것이다. 그렇다고 해서 내가 그 자리에 함께하지 않고 너희를 앗수르에 내던지는 것은 아니다. 거기서도 나는 너희와 함께할 것이다. 나와 함께 있으면 꼭 해야 하고 어느 곳에서나 할 수 있는 것이 있다. 그것은

자유

인애와 정의를 지키며 항상 나 하나님을 바라는 것이다." 하나님이 그렇게 말씀하신 것입니다.

그러므로 구약 시대의 하나님을 섬기는 신앙과 신약 시대의 기독교 신앙의 핵심은 보상의 원리나 권력의 문제가 아니라는 것을 알 수 있습니다. 보상이란 하나님과 우리의 관계를 자칫 잘못하면 자신들이 원하는 것을 목적으로 삼는 이해관계로 오해할 수 있습니다. 또 우리가 원하는 환경과 조건을 위하여 하나님이 수단과 힘이 되어 주기를 바랄 수 있습니다. 하나님은 야곱의 생애 속에서 그 손을 놓으신 적이 없고, 이스라엘을 앗수르에 넘긴 이 큰 역사적 비극 속에서도 그렇게 하신 적이 없습니다.

보상관계가 아니다

우리의 현실은 어떻습니까? 다만 잘잘못 때문에 지금의 현실이 결과로서 주어진 것이 아니라는 것입니다. 물론 어떤 의미에서는 우리의 고집이나 불순종 혹은 우리의 못난 것 때문에, 신앙이 좋았으면 오지 않았을 이 자리와 현실에 와 있다고 이야기할 수 있을 것입니다. 그러나 하나님이 우리에게 가르치시려는 것은 하나님과의 관계는 이해관계가 아니며, 권력의 문제나 수단의 문제가 아니라는 것입니다. 하나님이 모든 경우에 우리와 함께하시며, 그런 힘이나 보상과 상관없이 하나님이 함께하시는 것을 우리는 어디서나 누릴 수 있고 또 누려야 합니다. 하나님은 그 사실을 야곱의 피난살이와 이스라엘의 멸망의 현실 속에서도 발언하셨고, 그리고 오늘 우리의 현실 속에서도 발언하신다는 것입니다.

인생이 고단하십니까? 억울하십니까? 태어난 것이 후회스럽고 왜 빨리 안 죽나 하는 원망이 생기십니까? 다시 한번 생각해 보십시오. 우리가 살아 있는 한 하나님은 예수 안에서 우리를 찾아오셔서 어디서나 인애와 정의를 행할 수 있게 하십니다. 우리가 억울할 때도 할 수 있고 가장 비참할 때도 할 수 있습니다. 다른 말로 해서 우리의 가장 비참한 현실, 억울한 자리, 원하지 않는 경우, 그 어떤 곳에서도 하나님이 나를 혼자 내버려 두시지 않고, 하나님이 하나님이기를 중단하시지도 않습니다. 또한 하나님이 하나님이기를 그만두시지 않는 일에서 우리에게 원하시는 가장 중요한 내용은 하나님이 누구신가 하는 그의 성품을 이해하는 것이고, 또 우리의 인격적 순종이라는 사실입니다. 여러분은 하나님과의 관계를 조건으로 사용하려고 하지 마십시오. 어떤 보상을 얻어 내기 위한 조건으로 삼을 것이 아니라, 하나님이 그 아들을 육신으로 보내어 십자가에 죽이기까지 우리와 당신의 관계를 인격과 성의(聖意) 차원에서 맺기 원하신 사실을 놓치지 말라는 말씀입니다.

우리에게 말하지 못할 억울함과 하소연할 수 없는 막막함이 있더라도 우리 홀로 있는 자리가 아니라는 것을 아는 데 기독교 신앙의 중요한 내용이 있습니다. 우리는 자신이 혼자라고 생각합니다. "하나님, 나는 잘못했을지라도 하나님은 이러실 수 없습니다." 이것이 아마 최후에 터트리는 분노일 것입니다. 욥이 그랬습니다. "나 같은 것이 잘못했다고 해서 하나님, 왜 이러십니까? 하나님은 모든 것을 가지신 분인데 나 하나 잘못한들 뭐 그렇게 화를 내십니까?" 이 자리까지 가게 됩니다.

그러나 하나님은 모든 인격과 영혼에게 하나님이기를 원하십니다. 우리가 즐겨 사용하는 표현이 있습니다. "예수님은 죄인이 나 하나뿐일지라도 나를 위하여 이 땅에 기꺼이 오셔서 십자가를 지셨을 것이다." 복음주의 시대에 유행했던 하나님의 사랑에 대한 아주 유명한 표현입니다. 하나님은 그런 분이십니다. 억울한 나 하나, 하잘것없는 나 하나, 세상 현실 속에서 아무런 가치도 없는 나 하나의 자리에 당신의 모든 능력과 명예를 걸고 동행하시는 분입니다. 하나님은 하나님이기를 중단하시지 않습니다.

그리고 어느 경우에 있더라도 우리가 하나님 섬기는 일을 방해받지 않는다고 가르치십니다. 이스라엘은 망합니다. 그러나 하나님은 하나님이겠다고 하신 약속을 중단하시지 않습니다.

우리 인생은 고달픕니다. 그러나 하나님을 믿고 하나님의 하나님되심을 순종하고 이해하며 누릴 수 있습니다. 야곱이 에서의 발뒤꿈치를 잡았고, 얍복 나루터에서 천사와 겨루어 기어코 항복하지 않았던 그 자리, 우리가 그토록 발버둥 쳤던 그 모든 자리까지 하나님이 하나님으로서 우리의 삶과 실존에 참여하시고 간섭하신다는 사실을 알기 때문입니다. 이것이 호세아서의 가르침입니다.

외로우십니까? 억울하십니까? 그러면 기도하십시오. 이렇게 단순하게 말하는 것은 오해의 소지가 좀 있습니다. 하나님은 단지 우리의 원통함을 풀어 주는 응답자로 계시지 않기 때문입니다. 우리의 원통함에 함께하셔서 하나님이 그 원통함을 같이 뒤집어쓰고 계신다는 것입니다. 이스라엘이 앗수르에 패망하고 유다가 바벨론에 망하자, 앗수르와 바벨론은 모두 "너희가 믿는 신은 우리가 믿는 신보다 열등하다"고 떠들면서 성전부터 파괴합니다. 이 모욕을 하나님이 감수하십니다. 그리하여 우리의 인생, 곧 하나님의 자녀된 인생은 외롭거나 절망일 수 없다고 가르치시는 것입니다. 이것이 이스라엘의 역사요 또한 신약성경의 증언입니다.

우리 모두 다 자기감정, 자기만족, 자기이해로 하나님을 원망하지 말고, 성경이 증언하는 하나님의 하나님되심을 이해하여 인생과 현실의 모든 경우에 여러분이 하나님과 동행하시는 기쁨이 있기를 바랍니다.

본문을 담아내는 시간

삿 2:16-23

여호와께서 사사들을 세우사 노략자의 손에서 그들을 구원하게 하셨으나 그들이 그 사사들에게도 순종하지 아니하고 오히려 다른 신들을 따라가 음행하며 그들에게 절하고 여호와의 명령을 순종하던 그들의 조상들이 행하던 길에서 속히 치우쳐 떠나서 그와 같이 행하지 아니하였더라. 여호와께서 그들을 위하여 사사들을 세우실 때에는 그 사사와 함께하셨고 그 사사가 사는 날 동안에는 여호와께서 그들을 대적의 손에서 구원하셨으니 이는 그들이 대적에게 압박과 괴롭게 함을 받아 슬피 부르짖으므로 여호와께서 뜻을 돌이키셨음이거늘 그 사사가 죽은 후에는 그들이 돌이켜 그들의 조상들보다 더욱 타락하여 다른 신들을 따라 섬기며 그들에게 절하고 그들의 행위와 패역한 길을 그치지 아니하였으므로 여호와께서 이스라엘에게 진노하여 이르시되 이 백성이 내가 그들의 조상들에게 명령한 언약을 어기고 나의 목소리를 순종하지 아니하였은즉 나도 여호수아가 죽을 때에 남겨 둔 이방 민족들을 다시는 그들 앞에서 하나도 쫓아내지 아니하리니 이는 이스라엘이 그들의 조상들이 지킨 것같이 나 여호와의 도를 지켜 행하나 아니하나 그들을 시험하려 함이라 하시니라. 여호와께서 그 이방 민족들을 머물러 두사 그들을 속히 쫓아내지 아니하셨으며 여호수아의 손에 넘겨주지 아니하셨더라.

구약에 구축된 콘텍스트

사사 시대는 대략 이백 년에서 사백 년 어간으로 보입니다. 우리가 사사들의 통치 기간을 정확히 알기 어려운 것은 사사기의 서술 방식 때문입니다. 사사기는 사건들을 꼭 연대순으로 기록한 것이 아닙니다. 또 사사들의 행

자유

적도 시간의 흐름보다는 활동했던 지역을 중심으로 기록하고 있습니다. 사사들의 통치 기간을 얼마로 잡든, 사사기는 꽤 긴 시간에 걸쳐 반복되어 온 실패의 기록이라 할 수 있습니다. 그러면 실패로 얼룩진 이 역사를 도대체 왜 기록으로 남겼을까 하는 강한 의문이 들게 됩니다.

본문을 보면, 이스라엘이 순종하지 않자 하나님이 쫓아내겠다고 약속한 원주민들을 그대로 두기로 하셨다는 내용이 나옵니다. 우리 생각에는 이스라엘이 불순종했으니 그들은 버리고 대신 다른 민족을 택하여 하나님의 백성으로 다시 세우면 될 것 같아 보입니다. 그런데 왜 하나님은 그렇게 하지 않으셨을까요? 왜 하나님은 진멸하기로 하셨던 가나안 원주민들을 굳이 남기셔서 이스라엘을 고생시키시는 것일까요? 우리로서는 얼른 이해가 가지 않는 대목입니다.

사사기 서론에 해당하는 이 본문에서 중요한 점은 사사기의 콘텍스트가 무엇이며, 이것을 어떻게 이해해야 하는가 하는 문제입니다. 먼저 사사기의 콘텍스트는 무엇일까요? 몇 문장으로 정리해 보면 이렇습니다. '하나님께서는 약속하신 대로 이스라엘 백성을 가나안에 들어가게 하셨다. 가나안에 들어간 이스라엘 백성에게 하나님께서 명령하신 것은 가나안 민족들을 진멸하고 하나님 나라를 세우라는 것이었다. 그런데 이스라엘은 그렇게 하지 않았다. 이 실패의 책임은 전적으로 이스라엘 백성에게 있었다' 하는 것입니다.

사사기 2장에서도 이러한 사사기의 콘텍스트가 드러납니다. 여호와의 사자가 보김에 올라와 이스라엘을 꾸짖습니다. "너희는 왜 명령을 따르지 아니하였으냐? 너희는 벌을 받아 마땅하다"라고 하나님께서 지적하시자, 이스라엘은 일제히 목 놓아 웁니다. 그러나 울고 나서도 여전히 잘못을 반복합니다. 이런 반복이 성경 대부분, 특히 구약에 구축된 콘텍스트라고 말씀드린 바 있습니다.

콘텍스트는 왜 필요한 것일까요? 텍스트를 담기 위해서입니다. 정황이나 문맥, 배경이나 무대가 없으면 내용이 담길 수 없습니다. 경험이 있어야 단어가 생기고 개념이 생성됩니다. 이 단어와 개념으로 문장이 만들어지면 사상이나 심오한 내용이 비로소 형성되는 것입니다. 따라서 구약을 제대로 읽어내려면 구약에 구축된 콘텍스트가 무엇인지 먼저 이해해야 합니다.

공포, 인문학이 발견한 텍스트

사사기의 콘텍스트에 담긴 텍스트를 읽어내기 위해 인문학의 이해를 동원해 봅시다. 인문학은 인류의 경험 속에서 텍스트 곧 본문을 찾아내려는 몸부림입니다. 인류가 걸어온 길에 어떤 가치 있는 내용이 있느냐를 묻고 있지요. 바로 텍스트를 찾는 것입니다. 그런데 인문학이 발견한 텍스트는 오히려 공포였다고 말씀드린 바 있습니다. 어떤 공포입니까? 인간에 대한 절망, 그리고 절망할 수밖에 없는 현실에 대한 분노가 공포로 드러나게 됩니다. 이것이 인문학이 발견했다는 본문입니다.

지난번에 일본의 메이지 정부에 대해 잠시 언급했습니다. 서구 열강의 침략에 대한 공포가 막부를 무너트리고 메이지 정부를 세우기에 이릅니다. 메이지 정부는 나라를 보존하기 위하여 결사각오로 국력을 쌓습니다. 마침내 그들은 서구 열강에 맞서는 동양의 대표 주자가 되겠다는 명분을 내세워 조선을 침략하여 합병하고 태평양 전쟁을 일으킵니다. 사실 이런 일들은 다 공포에서 비롯한 것이었습니다.

우리 역사에서도 이런 공포가 있었습니다. 우리나라가 가진 공포는 무엇에 대한 것이었을까요? 우선 일제 강점기와 6·25전쟁을 지나오면서 경험한 공포였습니다. 여기에 가난에 대한 공포, 계속 후진국으로 남을 것

같은 공포가 한데 묶여 경제 발전에 매달리게 되었고, 마침내 유신 체제가 가능하게 된 계기가 되었습니다.

얼마 전 이런 방송을 본 적이 있습니다. 유신 정권 당시 산림 육성의 일환으로 '나무 심기 운동'을 추진했는데, 당시 작업하던 모습을 촬영해 둔 것을 최근에 방영한 것입니다. 화면을 보니, 벌거벗은 민둥산에 사람들이 작대기 하나 꽂듯 나무를 심고 거기에 이름표를 붙이고 있었습니다. 그 이름표에는 근처 주민들의 이름이 적혀 있었습니다. 이름표에 적힌 사람들이 그 나무를 책임지고 키워야 했습니다. 영상을 보면, 사람들이 각자에게 할당된 나무에 물을 주려고 매일 힘겹게 물동이를 이고 산에 오르는 모습이 나옵니다. 요즘 사고방식으로는 얼른 납득이 잘 안 되는 모습입니다. 어떻게 이런 동원이 가능했을까요? 당시 국민 전체에 어떤 공감대가 형성되어 있었기 때문입니다. 이대로 가면 우린 다 죽는다. 그러니 우리도 강해져야 한다고 하는 공감대 말입니다. 이런 공포가 우리의 지난 역사를 형성해 왔다고 할 수 있습니다.

그러나 지금 와서, 이 모든 아우성이 무엇을 만들어 냈는가 생각하면 참 허망합니다. 사람들의 노력이 더 좋은 세상을 만들어 내지 못했습니다. 이럴 때는 사무라이 정신에 짙게 배어 있는 지혜가 타당한 면이 있다는 생각이 들기도 합니다. "빨리 죽는 게 복이고 살아서 인생의 낙을 볼 일은 없다." 하지만 정말 그럴까요?

성경은 인생을 그런 식으로 말하지 않습니다. 인생의 참다운 가치와 의미를 부여해 주는 텍스트가 있다고 성경은 말하고 있습니다. 인생을 살면서 이 텍스트를 발견하지 못하면 오래 산들 아무 소용이 없습니다. 우선 우리는 이 텍스트가 무엇인지 밝히기 전에, 이 텍스트에 이르지 못하는 우리의 실상을 먼저 직시해야 합니다.

인간 현실에 깃든 공포, 기가 막히도록 비정한 인간의 실상을 이해하지 못하면, 성경이 말하는 죄인이라는 말이나 구원이라는 말을 알아들을 수 없습니다. 죄인이 얼마나 비참한 존재인지, 구원이 얼마나 기쁜 소식인지 도무지 이해할 수 없습니다. 그래서 하나님은 당신의 본문을 우리에게 담아내시려고 시간을 주십니다. 역사가 중단되지 않고 계속 이어가게 하십니다. 우리가 보기에 죽어 마땅한 자들인데도 죽이지 않으시면서 말입니다. 오히려 하나님은 그들에게 자유를 주고 계십니다.

자유, 텍스트를 담는 그릇

이 자유란 얼마나 굉장한 권리이며 얼마나 가치 있는 조건일까요? 자유의 가치가 무엇인지 생각하게 해주는 이야기가 있습니다. 『아서왕과 원탁의 기사들』이라는 책에 나온, 중세 영국을 배경으로 한 이야기가 바로 그것입니다. 원탁의 기사는 모두 열두 명인데, 그들에게는 기사도를 지킨다는 명예와 자부심이 있었습니다. 이들은 누구의 도전도 받아들이며 어디에서나 선행을 베푸는, 요즘 말하는 신사도의 모범을 서약한 사람들입니다.

그 원탁의 기사 중 케이 경이라는 사람이 있습니다. 어느 날 케이 경이 길을 가다가 어떤 낯선 사람을 만났는데, 그가 케이 경에게 시합을 청했습니다. 당시에는 기사가 도전에 불응하는 것을 굉장한 불명예로 여겼기에 케이 경은 이 낯선 요청에 응합니다. 그런데 결투에서 케이 경이 그만 지고 말았습니다. 결투에서 지게 되면 이긴 사람의 명을 받아들여야 하는 것이 당시 전통이었습니다. 케이 경을 이긴 그 낯선 사람은 제안하기를, 여자가 가장 원하는 것이 무엇인지 오늘 해질 때까지 알아 오면 목숨은 살려 주겠다고 합니다.

케이 경은 말도 빼앗기고 무장도 해제된 채 인근 마을을 터벅터벅 돌면서 만나는 사람마다 여자들이 제일 원하는 것이 무엇인가 묻고 다닙니다. 우리가 익히 아는 답들이 여기 등장합니다. 행복, 건강, 아름다움 같은 것 말입니다. 케이 경이 여러 가지 답들을 들으면서, 그중에서 과연 여자들이 가장 원하는 것이 무엇일까 하고 고민합니다. '들려준 답들이 다들 그런대로 일리가 있다. 그러니 하나만 답이라고 잘라 말할 수 없다. 아직 내가 정답을 찾지 못해서 그런 것일까' 하는 고민 속에 해가 뉘엿뉘엿 저뭅니다.

답을 찾지 못한 케이 경이 느릿느릿 힘없이 약속 장소로 돌아가는데 나무 그늘에 서 있는 어떤 여인이 케이 경을 부릅니다. 가서 보니 매우 추한 여인이 얼굴을 반쯤 가린 채 서 있습니다. 그 여인이 말했습니다. "여자가 가장 원하는 것이 무엇인지 당신이 물으러 다닌다는 이야기를 들었습니다. 제가 정답을 가르쳐드릴 테니 제게 보상해 주십시오. 제 답이 맞으면, 저를 원탁의 기사 중 한 명과 결혼하게 해주십시오." 케이 경이 그 여자의 얼굴을 보니 아무에게라도 결혼상대로 추천하기는 어려워 보였습니다. 그래서 이 여인이 정답을 말해 준다면 나라도 책임져 주자 하고 마음을 먹습니다.

여인에게서 답을 들은 케이 경은 약속 장소로 발걸음을 재촉합니다. 그런데 알고 보니 케이 경에게 시합을 건 자는 마왕입니다. 케이 경이 돌아오자 마왕이 묻습니다. "답을 알아 왔는가?" "알아 왔다." "무엇인가?" "행복이다." "틀렸다." "아름다움이다." "아니다." "건강이다." "다 틀렸다. 그럼, 못 알아 왔구나. 이제 너는 내 칼을 받아라." 이때 케이 경이 최후의 카드를 내밉니다. "마지막으로 답하겠다. 당신이 정직하다면 이 답에 항복할 것이다. 정답은 자유다. 어떤 여인이 답을 알려 주었다." 이 말에 마왕이 놀라며 말합니다. "저 나무 아래에 있는 여자가 너한테 가르쳐 주었지? 그 여인은 내가 사랑하는 여자야. 나는 그녀에게 모든 걸 해주었지만 그녀는 내게 마음을 주지 않았어. 끝없이 자유를 달라고만 할 뿐이었지. 그래서 나 아닌 다른 남자한테 가지 못하게 내가 얼굴을 흉하게 바꿔 버렸다. 아, 결국 한 여인의 마음을 얻는 것이 이렇게 어렵단 말이냐" 하고서는 죽어 버립니다. 케이 경이 그 여자와 한 약속을 지키려고 돌아왔더니, 여인은 마법이 풀려 절세의 미녀가 되었더라 하는 이야기입니다. 자유란 비단 이 여인뿐 아니라 모두가 가장 원하는 것이기에 이런 이야기가 남겨졌을 테지요.

자유 곧 선택권이 왜 그리 중요할까요? 하나님이 우리에게 요구하시는 것은 사랑과 믿음인데, 이 사랑과 믿음은 두 인격 간의 지위가 대등하지 않으면 성립될 수 없습니다. 그래서 하나님은 우리에게 자유를 주시는 것입니다. 하나님은 당신을 거부할 수 있는 선택권까지 우리에게 주십니다. 우리의 자유로운 결정으로 당신을 사랑하기를 원하시기 때문이지요. 그런데 자유는 본문이 아니라, 본문을 담기 위해 주어진 조건이라는 것입니다.

이런 관점에서 사사기를 보면, 하나님이 인간에게 본문을 담기 위해 자유를 주셨다는 것을 알게 됩니다. 자유를 주시고서, '너희가 어떻게 하나 보자. 내 말을 듣지 않으면 어떻게 되나 같이 가보자' 하며 시간과 기회를 주신 것입니다. 우리가 대체 어떤 지위를 가졌기에 이렇게 대등하게 대접해 주시는 것일까요? 자유가 있다는 것이 무슨 말일까요? 자유는 그저 추상명사로 이해될 수 없습니다.

집을 떠날 자유를 주심

하나님이 우리에게 자유를 주셨다는 것이 무슨 의미인지 알 수 있게 해주는 중요한 본문이 신약에 나옵니다. 누가복음 15장에 나오는 탕자의 비유입니다. 우리가 잘 아는 비유인데, 자세히 읽어 보면 이 본문이 자유에 대하여 말하고 있음을 알 수 있습니다. 이 본문에 나온 단어들을 조심스럽게 잘 따라가 봅시다.

자유

또 이르시되 어떤 사람에게 두 아들이 있는데 그 둘째가 아버지에게 말하되 아버지여 재산 중에서 내게 돌아올 분깃을 내게 주소서 하는지라. 아버지가 그 살림을 각각 나눠 주었더니 그 후 며칠이 안 되어 둘째 아들이 재물을 다 모아 가지고 먼 나라에 가 거기서 허랑방탕하여 그 재산을 낭비하더니 다 없앤 후 그 나라에 크게 흉년이 들어 그가 비로소 궁핍한지라. 가서 그 나라 백성 중 한 사람에게 붙어 사니 그가 그를 들로 보내어 돼지를 치게 하였는데 그가 돼지 먹는 쥐엄 열매로 배를 채우고자 하되 주는 자가 없는지라. 이에 스스로 돌이켜 이르되 내 아버지에게는 양식이 풍족한 품꾼이 얼마나 많은가. 나는 여기서 주려 죽는구나. 내가 일어나 아버지께 가서 이르기를 아버지, 내가 하늘과 아버지께 죄를 지었사오니 지금부터는 아버지의 아들이라 일컬음을 감당하지 못하겠나이다. 나를 품꾼의 하나로 보소서 하리라 하고 이에 일어나서 아버지께로 돌아가니라. 아직도 거리가 먼데 아버지가 그를 보고 측은히 여겨 달려가 목을 안고 입을 맞추니 아들이 이르되 아버지, 내가 하늘과 아버지께 죄를 지었사오니 지금부터는 아버지의 아들이라 일컬음을 감당하지 못하겠나이다 하나 아버지는 종들에게 이르되 제일 좋은 옷을 내어다가 입히고 손에 가락지를 끼우고 발에 신을 신기라. 그리고 살진 송아지를 끌어다가 잡으라. 우리가 먹고 즐기자. 이 내 아들은 죽었다가 다시 살아났으며 내가 잃었다가 다시 얻었노라 하니 그들이 즐거워하더라. 맏아들은 밭에 있다가 돌아와 집에 가까이 왔을 때에 풍악과 춤추는 소리를 듣고 한 종을 불러 이 무슨 일인가 물은대 대답하되 당신의 동생이 돌아왔으매 당신의 아버지가 건강한 그를 다시 맞아들이게 됨으로 인하여 살진 송아지를 잡았나이다 하니 그가 노하여 들어가고자 하지 아니하거늘 아버지가 나와서 권한대 아버지께 대답하여 이르되 내가 여러 해 아버지를 섬겨 명을 어김이 없거늘 내게는 염소 새끼라도 주어 나와 내 벗으로 즐기게 하신 일이 없더니 아버지의 살림을 창녀들과 함께 삼켜 버린 이 아들이 돌아오매 이를 위하여 살진 송아지를 잡으셨나이다. 아버지가 이르되 얘 너는 항상 나와 함께 있으니 내 것이 다 네 것이로되 이 네 동생은 죽었다가 살아났으며 내가 잃었다가 얻었기로 우리가 즐거워하고 기뻐하는 것이 마땅하다 하니라(눅 15:11-32).

우리는 탕자의 비유를 읽을 때 한 못난 아들이 집을 나갔다가 회개하고 돌아오는 간단한 이야기로 치부하고 마는데, 그렇지 않습니다. 더 깊이 들어가야 합니다. 이 비유에는 자유가 무엇인가 하는 것에 대한 본질적 설명이 들어 있습니다. 여기에는 두 아들이 나오는데, 작은아들이 아버지에게 자기 몫의 재산을 달라고 합니다. 부모에게 자기 몫을 달라고 요구할 권리가 자식에게 있습니까? 없습니다. 재산을 나눠 달라는 자식의 요구를 부모가 들어주어야 할 의무도 없습니다. 부모의 재산이니 말입니다.

그런데 이 비유에서 얼마나 당돌한 일이 벌어지는지 봅시다. 아들은 자기 몫을 달라고 요구하고, 아버지는 그 요구를 들어줍니다. 크게 한몫 챙긴 아들은 집을 나가 버립니다. 나가서 허랑방탕하게 탕진합니다. 결국 재산을 다 잃고 배를 주리기에 이르지요. 아무리 많은 것을 가진 사람이라도 계속해서 생산하지 않으면 결국 이처럼 바닥이 드러나게 마련입니다.

여기서 작은아들이 무엇을 깨닫게 됩니까? 이 대목이 중요합니다. 내 아버지는 얼마나 무한히 가지고 있었던가. 게다가 더할 나위 없이 자비로운 분이셨지. 우리 집에서는 자식은 말할 것도 없고 심지어 일꾼마저 넉넉하였거늘 나는 여기서 혼자 굶어 죽게 되었구나. 이제 돌아가야겠다. 자식 대접은 바라지도 않겠다. 그저 품꾼의 하나로 봐 달라고 빌어 보아야겠다. 이렇게 돌이켜 아버지에게 되돌아가기로 한 것입니다.

이 아들이 돌아오자 아버지는 아들의 변명을 듣지 않고 손사래를 칩니다. "무슨 소리냐. 여봐라, 내 아들에게 새 옷을 입히고 새 신을 신겨라.

새 가락지를 끼워라. 송아지를 잡아라. 잃었던 내 자식이 돌아왔다. 그러니 함께 즐거워하는 것이 마땅하다." 이렇게 말하며 뛸 듯이 기뻐합니다.

종일 밖에서 일하고 돌아온 맏아들이 흥겨운 잔치를 보더니 놀라서 묻습니다. "이게 웬 잔치냐? 무슨 경사라도 났느냐?" "네, 당신의 동생이 돌아왔습니다." "뭐? 그놈을 위해 잔치를 열었다고?" 아버지가 나와서 이렇게 권합니다. "애야, 네 동생이 돌아왔다. 들어와서 같이 기뻐하자." 하지만 맏아들은 불평하며 말합니다. "싫습니다. 그렇게는 못합니다. 이 아들은 창녀와 함께 아버지의 재산을 다 말아먹은 놈입니다. 나에게는 생전 한 번도 안 열어 준 잔치를 왜 이놈에게 해줍니까?"

아버지는 아들이 살아 돌아왔다며 기뻐하는데, 맏아들은 이 기쁨에 전혀 동참하지 않습니다. 30절에서 보듯, 자기 동생을 동생이라고 부르지 않고 '이 아들'이라고 칭하는 것으로 미루어 맏아들의 원망과 불평이 얼마나 큰지 짐작할 수 있습니다. 동생으로도 여기지 않는 것이지요. 또한 자기 동생이 그동안 얼마나 한심한 짓을 했는지를 드러내려고 그런 것입니다.

하지만 아버지의 대답은 이렇습니다. "아버지와 아들의 관계는 보상 관계로 설명할 수 없다. 잘하면 얻고 못하면 빼앗기는 그런 관계가 아니다. 내 아들아, 내 것이 다 네 것이 아니냐?" 이것이 인간에게 자유를 허락하신 하나님의 뜻입니다. 하나님이 인간에게 주신 말할 수 없는 특권입니다. 하나님은 우리에게 마음껏 선택할 수 있는 자유를 주시고, 우리가 마음대로 저지르는 못난 선택조차도 감수하고 기다려 주십니다. 우리가 한 대로 갚지 않으시고, 오히려 우리가 한 그 못난 선택 속에서 우리를 항복시키십니다. 우리가 공포를 지나와야 하는 이유가 바로 여기에 있습니다.

우리의 지위를 드러내는 자유

우리는 우리 자신이 선택한 결과, 곧 공포를 마주하는 자리를 반드시 지나와야 합니다. 그래야 우리가 결정한 것이 결국 무엇인지 알 수 있게 됩니다. 여기에 인문학의 필요성이 있습니다. 그 공포를 대면하지 못해서 자기가 어떤 존재인지 모르면, 회개가 무엇인지 구원이 무엇인지 결코 알 수 없습니다. 교회는 모범생끼리 모인 곳이 아닙니다. 우리는 모두 죄인입니다. 작은아들로 살아 보지 않고서는 결단코 신앙의 본질에 도달하지 못합니다. 우리가 아담의 후손이어서 그렇습니다. 아담이 한 짓이 무엇입니까? 하나님 없이 살아보겠다고 한 것입니다. 그러자 하나님이 정말 마음껏 해 보라고 자유를 주셨습니다.

그런데 매번 우리는 '왜 하나님은 선악과를 만드셨을까? 아담이 죄를 짓게 될 줄 하나님은 아셨을까 모르셨을까?'와 같은 헛된 질문에만 매달립니다. 하나님의 형상으로 지음 받은, 하나님이 복을 주신 인간 존재의 가치에 대해 생각할 줄 모르면서 말입니다. 하나님은 우리에게 당신을 거역할 자유까지 허락하십니다. 물론 이 말은 좀 과장된 표현이지만, 우리에게 주어진 자유를 이보다 더 적절하게 표현할 수는 없을 것 같습니다. 이 자유가 우리의 지위이며, 하나님이 당신의 본문을 담아내기 위한 그릇이라는 것을 알아야 합니다.

우리가 어디에 있든지, 자유 없이는 사랑과 믿음의 관계를 가질 수 없습니다. 이는 대등한 지위에서만 누릴 수 있는 관계입니다. 사랑의 반대말은 무엇일까요? 증오나 무관심이 아닙니다. 사랑의 반대는 동정이라고 저는 생각합니다. 사랑은 대등한 지위에서 주고받는 것이며 믿음도 마찬가지입니다. 하나님은 당신의 본문을 담아내기 위하여 인류에게 시간을 주시고 인격에게 자유를 주신 것입니다.

자유

이것이 굉장한 지위라고, 하나님이 당신과 우리를 대등하게 여기셔서 허락하신 지위라고 감히 이야기할 수 있는 근거는 어디에 있을까요? 우리는 그것을 야곱에게서 발견할 수 있습니다. 창세기 28:10-15을 살펴보겠습니다.

야곱이 브엘세바에서 떠나 하란으로 향하여 가더니 한 곳에 이르러는 해가 진지라. 거기서 유숙하려고 그 곳의 한 돌을 가져다가 베개로 삼고 거기 누워 자더니 꿈에 본즉 사닥다리가 땅 위에 서 있는데 그 꼭대기가 하늘에 닿았고 또 본즉 하나님의 사자들이 그 위에서 오르락내리락 하고 또 본즉 여호와께서 그 위에 서서 이르시되 나는 여호와니 너의 조부 아브라함의 하나님이요 이삭의 하나님이라. 네가 누워 있는 땅을 내가 너와 네 자손에게 주리니 네 자손이 땅의 티끌 같이 되어 네가 서쪽과 동쪽과 북쪽과 남쪽으로 퍼져 나갈지며 땅의 모든 족속이 너와 네 자손으로 말미암아 복을 받으리라. 내가 너와 함께 있어 네가 어디로 가든지 너를 지키며 너를 이끌어 이 땅으로 돌아오게 할지라. 내가 네게 허락한 것을 다 이루기까지 너를 떠나지 아니하리라(창 28:10-15).

"내가 너를 떠나지 아니하리라"는 하나님의 이 약속에는 "네가 어디로 가든지"가 전제되어 있습니다. 인간의 선택과 자유가 전제된 약속입니다. "네가 어디로 가든지, 무엇을 하든지 내가 너를 놔두지 않겠다. 마침내 내가 네게 복을 줄 것이고, 너와 네 자손과 열방에 복을 줄 것이다." 야곱은 형을 속이고 아버지를 기만하여 더 이상 집에 있을 수 없게 되자 도망하여 외삼촌 라반에게 갑니다. 거기 가서 이십 년가량 종살이 비슷하게 매여 지내는데, 그래도 열심히 모아 큰 부자가 됩니다. 그러자 외삼촌 집에서도 미움을 받게 되어 야곱은 떠나기로 합니다. 탕자가 집으로 돌아가듯이 야곱도 고향 집으로 돌아갈 수밖에 없게 된 것입니다.

그가 두려움을 안고서 귀향하는데, 형 에서가 아직 자기에게 칼을 품고 있다는 말을 듣습니다. 얍복 나루에 이른 야곱은 어찌해야 할지 몰라 자기 재산을 두 떼로 나누어 형에게 보냅니다. 어떻게 해서든지 형의 마음을 누그러트리기 위해 선물로 보낸 것이지요. 이 장면이 창세기 32장에 기록되어 있습니다.

야곱은 가족까지 다 앞서 보내고 홀로 얍복 나루에 남아 있는데 하나님의 사자가 와서 그에게 씨름을 겁니다. 밤이 새도록 둘이 씨름하지요. 날이 밝아왔는데도 승부가 나지 않습니다. 하나님의 사자가 야곱을 이길 수 없음을 보고 그의 허벅지 관절을 칩니다. 그리고 이제 가겠다고 하자 야곱이 그를 붙잡고 늘어집니다. "그냥 갈 수 없습니다. 나를 축복해 주십시오." "네 이름이 무엇이냐?" "야곱입니다." "너는 더 이상 야곱이 아니다. 이제부터 네 이름은 이스라엘이다" '야곱'은 '약탈자'라는 의미를 지닌 이름입니다. 자기 필요를 채우기 위해서는 어디에선가 빼앗아 와야 하는 자가 바로 야곱이었던 것입니다. 여기에 공포가 전제되어 있습니다.

새로 지음 받은 이름인 '이스라엘'은 '하나님과 겨루어 이긴 자'라는 의미입니다. 하나님을 이긴 자, 이 말이 무슨 뜻일까요? 부모라면 이 문제의 답을 맞힐 것입니다. 자식은 부모를 이깁니다. 자식은 부모를 이기려고 굳이 애쓰지 않아도 자식이라는 지위만으로 부모를 이길 수 있습니다. 어느 부모가 자식을 이기거나 자식을 희생하여 자기를 보존하겠습니까? 기꺼이 부모가 헌신하지요. 부모라면 누구나 다 경험하는 일입니다. 너는 나를 이기는 자란다. 너의 모든 운명을 복되게 하려고 내가 전력을 쏟아부었다. 이렇게 하나님도 우리를 향해 말씀하십니다.

자유는 그 자체로 무슨 내용을 지니고 있지 않습니다. 자유는 우리의 신분과 정체가 무엇인지 증언해주는 것입니다. 사랑과 믿음을 나누는 대등한 관계로, 그렇게 하나님이 부르시는 존재라고 말해 줍니다.

자유를 위해 허락된 시간

그런데 우리는 이 자유가 부담스럽습니다. 자기가 선택한 결과를 감당할 자신이 없기 때문입니다. 그래서 선택은 자기 마음대로 해놓고 결과는 하나님께 책임지라고 합니다. "하나님, 내가 술 먹으러 갈 때면 땅이 갈라지게 해서라도 못 가게 해주십시오." 이것이 고작 우리가 하는 기도입니다. 하나님은 말씀하십니다. 그렇게는 하지 않겠다. 나는 너를 힘으로 굴복시키지 않겠다. 나는 너를 종으로 삼으려고 부른 것이 아니다. 너는 내 아들이다.

이런 우리의 신분을 염두에 둔 권면이 갈라디아서 5:1에 나옵니다. "그리스도께서 우리를 자유롭게 하려고 자유를 주셨으니 그러므로 굳건하게 서서 다시는 종의 멍에를 메지 말라"(갈 5:1). 하나님이 허락하신 여러분의 지위의 귀함을 아십시오. 하나님은 우리에게 이렇게 말씀하십니다. "멋있게 살아라. 훌륭해져라. 너 자신이 누군지 알고, 내가 너에게 무엇을 목적하고 있는지 기억해라. 다른 어떤 가치 밑에 가서 종노릇하지 마라. 네가 최고의 가치란다. 너는 내 자식이란다."

이렇게 우리의 지위를 전제한 후에 갈라디아서 5:16 이하에서는 두 가지 길을 제시합니다. 육체의 길과 성령의 길입니다. 선택권이 네게 있다는 것만으로 네가 훌륭해지는 것이 아니다. 네가 한 선택으로 훌륭한 길을 가라. 선택과 결정이 명예롭고 지혜롭고 영광된 것이 되게 하라는 말씀입니다.

이를 위하여 하나님은 시간을 주십니다. 탕자에게는 가산을 다 탕진할 시간을, 야곱에게는 이십 년이라는 긴 방황의 시간을 허락하십니다. 그 시간을 통해서 하나님이 우리에게 본문을 담아내십니다. 세상이 가진 본문은 무엇이라고 했습니까? 공포입니다. 그러나 하나님이 주신 본문은 생명과 진리, 믿음과 사랑입니다. 이 성령의 열매를 막을 수 있는 것은 없습니다. 갈라디아서 5:22-23입니다. "오직 성령의 열매는 사랑과 희락과 화평과 오래 참음과 자비와 양선과 충성과 온유와 절제니 이같은 것을 금지할 법이 없느니라."

공포에 지지 마시고 성령의 열매를 맺으십시오. 이를 위해서 자유를 주시고 시간을 주신 것입니다. 사사기가 바로 이 사실을 보여줍니다. 우리의 인생에도 그렇게 펼쳐질 것입니다. 하나님의 위대하심을 보십시오. 우리와 사랑을 나누기 원하시는 이의 관용과 능력과 진정성을 보십시오. 만일 여러분이 자유를 권리로만 이해하여 마음껏 고함지르는 것이 삶의 전부라면, 여러분은 아직 인문학이 제시한 답에 여전히 머물러 있는 것입니다. 인문학이 밝혀낸 텍스트는 공포, 절망, 분노뿐입니다. 그러나 진정한 답에 이르지 못한다면 분노가 무슨 쓸모가 있겠습니까? 분노는 진정한 내용을 담기 위한 것일 때라야 가치가 있습니다. 사도 바울이 아테네에서 하나님을 모르는 자들의 비참한 인생을 보자 거룩한 분노를 발하여 복음을 증언한 것같이, 여러분의 삶을 하나님께 바쳐 그 위대함과 명예와 진리와 생명과 참다운 자유를 보여야 합니다. 그것이 예수 믿는 것입니다.

여러분의 건강이나 재정이나 사회적 지위 같은 것은 문제가 되지 않습니다. 하나님께 유용한 존재가 되기 위해 유명한 작가가 될 필요도 없고 철학자가 될 필요도 없습니다. 주어진 삶 속에서 하나님의 자녀만이 가지는 생명과 진리와 영광과 명예를 증언하십시오. 하나님은 언제나 어떤 삶에나 본문을 담으실 수 있습니다. "너는 더 이상 야곱이 아니다. 이제부터 네 이름은 이스라엘이다." 이렇게 말씀하시는 하나님이십니다. 그런데도 여전히 공포와 의심이 가득한 얼굴로 다니는 이유는 무엇일까요? 진정한 본문을 몰라서 그렇습니다. 자기를 보아도 겁이 나니 어느 누군가를 보아도 겁이 나는 것입니다.

예수 믿는 것은 그런 것이 아닙니다. 넉넉하게 사십시오. 하나님이 여러분의 인생에 무엇을 담으시는지 여러분 얼굴에 명예와 자랑스러움으로 나타내십시오. 자신의 현실에 만족하지 못하는 사람은 인문학이 제시하는 해결 수준에 아직도 붙잡혀 있는 것에 불과합니다. 성경으로 돌아오시고 믿음으로 돌아오십시오. 그리하여 승리를 구가하십시오.

20

울며불며 다듬고 가는 시간

요 16:20-24

내가 진실로 진실로 너희에게 이르노니 너희는 곡하고 애통하겠으나 세상은 기뻐하리라. 너희
는 근심하겠으나 너희 근심이 도리어 기쁨이 되리라. 여자가 해산하게 되면 그때가 이르렀으
므로 근심하나 아기를 낳으면 세상에 사람 난 기쁨으로 말미암아 그 고통을 다시 기억하지 아
니하느니라. 지금은 너희가 근심하나 내가 다시 너희를 보리니 너희 마음이 기쁠 것이요 너희
기쁨을 빼앗을 자가 없으리라. 그날에는 너희가 아무것도 내게 묻지 아니하리라. 내가 진실로
진실로 너희에게 이르노니 너희가 무엇이든지 아버지께 구하는 것을 내 이름으로 주시리라.
지금까지는 너희가 내 이름으로 아무것도 구하지 아니하였으나 구하라. 그리하면 받으리니 너
희 기쁨이 충만하리라.

요한복음 16장은 주님이 곧 십자가에 달려 죽으심으로 모든 일을 이루시
고 부활할 것이라고 소개합니다. 그리고 사망을 이기시는 조건 속에서 "그
날에는 너희가 아무것도 내게 묻지 아니하리라. 내가 진실로 진실로 너희
에게 이르노니 너희가 무엇이든지 아버지께 구하는 것을 내 이름으로 주
시리라"(요 16:23)는 기도에 관한 말씀을 하십니다. 또 그다음 구절도 "지금
까지는 너희가 내 이름으로 아무것도 구하지 아니하였으나 구하라. 그리
하면 받으리니 너희 기쁨이 충만하리라"(요 16:24)고 하시며 예수님이 제자
들에게 기도를 하라고 하십니다.

그리스도인의 기도

기도는 기독교 신앙인들에게 너무나 당연한 것입니다. 하지만 기도에는 조건과 근거가 있다는 것입니다. 즉 예수님이 사망을 이기신다, 부활하신 다는 점입니다. 이런 조건과 근거를 바탕으로 우리에게 마음껏 구하라고 하십니다. 그러나 우리는 죽음도, 부활도 건너지 않고 현재 우리가 알고 있는 상황 속에서 떼를 쓰는 것으로 늘 기도의 의미를 축소시키곤 합니다. 우리는 기도를 간절히 구하면 되는 것이라고 생각할 뿐, 어떤 근거와 내용과 목적하에서 우리에게 기도가 허락되었는지는 놓치고 있습니다. 이에 대한 내용은 요한복음 14-16장에서 반복적으로 나오는 약속입니다. 요한복음 14:12 이하를 보겠습니다.

> 내가 진실로 진실로 너희에게 이르노니 나를 믿는 자는 내가 하는 일을 그도 할 것이요 또한 그보다 큰일도 하리니 이는 내가 아버지께로 감이라. 너희가 내 이름으로 무엇을 구하든지 내가 행하리니 이는 아버지로 하여금 아들로 말미암아 영광을 받으시게 하려 함이라. 내 이름으로 무엇이든지 내게 구하면 내가 행하리라(요 14:12-14).

무엇이든지 구하는 것이 가능한 이유는 주께서 하신 일이 그 연장선에서 "그보다 큰일", 그리고 아버지의 영광이 드러나는 일과 연결되어 있기 때문입니다. 그래서 막무가내로 매달리는 간절함으로 하거나 고통을 없애고 문제를 해결하려는 조건이 전부인 기도는 많이 아쉽다는 것입니다. 그런 기도는 성경에서 말하는 기도와 꽤 차이가 납니다.

우리가 그런 이해나 실력도 없이 구할지라도 하나님은 우리를 긍휼히 여겨 주십니다. 하지만 우리가 이를 넘어서지 못하면 그 이상의 일을 하지 못합니다. 기도로써 고통을 해소하는 소극적인 차원을 넘어서는 영광, 명예, 위대함 곧 '예수님이 하는 일과 그보다 큰일'로 소개되는 현실을 살아낼 만한 엄두도 낼 수 없습니다. 요한복음 15:7 이하에도 이와 비슷한 내용이 나옵니다.

> 너희가 내 안에 거하고 내 말이 너희 안에 거하면 무엇이든지 원하는 대로 구하라. 그리하면 이루리라. 너희가 열매를 많이 맺으면 내 아버지께서 영광을 받으실 것이요 너희는 내 제자가 되리라(요 15:7-8).

이 기도에 무엇이 붙어 있는지 보십시오. "너희가 내 안에 거하고 내 말이 너희 안에 거하면" 너희가 열매를 맺고 기도 응답을 받을 것이며, 아버지께서 영광을 받을 것이라고 합니다. 그러나 우리의 기도는 현실적으로 눈앞에 있는 문제를 쉽게 해결하려는 것, 하나님의 크신 능력이 우리를 안심시켜 주리라고 기대하는 것, 그리고 자신이 형통하게 되려는 것에 붙들려 있습니다. 예수를 믿는다는 것이 더 위대한 길로 향하게 하고, 더 위대한 신자의 삶으로 나아가게 할 수 있다는 우리의 이해와 경험은 매우 부족한 편입니다.

하늘과 땅의 모든 권세

주님의 약속은 "아버지께서 아들에게 주신 모든 사람에게 영생을 주게 하시려고 만민을 다스리는 권세를 아들에게 주셨음이로소이다"(요 17:2)라고 한 것에 근거하고 있습니다. 예수님이 우리의 기도에 응답하실 수 있는 이유는 그가 모든 권세를 쥐고 계시기 때문입니다.

자유

예수께서 나아와 말씀하여 이르시되 하늘과 땅의 모든 권세를 내게 주셨으니 그러므로 너희는 가서 모든 민족을 제자로 삼아 아버지와 아들과 성령의 이름으로 세례를 베풀고 내가 너희에게 분부한 모든 것을 가르쳐 지키게 하라. 볼지어다. 내가 세상 끝날까지 너희와 항상 함께 있으리라 하시니라(마 28:18-20).

제자들이 가는 것은 그리 급한 것이 아닙니다. 예수께서 그들에게 무엇을 근거로, 어떤 목적으로, 어디까지 가라고 하신 것인지가 중요합니다. 그것은 "모든 민족"과 "세상 끝날까지"라는 표현에서 생각해 볼 수 있습니다. 이 말은 지리적 차원을 벗어난 것을 말합니다. 그것은 우리의 현실을 가리킵니다. 개개인의 사정, 가정의 현실 등이 우리가 보냄을 받은 곳이요 또 세상 끝날이라는 것입니다.

우리는 어떤 근거로 가야 합니까? 하늘과 땅의 모든 권세를 가지신 예수님의 명령에 따라 가는 것입니다. 그분이 가진 권세는 어떻게 얻은 것입니까? 하나님이 모든 사람에게 영생을 주게 하시려고 만민을 다스리는 권세를 아들에게 주셨기 때문입니다.

마태복음 9장에 보면, 예수님이 중풍병자를 고치신 사건이 나옵니다. 사람들이 중풍병자를 침상에 누운 채로 예수님께 데리고 왔습니다. 예수님은 그 자리에 함께한 사람들, 곧 예수님을 비난하고 반대하는 자들이 그가 어떻게 하나 보자는 심산으로 있는 줄 아시고, 중풍병자에게 "작은 자야, 안심하라. 네 죄사함을 받았느니라"(마 9:2)고 하셨습니다. 정말 뜻밖의 상황이 벌어진 것입니다.

그러자 어떤 서기관들이 속으로 "이 사람이 어찌 이렇게 말하는가. 신성모독이로다. 오직 하나님 한 분 외에는 누가 능히 죄를 사하겠느냐"(막 2:7)라고 합니다. 이에 예수님이 그 생각을 아시고 "너희가 어찌하여 마음에 악한 생각을 하느냐. 네 죄사함을 받았느니라 하는 말과 일어나 걸어가라 하는 말 중에 어느 것이 쉽겠느냐'(마 9:4-5)라고 하십니다. 이어 곧바로 예수님은 그들에게 "인자가 세상에서 죄를 사하는 권능이 있는 줄을 너희로 알게 하려 하노라" 하시고, 중풍병자에게 "일어나 네 침상을 가지고 집으로 가라"(마 9:6)고 하십니다.

예수님은 죄를 사하는 권세를 가지고 계십니다. 예수님이 이 땅에 오셔서 행하신 그 권세는 그분을 알아보지 못하는 사람에게 자신을 증언하신 것이요, 믿지 않는 자들을 위하여 지신 십자가요, 그들을 승리로 이끌기 위한 부활인 것입니다. 그러므로 이러한 것들이 우리를 어디로 데려가고 있는지를 알아야 합니다. 요한복음 5:24-27을 보겠습니다.

내가 진실로 진실로 너희에게 이르노니 내 말을 듣고 또 나 보내신 이를 믿는 자는 영생을 얻었고 심판에 이르지 아니하나니 사망에서 생명으로 옮겼느니라. 진실로 진실로 너희에게 이르노니 죽은 자들이 하나님의 아들의 음성을 들을 때가 오나니 곧 이때라. 듣는 자는 살아나리라. 아버지께서 자기 속에 생명이 있음 같이 아들에게도 생명을 주어 그 속에 있게 하셨고 또 인자됨으로 말미암아 심판하는 권한을 주셨느니라(요 5:24-27).

아버지께서 아들에게 인자됨으로 말미암아 심판하는 권세를 주셨다고 합니다. 인자됨이란 무엇인가요? 우리를 구원하기 위하여 우리의 자리에 내려오신 것을 말합니다. 요한복음 3장에서 그 내용을 이렇게 말씀합니다. "하나님이 세상을 이처럼 사랑하사 독생자를 주셨으니 이는 그를 믿는 자마다 멸망하지 않고 영생을 얻게 하려 하심이라. 하나님이 그 아들을 세상에 보내신 것은 세상을 심판하려 하심이 아니요 그로 말미암아 세상이 구원을 받게 하려 하심이라"(요 3:16-17). 그러므로 인자됨이란 하나님이

자유

우리를 불쌍히 여기시고, 그분의 창조와 사랑을 완성하시기 위해 펴신 구원의 손길을 말하는 것입니다. 이를 위해 예수님은 심판의 권세, 곧 만민을 다스리시는 권세를 가지신 것입니다.

이 권세에는 벌을 주려는 의도는 거의 없습니다. 꾸중을 위해 언급하시기는 해도, 심판과 정죄라는 것은 그다음의 것입니다. 가장 우선하는 것은 사람들을 어떻게 해서든지 살리고, 구원받게 하고, 사망에서 생명으로 옮겨 생명의 꽃을 피우고 열매 맺게 하는 일입니다. 하나님은 그 일을 우리에게 허락하신 것입니다.

사람을 살리는 권세

다음과 같은 문제를 생각해 보십시다. 요한복음 8장에서 서기관들과 바리새인들이 예수님을 고발할 내용을 얻으려고 음행 중에 잡힌 여자를 끌고와서 묻습니다. "모세는 율법에 이러한 여자를 돌로 치라 명하였거니와 선생은 어떻게 말하겠나이까." 이에 예수님이 "너희 중에 죄 없는 자가 먼저 돌로 치라"고 하시자, 모두 그 자리를 뜨고 예수님과 여자만 남습니다. 예수님은 여자에게 "나도 너를 정죄하지 아니하노니 가서 다시는 죄를 범하지 말라"고 하십니다(요 8:5-11).

우리는 "다시는 죄를 범하지 말라"는 말씀에 걸려 늘 이 문제를 오해합니다. 예수님이 여자를 정죄하지 않은 이유는 또 한 번의 기회를 주시는 정도가 아니라 더 나은 인생을 살라고 하신 데 있습니다. 우리의 인생과 운명은 사망에서 생명으로 바뀌었습니다. 그렇게 우리에게 삶의 기회를 주신 것입니다. 하나님은 우리를 불러내어 그런 자신의 목적을 이루고 우리로 하여금 복을 받고 살라고 하신 것입니다.

이같이 하나님께 부름을 받은 우리가 이 세상에서 인상을 쓰고 사는 것은 큰 죄입니다. 우리가 이 자리를 넘지 못하기 때문에, 다른 사람을 정죄해서 자신을 확인하려고 하는 것입니다. 음행 중에 잡힌 여자를 죽임으로써 자신들은 죄를 짓지 않았다고 자기증명을 하려는 자리에서 이제는 사람을 살리는 자리로 가야 할 때입니다.

부활하신 예수님은 이렇게 명하십니다. "하늘과 땅의 모든 권세를 내게 주셨으니 그러므로 너희는 가서 모든 민족을 제자로 삼아"(마 28:18-19)라고 하십니다. 제자들은 그렇게 보냄을 받아 사람들에게 생명을 전하게 하신 것입니다. 하나님이 그의 자녀들에게 허락한 약속을 함께 누리도록 말입니다. 예수님이 아버지의 뜻을 이루시려고 이 땅에 보냄을 받으셨듯이 우리도 부르심을 받습니다. 그런데 이 의미가 축소되어, 우리는 이러한 부르심에 순종하려면 선교사가 되어야 한다고 생각합니다. 마태복음 28:18-19은 우리가 수행해야 할 임무로 소개된 말씀이 아닙니다. 어떤 정형화된 형식으로 소개된 말씀이 아닙니다. 사망이 부패하고 왜곡되고 헛된 것을 드러내지만 우리는 삶의 전 영역에 걸쳐서 빛을 발하고 생명이 자라고 무르익는 것을 보여주어야 합니다. 우리는 이 지점을 살아내야 합니다.

우리가 여기까지 좇아가지 못한다면 예수를 믿는 믿음이란 결국 죽어서 천국 가는 정도에 머물고 말 것입니다. 따라서 우리가 예수를 믿고 천국에 들어가는 날까지 사는 과정은 다 필요 없을 것입니다. 다만 매일 혼란과 유혹과 실패가 범벅이 되어 어쩔 줄 몰라 회개 기도를 하는 인생을 살 수밖에 없습니다. 결국 그런 삶은 살아도 사는 게 아닙니다.

그러나 복된 삶을 사는 것을 알고 웃으면 약 먹은 사람 취급을 받습니다. 현실도 모르고 공중에 붕 떠서 천사인 양 사는 게 사는 것일까요? 아닙니다. 그렇지 않습니다. 우리가 겪는 모든 고난과 반대와 박해와 오해와 수치는 다 위대합니다. 모든 예술이 그러하듯, 예술은 우리의 한계를 깹니다. 평범함으로 만족하려는 타협과 외면과 비겁함을 깹니다. 하루를 제대

자유

로 살아라. 오늘 일을 내일로 미루지 마라. 이렇게 도전합니다. 오늘, 지금을 살아야 합니다. 하루하루가 기회이고 도전인데 우리는 답을 안 하고 있습니다. 이런 기도를 하라는 것입니다.

예수님이 십자가에서 마지막으로 하신 말씀이 무엇입니까? "아버지, 저들을 사하여 주옵소서. 자기들이 하는 것을 알지 못함이니이다"(눅 23:34). 이 말씀에는 어떤 정죄도, 심판도 없습니다. 그러므로 우리도 믿지 않는 자들을 비난하거나 죄를 밝히고 분노하는 것으로 우리의 생애를 대신하고 있다는 점을 스스로 확인해야 합니다. 이 판국에 누가 잘못하고 어리석게 군 것이 문제가 아닙니다. 우리는 어떤 상황과 조건 속에서도 예수의 이름으로 살 수 있고, 어느 곳에서든 할 일이 있는 사람임을 명심해야 합니다. 무조건 "괜찮아, 다 좋아"라고 하면 안 됩니다.

못 알아듣는 자들 앞에서 살아가신 예수님을 우리의 모범으로 삼는다는 것은 굉장히 어렵습니다. 우리에게 허락된 길을 예수님이라면 아무래도 넉넉히 이기셨을 것입니다. 그러나 우리는 넉넉하지 않습니다. 넉넉하지 않은 자가 이 길로 부르심을 받아 해보라는 기회를 얻었다는 것만큼은 기억해야 합니다. 그래서 우리는 해봐야 합니다. 실패하고 불만스럽고 보상이 없더라도 이를 극복해야 합니다. 히브리서 4:14-16을 보겠습니다.

그러므로 우리에게 큰 대제사장이 계시니 승천하신 이 곧 하나님의 아들 예수시라. 우리가 믿는 도리를 굳게 잡을지어다. 우리에게 있는 대제사장은 우리의 연약함을 동정하지 못하실 이가 아니요 모든 일에 우리와 똑같이 시험을 받으신 이로되 죄는 없으시니라. 그러므로 우리는 긍휼하심을 받고 때를 따라 돕는 은혜를 얻기 위하여 은혜의 보좌 앞에 담대히 나아갈 것이니라(히 4:14-16).

하늘에 계신 대제사장은 우리 인생을 체휼하신 분이십니다. 우리의 형편을 아시고 우리의 한계를 아십니다. 그분께 기도하라는 말씀입니다. 히브리서 12장에서도 다음과 같은 말씀이 나옵니다.

믿음의 주요 또 온전하게 하시는 이인 예수를 바라보자.……너희가 피곤하여 낙심하지 않기 위하여 죄인들이 이같이 자기에게 거역한 일을 참으신 이를 생각하라.……내 아들아, 주의 징계하심을 경히 여기지 말며 그에게 꾸지람을 받을 때에 낙심하지 말라(히 12:2-5).

하늘에 있는 우리의 대제사장이 우리의 왕이십니다. 그분이 우리를 지키시기에 우리는 낙심하지 말아야 합니다. 히브리서 12:6 이하는 다음과 같은 내용을 전합니다.

주께서 그 사랑하시는 자를 징계하시고 그가 받아들이시는 아들마다 채찍질하심이라 하였으니 너희가 참음은 징계를 받기 위함이라. 하나님이 아들과 같이 너희를 대우하시나니 어찌 아버지가 징계하지 않는 아들이 있으리요.……무릇 징계가 당시에는 즐거워 보이지 않고 슬퍼 보이나 후에 그로 말미암아 연단 받은 자들은 의와 평강의 열매를 맺느니라(히 12:6-11).

우리에게 부여된 명령과 책임은 승리로만 이어지지 않습니다. 몸부림치는 것도 임무 가운데 있다는 것을 알려 줍니다. 이는 성경 곳곳에도 나오고 예수님도 알고 계십니다.

울며불며 다듬고 가는 인생

그렇다면 왜 이러한 권면을 할까요? 왜 그런 길을 요구할까요? 전지전능하신 하나님의 권능으로 쉬운 결말을 내신다면 시간과 경험 속에서 우리가 자라나고 다듬어지고 만들어지는 일은 일어날 수 없습니다. 하나님은 우리의 인격과 성품이 자라도록 다듬고 만들려고 하십니다. 우리가 겪고 후회하고 고민하고 돌아서는 시간을 통해 우리를 다듬고 만드십니다.

하나님이 우리 모두를 예수의 제자로 삼으려고 하십니다. 그 길에 투입된 우리는 울며불며 인생과 존재를 다듬으며 가야 합니다. 거꾸러지고 외면하고 타협하고 변명하는 우리의 못난 것들이 우리를 만든다는 사실을 믿어야 합니다. 매일의 삶 속에서 "낙심하지 마라. 체념하지 마라. 한탄했느냐? 좋다. 내일 다시 하자"는 것이 요구되는 것입니다.

예수님은 우리에게 이를 위해 기도하라고 하십니다. "내 이름으로 내게 기도하라. 내가 모든 권세를 가졌다. 내가 왜 인자로 왔는지 아느냐? 나는 모든 백성을 이끌어 하나님 앞에 내가 함께 서기 위하여 인자로 온 것이다. 나는 육신을 입고 이 땅에 왔다. 너희의 생애도 그와 같다. 너희로 인하여 더 많은 이웃이 너희와 함께 하나님 앞에 영광과 존귀로 이끌릴 것이다. 너희 모두 나를 위한 찬양을 부를 인생을 살라." 이렇게 말씀하십니다.

그러므로 고린도후서 말씀은 기도에 대하여 다음과 같이 가르칩니다.

우리는 주의 두려우심을 알므로 사람들을 권면하거니와 우리가 하나님 앞에 알리어졌으니 또 너희의 양심에도 알리어지기를 바라노라. 우리가 다시 너희에게 자천하는 것이 아니요 오직 우리로 말미암아 자랑할 기회를 너희에게 주어 마음으로 하지 않고 외모로 자랑하는 자들에게 대답하게 하려 하는 것이라. 우리가 만일 미쳤어도 하나님을 위한 것이요 정신이 온전하여도 너희를 위한 것이니 그리스도의 사랑이 우리를 강권하시는도다. 우리가 생각하건대 한 사람이 모든 사람을 대신하여 죽었은즉 모든 사람이 죽은 것이라. 그가 모든 사람을 대신하여 죽으심은 살아 있는 자들로 하여금 다시는 그들 자신을 위하여 살지 않고 오직 그들을 대신하여 죽었다가 다시 살아나신 이를 위하여 살게 하려 함이라. 그러므로 우리가 이제부터는 어떤 사람도 육신을 따라 알지 아니하노라. 비록 우리가 그리스도도 육신을 따라 알았으나 이제부터는 그같이 알지 아니하노라. 그런즉 누구든지 그리스도 안에 있으면 새로운 피조물이라. 이전 것은 지나갔으니 보라, 새 것이 되었도다. 모든 것이 하나님께로서 났으며 그가 그리스도로 말미암아 우리를 자기와 화목하게 하시고 또 우리에게 화목하게 하는 직분을 주셨으니 곧 하나님께서 그리스도 안에 계시사 세상을 자기와 화목하게 하시며 그들의 죄를 그들에게 돌리지 아니하시고 화목하게 하는 말씀을 우리에게 부탁하셨느니라. 그러므로 우리가 그리스도를 대신하여 사신이 되어 하나님이 우리를 통하여 너희를 권면하시는 것같이 그리스도를 대신하여 간청하노니 너희는 하나님과 화목하라. 하나님이 죄를 알지도 못하신 이를 우리를 대신하여 죄로 삼으신 것은 우리로 하여금 그 안에서 하나님의 의가 되게 하려 하심이라(고후 5:11-21).

이것이 기도입니다. 하나님 앞에 이 본문을 가지고 들어가지 않았다면, 그 기도는 아직 성숙하지 않은 것입니다.

우리에게 무슨 기도를 하라는 것입니까? 또한 하나님이 왜 우리를 세상에 남겨 두시고 이 땅에 살게 하신 것입니까? 우리의 성숙과 영광을 위하여, 그리고 하나님이 우리와 함께 일하기로 작정하신 방법으로 세상을 구하기 위하여 우리를 이 세상에 남겨 두셨습니다. 예수님이 음행 중에 잡힌 여자에게 "나도 너를 정죄하지 아니하노니 가서 다시는 죄를 범하지 말

자유

라"(요 8:11)고 하셨습니다. 이 말씀은 죄를 짓고 안 짓고의 문제를 넘어서는 것이었습니다. 우리는 이 말씀이 우리에게 주어진 구원이요 기회요 책임이요 영광인 것을 알아야 합니다. 그래야 기도를 제대로 할 수 있습니다.

우리에게 어려움이 닥칠 때마다 무릎 꿇어 기도하는 것은 맞습니다. 주님의 약속은 변함이 없습니다. 우리는 이렇게 기도해야 합니다. "주께서 아직도 일하고 계십니다. 저는 오늘도 실패했지만, 이 실패가 끝이 아닌 것을 믿습니다. 내일은 오늘보다 낫게 살겠습니다. 힘을 더하소서. 그리고 내 잘못이 다른 사람들에게 시험이 되지 않고 은혜가 되도록 기적을 행하소서." 그렇지 않다면 다음에 나오는 말씀은 어디에 사용하시겠습니까?

공중의 새를 보라. 심지도 않고 거두지도 않고 창고에 모아들이지도 아니하되 너희 하늘 아버지께서 기르시나니 너희는 이것들보다 귀하지 아니하냐. 또 너희가 어찌 의복을 위하여 염려하느냐. 들의 백합화가 어떻게 자라는가 생각하여 보라. 수고도 아니하고 길쌈도 아니하느니라. 그러나 내가 너희에게 말하노니 솔로몬의 모든 영광으로도 입은 것이 이 꽃 하나만 같지 못하였느니라. 오늘 있다가 내일 아궁이에 던져지는 들풀도 하나님이 이렇게 입히시거든 하물며 너희일까보냐(마 6:26-30).

이런 말씀은 왜 하셨을까요? 이러한 삶의 조건과 책임이 지금의 현장과 정황을 만드는 것입니다. 우리는 이 현장에서 도망갈 수 없습니다. 그 자리에서 하십시오. 그 자리가 땅끝이고, 우리가 보내심을 받은 자리이고, 우리가 기도해야 하는 자리이고, 우리가 크는 자리이며, 우리를 인도하시고 함께하시는 하나님이 임재하시는 자리입니다.

21
구원 이후의 인생

히 8:1-13

지금 우리가 하는 말의 요점은 이러한 대제사장이 우리에게 있다는 것이라. 그는 하늘에서 지극히 크신 이의 보좌 우편에 앉으셨으니 성소와 참 장막에서 섬기는 이시라. 이 장막은 주께서 세우신 것이요 사람이 세운 것이 아니니라. 대제사장마다 예물과 제사 드림을 위하여 세운 자니 그러므로 그도 무엇인가 드릴 것이 있어야 할지니라. 예수께서 만일 땅에 계셨더라면 제사장이 되지 아니하셨을 것이니 이는 율법을 따라 예물을 드리는 제사장이 있음이라. 그들이 섬기는 것은 하늘에 있는 것의 모형과 그림자라. 모세가 장막을 지으려 할 때에 지시하심을 얻음과 같으니 이르시되 삼가 모든 것을 산에서 네게 보이던 본을 따라 지으라 하셨느니라. 그러나 이제 그는 더 아름다운 직분을 얻으셨으니 그는 더 좋은 약속으로 세우신 더 좋은 언약의 중보자시라. 저 첫 언약이 무흠하였더라면 둘째 것을 요구할 일이 없었으려니와 그들의 잘못을 지적하여 말씀하시되 주께서 이르시되 볼지어다. 날이 이르리니 내가 이스라엘 집과 유다 집과 더불어 새 언약을 맺으리라. 또 주께서 이르시기를 이 언약은 내가 그들의 열조의 손을 잡고 애굽 땅에서 인도하여 내던 날에 그들과 맺은 언약과 같지 아니하도다. 그들은 내 언약 안에 머물러 있지 아니하므로 내가 그들을 돌보지 아니하였노라. 또 주께서 이르시되 그날 후에 내가 이스라엘 집과 맺을 언약은 이것이니 내 법을 그들의 생각에 두고 그들의 마음에 이것을 기록하리라. 나는 그들에게 하나님이 되고 그들은 내게 백성이 되리라. 또 각각 자기 나라 사람과 각각 자기 형제를 가르쳐 이르기를 주를 알라 하지 아니할 것은 그들이 작은 자로부터 큰 자까지 다 나를 앎이라. 내가 그들의 불의를 긍휼히 여기고 그들의 죄를 다시 기억하지 아니하리라 하셨느니라. 새 언약이라 말씀하셨으매 첫 것은 낡아지게 하신 것이니 낡아지고 쇠하는 것은 없어져 가는 것이니라.

자유

십자가로 돌아가지 말고

히브리서 8장에서 중요한 내용은 6절에 나온 바와 같이, 예수는 "더 아름다운 직분을 얻으셨으니 그는 더 좋은 약속으로 세우신 더 좋은 언약의 중보자"라는 것입니다. 예수를 더 아름다운 직분을 얻은 자, 더 좋은 약속으로 세우신 더 좋은 언약의 중보자라고 소개합니다. 이렇게 소개하여 히브리서가 다루는 주제 즉 신앙생활을 하는 현실이 왜 이렇게 고단한지에 대한 답으로 제시합니다. 당시는 여러모로 핍박이 심했던 시기이므로 더 힘들었겠지만, 사실 신앙생활을 하는 것은 어느 시대나 어렵습니다. 이 어려움에 대한 답을 히브리서는 뜻밖에도 영원한 대제사장이신 예수로 풀어냅니다.

우리는 자신의 신앙을 점검할 때에 대개 십자가로 돌아가곤 하는데, 히브리서는 십자가로 돌아가는 방법을 제시하지 않습니다. 부활하시고 승천하사 하늘 보좌 우편에 앉아 계신 대제사장 예수님의 현재 사역으로 우리를 인도하여 고단한 신앙 현실을 위로합니다. 이 위로가 어떤 것인지 알기 위해서는 히브리서가 말하는 예수님의 대제사장직을 유념해서 볼 필요가 있습니다.

본문 8:1에서 본 대로, "지금 우리가 하는 말의 요점은 이러한 대제사장이 우리에게 있다는 것"입니다. 우리는 예수님 하면 일단 무조건 십자가로 돌아가고 보는데, 히브리서는 승천하신 예수님이 보좌 우편에서 지금도 우리를 위하여 기도하시는 대제사장의 직분을 수행하고 계신다고 하는 사실로 우리를 이끌어 갑니다. 예수님을 믿고 난 이후의 신앙 현실에서 우리가 자신을 격려하고 점검하는 기준이나 붙잡아야 할 푯대가 예수님의 십자가이기보다 예수님의 대제사장직이어야 한다는 것을 히브리서에서 확인할 수 있습니다. 이는 십자가의 효력이 약해서 그런 것이 아닙니다.

로마서 5장으로 가서 예수님의 십자가가 대제사장 직분에 어떻게 연결되는지 다시 살펴볼 필요가 있습니다.

그러면 이제 우리가 그의 피로 말미암아 의롭다 하심을 받았으니 더욱 그로 말미암아 진노하심에서 구원을 받을 것이니 곧 우리가 원수 되었을 때에 그의 아들의 죽으심으로 말미암아 하나님과 화목하게 되었은즉 화목하게 된 자로서는 더욱 그의 살아나심으로 말미암아 구원을 받을 것이니라(롬 5:9-10).

다음은 여러 번 인용했던 비교입니다. 첫 번째 비교는 우리가 하나님과 원수 되었을 때에 예수님이 우리를 위하셨다면, 우리가 하나님과 화목하게 된 이후에는 얼마나 더 위해 줄 것인가 하는 것이었습니다. 두 번째는 예수께서 죽으심으로 우리에게 은혜를 끼쳤다면, 살아나서는 얼마나 더 큰 은혜를 주시겠는가 하는 비교입니다. 우리는 이 비교를 이해해야 합니다. 십자가로 우리를 죄에서 구원하셨는데, 구원하신 이후에는 얼마나 더 큰 은혜와 목적을 베푸실 것인지 생각해 보라는 것입니다. 그런데 우리는 대개 이 후자를 잘 깨닫지 못하고 있습니다.

우리의 신앙은 십자가에서 다 멈춰 서 버렸습니다. 바라는 것이 전부 내세적입니다. 천국에 가는 것이 소원입니다. 이 일은 현재가 아닌 미래에 실현되는 것이라서 그렇습니다. 예수님을 믿자마자 바로 우리를 데려가셨으면 좋았을 것입니다. 그렇게 하시지 않았으니 우리의 구호는 남아 있는 동안 '쓸모 있는 신자가 되자'가 전부가 되었습니다. 그런데 문제는 현실이 고달프다는 사실입니다. 기대와 다르고 소원과 다릅니다. 더구나 하나님은 답을 주시지 않습니다. 이것이 현실입니다.

자유

성령의 탄식과 우리의 현실

이 문제는 로마서 5:17-19에 다음과 같은 대조로 소개되어 있습니다.

한 사람의 범죄로 말미암아 사망이 그 한 사람을 통하여 왕 노릇 하였은즉 더욱 은혜와 의의 선물을 넘치게 받는 자들은 한 분 예수 그리스도를 통하여 생명 안에서 왕 노릇 하리로다. 그런즉 한 범죄로 많은 사람이 정죄에 이른 것같이 한 의로운 행위로 말미암아 많은 사람이 의롭다 하심을 받아 생명에 이르렀느니라. 한 사람이 순종하지 아니함으로 많은 사람이 죄인 된 것같이 한 사람이 순종하심으로 많은 사람이 의인이 되리라(롬 5:17-19).

이 본문은 인류의 두 대표에 대하여 서로 비교하고 설명합니다. 인류의 첫 대표인 아담의 범죄로 말미암아 그 후손인 우리가 직접 죄를 짓기도 전에 죄인이 되고 이것으로 죽을 운명에 처해진 것과 같이, 둘째 아담인 예수님과 그의 승리로 인하여 우리가 의인이 되었고, 예수님의 부활로 결국은 부활과 영광으로 갈 것이라고 약속합니다. 그런데 이 약속은 성경에서 보기만 했을 뿐, 현실에서는 그다지 위력을 발휘하는 것 같지 않습니다. 왜냐하면 승리로 가는 것 같지도 않고, 거룩함으로 가는 것 같지도 않고, 나아지는 것 같지도 않기 때문입니다. 이게 뭔가 하는 생각이 듭니다. 에베소서 1:3-12을 보겠습니다.

찬송하리로다. 하나님 곧 우리 주 예수 그리스도의 아버지께서 그리스도 안에서 하늘에 속한 모든 신령한 복을 우리에게 주시되 곧 창세 전에 그리스도 안에서 우리를 택하사 우리로 사랑 안에서 그 앞에 거룩하고 흠이 없게 하시려고 그 기쁘신 뜻대로 우리를 예정하사 예수 그리스도로 말미암아 자기의 아들들이 되게 하셨으니 이는 그가 사랑하시는 자 안에서 우리에게 거저 주시는 바 그의 은혜의 영광을 찬송하게 하려는 것이라. 우리는 그리스도 안에서 그의 은혜의 풍성함을 따라 그의 피로 말미암아 속량 곧 죄사함을 받았느니라. 이는 그가 모든 지혜와 총명을 우리에게 넘치게 하사 그 뜻의 비밀을 우리에게 알리신 것이요 그의 기뻐하심을 따라 그리스도 안에서 때가 찬 경륜을 위하여 예정하신 것이니 하늘에 있는 것이나 땅에 있는 것이 다 그리스도 안에서 통일되게 하려 하심이라. 모든 일을 그의 뜻의 결정대로 일하시는 이의 계획을 따라 우리가 예정을 입어 그 안에서 기업이 되었으니 이는 우리가 그리스도 안에서 전부터 바라던 그의 영광의 찬송이 되게 하려 하심이라(엡 1:3-12).

성경의 약속에 따르면, 우리의 운명은 영광과 찬송으로 정해져 있습니다. 이 말씀을 읽으면 우리가 위로를 받지만 실제 힘으로 와 닿지는 않습니다. 그 이유는 우리 현실이 영광과 찬송으로 나아가는 것 같지 않기 때문입니다. 더욱 놀라운 것은 13-14절입니다.

그 안에서 너희도 진리의 말씀 곧 너희의 구원의 복음을 듣고 그 안에서 또한 믿어 약속의 성령으로 인치심을 받았으니 이는 우리 기업의 보증이 되사 그 얻으신 것을 속량하시고 그의 영광을 찬송하게 하려 하심이라(엡 1:13-14).

하나님이 보증으로 성령까지 보내셨습니다. 성령이 우리 안에 계십니다. 그런데 현실은 시원치 않습니다. 내가 무엇을 잘못했고 내가 무엇이 못났느냐를 떠나, 보증으로 와 계신 성령이 우리의 소원과 간절함에 답하시는 것 같지 않습니다. 로마서 8장에서 본 다음 구절을 기억하실 것입니

자유

다. "이와 같이 성령도 우리의 연약함을 도우시나니 우리는 마땅히 기도할 바를 알지 못하나 오직 성령이 말할 수 없는 탄식으로 우리를 위하여 친히 간구하시느니라"(롬 8:26). 성령이 와 계시고 말할 수 없는 탄식으로 우리를 위하여 기도하신다고 하는데, 신자의 현실은 어떻습니까? 한심합니다.

새삼스러울 것 없이 우리가 다 겪는 현실입니다. 소원은 있으나 열매와 결과가 없습니다. 그런데 성경은 이것을 당연시하고 있습니다. 우리가 한심해하는 이 현실은 대제사장이신 예수님이 하늘 보좌 우편에서 우리를 위하여 간구하시는 현실이라고 합니다. 이해할 수 없는 고난과 실패가 있는 현실에 대해 성경은 우리를 납득시키려 하는데, 우리는 이 부분을 몽땅 놓치고 있습니다.

다시 회개할 것이 없나니

히브리서 6:1-6을 보겠습니다.

> 그러므로 우리가 그리스도의 도의 초보를 버리고 죽은 행실을 회개함과 하나님께 대한 신앙과 세례들과 안수와 죽은 자의 부활과 영원한 심판에 관한 교훈의 터를 다시 닦지 말고 완전한 데로 나아갈지니라. 하나님께서 허락하시면 우리가 이것을 하리라. 한 번 빛을 받고 하늘의 은사를 맛보고 성령에 참여한 바 되고 하나님의 선한 말씀과 내세의 능력을 맛보고도 타락한 자들은 다시 새롭게 하여 회개하게 할 수 없나니 이는 그들이 하나님의 아들을 다시 십자가에 못 박아 드러내 놓고 욕되게 함이라(히 6:1-6).

사실 우리는 이런 구절을 읽으면 무섭습니다. 우리가 여기에 저촉되기 때문입니다. 그런데 이 말씀은 "너희 그러면 안 된다. 구원을 받았는데도 구원받은 자답게 살지 못하는 것은 예수님을 다시 십자가에 못 박는 것이다"라는 이야기를 하려는 것이 아닙니다. 히브리서에서는 출애굽 사건을 예로 들어 많이 권면하는데, 다음의 내용이었습니다. "예수님을 보내어 너희를 구원했다. 구원을 이루는 대제사장으로 예수님을 세웠으니 너희는 너희 선조들이 애굽에서 나올 때에 거역한 것같이 굴지 말고 순종해라."

이스라엘 백성이 무엇에 실패했습니까? 그들이 애굽에서는 나왔지만, 가나안에 들어가는 일에서는 실패합니다. 이스라엘 백성이 애굽에서 나와 광야에 머무를 때에는 하나님이 모든 것을 해결해 주셨습니다. 열 가지 재앙을 내리고, 홍해를 가르고, 반석에서 물을 주시고, 만나와 메추라기로 먹이시며, 구름기둥과 불기둥으로 보호하셨습니다. 하지만 가나안에 들어가는 일만큼은 그들 스스로 결단해야 했습니다. 그러나 그들이 불순종하여 가나안에 들어가기를 거부하자, 그들은 광야에서 죽게 됩니다.

그러니 "한 번 빛을 받고 하늘의 은사를 맛보고 성령에 참여한 바 되고 하나님의 선한 말씀과 내세의 능력을 맛보고도 타락한 자들은 다시 새롭게 하여 회개하게 할 수 없다"와 같은 말씀을 만나면, 이런 역사적 사건을 염두에 두고 그 의미를 생각해 보아야 한다는 것입니다. 우리가 신앙생활을 하면서 제일 많이 하는 기도는 무엇입니까? 회개 기도입니다. 회개 기도는 왜 합니까? 신앙생활이 마음처럼 되지 않기 때문입니다. 물론 자신이 신자답지 못했다는 반성에서 회개 기도를 하는 것은 옳습니다. 그러나 그렇다고 해서 매번 십자가로 다시 돌아가면 안 됩니다. 히브리서가 이야기하는 것이 바로 이것입니다. 히브리서 10:11-18을 보겠습니다.

제사장마다 매일 서서 섬기며 자주 같은 제사를 드리되 이 제사는 언제나 죄를 없게 하지 못하거니와 오직 그리스도는 죄를 위하여 한 영원한 제사를 드리시고 하나님 우편에 앉으사 그 후에 자기 원수들을 자기 발등상이 되게 하실 때까지 기다리시나니 그가 거룩하게 된 자들을 한 번의 제사로 영원히 온전하게 하셨느니라. 또한 성령이 우리에게 증언하시되 주께서 이르시되 그날 후로는 그들과 맺을 언약이 이것이라 하시고 내 법을 그들의 마음에 두고 그들의 생각에 기록하리라 하신 후에 또 그들의 죄와 그들의 불법을 내가 다시 기억하지 아니하리라 하셨으니 이것들을 사하셨은즉 다시 죄를 위하여 제사 드릴 것이 없느니라(히 10:11-18).

마지막 18절의 표현을 다음과 같이 바꿔 보겠습니다. '다시 죄를 위하여 회개할 것이 없느니라.' 왜냐하면 죄 문제는 이미 끝났기 때문입니다. 죄 문제가 해결되었다는 것입니다. 성경이 말하는 죄란 하나님과의 관계에서 이탈된 것을 말합니다. 이제 우리와 하나님의 관계는 십자가로 결정되었으므로 우리의 신분과 운명은 영원히 고정됩니다. 그러면 이제 예수님에게 남은 일은 무엇일까요? 대제사장직을 계속 감당하는 일이 남은 것입니다. 십자가로 구원한 당신의 백성을 영광의 자리로 인도하실 일이 남은 것입니다.

앞서 언급한 출애굽 사건을 생각해 보십시오. 출애굽 사건에서 우리가 이해하지 못한 이스라엘 백성의 실패는 무엇입니까? 그들이 계속 거부한 것은 무엇입니까? 성숙한 자유인이 되는 것을 거부한 것입니다. 허락된 자유가 지니는 결단과 책임을 외면하고 계속 애굽으로 돌아가자고 했습니다. 왜 돌아가자고 했을까요? 우리 생각에는 좀 뜻밖이라고 여겨지는데 말입니다.

성숙한 자유인

자유가 지닌 결정과 책임의 의미가 잘 드러나는 예를 하나 들겠습니다. 영화 '쇼생크 탈출'에 나오는 이야기입니다. 이 영화에서 주인공의 동료로 나왔던 레드를 기억하실 것입니다. 종신형을 선고받은 레드는 40년을 복역한 후 가석방으로 풀려납니다. 출소한 이후에 레드는 식료품점에 취직해서 물건을 담아 주는 일을 하며 근근이 살아갑니다. 그런데 레드가 무엇을 못합니까? 혼자서 결정을 못 내립니다. 화장실 가는 것도 매니저의 허락을 받고 가야 마음이 편합니다. 그러다가 핀잔을 듣습니다. "이봐, 화장실 가는 건 허락받을 필요 없어. 자네가 가고 싶을 때 가면 돼." 그토록 원하던 자유를 얻었지만, 레드는 자유를 누리지 못합니다. 그는 자기에게 익숙한 교도소로 돌아가고 싶어 합니다. 그는 혼잣말로 이렇게 말합니다. "무섭단 말이야. 난 이렇게 두려워하면서 살기 싫어." 레드는 무엇이 두려웠을까요? 결정하는 것이 두려웠던 것입니다. 실력은 없는데, 알 수 없는 미래가 다가오니 결정해야 하고, 결정했으면 책임을 져야 하니 겁이 난 것입니다. 우리의 기도도 그와 같습니다. 알 수 없는 미래를 책임져야 하는 것이 두려워 스스로 결정도 못하고 하나님께 족집게처럼 꼭 집어서 가르쳐 달라고 고집부립니다.

『하나님의 뜻』을 쓴 제럴드 싯처는 우리가 하나님에게 미래를 미리 보여달라고 기도하는 것은 자신이 책임을 지지 않아도 되는 결정을 하고 싶기 때문이라고 말했습니다. 하나님의 뜻을 알아내어 하나님에게 책임을 돌리고 싶은 것입니다. "하나님, 이 일은 제가 결정하지 않았습니다. 하나님이 하라는 대로 했더니 이렇게 되었습니다. 그러니 하나님이 책임져 주세요." 이런 우리의 죄성을 아시는 하나님은 미래를 보여주시지 않고, 우리더러 실제로 결정하고 살아 보라고 하십니다.

그렇게 살다가 틀리면 어떻게 해야 할까요? 욕을 먹어야 합니다. 그런데 우리는 어떻게 합니까? 잘못은 했는데, 욕먹기는 싫어서 십자가로 도망가 버립니다. "주여, 이 죄인이 왔습니다. 용서해 주시옵소서." 그렇게 징징

대면서 십자가를 현저히 욕보입니다. 하나님이 우리를 불러내어 이미 자녀 교육을 시키고 있는데도 "하나님, 저를 버리지 마세요. 저를 미워하시는 걸 보니 전 아마 주워 온 아이가 아닐까 하는 생각이 듭니다. 제가 구원받았다는 것을 다시 한번 확인시켜 주세요"하며 자꾸 돌아간다는 것입니다. 왜 그렇게 하는 것일까요? 지금 이곳이 무엇을 해야 하는 자리인지 몰라서 그렇습니다.

하나님이 우리를 십자가로 부르신 다음 영광을 빚어 가는 중인데, 이 영광의 핵심은 자유입니다. "너 스스로 선택하여 결정하고 책임지는 길을 걸어서 훌륭해져라." 이렇게 말씀하십니다. 아이를 낳았으면 길러야 하고, 아이가 자라면 학교에 보내는 것이 당연합니다. 그런데 먹이고 입히고 학교 보내 주면 책임이 끝나는 것이 아니라 사람답게 만들어야 합니다. 등록금을 내 주고, 좋은 옷 입히고, 잘 먹이고, 책 사 주는 일은 부모의 책임입니다. 그런데 공부는 자녀가 스스로 해서 자신의 인격과 실력을 쌓아야 합니다. 이런 일은 아무도 대신 해줄 수 없습니다. 그래서 부모가 매질도 하고 꾸중도 하는 것입니다. 그런데 자녀는 부모더러 늘 뭐라고 합니까? "우리 부모는 날 미워하나 보다." 매일 공부하라고 잔소리하고, 숙제하라고 다그치고, 많이 못 놀게 하니 그런 말을 합니다. 그렇게 야단맞는 아이를 보고 옆집 아이가 그에게 말합니다. "넌 아마 주워 왔을 거야." 이 말을 듣고 깜짝 놀라서 엄마에게 자기 어렸을 때 어땠냐고 물어봅니다. 엄마가 심드렁한 표정으로 "너 어릴 때? 잘 기억이 안 나는데"라고 하면, "그렇구나. 정말 주워 온 게 맞구나"하며 비뚤어지곤 합니다.

신앙생활에 대한 바른 이해가 부족하면 현실에 대해 겁을 낼 수밖에 없습니다. 하나님의 마음에 들게 한 일이 없다고 생각하는 나머지 풀이 죽습니다. 우리의 잣대나 기준이 죄 용서뿐이어서 그렇습니다. 자신에게 도덕적이고 종교적인 완벽성을 요구하지만, 하나님은 그런 것을 요구하지 않으십니다. 시간을 주시며 한번 해보라고 하십니다. "더 배워라. 이제 초등학교에 들어왔다. 받아쓰기 해봐라. 덧셈 뺄셈 해봐라"고 하십니다.

학교 다닐 때 보면 이런 일이 종종 있었습니다. 95점 맞은 나는 100점 못 받아 왔다고 매 맞았는데, 옆집 아이는 70점 맞고도 짜장면을 먹습니다. 저 집사님은 기도하면 기도한 대로 늘 응답받는데, 나는 아무리 열심히 해도 일이 안 풀립니다. 수준이 달라서 그렇습니다. 하나님이 각각에게 필요한 단계를 저마다 거치게 하십니다. 무조건 학년만 빨리 올라가면 다 되는 것이 아니라, 자기 학년을 다니는 동안 꽉 채워 잘 배워야 합니다.

인생이라는 기회의 시간

우리의 인생은 우리 각자를 완성하라고 주신 시간이자 기회입니다. 이런 책임을 져야 하는 시간인데, 지금 있는 자리가 어떤 자리인지 모르니 늘 십자가로 돌아가 울고불고하고는 끝입니다. 주일날 예배 시간에 대표 기도할 때 제일 답답한 것은 강단에 올라 자기 죄를 나열하며 회개하는 기도입니다. 자기가 얼마나 죄인인가를 사람들 앞에 낱낱이 나열하느라 정작 해야 할 기도는 꺼내지도 못합니다. 그런 기도를 들으면 "도대체 저 사람은 대표 기도를 하러 나와서 왜 저렇게 기도하는가?" 하는 생각이 듭니다. 친구 생일 파티에 가서는 어떻게 기도해야 할까요? "하나님, 오늘은 제 친구의 생일입니다. 기쁜 마음으로 모였습니다. 잘 먹고 건강하게 해주세요." 그렇게 기도해야 하는데 다음과 같이 기도합니다. "하나님, 저는 죄인입니다. 기도할 자격도 없고 기도할 마음도 없고 여기 차려진 좋은 음식을 먹을 자격도 없습니다. 그런데 하나님이 저보고 기도하라 그러시면 어떡합니까? 하나님, 전 모르겠습니다." 이렇게 기도한다면 얼마나 안타깝겠습니까? 어디서나 이처럼 결벽을 떠는 기도가 난무합니다.

자유

교회에 나오는 우리의 얼굴을 보면, 전혀 기쁜 표정이 아닙니다. 교회는 나왔으나 누가 나를 생각 이상으로 기대할까 겁나고, 기대에 못 미치는 나를 알아볼까 두려워서 여유가 있거나 편안한 얼굴을 갖지 못합니다. 모두가 겁내고 있습니다. 그리고 누가 좀 잘난 척하는 것처럼 보이면, 이 한마디로 기를 죽입니다. "너 교만한 것 같아." 이런 말은 원자폭탄입니다. 이 말 한마디면 그 자리에서 모두를 무릎 꿇릴 수 있습니다. 이러한 우리 안에 무슨 격려와 모험과 자랑이 있겠습니까?

십자가의 도가 멸망하는 자들에게는 미련한 것이지만, 구원을 받는 우리에게는 하나님의 능력이요 하나님의 지혜입니다. 이것이 우리 안에서 일을 합니다. 흠을 없애려고 결벽을 떨어 씻어 내지 말고 일어난 일로 유익을 누려야 합니다. 어떤 유익입니까? 로마서 6:1-4을 보겠습니다.

그런즉 우리가 무슨 말을 하리요. 은혜를 더하게 하려고 죄에 거하겠느냐. 그럴 수 없느니라. 죄에 대하여 죽은 우리가 어찌 그 가운데 더 살리요. 무릇 그리스도 예수와 합하여 세례를 받은 우리는 그의 죽으심과 합하여 세례를 받은 줄을 알지 못하느냐. 그러므로 우리가 그의 죽으심과 합하여 세례를 받음으로 그와 함께 장사되었나니 이는 아버지의 영광으로 말미암아 그리스도를 죽은 자 가운데서 살리심과 같이 우리로 또한 새 생명 가운데서 행하게 하려 함이라(롬 6:1-4).

은혜를 이야기하면 꼭 이런 반론이 나옵니다. 은혜로 다 된다면 내가 열심히 살 필요가 있는가? 그래서 방금 읽은 말씀이 나온 것 아닙니까? 비근한 예를 들어 이를 설명해 보겠습니다. 길에서 놀고 있는 너를 데려다가 학교에 보내 주지 않았느냐? 그럼 학교에 가서 열심히 공부해야 할 것 아니냐? 그런데 "나는 어디서 주워 왔대" 하고 떠들고 다닌다면 그것이 잘하는 짓이겠느냐? 예수께서 오셔서 너를 죄인의 자리에서 불러내어 하나님의 자녀답게 생명과 영광의 길을 가라고 하셨는데, "공짜로 꺼내 주었다며? 그러면 내가 무엇 때문에 열심히 살아야 해?"라고 말하는 것이 얼마나 비겁한지 성경이 이야기하고 있습니다.

그게 아니면 "나는 버림받았나 봐. 하나님이 아예 내 기도는 들어 주지도 않으신다" 하며 풀이 죽어 다닙니다. 그런 소리를 하게 된 이유가 무엇입니까? 현실적 고통 때문입니다. 예측하지 못한 일들이 일어나서 받는 고통 때문입니다. 이런 일들은 왜 일어날까요? 고통은 생각하라고 있습니다. 우리더러 "어떻게 할래?"라고 묻는 것입니다. "이럴 땐 어떻게 할래? 저럴 땐 어떻게 할래?" 모든 인생이 그렇습니다. 우리는 자기 실력만큼 행하는 것입니다. 실력만큼 행하고 실력에 못 미치는 것만큼 후회하게 될 것입니다. 거기서 주저앉지 마시고 한 수 배우고 일어나십시오. 넘어질 때마다 실패할 때마다 울 때마다 답이 없을 때마다 하나씩 배워 가십시오. "다음에는 그러지 않을 거야." 성경이 이것을 우리에게 요구합니다.

로마서 6장에 기가 막힌 말씀이 담겨 있습니다. 우리가 은혜로 얻은 구원이 무엇을 요구하는지에 대해 말하고 있습니다. 8-11절을 보겠습니다.

만일 우리가 그리스도와 함께 죽었으면 또한 그와 함께 살 줄을 믿노니 이는 그리스도께서 죽은 자 가운데서 살아나셨으매 다시 죽지 아니하시고 사망이 다시 그를 주장하지 못할 줄을 앎이로라. 그가 죽으심은 죄에 대하여 단번에 죽으심이요 그가 살아 계심은 하나님께 대하여 살아 계심이니 이와 같이 너희도 너희 자신을 죄에 대하여는 죽은 자요 그리스도 예수 안에서 하나님께 대하여는 살아 있는 자로 여길지어다(롬 6:8-11).

회개한 다음에 하나님이 나를 버리셨으면 어쩌나 하는 따위의 걱정은 지워 버리십시오. 이제 하나님에 대하여 살아 있는 자로서 당당히 나아가십시오. 이어지는 로마서 6:15-21 말씀을 보겠습니다.

그런즉 어찌하리요. 우리가 법 아래에 있지 아니하고 은혜 아래에 있으니 죄를 지으리요. 그럴 수 없느니라. 너희 자신을 종으로 내주어 누구에게 순종하든지 그 순종함을 받는 자의 종이 되는 줄을 너희가 알지 못하느냐. 혹은 죄의 종으로 사망에 이르고 혹은 순종의 종으로 의에 이르느니라. 하나님께 감사하리로다. 너희가 본래 죄의 종이더니 너희에게 전하여 준 바 교훈의 본을 마음으로 순종하여 죄로부터 해방되어 의에게 종이 되었느니라. 너희 육신이 연약하므로 내가 사람의 예대로 말하노니 전에 너희가 너희 지체를 부정과 불법에 내주어 불법에 이른 것같이 이제는 너희 지체를 의에게 종으로 내주어 거룩함에 이르라. 너희가 죄의 종이 되었을 때에는 의에 대하여 자유로웠느니라. 너희가 그때에 무슨 열매를 얻었느냐. 이제는 너희가 그 일을 부끄러워하나니 이는 그 마지막이 사망임이라(롬 6:15-21).

학생이 학교에 다니면 열심히 공부하는 게 옳듯이 이제는 하나님의 자녀로 살아야 하는 문제에서 벗어나거나 도망가지 마십시오. 여기서 책임이 나옵니다.

영광과 명예로 가는 길

우리는 어디로 부름을 받았습니까? 영광으로 나아가도록 부름 받았습니다. 세상은 이 부름을 받지 않았기 때문에 끝이 사망일 수밖에 없습니다. 헛될 수밖에 없습니다. 우리는 다릅니다. 우리에게 벌어지는 일은 우리를 자녀로 빚어 가기 위해 일어나는 것들입니다. 우리를 만들기 위하여 하나님은 정답을 외우라고 하시지 않고 직접 살아 보고 해보라고 하십니다. 그런데 우리는 해보라며 기회를 주신 것이 무섭습니다. 앞에서 예로 든 레드 같이 "나는 두려워하면서 살기는 싫어"와 같은 공포가 누구에게나 있습니다. 어려운 일이 안 생기는 결정을 하고 싶고 그런 안전한 선택을 하게 해 달라고 기도하느라, 지금 내가 가진 실력으로 할 수 있는 일마저 외면하면서 삽니다. 그러니 잘못했으면 벌 받고 거기서 더 나아가 성숙해지는 일은 죽었다 깨어나도 못하는 것입니다.

해병대에 갔더니 첫 시간에 조교가 "제군들, 제트기는 왜 빠른가?"라고 질문했습니다. 다들 "제트기니까 빠릅니다"라고 대답하자 "말이 되게 설명해 봐"라고 해서 "제트기 엔진이 어쩌고저쩌고"라며 설명하자 조교가 갑자기 말허리를 끊고 소리 지릅니다. "시끄러! 제트기는 꽁무니에 불이 붙어 빠르다. 이제부터 제군들은 빨라질 것이다." 이렇게 말한 다음 막 두들겨 패기 시작하자 꽁무니에 불이 났습니다. 사실 꽁무니만이 아니라 엉덩이 전체가 빨갛게 달아올라 정말 빨라졌습니다.

하나님이 우리를 훈련시키시는데, 우리는 그것이 싫습니다. 그러나 이 길은 영광의 길이고 예수께서 친히 먼저 들어와 열어 놓으신 길입니다. 십자가를 교회의 최고 표지와 상징으로 삼는 의미가 무엇입니까? 그것이 승리의 길이다. 가장 멋진 길로 가는 유일한 길이다. 세상의 권력이나 잔꾀가 우리를 유혹하지만 우리는 결코 지지 않겠다고 한 것입니다.

그것을 어떻게 깨닫게 됩니까? 살아 보면 알게 됩니다. 세상이 하자는 것을 다 한 번씩 해봅니다. 쉬워 보이고 좋아 보여서 해봅니다. 그런데 결과가 늘 나쁩니다. 결과 자체가 나쁘다는 것이 아니라 의미가 없습니다. 거기에는 인격과 존재의 가치와 영광이 없습니다. 폭력과 거짓과 원한과 더러움과 비겁함뿐이고, 온유와 용서와 자랑과 감사는 없습니다. 하나님은 서둘러 이 길로 들어오라고 이야기하지 않습니다. 우리에게 충분한 시

자유

간을 주십니다. 그것이 모두의 인생입니다. 그 길을 걸으십시오. 이 말을 잊지 마십시오. 빌립보서 2:5-11을 보겠습니다.

> 너희 안에 이 마음을 품으라. 곧 그리스도 예수의 마음이니 그는 근본 하나님의 본체시나 하나님과 동등됨을 취할 것으로 여기지 아니하시고 오히려 자기를 비워 종의 형체를 가지사 사람들과 같이 되셨고 사람의 모양으로 나타나사 자기를 낮추시고 죽기까지 복종하셨으니 곧 십자가에 죽으심이라. 이러므로 하나님이 그를 지극히 높여 모든 이름 위에 뛰어난 이름을 주사 하늘에 있는 자들과 땅에 있는 자들과 땅 아래에 있는 자들로 모든 무릎을 예수의 이름에 꿇게 하시고 모든 입으로 예수 그리스도를 주라 시인하여 하나님 아버지께 영광을 돌리게 하셨느니라(빌 2:5-11).

하나님이 당신의 영광을 증명하는 최고의 방법으로 십자가의 길을 택하셨다고 합니다. 예수 그리스도가 가장 영광스러운 존재라고 십자가가 증언합니다. 그리고 12절에 이렇게 이어집니다. "그러므로 나의 사랑하는 자들아, 너희가 나 있을 때뿐 아니라 더욱 지금 나 없을 때에도 항상 복종하여 두렵고 떨림으로 너희 구원을 이루라"(빌 2:12). 어떤 구원을 말하고 있습니까? 죄사함을 받는 것만 말하고 있지 않고 하나님의 자녀로 커 가는 것을 말하고 있습니다. 그다음 절도 보겠습니다. "너희 안에서 행하시는 이는 하나님이시니 자기의 기쁘신 뜻을 위하여 너희에게 소원을 두고 행하게 하시나니"(빌 2:13).

각자 처한 조건과 현실 속에서 하나하나 실력을 쌓아 가십시오. 외면하고 핑계 대고 도망가면 안 됩니다. 몸소 하십시오. 슬프면 우십시오. 가슴을 치십시오. 그러나 회개와 무릎 꿇는 것이 책임을 회피하는 방편이어서는 안 됩니다. 욕을 먹고 나아지십시오. 성경은 마침내 우리가 승리할 것이라고 약속합니다. 왜 그럴까요? 예수께서 하늘 보좌 우편에서 영원한 제사장으로 우리를 위하여 기도하고 계시기 때문입니다. 이것이 성경의 약속이고 우리의 현실입니다. 그러니 다시는 체념한 얼굴로 나오지 마십시오. 씩씩하고 담대한 얼굴로 교회에 나오십시오.

22

자신의 역할을 하라

사 11:1-9

이새의 줄기에서 한 싹이 나며 그 뿌리에서 한 가지가 나서 결실할 것이요 그의 위에 여호와의 영 곧 지혜와 총명의 영이요 모략과 재능의 영이요 지식과 여호와를 경외하는 영이 강림하시리니 그가 여호와를 경외함으로 즐거움을 삼을 것이며 그의 눈에 보이는 대로 심판하지 아니하며 그의 귀에 들리는 대로 판단하지 아니하며 공의로 가난한 자를 심판하며 정직으로 세상의 겸손한 자를 판단할 것이며 그의 입의 막대기로 세상을 치며 그의 입술의 기운으로 악인을 죽일 것이며 공의로 그의 허리띠를 삼으며 성실로 그의 몸의 띠를 삼으리라. 그때에 이리가 어린 양과 함께 살며 표범이 어린 염소와 함께 누우며 송아지와 어린 사자와 살진 짐승이 함께 있어 어린아이에게 끌리며 암소와 곰이 함께 먹으며 그것들의 새끼가 함께 엎드리며 사자가 소처럼 풀을 먹을 것이며 젖 먹는 아이가 독사의 구멍에서 장난하며 젖 뗀 어린아이가 독사의 굴에 손을 넣을 것이라. 내 거룩한 산 모든 곳에서 해 됨도 없고 상함도 없을 것이니 이는 물이 바다를 덮음 같이 여호와를 아는 지식이 세상에 충만할 것임이니라.

심판과 구원의 충돌

이사야 11장도 임마누엘 약속의 연장선상에 있는 하나님의 약속을 다루고 있습니다. 하나님께서 이스라엘의 배신과 불순종에 대하여 심판하시겠지만, 그 심판이 최종 운명이 아니라 마침내 구원이 그들의 운명이 될 것이라고 약속하십니다. 그 증거로 처녀가 잉태하여 아들을 낳을 것이고, 그 이름을 임마누엘이라 하라고 하십니다. 심판은 하나님이 자기 백성들을 외면하고 버리는 데 있지 않고, 하나님의 구원을 제대로 결실시키는 그의 은혜와 거룩하심의 과정이 될 것입니다.

우리는 이사야서 전반부에서 하나님이 역사적 현실 속에서 이스라엘 민족에게 하신 약속을 어떻게 이루어 가시는지 살피고 있습니다. 이스라엘은 어려운 지경에서도 끝까지 하나님 앞으로 돌아오는 것을 거부합니다. 그리고 마침내 북이스라엘도 망하고 남유다도 망할 것입니다. 그들은 비록 망했지만 많은 것을 깨닫게 됩니다. 그런데 그 후에 예수님이 오셨을 때도 여전히 예수님을 거부합니다. 결국 그들은 다 흩어지게 되었고, 긴 세월에 이르도록 이스라엘은 아직도 국가적으로 예수님을 믿지 않습니다.

그러나 하나님은 역사 속에서 그들과 함께해 오셨고, 하나님이 하신 약속은 과거에도 성취되었을 뿐 아니라, 또 하나님은 그 약속을 앞으로도 기어코 완성하실 것입니다. 하나님의 약속들은 우리 모든 믿는 자에게 중요한 증언으로 남아 있고, 그래서 믿음의 근거가 되어 현실을 살고 미래를 기대할 수 있게 해줍니다. 이사야서에서 심판과 구원이 교차되는 이 선언 중에서 과연 어느 것이 궁극적 운명이 될 것인가 하는 문제는 대단히 중요합니다. 제가 가졌던 가장 중요한 신앙의 질문도 있는데 이런 것이었습니다. "한 인간의 운명이 그 개인에게 있는 것인가, 하나님께 있는 것인가?" 저는 그것이 제일 궁금했습니다. 결국 저는 제 운명이 하나님께 있다는 사실로 인하여 안심할 수 있었고, 또 대단히 큰 은혜와 담대함을 가질 수 있었습니다. 저는 성경을 근거로 그 사실을 고백할 수 있게 되었습니다.

우리는 이 임마누엘에 대한 하나님의 약속이 결과적으로 2천 년 전 예수 그리스도의 처녀 탄생에서 충만하게, 그리고 넘치게 실현된 것을 봅니다. 구원의 구체적 완성, 모든 죄인들을 끌어안는 하나님의 무한하신 은혜, 부활의 기적임을 확인할 수 있습니다. 물론 이사야 당시에도 그 징조들과 약속들은 유효했을 것입니다. 그러나 당시에는 예수님이 오신 다음에 신약 시대 성도들이 그 징조에 관해 깊은 수준까지 이해하지는 못했을 것입니다. 그렇더라도 그 역사적 정황 속에서 이스라엘 백성은 이 징조와 약속을 여전히 하나님이 자신들을 편들고 계시는 것으로, 그리고 이 심판마저도 하나님 손 안에서 궁극적으로 구원과 은혜를 목적으로 하는 역사적 사건으로 이해하도록 돕는 증거로 여겼을 것입니다. 그런 차원에서 11장의 처음 부분을 다시 보겠습니다.

> 이새의 줄기에서 한 싹이 나며 그 뿌리에서 한 가지가 나서 결실할 것이요 그의 위에 여호와의 영 곧 지혜와 총명의 영이요 모략과 재능의 영이요 지식과 여호와를 경외하는 영이 강림하시리니 그가 여호와를 경외함으로 즐거움을 삼을 것이며 그의 눈에 보이는 대로 심판하지 아니하며 그의 귀에 들리는 대로 판단하지 아니하며 공의로 가난한 자를 심판하며 정직으로 세상의 겸손한 자를 판단할 것이며 그의 입의 막대기로 세상을 치며 그의 입술의 기운으로 악인을 죽일 것이며 공의로 그의 허리띠를 삼으며 성실로 그의 몸의 띠를 삼으리라(사 11:1-5).

우리는 이 약속이 예수 그리스도에게서 완성되는 것을 보았지만, 이 약속은 이사야 당시에도 하나의 징조로서 유효한 증거였습니다. 그것은 아마 하나님의 통치를 대행하는 남유다 왕들의 왕권을 통해 실현되었을 것입니다. 이는 역사 속에서 히스기야와 요시야에게서 나타납니다. 이제 망할 나라요, 넘어가는 나라인데 돌연히 하나님의 종들이 나타난 것입니다. 히스기야는 아하스의 아들이지만 아하스와 정반대의 길을 걷습니다.

히스기야는 하나님의 의의 통치를 실천했지만, 또 그의 아들 므낫세는 정반대로 갑니다. 므낫세의 아들 아몬도 아버지와 마찬가지로 반대의 길을 걷지만, 그 아들 요시야는 또다시 개혁 정치로 돌아섭니다. 요시야는 남북 왕국 분열 이후 남유다 역사에서 어찌 보면 유일하다 싶은 종교 개혁을 일으킨 하나님의 종이 됩니다. 이처럼 망해가는 형국에서 사회와 국가 전체가 우상숭배로 깊이 찌든 상태였지만, 하나님께 돌아오는 회개와 순종이 있었고 또 경건한 왕들이 등장한 것입니다. 이러한 사실은 당시로서는 하나님의 특별한 개입이 아니었다면 불가능했을 역사적 증거인 셈입니다. 본문 6-9절에서는 그것이 더 확장되어 우리의 이해와 상상을 초월하는 약속으로 주어집니다.

> 그때에 이리가 어린 양과 함께 살며 표범이 어린 염소와 함께 누우며 송아지와 어린 사자와 살진 짐승이 함께 있어 어린아이에게 끌리며 암소와 곰이 함께 먹으며 그것들의 새끼가 함께 엎드리며 사자가 소처럼 풀을 먹을 것이며 젖 먹는 아이가 독사의 구멍에서 장난하며 젖 뗀 어린아이가 독사의 굴에 손을 넣을 것이라. 내 거룩한 산 모든 곳에서 해 됨도 없고 상함도 없을 것이니 이는 물이 바다를 덮음 같이 여호와를 아는 지식이 세상에 충만할 것임이니라(사 11:6-9).

하나님께서 세우시는 정의롭고 경건한 왕이 종교 개혁을 이루고, 하나님의 통치를 실천하여 정의 사회를 이룹니다. 이사야 11:2-5에서 본 바와 같이 공의를 실현하고 경건을 이루려면 악인들을 심판하고 악한 세력을 배척할 힘은 당연히 필요하고, 악인과의 충돌도 불가피합니다. 그러나 6-9절에서는 그런 것과 전혀 상관없는 이상적인 사회가 그려집니다. 악을 꺾을 필요도 없고 분노할 필요도 없는, 가해자와 피해자가 함께 손을 잡는, 모두 다 평화를 누리는 그런 사회, 그런 환경이 제시됩니다.

이사야서 후반에 이르면 40장에서 전적으로 하나님의 놀라운 구원이 선포되는 것을 볼 수 있습니다. 그러나 1-39장에서 이사야는 온 힘을 기울여서 심판을 선포하고 있습니다. "너희는 결단코 회복되지 못한다. 너희는 결단코 도망가지 못한다. 너희는 다 망한다. 그렇지만 너희가 받는 심판이 너희의 운명이 되지는 않을 것이다. 너희는 구원을 얻게 될 것이다." 이는 이사야가 목소리 높여, 힘을 다하여 외치는 두 개의 모순된 주장입니다.

이사야는 하나님께서 "누가 우리를 위하여 갈꼬?" 하실 때 발 벗고 나선 사람입니다. "제가 여기에 있습니다. 저를 보내소서." "가라." 그러나 그 사명은 의외의 것이었습니다. 그가 가지만, 저들로 보기는 보아도 보지 못하게 하고 듣기는 들어도 깨닫지 못하게 하라는 사명입니다. 그리고 그것은 예수 그리스도의 성육신과 그의 사역에서 주께서 하신 모든 일에서도 고스란히 볼 수 있습니다. 그분이 맹인의 눈을 뜨게 하고 청각 장애인을 낫게 하며 걷지 못하는 사람을 일으키는 일에서 이사야의 예언이 이루어졌다고 말씀합니다.

왜 이사야는 그런 부르심을 받았을까요? "어딘가 한 가닥 남아 있을 가능성마저 막아 버려라. 이스라엘 백성으로 하여금 희망조차 없게 하라. 도망갈 데가 없게 하라." 이것이 이사야가 맡은 사명입니다. 그런데 그의 이름은 공교롭게도 '여호와는 구원이시다'라는 뜻입니다. 이 역설, 모순, 충돌이 이사야서 안에 가득 차 있습니다.

다 끌어안는 이상 세계

시편 2편을 보겠습니다.

어찌하여 이방 나라들이 분노하며 민족들이 헛된 일을 꾸미는가. 세상의 군왕들이 나서며 관원들이 서로 꾀하여 여호와와 그의 기름부음 받은 자를 대적하며 우리가 그들의 맨 것을 끊고 그의 결박을 벗어 버리자 하는도다.

하늘에 계신 이가 웃으심이여, 주께서 그들을 비웃으시리로다. 그때에 분을 발하며 진노하사 그들을 놀라게 하여 이르시기를 내가 나의 왕을 내 거룩한 산 시온에 세웠다 하시리로다. 내가 여호와의 명령을 전하노라. 여호와께서 내게 이르시되 너는 내 아들이라. 오늘 내가 너를 낳았도다. 내게 구하라. 내가 이방 나라를 네 유업으로 주리니 네 소유가 땅 끝까지 이르리로다. 네가 철장으로 그들을 깨뜨림이여. 질그릇 같이 부수리라 하시도다. 그런즉 군왕들아, 너희는 지혜를 얻으며 세상의 재판관들아, 너희는 교훈을 받을지어다. 여호와를 경외함으로 섬기고 떨며 즐거워할지어다. 그의 아들에게 입맞추라. 그렇지 아니하면 진노하심으로 너희가 길에서 망하리니 그의 진노가 급하심이라. 여호와께 피하는 모든 사람은 다 복이 있도다(시 2:1-12).

이방 나라들이 헛된 일을 꾸며 하나님의 기름부음 받은 메시아를 죽입니다. 역사적 사실입니다. 예수님은 그렇게 로마 권력 아래서 약속의 백성들의 고소와 비난을 받으며 죽으십니다. 이런 현상은 지금도 현실에서 나타납니다. 세상은 사망을 그 권세로 하여 자기네들이 최종 권위인 것처럼 우리 인생을 몰아댑니다. "내 말을 듣지 않으면 죽여 버릴 것이다." 우리 인생에서 매일매일 직면하는 현실적 위협입니다.

그런데 하늘에 계신 이가 웃으신답니다. "그때에 분을 발하며 진노하사 그들을 놀라게 하여 이르시기를 내가 나의 왕을 내 거룩한 산 시온에 세웠다 하시리로다." 시온 산은 다윗 성, 곧 예루살렘 성입니다. 하나님의 약속과 임재의 상징이었던 그곳에 하나님께서 구원의 깃발을 올리실 것입니다. 통치의 보좌를 펴고 앉으실 것입니다. 전 역사와 인류를 구원하시는 하나님의 개입, 반전, 약속의 실현은 인류의 운명이 될 것입니다. 그래서 그 임무를 받은 자들, 곧 하나님의 약속을 부여받은 자들이 다 외칠 것입니

자유

다. "내가 여호와의 명령을 전하노라. 여호와께서 내게 이르시되 너는 내 아들이라. 오늘 내가 너를 낳았도다. 내게 구하라. 내가 이방 나라를 네 유업으로 주리니 네 소유가 땅 끝까지 이르리로다. 네가 철장으로 그들을 깨뜨림이여, 질그릇 같이 부수리라."

이것이 예수님에게서 일어났습니다. 그가 사망을 깨뜨리십니다. 그리고 우리 모두에게도 그 반전과 은혜와 구원의 기적이 연장됩니다. 우리가 서 있는 곳에서는 어두움이 빛을 가리지 못합니다. 어두움조차도 우리를 덮을 수 없습니다. 우리가 서 있는 곳에서는 생명이 열립니다. 그 생명을 막을 수 있는 무생명은 없습니다. 하나님은 이미 멸망이 임박한 이스라엘에 이사야 선지자를 보내어 개입하심을 증거하셨고, 이제 하나님의 일하심은 예수님에게서 완성됩니다. 깊이를 측량 못할 하나님의 능력은 증거가 되고 역사에서 사실로 드러났으며, 지금도 그렇습니다. 하나님은 당신의 통치를 히스기야와 요시야를 통해 증언해 내셨고, 우리를 통해 역사와 현실 속에 증언해 내십니다. 사실 우리로서는 이런 일들을 이해하기 쉽지는 않습니다.

이사야가 이스라엘에게 남아 있는 마지막 한 가닥 희망을 덮어 버리는 선지자로 보냄을 받았지만, 그의 이름은 '여호와는 구원'이라는 뜻입니다. 그가 이스라엘의 멸망을 예언하고 있지만, 첫째 아들은 스알야숩이고, 둘째 아들은 마헬살랄하스바스입니다. 첫째 아들의 이름은 '남은 자가 돌아올 것이다'라는 뜻이요, 둘째 아들의 이름은 '침략과 심판이 임박했다'는 뜻입니다. 침략과 심판이 임박했다는 경고는 앗수르와 아람과 북이스라엘을 향한 것입니다. 그러나 그 경고가 남유다를 향한 것은 아니었습니다. 그들은 잡혀갈 것이고, 자신들의 불신앙에 대한 결과를 책임져야 했지만 그들은 남을 것입니다. 반면에 그들을 친 자들은 죽을 것입니다. 우리의 이해로는 이 둘이 하나로 묶여지지가 않습니다. 그래서 심판과 구원은 우리에게 이분법으로 남습니다. 어떻게 이분법으로 드러납니까? 그것은 예수님을 믿는 자와 믿지 않은 자로 나누는 식으로 드러납니다. 여기서 더 나아가면 잘 믿는 자와 대충 믿는 자로 나누는 식이 됩니다.

그러나 성경은 그렇게 이야기하지 않습니다. 그 둘을 하나로 묶습니다. 우리로서는 이해할 수 없는 하나님의 방법입니다. 어린아이가 독사의 굴에 손을 넣고 어린 염소와 사자가 함께 풀에 눕는, 그런 나라를 말하고 있습니다. 그렇게 다 끌어안는 이상 세계를 하나님이 약속하고 계십니다. 이 약속은 하나님의 우주적 평화의 나라, 하나님의 은혜의 왕국에 대한 설명으로 주어집니다. 임마누엘의 출생이 당시 역사 속에 나타난 한 가지 증거이기는 하지만, 그 깊이와 넓이와 내용이 얼마나 풍성한지는 사실 예수께서 오실 때까지 알려지지 않았던 것입니다. 또한 우리가 예수님 안에서 그 깊이와 넓이와 내용의 풍성함을 확인하더라도, 온 세상이 그것을 알게 되려면 주님께서 다시 한번 오시는 마지막 심판이 있어야 할 것입니다. 이와 같이 우리가 모든 것을 알지는 못하지만, 하나님은 그 둘을 하나로 묶고 계십니다. 하나님이 일하고 계십니다.

이러한 사실은 심판이 구원을 배척하고 구원이 심판을 배척하는, 즉 승자와 패자로 나뉘는 식의 하나님의 일하심이 아니라 승자와 패자가 서로 닮고 있다고 이야기하고 있습니다. 시편 2편이 그렇게 이야기합니다. 그러니 뭐라고 합니까? 걱정 말고 살라는 겁니다. 하나님이 저들과 우리를 구별시켜 따로 떼어놓지 않으신다는 것입니다. 하나님은 믿음과 충성을 가진 우리를 그렇지 아니한 자들과 함께 한데 묶어 놓으신다는 것입니다.

구원과 심판이 역사 속에서 함께 진행한다는 것입니다. 그러니까 저들을 제거함으로써 평화의 나라가 오고, 저들을 제거함으로써 정의가 실현되는 것이 아니라, 그보다 훨씬 더 높은 차원에서 정의와 평화가 성취된다는 것입니다. 거기에 복 받을 자와 벌 받을 자들이 같이 앉을 것입니다.

자유

그것이 우리에게는 혼란스럽겠지만, 예수님 안에서는 사실입니다.

　　로마서 5:5-8을 보겠습니다.

　　소망이 우리를 부끄럽게 하지 아니함은 우리에게 주신 성령으로 말미암아 하나님의 사랑이 우리 마음에 부은 바 됨이니 우리가 아직 연약할 때에 기약대로 그리스도께서 경건하지 않은 자를 위하여 죽으셨도다. 의인을 위하여 죽는 자가 쉽지 않고 선인을 위하여 용감히 죽는 자가 혹 있거니와 우리가 아직 죄인 되었을 때에 그리스도께서 우리를 위하여 죽으심으로 하나님께서 우리에 대한 자기의 사랑을 확증하셨느니라(롬 5:5-8).

　　예수께서 우리를 위하여 죽으셨습니다. 이는 우리가 잘 아는 내용입니다. 이것이 없다면 우리는 없습니다. 그러니 잘 생각해 보십시오. 우리가 아직 죄인이었을 때에 우리는 그를 몰랐습니다. 그러니 그것은 전적인 은혜인 것입니다. 우리는 그 은혜를 확대해야 합니다. 그 은혜가 어떤 것입니까? 우리가 그를 몰랐고, 우리가 그를 죽였으며, 그 죽음으로 우리가 얻은 은혜입니다. 사실 죽음이란 것은 아무것도 아닙니다. 우리로서는 죽음이 일을 했다는 것을 전혀 상상할 수 없습니다. 우리가 그를 죽이고 우리가 구원을 받는다는 것도 상상할 수 없습니다. 그러므로 죽이고도 구원을 얻는다는 것을 여러분이 담을 수 있다면, 죽어서 구원을 만든다는 것도 담아낼 수 있어야 합니다.

자신의 역할을 하라

여러분은 무엇 때문에 열심히 믿는 것입니까? 열심히 믿는다는 것은 명예요 영광이기 때문입니다. 그것은 상과 벌로 나뉘는 것보다 훨씬 큰 것입니다. 왜 그렇게 이야기할 수 있을까요? 예수님이 죽으심으로 구원하셨다는 사실 때문에 그렇습니다. 실은 죽으면 아무것도 할 수가 없습니다. 죽으면 그만입니다. 그런데 우리가 몰랐을 때 그 죽음이 일을 할 수 있었다면, 우리가 죽이고도 은혜를 받을 수 있었다면, 이제 우리의 이해 범위는 무한히 확장될 것입니다. 이해할 수 없는 범위까지 열어 놓아야 합니다. 그렇지 않습니까? 로마서 5:9-10도 계속 보겠습니다.

> 그러면 이제 우리가 그의 피로 말미암아 의롭다 하심을 받았으니 더욱 그로 말미암아 진노하심에서 구원을 받을 것이니 곧 우리가 원수 되었을 때에 그의 아들의 죽으심으로 말미암아 하나님과 화목하게 되었은즉 화목하게 된 자로서는 더욱 그의 살아나심으로 말미암아 구원을 받을 것이니라(롬 5:9-10).

자, 이렇게 비교해 보십시오. 우리가 몰랐을 때 구원을 얻었고 그를 죽였을 때 우리가 구원을 받았다면, 이제 우리가 그를 믿는다면 그 구원은 얼마나 더 큰 것이 되겠습니까? 그가 죽은 것으로도 우리를 구원했다면, 그가 살아서 편을 드신다면 우리에게 얼마나 더 굉장한 일이 일어나겠습니까? 이 지점을 더 확장해야 합니다. 성도들은 대부분 여기서 꼼짝도 하지 않고 있습니다. 자기 정체성을 확인하는 것이 이 경계선에 머물러서는 안 되고, 이 경계선에서 앞으로 쭉 더 뻗어나가야 합니다. 나와 다른 자를 비교함으로써 자신을 소극적이고 부정적으로 확인하려 하지 마십시오. 믿는 자가 되어서, 화목한 자가 되어서 살아나신 예수님, 부활 권능으로 하늘 보좌 우편에서 편드시는 예수님으로 말미암는 인생을 사십시오. 이렇게 인생을 사는 것이 우리의 위대함입니다. 우리의 권세입니다.

세상이 가진 힘으로 퍼붓는 도전, 위협, 죽임 앞에서 아무것도 하지 않

자유

는 것으로 끝낼 것이 아닙니다. 하나님이 함께하심으로 우리에게 주어진 인생 속에서 이 기회를 명예롭게 사는 것으로 세상을 대적하라는 것입니다. 그것은 적을 꺾자는 것이 아닙니다. 그때 이리와 어린 양이 함께 누울 것입니다. 우리는 모릅니다. 이리와 어린 양이 함께 눕는 이 산에서 여러분은 이리 역을 맡지 마시고, 양의 역을 맡으십시오.

여러분의 인생 속에서 그들을 감동시키거나 꺾거나 그들과 타협할 필요가 없습니다. 그것은 하나님 손에 맡기고, 여러분이 가야 할 길을 가십시오. 여러분이 저 모든 것을 이겨야 한다고, 그래야만 문제가 해결될 것이라고 생각한다면 악한 세력은 당연히 고집을 부릴 것입니다. 그리고 그 세력이 크다는 사실이 여러분에게는 늘 불만이 될 것입니다. 그러나 그것이 여러분과 상관없는 일이라는 것을 알게 될 것입니다. 그 일은 누군가 하도록 놔두고 여러분이 할 일을 하십시오. 여러분은 어린아이 역을 하십시오. 그 나라에서 독사 역은 하지 마십시오. 어린아이 역은 얼마든지 할 수 있지 않습니까? 상대방이 으르렁거리게 그냥 놔두고, 예수님 안에서 본 것, 그가 말없이 죽으신 것을 따라 하십시오.

여러분이 아무것도 아닌 자신의 지위를 살아낼 자신과 감격이 없다면, 아무것도 할 수 없을 것입니다. 그렇게 하지 아니하면 결국 정치화되고 맙니다. 모두 항복시키고 굴복시킬 권력만 필요하다고 할 것입니다. 그런 잘못된 길로 들어서면 교회나 그리스도인들은 결국 권력 다툼에 빠지고 말 것입니다. 여러분이 무언가 더 가져야 더 많은 일을 할 수 있는 것이 아닙니다. 더 우월해야 더 많은 효과를 내는 것도 아닙니다. 여러분이 가진 지위와 조건은 충분합니다. 그렇게 하신 것이 하나님의 지혜입니다.

로마서 8:33-34에도 동일한 격려가 나옵니다.

누가 능히 하나님께서 택하신 자들을 고발하리요. 의롭다 하신 이는 하나님이시니 누가 정죄하리요. 죽으실 뿐 아니라 다시 살아나신 이는 그리스도 예수시니 그는 하나님 우편에 계신 자요 우리를 위하여 간구하시는 자시니라(롬 8:33-34).

　이제는 여러분이 품고 있었던 어떤 한계를 걷어내고 확 열어 제치십시오. 예수님이 우리를 위하여 죽으셨습니다. 그 죽음이 우리를 죄에서 해방시키고, 그의 부활이 우리를 생명의 절정, 곧 그 영광에 이르게 할 것입니다. 이 두 가지가 우리 인생 속에서 늘 부딪히는 도전들이 아닌가요? 우리는 어디서나 죽음을 맛봐야 하고, 어디서나 부활 생명을 증언해야 합니다. 우리는 말할 기회조차 주어지지 않고 상대에게 확인시켜 줄 방법도 없는 자리에서 예수님의 죽음과 부활 생명을 증언해야 합니다. 우리는 죽을 수도 있지만, 살아서 증언할 수도 있습니다. 예수께서 하나님의 구원의 경륜에서 인류 역사의 모든 정황을 끌어안으셨듯이, 우리 생애에서 일어나는 어떤 심판, 어떤 전쟁, 어떤 고통, 어떤 형편에서라도 그것들을 끌어안으면 우리에게도 그것이 영광스러운 기회가 된다는 것입니다.
　그러니 여러분은 다른 요구를 입에 올릴 필요가 없습니다. 이 나라 대통령을 위해서 기도하지 마십시오. 자신이나 잘해야 합니다. 몇 년 전에 우리가 외쳤던 구호인 "너나 잘해"가 새삼스럽습니다. 여러분 하나의 가치를 아십시오. 여러분에게 주어진 자리를 이해하십시오. 베들레헴에 태어나 나사렛에서 크고 갈릴리에서 일하신 그것으로 온 인류와 모든 민족과 모든 역사를 담으실 수 있었습니다. 그러니 여러분이 갖는 제한된 조건들이 무한히 큰 구체적인 조건이라는 것을 아십시오. 이새의 뿌리로부터 출발한 하나님의 역사적, 구체적 약속의 성취가 우리 각자의 생애 속에 반복적으로 구현될 뿐 아니라, 그 나라를 향한 하나님의 뜻이 진전한다는 사실을 기억하고 승리하는 여러분의 생애가 되기를 기원합니다.

자유

현실은 아무래도 좋다

롬 14:13-19

그런즉 우리가 다시는 서로 비판하지 말고 도리어 부딪칠 것이나 거칠 것을 형제 앞에 두지 아
니하도록 주의하라. 내가 주 예수 안에서 알고 확신하노니 무엇이든지 스스로 속된 것이 없으
되 다만 속되게 여기는 그 사람에게는 속되니라. 만일 음식으로 말미암아 네 형제가 근심하게
되면 이는 네가 사랑으로 행하지 아니함이라. 그리스도께서 대신하여 죽으신 형제를 네 음식
으로 망하게 하지 말라. 그러므로 너희의 선한 것이 비방을 받지 않게 하라. 하나님의 나라는
먹는 것과 마시는 것이 아니요 오직 성령 안에 있는 의와 평강과 희락이라. 이로써 그리스도를
섬기는 자는 하나님을 기쁘시게 하며 사람에게도 칭찬을 받느니라. 그러므로 우리가 화평의
일과 서로 덕을 세우는 일을 힘쓰나니.

배타적 자기 확인을 넘어서

로마서 14장은 사람들 간에 신앙의 특징과 선호가 서로 다르다는 사실을
인정하라고 권면합니다. 어떤 날을 다른 날보다 더 중히 여기거나 어떤 음
식은 먹지 않기로 신앙의 기준을 삼는 이들이 있습니다. 또 윤리성이나 종
교성을 신앙생활의 눈금으로 삼는 이들도 있습니다. 이는 다 좋은 훈련 방
법입니다. 그러나 이러한 사람들과는 달리 하나님을 알고 하나님의 자녀
로 사는 일의 폭넓음을 알고 있는 자들로서 그 같은 고정된 기준과 규칙을
초월하여 자유를 누리는 사람들도 있습니다. 이렇게 서로 다르니 싸우지

말라고 말씀합니다. 로마서 14장은 서로 다른 견해를 가진 자들이 배타적 비판과 정죄로 자기 확인을 해서는 안 된다고 가르칩니다.

로마서 14장에 나온 배타적 비판과 정죄의 문제가 예전 우리 한국교회 상황에서는 주일 성수에 대한 관점의 차이로 드러났습니다. 유대인들이 안식일을 지키듯이 주일을 지켰지요. 오늘에 와서는 그렇게까지 지키지는 않습니다. 아마 신앙에 대한 이해가 좀 더 넓고 깊어져서 그런 경직된 기준이나 눈금을 우리도 모르는 사이에 넘어서게 된 것 같습니다.

물론 부작용도 생겨났습니다. 그나마 있던 몇 안 되는 눈금마저 없어져서 주일 성수가 애매하게 되었습니다. 주일날 교회에 나오지 않아도 더 이상 겁을 내지 않게 된 것입니다. 그렇다고 주일에 교회에 나오지 못했다고 해서 겁을 먹고 지내라는 뜻은 아닙니다. 문제는 주일에 교회 오는 것이 얼마나 복된가 하는 경지에는 이르지 못한 채, 주일을 안 지켜도 이제는 겁을 내지 않게 된 것에 만족하며 여기에 머물러 있다는 것입니다. 여하튼 이 14장에서 중요한 가르침은 이것입니다. 4절을 보겠습니다.

남의 하인을 비판하는 너는 누구냐. 그가 서 있는 것이나 넘어지는 것이 자기 주인에게 있으매 그가 세움을 받으리니 이는 그를 세우시는 권능이 주께 있음이라(롬 14:4).

이 말씀에 '아멘' 하셔야 합니다. 우리가 보기에 저건 아닌데 싶은 것도 아닌 채로 끝나지 않으며, 이렇게 해야 맞는데 하는 답도 그것이 전부가 아님을 알아야 합니다. 주님께서는 우리가 할 수 있는 것보다 더 큰 능력이 있습니다. 이미 잘된 것을 더 잘되게 하고, 실패했던 것도 역전시킬 수 있는 권능이 주님께 있으므로 우리는 모든 것을 아는 것같이 말할 수 없습니다. 우리가 보기에 잘못된 것 같다고 해서 그것이 끝장났다고 이야기해서

자유

는 안 된다고 성경은 권면합니다. 우리가 아직 죄인이었을 때에 구원받았다는 사실을 평생 잊어서는 안 됩니다.

물론 교회 공동체 속에서 여럿이 함께 신앙생활을 할 때, 아무 제재 없이 방임하는 상태가 지속된다면 혼란만 가중될 것입니다. 그래서 이런 경우에는 질서를 어떻게 잡을 수 있는가 하는 문제가 등장하게 됩니다. 이에 대해 본문은 상대방이 오해할 일을 하지 말고, 상대방이 걸려서 넘어지게 할 시험을 만들지 말라고 권면합니다.

말이 안 되는 세상 속에서

우리는 당연히 일반 규칙인 법과 도덕과 윤리를 지켜야 할 것입니다. 또한 우리 시대의 사회 문화에도 참여해야 합니다. 왜 우리가 그래야 할까요? 우리가 옳고, 우리가 앞서 있고, 우리가 남들보다 옳게 행하고 있는데, 왜 우리는 이런 것을 모르는 자들을 배려해야 할까요? 우리는 왜 우리의 지향점과 정반대라서 함께 갈 수 없는 적대 세력을 이해하고, 그들 속에 들어가 이 시대에 참여해야 할까요? 이에 대해 성경은 그들을 세우시는 권능이 주께 있음을 믿고 기다리라고 이야기합니다.

생존이 위협받고 윤리가 무너지며 양심에 저촉되는 행동을 강요받을 때는 어떻게 해야 할까요? 그때는 누군가가 나타날 것입니다. 성경에서 말하는 것처럼 교회는 그들을 세우시는 권능이 주께 있다고 말할 수밖에 없습니다. 안중근이 되거나 유관순이 되거나 김구가 되는 일은 하나님이 세우신 정치 지도자나 사회 지도자가 감당할 것입니다. 이런 일에 대해서는 또 다른 콘텍스트 안에서 일하시는 하나님의 은혜가 있을 것입니다.

열왕기상 19장에서 엘리야가 "나 하나만 남아 도망 왔습니다"라고 하자, 하나님께서는 "무슨 소리냐. 칠천 명이나 남아 있다"고 하십니다. 엘리야의 생각에는, 부당한 권력에 맞서 하나님의 뜻을 따르는 누군가가 보이는 세력으로 존재해서 나서야 할 것 같았습니다. 그런데 그런 지위를 가진 자는 자기 하나밖에 없는 것 같으니 "나 하나만 남아서 도망 왔습니다"라고 하나님 앞에 하소연한 것입니다. 이에 대해 하나님은 칠천 명이나 남아 있다고 말씀하십니다. 여기서 칠천 명은 숨어서 기도하는 자들입니다. 정치력을 갖고 있지 않은 자들입니다. 하나님은 엘리야에게 무엇을 명하십니까? 예후에게 기름을 부어 이스라엘의 왕을 삼고, 하사엘에게 기름을 부어 아람의 왕을 세우라고 하십니다. 또한 엘리사에게 기름을 부어 선지자로 세우라고 하십니다. 콘텍스트가 계속 이어지게 하라는 말씀입니다. 역사는 하나님이 이끄실 것입니다.

그러면 교회는 무엇을 해야 합니까? 사회 지도자, 정치 지도자가 기독교인이라면 물론 반가운 일이겠지만, 이들 지도층이 반드시 기독교인이어야 하는 것은 아닙니다. 예후와 하사엘이 하나님을 믿지 않은 사람이었듯 말입니다. 이 점을 잊지 마시기 바랍니다.

우리가 해야 할 일은 텍스트를 담는 일입니다. 이것이 교회와 성도들의 책임입니다. 정치 경제적 차원과 사회 교육적 차원에서 기독교가 무엇을 해야 할까요? 콘텍스트에 관한 것은 우리가 잘 모릅니다. 한 나라의 정치 지도자나 위대한 민족 지도자가 기독교에서 나와야 할까요? 우리는 잘 모릅니다. 그것은 교회가 할 일이 아닙니다. 신자 개인이 콘텍스트에 어떻게 기여하느냐는 전적으로 하나님 손에 달려 있습니다.

신자가 적극적으로 할 수 있는 것은 이웃 앞에서 텍스트를 담아내는 역할입니다. 즉 남아 있는 칠천 명으로 존재하는 것입니다. 이것은 외면할 수 없는 모든 교인의 책임입니다. 그러니 콘텍스트를 바꾸어 그것으로 자신의 짐을 덜려고 하는 시험에 빠지지 마십시오.

비판하지 말고 정죄하지 말라는 성경의 가르침은 무엇이며, 부딪칠

자유

것이나 거칠 것을 형제 앞에 두지 말라는 말씀은 무엇일까요? 자신의 정체성을 배타적으로 확인하여 '나는 너와 다르다'로 차별하지 말라는 것입니다. 세상과 다른 존재인 우리야말로 다른 이들이 할 수 없는 일들을 할 수 있고 또 해야만 한다는 뜻입니다.

모두가 예수 믿게 되기를 소원할 만큼 예수 믿는 일에 자신이 있다면, 믿지 않는 사람들이 하지 못하는 일뿐 아니라 그들이 생각조차 할 수 없는 일들도 해야 합니다. 그런 것들은 하지도 않으면서 예수 믿으라고 고함만 지른다면 아무 변화도 일어나지 않을 것입니다. 우리는 우리를 세우시는 하나님이 누구신지 증언해야 합니다. 하나님에게서 세움을 입는다는 것이 얼마나 영광스러운 일인지를 보여야 합니다. 로마서 13:10에서는 이것을 이렇게 이야기합니다. "사랑은 이웃에게 악을 행하지 아니하나니 그러므로 사랑은 율법의 완성이니라"(롬 13:10).

윤리나 도덕으로 하지 마시고 사랑으로 하십시오. 사랑은 무엇입니까? 사랑은 지는 것이며, 상대를 위하여 기다리는 것이며, 양보하는 것입니다. 물론 이 사랑의 짐을 지는 것 때문에 신자의 인생은 고단할 수밖에 없습니다. 예수를 믿는 우리의 인생이 여전히 고통스러운 이유는 우리 자신의 잘못에 대한 대가를 치르기 때문이 아닙니다. 우리는 이웃의 짐을 지는 자들이기 때문에 그렇습니다. 우리는 이웃을 위해 양보하고 살아야 하는 사람들입니다. 못난 자들, 대적하는 자들, 말이 안 되는 자들을 끌어안고 살아야 하는 사람들입니다. 우리는 하나님께 문제를 해결해 달라고 하지만, 하나님은 우리에게 사랑하며 살라고 하십니다. 우리가 있어서 우리의 이웃이 살 만하다는 생각이 들도록 그렇게 살라고 하십니다.

사실 이러한 명령은 기독교인이 순종해야 할 당연한 요구인데도 무시되고 늘 다른 것으로 대체되곤 합니다. 오해 없이 들으시기 바랍니다. 우리는 이웃을 사랑하기보다 전도, 선교, 봉사, 구제와 같이 종교성을 띠는 행위로 쉽게 때우려 합니다. 자신의 신앙도 그런 활동으로 얻은 안심과 만족감으로 확인하려고 합니다. 그러한 확인을 통해서 얻게 된 자랑이나 우월감으로 마치 좋은 신앙을 가진 양 생각합니다. 그래서는 안 됩니다. 말이 안 되는 세상을 살아야 합니다. 내가 있어서 누군가는 흙탕물을 밟지 않고 나를 딛고 걸어가도록 해야 합니다.

하나님 자녀의 영광의 자유

로마서 8:18-21에서 이런 이야기를 합니다.

> 생각하건대 현재의 고난은 장차 우리에게 나타날 영광과 비교할 수 없도다. 피조물이 고대하는 바는 하나님의 아들들이 나타나는 것이니 피조물이 허무한 데 굴복하는 것은 자기 뜻이 아니요 오직 굴복하게 하시는 이로 말미암음이라. 그 바라는 것은 피조물도 썩어짐의 종노릇한 데서 해방되어 하나님의 자녀들의 영광의 자유에 이르는 것이니라(롬 8:18-21).

피조물들이 허무한 데 굴복합니다. 썩어집니다. 홍수가 나고 가뭄이 들고 지진이 나고 폭풍이 불어옵니다. 그렇게 자연 재앙이 있습니다. 피조물들이 이처럼 허무한 데 굴복하는 것은 하나님의 자녀들의 영광의 자유를 기다리고 있기 때문입니다. 이 자유는 단순히 무엇을 선택하는 권리에 불과한 것이 아닙니다. 그것을 넘어서서 생명이 마음껏 크는 것, 아름다움이 충만하고 자랑과 기쁨이 가득한 거룩한 자리에 이르는 것을 의미합니다. 피조물들은 이것을 기다리고 있습니다.

　예수를 믿고 나면 우리는 그런 일을 시작하게 됩니다. 하나님의 자녀들의 영광을 자유롭게 시행할 수 있습니다. 예수님을 믿음으로 생긴 자발성으로 예수님을 뒤좇아, 그가 기꺼이 세상 죄를 지고 간 것처럼, 내가 사는 이 시대의 현장과 이웃들을 예수님의 이름으로 보듬어 안고 살 수 있게 됩니다. 이것은 가난을 구제해 주고 상대방이 요구하는 모든 것을 들어줌으로써 하는 것이 아닙니다. 우리는 경쟁하고 후벼 파고 정죄하고 꺾어 넘어뜨리는 존재가 결코 되지 않으리라. 말이 안 되는 상대방의 원망과 공격을 하나님의 자녀라는 영광에서 나오는 넉넉함으로 다 쓸어 담으리라 하고 사는 것입니다.

이 명예를 모르면 안 됩니다. 우리가 가진 자유가 이제 무엇인지 안다면, 그리고 이 자유는 하나님의 자녀의 영광을 알기에 사용할 수 있다는 것임을 이해한다면, 사랑은 더 이상 명분이거나 문제를 해결할 수단 정도에 머물지 않을 것입니다. 사랑하며 사는 것이 바로 명예입니다. 빌립보서 2:5-11에 하나님은 당신의 영광을 이렇게 드러내십니다.

> 너희 안에 이 마음을 품으라. 곧 그리스도 예수의 마음이니 그는 근본 하나님의 본체시나 하나님과 동등됨을 취할 것으로 여기지 아니하시고 오히려 자기를 비워 종의 형체를 가지사 사람들과 같이 되셨고 사람의 모양으로 나타나사 자기를 낮추시고 죽기까지 복종하셨으니 곧 십자가에 죽으심이라. 이러므로 하나님이 그를 지극히 높여 모든 이름 위에 뛰어난 이름을 주사 하늘에 있는 자들과 땅에 있는 자들과 땅 아래에 있는 자들로 모든 무릎을 예수의 이름에 꿇게 하시고 모든 입으로 예수 그리스도를 주라 시인하여 하나님 아버지께 영광을 돌리게 하셨느니라(빌 2:5-11).

이 하나님의 자랑이 보이십니까? 나는 이런 하나님이라고 하십니다. 어떤 하나님이십니까? 기다리시는 하나님, 양보하시는 하나님, 우리를 위하여 손해 보시는 하나님이십니다. 이런 하나님의 일하심에 우리가 동참하는 것입니다. 하나님의 자녀들의 영광의 자유입니다. 여기에 동참하는 것입니다. 이 일은 하나님이 누군가에게 떠밀려 하는 수 없이 하신 것이 아닙니다. 하나님의 자랑은 하나님이 그런 성품을 가지신 위대한 인격자라는 사실에 있습니다. 기다려 주실 수 있는 분, 용서하실 수 있는 분, 우리에게 충분히 시간을 주시는 분이십니다. 그분은 위대한 하나님이십니다.

아무래도 좋은 믿음 안에서의 인생

어떤 콘텍스트라도 좋다고 이야기할 수 있는 것이 개혁주의입니다. 종교개혁 이후 개신교 신앙에 대한 중요한 신학적 이해가 여기에 담겨 있습니다. 어제 깨닫고 결심하고 행한 것으로 완료되는 것이 아니라, 매일 다른 하루 속에서 오늘의 신앙으로 사는 이것이 개혁주의입니다. 어제 깨달으셨습니까? 오늘이라는 그릇에 다시 그것을 담아내십시오. 오늘 담으셨습니까? 내일은 내일 또 담아내야 할 것입니다. 이것이 개혁주의입니다. 단번에 다 뜯어고치자는 그런 간단한 구호가 아닙니다. 하나님이 우리로 하루를 더 살게 하셨다면, 하루만큼 더 담으십시오. 나는 이것을 깨달았다. 나는 이런 훌륭한 일을 했다. 이런 것은 다 잊으시고 오늘 깨달은 것은 오늘 담고, 오늘이 연장되는 내일이라는 시간, 더 나아가 세월이라는 콘텍스트 속에서 텍스트를 담으십시오.

그러나 이것은 쉽지 않을 것입니다. 오늘 겪은 모욕과 실수를 감내하고 용서하고 극복하리라 결심했더라도, 다음 날이 되면 어제와 똑같은 결심을 반복해야 합니다. 내가 용서하고 보복하지 않기로 했다고 해서 콘텍스트가 바뀌지도 않습니다. 어제의 깨달음에도 불구하고 다음 날 철없는 것들의 모욕과 무례를 맞닥뜨리게 됩니다. 단지 힘만으로 장악한 콘텍스트에 의지하여 세력을 잡은 자들의 말도 안 되는 차별을 다시 감내해야 합니다. 성경은 이 일을 우리에게 가르칩니다. 갈라디아서 6:9-10을 보겠습니다.

> 우리가 선을 행하되 낙심하지 말지니 포기하지 아니하면 때가 이르매 거두리라. 그러므로 우리는 기회 있는 대로 모든 이에게 착한 일을 하되 더욱 믿음의 가정들에게 할지니라(갈 6:9-10).

이 구절은 선을 행할 때에 낙심할 만큼, 포기하고 싶을 만큼의 상황이 있을 것이라고 시사합니다. 그래도 낙심하지 말고 선을 행하라고 합니다. 물론 원하는 보상을 받지는 못할 것입니다. 선을 행하는 자체가 위대한 일임을 알지 못한다면 신자로 사는 것이 무엇인지 모르는 것입니다. 이렇게 다만 참고 희생하는 것이 전부라면 억울하다는 생각이 드십니까?

그런데 그것이야말로 하나님의 자녀들의 영광의 자유라고 합니다. 영광의 자유, 자발적 선택입니다. 왜 그럴까요? 인간에게 이보다 더 영광스러운 일은 없기 때문입니다. 상대방을 굴복시키고 꺾어 버리는 것은 일체 명예가 되지 않습니다. 앞으로 인생에서 마음껏 경험하게 될 것입니다. 힘으로 이기는 것이 우리의 영혼과 인격에 아무런 도움도 주지 않는다는 사실은 나이가 들면 더 확실해집니다. 세상이 우리에게 약속하고 우리를 속였던 것의 실상을 알게 됩니다. 하나님의 사람으로 사는 것이 얼마나 굉장한가를 배우게 되며 어떠한 상황에서든 아무래도 괜찮다고 할 수 있게 됩니다. 이 아무래도 괜찮다고 하는 말을 실감할 수 있는 좋은 예가 있습니다.

영화 '쇼생크 탈출'에 레드라는 흑인 죄수가 나옵니다. 종신형을 선고받고 수감 중인 사람입니다. 이 영화에서 그는 세 번에 걸쳐 가석방 심사위원회에 출석합니다. 가석방이란 아직 형을 다 마치지 않았지만 나머지 형벌이 불필요하다고 인정되는 모범수들을 심사해서 석방해 주는 제도입니다. 이 가석방 심사에서 레드는 두 번 퇴짜를 맞습니다. "레드, 당신은 사회에 복귀할 준비가 되었는가?" "네, 되었습니다. 저는 교화되었습니다. 저는 제 죄를 충분히 뉘우쳤습니다. 이제는 남에게 해를 끼치거나 위협적인 존재가 되지 않고 성실히 살 준비가 되었습니다." 그때마다 심사위원회는 그에게 '부적격' 판정을 내립니다.

이제 레드가 가석방 심사위원회에 세 번째 불려 나갑니다. 이때는 주인공 앤디가 탈옥한 이후입니다. 심사위원이 그에게 "당신은"까지만 이야기했는데, 레드가 "잠깐, 나보고 사회에 복귀할 준비가 되었냐고 물으려는 것인가?"라고 오히려 반문합니다. 레드는 계속해서 말합니다. "돌이켜 보면, 철딱서니 없는 애가 기억나지. 자기가 무슨 일을 하는지도 모르고 끔찍한 일을 저지른 아이지. 지금 만날 수 있다면 이 이야기를 해주고 싶어. 네가 하는 짓이 무엇인지 아느냐고. 하지만 이제 와서 그럴 수 없다는 것을 잘 알지. 나보고 사회에 나갈 준비가 되었냐고? 나를 더 이상 귀찮게 하지 마. 나는 그따위 것은 몰라. 나는 이제 그런 것은 아무래도 좋아." 이 말을 듣고 가석방 심사위원회는 '적격'이라고 찍힌 도장을 찍어 줍니다.

이 이야기가 무엇을 말해 줍니까? "나는 그따위 것은 몰라. 나는 이제 그런 것은 아무래도 좋아." 이 말이 무슨 뜻일까요? "나는 나에게 편한 이웃만이 내 이웃이 되는 그런 조건은 원하지 않아. 내게는 더 이상 그런 구별이 없어졌어. 나는 어느 누구라도 이웃으로 삼고 살 수 있어. 교도소라면 어때? 여기에도 내 이웃은 있어. 나를 필요로 하는 사람들이 여기 있어. 그러니 나는 여기서 살아도 돼. 이제 나는 어디라도 괜찮아." 이것이 바로 "아무래도 좋아"라는 것입니다. 레드는 이것을 앤디에게 배웠을 것입니다.

앤디는 무엇으로 레드에게 이것을 납득시켰을까요? 앤디가 탈옥한 후에 죄수들이 식당에서 밥을 먹으며 앤디의 과거를 추억할 때 다음의 이야기가 나옵니다. 맥주 사건입니다. 앤디는 교도소 경비 대장 애들리가 받은 유산에 대한 상속세를 면제받도록 도와줍니다. 이렇게 도와주면서 "제 동료들에게 맥주 두 병씩 주신다면"이라는 조건을 내겁니다. "앤디가 우리를 동료라고 불렀어." 죄수들이 이 말을 계속 되뇝니다. "앤디가 우리를 동료라고 불렀어." 여러분, 이웃이 되어 주십시오. 이웃에게 가서 까다롭게 굴지 마십시오. 무엇이 옳은가에 대한 긴 설명을 늘어놓지 마시고, 가서 이웃이 되어 주십시오. 그리하여 그들의 고난에 동참하시기 바랍니다. 같은 배를 타고 있음을 알게 하십시오. 고린도전서 15장의 다음의 말씀을 말이 아닌 여러분의 존재 자체로 증언하십시오. 고린도전서 15:57-58을 보겠습니다.

> 우리 주 예수 그리스도로 말미암아 우리에게 승리를 주시는 하나님께 감사하노니 그러므로 내 사랑하는 형제들아, 견실하며 흔들리지 말고 항상 주의 일에 더욱 힘쓰는 자들이 되라. 이는 너희 수고가 주 안에서 헛되지 않은 줄 앎이라(고전 15:57-58).

성경이 우리에게 들려주는 말씀이고 우리를 만난 이웃들에게 행해야 하는 것입니다. "예수께서 당신의 인생을 역전시킬 수 있어"라는 말을 입밖에 내지 않아도 그것이 전해질 것입니다. "나를 봐." 그렇게 말로 하지 않고도 삶으로 증언하게 된다는 것입니다. 그것이 신자된 인생의 영광스러운 길인 줄 이해하지 못하면, 여러분은 밤낮 신세타령에서 벗어날 수 없습니다. 신자라면 적어도 '쇼생크 탈출'에 나오는 저 레드보다 더 훌륭해져야 하지 않을까요. 저는 그렇게 생각합니다. "아무 데라도 상관없어. 아무래도 괜찮아"라고 고백하는 이 명예와 자랑이 여러분의 인생에 가득하기를 바랍니다.

24

지는 것 같은 인생

요 11:45-54

마리아에게 와서 예수께서 하신 일을 본 많은 유대인이 그를 믿었으나 그중에 어떤 자는 바리
새인들에게 가서 예수께서 하신 일을 알리니라. 이에 대제사장들과 바리새인들이 공회를 모으
고 이르되 이 사람이 많은 표적을 행하니 우리가 어떻게 하겠느냐. 만일 그를 이대로 두면 모
든 사람이 그를 믿을 것이요 그리고 로마인들이 와서 우리 땅과 민족을 빼앗아 가리라 하니 그
중의 한 사람 그 해의 대제사장인 가야바가 그들에게 말하되 너희가 아무것도 알지 못하는도
다. 한 사람이 백성을 위하여 죽어서 온 민족이 망하지 않게 되는 것이 너희에게 유익한 줄을
생각하지 아니하는도다 하였으니 이 말은 스스로 함이 아니요 그 해의 대제사장이므로 예수께
서 그 민족을 위하시고 또 그 민족만 위할 뿐 아니라 흩어진 하나님의 자녀를 모아 하나가 되
게 하기 위하여 죽으실 것을 미리 말함이러라. 이날부터는 그들이 예수를 죽이려고 모의하니
라. 그러므로 예수께서 다시 유대인 가운데 드러나게 다니지 아니하시고 거기를 떠나 빈 들 가
까운 곳인 에브라임이라는 동네에 가서 제자들과 함께 거기 머무르시니라.

예수님이 나사로를 살리신 일로 당시 권력자들은 예수님을 죽이기로 결심
합니다. 본문에도 나왔듯이 수많은 사람이 예수님을 따를 뿐 아니라, 예수
님이 당시 권력자들의 권위와 기존의 가르침을 깨는 말씀을 하심으로 그
들의 자리가 위태로워졌습니다. 또한 당시 이스라엘은 로마의 속국이지만
자치권을 인정받은 상태입니다. 그런데 만약 예수님 때문에 문제가 생겨
종교적 세력이 일어나 로마제국이 속국을 통치하는 데 장애가 생긴다면,

자유

당시 당국자들은 그 자치권을 쥐고 있던 지위는 박탈되고 제국이 직접 통치하려 한다면 험한 결과를 가져올 것이라 생각했습니다. 물론 당국자들의 개인적 이해관계가 깊이 들어 있지만, 이스라엘을 위한다는 명분으로 그들은 예수님을 죽이기로 결정합니다.

부활과 영생의 새로운 질서

예수님은 죽은 자를 살리시는 권세를 행하기 전에도 여러 가지 기적들을 행하셨습니다. 혼인 잔치에서 물로 포도주를 만드시고, 보리떡 다섯 개와 물고기 두 마리로 오천 명을 먹이시고, 나병환자를 고치시고, 귀신을 내어 쫓으시는 기적들을 보고도 세상이 내린 결론은 그분을 죽이는 것이었습니다. 이것이 자신들이 사는 방법이라고 생각했기 때문입니다. 당시 그들의 생각은 오늘날 우리의 본성과 다를 바 없습니다. 우리는 예수님을 믿고 난 이후에도 당시 그들과 같은 생각을 합니다. 그것은 부활과 영생의 새로운 질서와 대립하고 갈등하고 고민하는 것으로 이어집니다.

그렇다면 예수님은 자신의 죽음을 기꺼이 받아들이셨을까요? 예수님이 겟세마네에서 기도하셨던 것을 생각해 봅시다. 예수님은 "아버지여, 만일 아버지의 뜻이거든 이 잔을 내게서 옮기시옵소서"(눅 22:42)라고 기도하실 정도로 자신의 죽음에 대해 처절하게 생각하셨습니다. 오죽하면 천사가 하늘로부터 나타나 예수님을 도왔겠습니까. 그러나 예수님의 기도를 들으신 하나님은 그 기도에 호응하시지 않고, 더 가자고 하신 것이 겟세마네의 기도입니다.

우리는 자신이 기대하는 만사형통, 사필귀정, 인과응보의 논리를 도덕과 명분으로 채색해서 기독교를 이해하지 않아야 합니다. 하나님은 이러한 우리의 생각을 전복시키시고, 그러한 질서들을 깨신다는 점을 분명히 알아야 합니다. 우리가 아는 질서들을 깨시는 것은 그 질서들이 필요 없기 때문이 아니라, 그것으로 하나님의 뜻을 다 담을 수 없기 때문입니다. 이것이 성경의 증언입니다. 성경은 우리의 예상과 전혀 다른 새로운 질서와 논리를 강조하고 있습니다. 예를 들면, 우리가 잘 아는 사도행전 7장에 나오는 스데반의 순교 장면을 보면 알 수 있습니다. 그의 긴 설교 끝에 이런 결론이 나옵니다.

> 목이 곧고 마음과 귀에 할례를 받지 못한 사람들아, 너희도 너희 조상과 같이 항상 성령을 거스르는도다. 너희 조상들이 선지자들 중의 누구를 박해하지 아니하였느냐. 의인이 오시리라 예고한 자들을 그들이 죽였고 이제 너희는 그 의인을 잡아 준 자요 살인한 자가 되나니 너희는 천사가 전한 율법을 받고도 지키지 아니하였도다 하니라(행 7:51-53).

여기서 이 말을 듣는 상대는 사울입니다. 사울이 스데반을 죽이러 왔습니다. 스데반은 자신을 죽이려고 모인 자들에게 "너희 조상들을 통해 메시아가 오신다는 약속과 예언이 전해졌다. 그럼에도 불구하고 너희는 조상들의 말을 듣지 않고 예수를 죽였다. 결국 너희는 메시아를 죽인 것이다"라고 아주 혹독하게 평한 것입니다. 그러자 다음의 상황이 벌어집니다.

> 그들이 이 말을 듣고 마음에 찔려 그를 향하여 이를 갈거늘 스데반이 성령 충만하여 하늘을 우러러 주목하여 하나님의 영광과 및 예수께서 하나님 우편에 서신 것을 보고 말하되 보라, 하늘이 열리고 인자가 하나님 우편에 서신 것을 보노라(행 7:54-56).

이 장면은 생사가 갈리는 자리입니다. 사람들이 스데반을 죽이려고

자유

합니다. 스데반은 그들에게 "너희가 잘못한 것이고, 너희는 천벌을 받아 마땅하다. 이 바보들아!"라고 꾸짖습니다. 스데반은 하늘이 열리고 재판장으로 서 계신 예수님을 봅니다. 그런데 재판장이신 예수님이 스데반에게 "네가 죽어라"고 판결하십니다. 우리는 이 장면을 스데반이 복을 받은 것처럼, 하나님의 영광이 드러났다고 쉽게 이야기합니다. 그러나 하나님은 그 영광을 스데반이 지는 모습, 죽는 것, 우리가 보기에 잘못된 자리로 이끄시고 담으셨습니다.

모순과 전복의 이야기

우리는 이와 같은 상황이 이해되지 않아 어려움을 겪습니다. 우리는 신앙생활을 잘하는 사람이 복을 받아야 한다고 생각합니다. 그런데 신앙생활을 잘하는 사람에게 재판장이신 예수님이 "네가 죽어라"고 판결하셨기에 우리는 이 상황을 너무 싫어합니다.

이것이 성경의 기이한 방법입니다. 이는 여태껏 우리가 알던 기존 질서를 깨는 정도가 아니라 다른 질서로 덧씌우는 것입니다. 우리가 자주 쓰는 표현으로 이해해 봅시다. "나는 어제 유명 가수의 무대를 봤어." 이 말은 어느 유명 가수가 한 공연을 봤다는 이야기입니다. 무대 자체를 봤다는 표현이 아닙니다. 가수가 무대 위에서 공연한 것을 표현하는 말로써 "가수의 무대를 봤어"라고 합니다.

그런데 이 말을 잘못 알아듣고, 무대를 보았다고 하니까 그 튼튼하고 깨끗하게 만들어 놓은 무대, 아무도 올라가지 않은 무대를 본 것처럼 오해한다는 것입니다. 이는 무대를 위한 무대가 아니라는 점을 제대로 인식하지 못한 것입니다. 우리는 기독교 신앙이 도대체 어떤 질서, 어떤 새로운 기적을 우리에게 주었고 요구하고 있는지를 현실과 융합시키지 못하고 있습니다. 이런 모순과 전복의 이야기는 성경의 아주 중요한 대목마다 나옵니다. 로마서 9:9-18을 보겠습니다.

> 약속의 말씀은 이것이니 명년 이때에 내가 이르리니 사라에게 아들이 있으리라 하심이라. 그뿐 아니라 또한 리브가가 우리 조상 이삭 한 사람으로 말미암아 임신하였는데 그 자식들이 아직 나지도 아니하고 무슨 선이나 악을 행하지 아니한 때에 택하심을 따라 되는 하나님의 뜻이 행위로 말미암지 않고 오직 부르시는 이로 말미암아 서게 하려 하사 리브가에게 이르시되 큰 자가 어린 자를 섬기리라 하셨나니 기록된 바 내가 야곱은 사랑하고 에서는 미워하였다 하심과 같으니라. 그런즉 우리가 무슨 말을 하리요. 하나님께 불의가 있느냐. 그럴 수 없느니라. 모세에게 이르시되 내가 긍휼히 여길 자를 긍휼히 여기고 불쌍히 여길 자를 불쌍히 여기리라 하셨으니 그런즉 원하는 자로 말미암음도 아니요 달음박질하는 자로 말미암음도 아니요 오직 긍휼히 여기시는 하나님으로 말미암음이니라. 성경이 바로에게 이르시되 내가 이 일을 위하여 너를 세웠으니 곧 너로 말미암아 내 능력을 보이고 내 이름이 온 땅에 전파되게 하려 함이라 하셨으니 그런즉 하나님께서 하고자 하시는 자를 긍휼히 여기시고 하고자 하시는 자를 완악하게 하시느니라(롬 9:9-18).

하나님은 아이를 낳을 수 없는 사라에게 아들 이삭을 주셨습니다. 이 이삭이 장성하여 리브가와 혼인하였고, 리브가가 쌍둥이를 임신하여 에서와 야곱을 낳았습니다. 그런데 하나님이 처음부터 편을 드신 사람은 에서가 아니라 야곱입니다. 그리고 하나님이 이스라엘 백성을 애굽에서 해방시키기 위해 모세를 바로 앞에 세우셨을 때, 모세와 바로 두 사람이 하나님의 작정하신 뜻에 따라 각자 맡은 역할대로 출애굽 사건을 연출해 낼 수 있

자유

었다는 이야기입니다.

신자인 우리에게는 모세가 주인공으로 보이기에 출애굽 사건을 모세의 입장에서만 바라봅니다. 그러나 성경은 출애굽 사건을 미화하거나 모세를 영웅화하는 데 관심이 없습니다. 모세는 때가 이르기 전 40세에 궐기했다가 실패하고, 애굽에서 도망 나와 아무 손이 미치지 않는 미디안 광야에서 40년간 지냅니다. 지난 일을 거의 다 잊고 몸도 늙어 체념도 넘어선 자리에 있을 때 모세가 하나님의 부름을 받았습니다. 완강히 저항했던 것은 앞서 여러 차례 인용했습니다. "하나님, 당신은 누구시길래 일을 이렇게 하십니까?"라고 하며 못 간다고 우기고 끝까지 버텨 봅니다. 하나님이 모세에게 형 아론도 붙여 주시고 그에게 화도 내십니다. 결국 모세는 하는 수 없이 바로 앞에 서게 됩니다. 하나님은 애굽에 열 가지 재앙도 일으키십니다. 그러나 열 가지 재앙으로 바로가 항복하지 않습니다.

바로는 매번 큰 재앙을 겪으면서도 자신의 권력을 내려놓지 않습니다. 그다음 재앙이 필요한 자리에서도 힘을 씁니다. 그것도 열 번이나 굴복하지 않는 권력이 그에게 여전히 남아 있습니다. 말하자면 하나님은 바로를 겪고 애굽을 멸하시어 그 땅에 이스라엘을 새로운 주인으로 세우시지 않습니다. 바로는 끝까지 악역을 맡기 위해 계속 죽지 않을 뿐 아니라 권력도 잃지 않습니다. 놀랍지 않습니까?

이 상황에서 바로가 아닌 모세가 마침내 변합니다. 처음에는 원망과 불만으로 가득했던 모세가 점점 변하여 홍해 앞에 섰을 때는 이스라엘 백성에게 다음과 같은 위대한 고백을 합니다. "너희는 두려워하지 말고 가만히 서서 여호와께서 오늘 너희를 위하여 행하시는 구원을 보라"(출 14:13). 모세는 수많은 고난을 겪으면서 이런 말을 할 수 있는 자리까지 옵니다. 좀 더 과장해서 이야기하자면, 출애굽 사건은 이스라엘을 구원하려는 것도 아니요, 바로를 벌하여 애굽을 멸망시키려는 것도 아닙니다. 출애굽 사건은 하나님이 모세를 새롭게 만드는 사건이라고 할 수 있습니다.

하나님은 이스라엘을 구하기 위해 열 가지 재앙을 내리셨지만, 애굽을 멸하셔서 이스라엘에게 그 정권을 넘겨주신 것이 아닙니다. 하나님은 이스라엘 백성이 애굽에서 쫓겨 나와 광야로 들어가 살도록 하십니다. 그리고 모세는 그분의 뜻에 따라 충성스럽게 광야 생활을 합니다. 이스라엘 백성은 광야 생활이 힘들다고 불평하며 모세를 원망하기를 반복합니다. 그때마다 하나님이 진노하시고, 모세는 중재자가 됩니다. "하나님, 여태껏 참으셨는데 이제 와서 화를 내시면 어떡합니까? 앞서 참으신 것이 다 물거품이 되지 않겠습니까?" 하나님이 모세를 달래는 것이 아니라 되레 모세가 하나님을 달래는 형국이 됩니다. 다시 말해, 모세는 하나님의 일하심에 대한 깊은 이해의 경지에 이른 인물로 그려집니다. 더불어 모세는 자기가 잘못하지 않았음에도 불구하고 이스라엘 백성과 함께 가나안 땅에 들어가지 못하게 되었을 때, 하나님의 깊은 배려로 백성과 함께 광야에서 죽는 것을 영광과 명예로 이해할 수 있게 됩니다.

온전함의 필수 과정인 고난

우리 인생을 보십시오. 세상의 유혹과 권력과 위협과 공포를 계속 겪는다 해도 이들이 다시 일어나 우리를 덮칩니다. 결국 세상은 우리를 죽음으로 몰고 갑니다. 그러나 그 죽음은 우리가 패한 것도 끝난 것도 아닙니다. 오히려 죽음이 부활의 문을 열고, 우리가 심고 거두기를 바라던 것보다 더 큰 것을 거두는 하나님의 기이한 권능을 보게 할 것입니다.

고린도전서 1장에서 바울이 고린도교회 성도들을 꾸짖습니다. "너희는 너희가 만들어 낼 수 없고 상상할 수 없는 크기의 질서에 들어와 있다. 그런데 너희는 그 약속과 소망을 외면하고 다시 옛날로 돌아갔다. 너희의 이해와 상상의 한계에 갇혀 자신들을 자랑하고 그 안에서 싸우게 되었다."
그러면서 바울이 십자가를 어떻게 소개하는지 보십시오. "십자가의 도가
멸망하는 자들에게는 미련한 것이요 구원을 받는 우리에게는 하나님의 능
력이라"(고전 1:18).

이 말씀이, 우리가 현실 속에서 "이런저런 문제를 해결해 주세요"라고
기도해도 하나님이 답하시지 않는 이유입니다. "네가 원망하고 절망하고
싫다고 발버둥을 치던 것이 일을 한다. 그런 고난이 없이는 이 자리에 올
수 없다"고 알려 주십니다. "그가 아들이시면서도 받으신 고난으로 순종
함을 배워서 온전하게 되셨은즉"(히 5:8-9)이라는 말씀을 기억해야 합니다.
고난은 온전하게 되는 데 필수 과정입니다. 우리가 해야 할 일은 순종입니
다. 순종은 누군가에게 굴복하거나 끌려가는 것이 아닙니다. 순종은 믿음
을 가지라는 의미입니다. 우리가 불만족하는 하루, 우리가 원망하는 오늘
은 하나님이 일을 하고 계시다는 증거입니다.

모세가 하나님께 여쭙습니다. "당신은 누구십니까? 당신의 이름이 무
엇입니까?" "나는 스스로 있는 자이니라." 이는 "나는 하나님이기를 중단한
적이 없는 하나님이다. 지난 40년간 일을 했다. 네 현실, 네 억울함이 내가
하는 일이란다. 발버둥치는 믿음이 무엇을 만드는지 따라와 봐라" 하는 의
미입니다.

바로는 이 드라마의 중요한 조역입니다. 영화 '벤허'에서 중요한 사람
은 주인공 벤허가 아니라 그의 대적자 메살라였습니다. 메살라가 없으면
영화 '벤허'는 아마 멜로물이 되었을 것입니다. 거기에는 아무런 긴장도,
도전도, 공포도, 절망도, 질문도, 기적도 없었을 것입니다.

십자가가 그렇습니다. 우리의 눈으로 볼 수 있는 모든 것이 망하고 끝
나는 곳에 하나님은 최고의 목적과 결과를 담아 놓으십니다. 우리는 "아무
래도 좋은가? 이래도 괜찮은가?" 싶은 모든 것을 믿음으로 끌어안아야 합

니다. 하나님은 우리에게 전지전능한 사람이 되라고 하시지 않습니다. 우리는 울어야 할 때가 있고, 후회해야 할 때가 있습니다. 그것들이 일을 합니다.

엘리야의 고단한 일생

겸손은 자기가 모든 사람보다 못났다는 것을 경험해야 할 수 있습니다. 자신의 못남을 경험하지 않으면, 겸손을 흉내 낼 수는 있어도 그것이 겸손한 것은 아닙니다. 정직 역시 마찬가지입니다. 정직은 거짓말하지 않는 것이 아니라 비난하지 않는 것입니다. 좋은 말을 해주는 것입니다. 그것이 정직입니다. 사람은 타인을 존중해야 합니다. 내가 상대방을 비난할 자리에 서 있지 않습니다. 각각의 지위와 신분이 다 고급하고 중요하다고 여겨야 합니다. 그리고 거기에 반응하는 것을 대개 '예의'라고 하는데, 이를 다른 말로 '정직'이라고도 합니다. 그래서 정직이 어렵습니다.

이 같은 사실을 엘리야를 통해 확인할 수 있습니다. 엘리야는 북이스라엘의 아합 왕 때 활동한 선지자입니다. 아합은 성경에 최고 악한 왕으로 기록되어 있습니다. 아합을 악한 왕이라고 기록한 것은 이스라엘 백성들을 전부 바알 우상 앞에 끌고 간 장본인이기 때문입니다. 열왕기에서 아합은 악한 왕의 중심에 있습니다.

아합이 북이스라엘을 통치할 때, 하나님이 엘리야를 선지자로 보내십니다. 그는 아합을 꾸짖었기 때문에 아합이 그를 죽이려고 해서 엘리야는 아합을 피해 숨어 살아야 했습니다. 하나님은 북이스라엘에 분노하셔서 3년 6개월 동안 비를 내리시지 않습니다. 북이스라엘 온 땅이 신음할 때, 백성들은 이를 지적한 엘리야 탓이라고 생각하지, 자신들이 아합을 따라 하나님을 외면하고 바알을 섬겨서 벌을 받는 것이라고 생각하지 않습니다.

자유

그들은 하나님을 믿는 자들을 다 죽이려고 합니다. 이런 역경 가운데 있는 엘리야는 자기만 남은 것 같은 생각이 들었습니다. 그때 하나님이 그를 갈멜산으로 인도하십니다. 백성들 앞에서 바알과 하나님 중에 누가 참신인지 증명하는 전투가 벌어집니다. 서로 각각 제단을 쌓고, 그 위에 제물을 놓습니다. 자신들의 신에게 빌어 어느 신이 그 제물을 열납하시는가 하는 싸움에 당연히 아합도 자리를 함께했습니다.

바알을 섬기는 제사장 450명이 그 자리에 있습니다. 엘리야는 혼자입니다. 많은 백성이 지켜보는 가운데, 바알을 따르는 제사장들의 제물은 열납되지 않습니다. 그들은 자기 몸을 상하게 하고 별짓을 다하며 바알을 부르지만 바알이 아무런 반응도 하지 않습니다. 엘리야가 제단을 쌓고 제물을 드리고 기도하자, 하늘에서 불이 내려와 그 제단을 핥고 하나님이 그 제물을 열납하십니다.

모든 백성이 하나님만이 유일한 우리 하나님이라고 하며, 바알 제사장들을 그 자리에서 전부 죽입니다. 아합은 놀라 궁으로 돌아갑니다. 그때 3년 반 동안 내리지 않던 비가 내립니다. 엘리야가 너무 신이 나서 아합을 앞질러 사마리아 궁으로 뛰어갑니다. "이제는 하나님의 세상이 되었다. 이제는 이 나라가 정당하게 될 것이다. 악의 본거지인 이 궁이 멸망하리라." 이런 상상을 하며 궁으로 들어왔겠지만, 이세벨이 아직도 막강한 세력을 가지고 엘리야에게 이렇게 말합니다. "내가 내일 이맘때에는 반드시 네 생명을 저 사람들 중 한 사람의 생명과 같게 하리라. 그렇지 하지 아니하면 신들이 내게 벌 위에 벌을 내림이 마땅하니라"(왕상 19:2).

엘리야가 이세벨의 말 한 마디에 놀란 것은 아닙니다. 그 폭력의 세력이 아무런 해도 입지 않은 것에 더 놀라 도망치고 말았습니다. 엘리야는 광야 로뎀 나무 아래서 하나님께 "내 생명을 거두시옵소서"(왕상 19:4)라고 합니다. 그러자 하나님이 상심한 엘리야를 찾아오십니다.

로뎀 나무 아래에 누워 자더니 천사가 그를 어루만지며 그에게 이르되 일어나서 먹으라 하는지라. 본즉 머리맡에 숯불에 구운 떡과 한 병 물이 있더라. 이에 먹고 마시고 다시 누웠더니 여호와의 천사가 또다시 와서 어루만지며 이르되 일어나 먹으라. 네가 갈 길을 다 가지 못할까 하노라 하는지라. 이에 일어나 먹고 마시고 그 음식물의 힘을 의지하여 사십 주 사십 야를 가서 하나님의 산 호렙에 이르니라(왕상 19:5-8).

쉽게 말해 엘리야는 백두산에서 사이판까지 도망간 셈입니다. 그는 시내산, 열왕기에서는 호렙산으로 칭하는 산속 굴에 들어가 머뭅니다. 하나님이 엘리야가 있는 그곳에 찾아오셔서 묻습니다. "엘리야야, 네가 어찌하여 여기 있느냐?" 이에 엘리야가 대답합니다. "내가 만군의 하나님 여호와께 열심이 유별하오니 이는 이스라엘 자손이 주의 언약을 버리고 주의 제단을 헐며 칼로 주의 선지자들을 죽였음이오며 오직 나만 남았거늘 그들이 내 생명을 찾아 빼앗으려 하나이다." 이에 하나님이 엘리야에게 "너는 나가서 여호와 앞에서 산에 서라"고 말씀하십니다(왕상 19:9-11).

엘리야가 굴에서 나오자, 강한 바람이 불어 바위를 부수고 지진이 일어나고 그 후에 불이 일어났으나 그 가운데 하나님은 계시지 않았습니다. 오히려 불이 일어난 후에 세미한 소리가 들립니다. "엘리야야, 네가 어찌하여 여기 있느냐." 엘리야가 대답합니다. "내가 만군의 하나님 여호와께 열심이 유별하오니 이는 이스라엘 자손이 주의 언약을 버리고 주의 제단을 헐며 칼로 주의 선지자들을 죽였음이오며 오직 나만 남았거늘 그들이 내 생명을 찾아 빼앗으려 하나이다"(왕상 19:13-14). 이에 하나님이 이런 말씀을 하십니다.

너는 네 길을 돌이켜 광야를 통하여 다메섹에 가서 이르거든 하사엘에게

자유

기름을 부어 아람의 왕이 되게 하고 너는 또 님시의 아들 예후에게 기름을 부어 이스라엘의 왕이 되게 하고 또 아벨므홀라 사밧의 아들 엘리사에게 기름을 부어 너를 대신하여 선지자가 되게 하라(왕상 19:15-16).

우리나라의 지리적 상황에서 이를 이해해 보자면, 하사엘이 아람 왕이 되는 것은 과장해서 중국의 왕이 되는 것이고, 예후가 북이스라엘 왕이 되는 것은 북한의 왕이 되는 것입니다. 결국 둘 다 남유다에게는 큰 위협이고 대적이 아닐 수 없습니다.

하나님이 엘리야에게 그 두 왕을 세우라 하신 것은 무슨 의미일까요? 이 역사가 계속 이어질 것이라는 의미입니다. "나는 일하고 있다. 이 콘텍스트가 본문이 아니다. 겁내지 마라. 너 같은 충성된 자를 많이 만드는 것은 네가 할 일이 아니다. 그 나라들은 계속 이어져야 한다. 네가 할 일은 엘리사에게 맡기면 된다. 그가 계속해서 그 일을 할 것이다. 내가 일하고 있다. 하사엘이 왕이 되고, 예후가 왕이 되어 그 나라들이 강성해지는 것은 본질적으로 큰 문제가 될 수 없다. 내가 일할 테니 걱정 말고 너는 죽어라." 이런 이야기라는 것입니다.

엘리야는 두 왕을 세우고 난 뒤, 엘리사와 함께 사역을 하다가 불수레와 불말들이 두 사람을 갈라놓자 엘리야는 회오리바람에 의해 하늘로 올라갑니다. 하나님은 엘리야가 못하겠다고 하니까 그냥 조퇴시킨 것입니다. 엘리야가 하늘로 올라간 것을 두고 칭찬할 필요가 없습니다.

죽음처럼 보이는 승리

우리가 살아 있는 것은 이 땅에서 해야 할 일이 있기 때문입니다. 우리가 절망하는 것이 최고의 조건이 될 수 있다고 생각해야 합니다. 그런데 우리는 이를 못하고 그저 화만 냅니다. 나는 진심인데, 하나님은 몰라주신다고 합니다. 그렇지 않습니다. 하나님은 죽음에 의미를 담으십니다. 우리가 아는 큰 것에 담지 않고 작은 것에 담으십니다. 우리가 아는 승리는 아닙니다. 하나님은 우리가 죽음처럼 보이는 자리, 자존심과 우월감을 버리고 자기 자신을 내놓는 섬김과 사랑의 자리에 당신을 나타내십니다.

마음껏 섬기고, 마음껏 내주고, 마음껏 사랑하는 것이 하나님이 만드신 나라입니다. 그분이 우리에게 맡기신 임무는 우리 인생에서 해볼 수 있는 기쁨이고 영광입니다. 물론 이런 임무를 수행하는 것은 어렵습니다. 인간의 위대함은 진정한 인간성을 가지는 것인데, 진정한 인간성은 폭력이어서는 안 됩니다. 공포도 안 됩니다. 그뿐 아니라 하나님은 우리에게 비난이나 심판은 하지 말라고 하십니다. 그 대신에 우리는 위로하고 용서하고 품고 사랑하면 됩니다. 이것이 하나님이 우리에게 보고 배우라고 맡기신 예수님의 생애입니다. 예수님은 필요한 것을 모두 해주셨지만, 하나님의 우월감을 증명하시려고 우리에게 공포를 사용하신 적은 없습니다. 그분의 공생애, 그분의 성육신, 그분의 영광을 우리에게 주신 기회로 알고 이를 넉넉히 살아내는 우리 모두가 됩시다.

25

하루, 영광을 만드는 길

요 3:16-21

하나님이 세상을 이처럼 사랑하사 독생자를 주셨으니 이는 그를 믿는 자마다 멸망하지 않고 영생을 얻게 하려 하심이라. 하나님이 그 아들을 세상에 보내신 것은 세상을 심판하려 하심이 아니요 그로 말미암아 세상이 구원을 받게 하려 하심이라. 그를 믿는 자는 심판을 받지 아니하는 것이요 믿지 아니하는 자는 하나님의 독생자의 이름을 믿지 아니하므로 벌써 심판을 받은 것이니라. 그 정죄는 이것이니 곧 빛이 세상에 왔으되 사람들이 자기 행위가 악하므로 빛보다 어둠을 더 사랑한 것이니라. 악을 행하는 자마다 빛을 미워하여 빛으로 오지 아니하나니 이는 그 행위가 드러날까 함이요 진리를 따르는 자는 빛으로 오나니 이는 그 행위가 하나님 안에서 행한 것임을 나타내려 함이라 하시니라.

본문에 나오는 요한복음 3:16은 예수를 믿는 사람들이라면 거의 누구나 외울 정도로 익숙한 구절입니다. 특히 16절과 17절은 성부 하나님이 구원을 선포하신 목적, 그 구원을 베푸시기 위해 보내신 성자 하나님을 향한 목적을 우리가 생각하는 것보다 더 큰 스케일로 이야기하고 있습니다.

구원 문제에 갇힌 신앙 현실

하나님은 세상을 사랑하셔서 구원을 베풀기 원하셨습니다. 17절에서 보듯이 "하나님이 그 아들을 세상에 보내신 것은 세상을 심판하려 하심이 아니요 그로 말미암아 세상이 구원을 받게 하려 하심"입니다. 한 개인의 구원 문제가 아니라 인류와 창조 세계의 회복이라는 훨씬 큰 구원을 제시하고 있습니다. 그래서 어떤 이들은 마침내 하나님이 세상 모든 사람을 구원할 것이라는 '보편적 구원론'을 주장합니다. 이를 다른 말로 만인 구원론이라고도 합니다. 결국 우리는 다 구원을 받을 것이라는 주장입니다. 이처럼 보편적 구원론은 구원의 범위를 극대화하는 면에서는 타당할 것입니다. 하나님의 구원은 우리가 생각하는 구원보다 훨씬 클 것입니다.

그러나 이와 같은 주장에는 문제가 있습니다. 극대화된 구원의 범위와 크기를 반대하는 것이 아니라 구원이 너무 쉬워져서 구원의 진지함과 진정성 등이 약화된다는 것입니다. 이럴 때에는 인간의 책임이 없기 때문에 대강 살아도 되는 것처럼 여길 수 있습니다. 우리가 인생을 살다 보면, 무언가 부족해서 문제가 되기보다 갈증을 채울 다른 답이 없기 때문에 문제가 되는 경우가 많습니다. 영혼의 갈증을 해소할 답이 없기에 우리 모두 두려워하고 분노합니다. 우리는 잘못한 누군가를 처벌한다고 해서 만족을 느낄 수 있는 것이 아닙니다. 만인 구원론은 너무 쉬운 구원을 이야기함으로써 인간의 존재와 인생을 값없이 보이게 만드는 약점이 있습니다.

보편적 구원론의 반대되는 개념은 '배타적 구원론'입니다. '책임 있게 행동해야 한다. 예수를 믿어야 된다'고 하는 주장입니다. 여기서 '예수를 믿어야 된다'고 하는 말도 굉장히 배타적으로 사용합니다. 하나님이 우리에게 구원을 베풀기 위해 예수님을 보내신 것을 강조하기보다 우리가 믿어야 한다는 당위를 강조합니다. 인간은 구원에서 자신의 정체성과 운명과 실존에 대해 크게 반응해야 합니다. 그러나 이 주장에는 은혜와 실존이 없어지는 문제가 있습니다. 은혜는 우리 책임보다 더 커야 맞고 또 현실에서 해결을 주어야 맞습니다. 그런데 배타적 구원론에서 현실적으로 만족하는 신자는 없습니다. 이 배타적 구원론에 빠진 신자는 구원받은 정체성과 운명을 "난 믿었고, 넌 안 믿었다. 그래서 넌 지옥 가고 난 천국 간다"로 써먹을 뿐입니다.

우리가 제일 많이 당한 검문은 이런 것이었습니다. "당신은 구원의 확신이 있습니까?" 신앙생활을 하면서 한 번쯤 이런 검문을 당해 보셨을 것입니다. 이 검문에서는 "언제, 어디서, 어떻게 구원받았는지, 신자 신분증 좀 보실까요" 하는 것이 매우 중요한 질문이었습니다. 이 질문은 우리에게 구원이 영생의 문제이며, 운명의 문제임을 가르쳐 주었습니다.

하지만 우리가 가보지 않은 현실을 살아내야 한다는 문제에서는 답을 못했습니다. 우리는 우리의 운명을 확인하기 위해서만 구원의 확신을 논하는 게 아니라, 믿지 않는 자들을 필요 이상으로 비난함으로써 구원에 대해 우리를 안심시키는 수밖에 없었습니다. 그렇기 때문에 우리는 '예수 천당, 불신 지옥'을 외치며 전도를 했습니다. '예수 천당'은 좋습니다. 그런데 이 구호의 강조점은 '불신 지옥'에 있었습니다. "너 안 믿으면 죽어"라는 것이 훨씬 강했습니다. 우리는 "하나님은 아실 거야"라는 자기변명과 자기안심으로 지내기에 바빴습니다. 이게 무슨 말일까요? 그 말은 하나님이 지금은 알려 주시지 않는다는 뜻입니다. 그래서 미룰 수밖에 없는 현실을 살게 되었다는 것입니다. 이 문제가 어떻게 오해되고 있는지 여기서 풀어야 합니다.

현실을 책임 있게 살아야 함

기독교 종말론은 영혼만 구원받는 게 아니라 육체도 부활하여 완성된다고 믿습니다. 하나님은 우리를 구원하시기 위해 아들을 이 땅에 보내십니다. 그분의 아들은 육체를 입고 오셨습니다. 굉장하죠? 그리고 예수님은 역사의 중간에 오십니다. 과거와 미래의 역사 한복판에 오셔서 인류를 구원하셨습니다. 예수님은 존재들을 구원하시는데 과거의 존재, 지금의 존재, 앞으로의 존재까지 구원하십니다. 예수님은 과거와 미래 사이에 오셨기에 과거와 미래는 살아 보지 않으셨습니다. 그뿐 아니라 유대 땅에 태어나셔서 헤롯을 피해 애굽에 간 것 외에 다른 나라에는 가 보신 적도 없습니다. 십자가에 달리시기 전까지 그곳에서 자신의 생애를 보내셨습니다. 어떤 의미에서 예수님은 역사와 공간 속에 잡혀 계셨습니다.

예수님이 무언가를 하시려면 역사의 시간보다 더 큰 바깥에서 뒤집으셔야 하는데, 그 한계에 들어오셔서 시간과 공간과 운명을 결정해 버리셨습니다. 예수님은 시간과 공간에 육체로 오셔서 그 당시의 말과 행동으로 하나님의 구원과 목적을 우리에게 전하면서 그 일을 이루셨습니다. 우리는 이를 성육신의 교리요, 십자가 신학이요, 부활 소망이라고 합니다.

그러므로 우리가 예수님을 믿는다고 할 때 '오늘 죽어도 천국에 갈 것인가?'라는 질문은 현실적이지 못합니다. 우리는 결국 천국에 갈 사람이므로 이렇게 물어야 합니다. 왜 현실에서 우리는 이렇게 힘들게 살아야 하는가? 우리는 약속만 가지고 있는 이 현실적 정황을 어떻게 이해해야 하는가? 신자인 우리는 무엇을 할 수 있는가? 예수 믿는 자는 무엇이 다른가? 이런 질문들입니다. 그런데 우리는 여기에 대한 답은 없이 그저 모두 천국으로 도망가 있는 상태입니다. 우리는 지금 현실을 살고 있는데 그 물음들에 대한 답으로 천국 간다는 것밖에 없습니다. 그래서 "난 죽으면 천국 간다. 천국에 가면 넌 없을지도 몰라" 하는 말밖에 할 것이 없습니다.

천국에 갈 사람은 낙관할 수 없는 상태에서도 외면할 수 없는 이 현실을 살아내야 합니다. 예수님을 믿으면 그 현실을 어떻게 이해하고 거기에 대해 뭐라고 답을 해야 하는지 책임을 지는 자로서 살아야 합니다. 이를 기독교 세계관이라고 합니다. 이 세계관은 하나님의 일하심을 담고 있습니다. 즉 그것은 우리가 보고 경험하는 인류의 모든 것, 시간과 공간과 경우를 다 포함한다는 것입니다. 그래서 그 안에서 일어나는 모든 일이 하나님의 지혜와 능력과 계획과 뜻을 이루는 하나님의 방법이라고 이해하는 것입니다.

이 세상이 갖는 세계관은 자연주의입니다. 다른 말로 표현하자면 생로병사라 할 수 있습니다. 다른 종교들은 현실적 필요를 요구하는 울부짖음밖에 없습니다. 언제 이사할까요? 어디로 이사할까요? 병을 고쳐 주세요. 이런 필요들을 구할 뿐입니다. 그들은 울부짖을 대상을 알지 못하는 까닭에 비나이다, 비나이다만 하는 것입니다. 어떤 신이라도 좋으니 나의 정성에 감동해 달라고 구걸하는 것이 전부입니다. 그것이 율법 조문 형식이거나 주문 형식일 수 있습니다.

우리는 기도할 때 명확한 대상을 갖습니다. 그 대상은 우리에 대한 뜻을 품고 계시며, 계획을 갖고 계십니다. 그분은 간섭하시고 붙드시고 약속하시고 운명을 선언하십니다. 그분이 우리의 구원을 위해 자신의 아들에게 인간의 육체를 갖게 하시고 시공간 속에 보내어 살게 하셨듯이, 우리 각 사람도 한 시대 속에 보냄을 받아 살게 하십니다. 우리가 하나님의 뜻을 이루는 것이 우리의 역사요, 시간이요, 현실이요, 경우요, 자리요, 책임임을 알아야 합니다.

『성경은 드라마다』라는 책이 있습니다. 이 책은 기독교 세계관이 무엇인지 쉽게 설명합니다. 인류 역사를 "창조, 타락, 구속의 시작, 구속의 성취, 교회의 선교, 구속의 완성"이라는 여섯 시대로 나눕니다. 이 여섯 시대를 연극의 막에 빗대어 하나님의 이야기를 전합니다. 이 여섯 막의 이야기가 인류 역사 전체라고도 말합니다. 다시 말해, 전 인류 역사가 하나님이 창조하신 세계를 회복하고 완성하는 일을 위해 전개되고 있다는 것입니다. 우리는 그 일에 그냥 어떤 존재에 불과한 것이 아닙니다. 하나님의 상대이자 목적으로 대접을 받습니다. 하나님이 우리에게 죄를 지을 수 있는 기회까지 허락하셨기 때문입니다.

우리가 그런 상대이자 목적이라고 말하는 대표 성경 구절은 "십자가의 도가 멸망하는 자들에게는 미련한 것이요 구원을 받는 우리에게는 하나님의 능력이라"(고전 1:18)고 하는 말씀입니다. 우리가 바울처럼 이 말씀을 말하려고 할 때는 현실 속에서 말할 수 있어야 합니다. 그것은 왜 내가 이 고생을 해야 하는가 하는 것을 성경적으로 이해하고, 그것을 자신이 져야 할 책임과 기회로 생각해야 한다고 가르치기 때문입니다. 이는 우리가 얼마나 큰 확신을 가지고 있느냐 하는 것과는 상관없습니다. 지금 서 있는 자기 자리에서 반응해야 할 문제이기 때문입니다. 우리는 수많은 교훈이 담긴 인류라는 긴 역사를 안은 채 지금 예수님을 믿고 있습니다. 우리는 오늘의 대한민국 정치·경제·사회·문화·교육·국방의 모든 유산, 국민적·민족적 정서 등을 다 포괄하는 오늘이라는 현실 속에서 내 인생을 어떻게 이해하고, 어디로 가야하며, 무슨 책임을 질 것인가 하는 문제에 대하여 반응할 수 있어야 합니다.

이러한 이해와 반응 없이 '난 믿어'라고 말만 하는 것은 도망가는 것에 불과합니다. "이 문제 풀어 봐"라고 했을 때, "난 예수 믿는다니까"라고 말하는 것과 똑같습니다. 신학교에서는 실제로 그런 답안지가 많이 나옵니다. "목사님, 지난 주간에 우리 교회에 부흥회가 있어서 공부할 틈이 없었습니다. 헤아려 주십시오." 그럼 A+ 주죠. 내가 무슨 사법시험 감독관도 아니고 암행어사도 아닌데 뭘 못 주겠어요. 제가 다시 신학교에 돌아가서 학생들을 가르친다면, A+가 아니라 A++도 줄 수 있습니다. 각자의 생애를 열심히 사는 데 격려가 된다면 말입니다. 자기 현실에서 자신의 일을 하는 것이 중요합니다.

하나님의 일하시는 방식

영화 '벤허' 하면 떠오르는 최고의 장면은 무엇입니까? 마케도니아 전함의 공격을 받아 물에 빠진 퀸투스 아리우스 집정관을 벤허가 구하고, 그 공로로 벤허는 퀸투스의 양자가 됩니다. 해전에서 승리를 거둔 퀸투스 아리우스는 로마에 가서 개선 행진을 하면서 황제 앞에 상을 받으러 올라갑니다. 이때 마차에 서 있는 벤허를 볼 때가 제일 기분이 좋습니다. 그때는 우리 모두 아무 근심거리가 없습니다. 우리 다 주인공 편이니까 무슨 긴장이 있겠으며, 무슨 두려움과 불안이 있겠습니까. 그래서 그 장면을 제일 좋아합니다. 그런데 영화가 그 상태에서 끝나면 안 됩니다. 그렇게 끝이 나면 영화 '벤허'가 대박을 터뜨릴 수 없을 뿐 아니라 본문을 담을 수도 없습니다.

그다음 우리가 좋아하는 장면은 전차 경주입니다. 아슬아슬하고 긴장됩니다. 전차가 전복해서 부상을 입은 정적 메살라가 죽지만 그것이 벤허에게 답은 되지 않습니다. 그러면서 영화가 절정으로 향해 갑니다. 예수님이 잡히는 장면입니다. 벤허가 자기 어머니와 여동생을 나병환자 굴에서 꺼내 돌아오다가 예루살렘 성에 들어갔는데 사람들이 없습니다. 그가 지나가던 어떤 사람에게 묻습니다. "왜 이렇게 사람들이 없소?" 그러자 답변이 돌아옵니다. "당신은 오늘 위대한 랍비가 재판을 받는 날이라는 걸 모르시오?"

사람들이 재판하는 곳에 모여 있습니다. 예수님은 재판정에 죄인으로 머리를 푼 채 가시관을 쓰고 서 있습니다. 빌라도가 손을 씻었습니다. 대사는 없습니다. 예수께서 채찍에 맞으며 십자가를 지고 계단을 오르시는데 그 장면이 아주 길게 나옵니다. 우리는 그 시간을 싫어합니다. 예수님이 십자가를 지셔서 우리의 죄를 사하시고 구원해 주시는 것은 좋지만, 이렇게 민망하게 끌려가는 예수님의 모습은 보기 싫기 때문입니다. 사람들에게 조롱받는 예수님의 모습, 사람들이 주님의 옷을 나누어 가지는 모습, 예수님이 십자가에 못 박히시고 "엘리 엘리 라마 사박다니"라고 부르짖는 내용은 영화에서 생략되지만 우리는 어느 정도 그 흐름을 알고 있습니다.

이 장면은 그 영화를 만든 사람들의 최고 수준을 보여줍니다. 하나님은 예수님이 십자가를 지시는 국면에서 결코 폭력으로 개입하시지 않습니다. 그 국면을 얼른 지나가게 하시지도 않습니다. 예수님은 십자가를 지고 한 걸음씩 가야 합니다. 우리가 그렇게 걸어가신 예수님을 동정하거나 그 자리에 있던 사람들을 바보라고 욕한다면 도무지 신앙생활이 무엇인지 모르는 처사가 될 것입니다. 천둥이 칩니다. 하늘이 깜깜해집니다. 하늘도 울었으나 하나님은 개입하시지 않습니다. 하나님은 그 국면에 공포를 가지고 들어오시지 않습니다. 사랑이 사망과 공포를 이기는 것을 보여줍니다. 예수님의 사랑은 신파극이 아닙니다. 하나님은 끝까지 공포로 개입하시지 않습니다.

우리가 자기 인생 속에서 요구하는 것들은 대개 폭력입니다. 우리는 이를 고상한 말로 권력이라고 표현하지만, 결국 폭력을 휘두르고 싶어 합니다. 우리는 이 폭력을 허락하시지 않는 하나님에 대해 원망합니다. 우리는 "넌 지옥 가고, 난 천당 가고"라고 하는 이분법 외에는 할 말이 없습니다. 그런 현실을 살고 있으니 아무도 위대할 수 없습니다. 이 부분이 안타깝습니다.

우리는 하나님께서 사랑을 붓는 방식이 십자가였다는 것에 큰 충격을 받습니다. 신이 인간에게 조롱당하는 모습에 당혹할 수밖에 없습니다. 이 충격과 당혹감을 해결할 수는 없습니다. 마지막 날에 우리가 부활하여 하나님 앞에 섰을 때 알 수 있을 것입니다. 그러나 한 가지 분명한 것은 하나님의 사랑은 폭력과 공포의 유혹과 시험을 넘어서 있다는 점입니다. 하나님은 끝없이 용서하시고 이기십니다.

우리는 역사의 현실 속에서 자기 인생을 살아가는 방식으로 우리를 신자로 완성하시겠다는 하나님의 구원 목적을 이해하고 인정해야 합니다. 다른 사람들을 "넌 나쁜 놈이야, 넌 예수 안 믿잖아"라는 이분법으로 판단하지 말고, 갖자 자기 인생을 살아내야 합니다. "왜 이런 일이 있어?"라는 말을 써서는 안 됩니다. 우리는 "여기서는 어떻게 할래?"라는 질문 앞에 서야 합니다. 사도행전 4:23-30을 보겠습니다.

> 사도들이 놓이매 그 동료에게 가서 제사장들과 장로들의 말을 다 알리니 그들이 듣고 한마음으로 하나님께 소리를 높여 이르되 대주재여, 천지와 바다와 그 가운데 만물을 지은 이시요 또 주의 종 우리 조상 다윗의 입을 통하여 성령으로 말씀하시기를 어찌하여 열방이 분노하며 족속들이 허사를 경영하였는고 세상의 군왕들이 나서며 관리들이 함께 모여 주와 그의 그리스도를 대적하도다 하신 이로소이다. 과연 헤롯과 본디오 빌라도는 이방인과 이스라엘 백성과 합세하여 하나님께서 기름 부으신 거룩한 종 예수를 거슬러 하나님의 권능과 뜻대로 이루려고 예정하신 그것을 행하려고 이 성에 모였나이다. 주여, 이제도 그들의 위협함을 굽어보시옵고 또 종들로 하여금 담대히 하나님의 말씀을 전하게 하여 주시오며 손을 내밀어 병을 낫게 하시옵고 표적과 기사가 거룩한 종 예수의 이름으로 이루어지게 하옵소서 하더라(행 4:23-30).

이 말씀은 초대 교회가 예수를 전함으로써 유대 정치·종교 지도자들이 사도들을 핍박할 때에 나온 것입니다. 정치·종교 지도자들이 사도들에게 "예수의 이름을 전하지 마라. 그가 살아났다고 전하지 마라. 그런 소문을 내면 너희를 가만두지 않겠다"고 협박하며 모욕하고 채찍질했습니다.

이렇게 그들이 풀려나온 후 동료 신자들에게 갑니다. 그들이 사도들에게 무엇을 물어봤을까요?

일제 치하 때, 한국교회가 '죽으면 죽으리라'고 순교를 각오하고 투옥된 분들이 있었습니다. 감옥에 갇혀 계시던 목사님과 장로님들이 잠시 감옥에서 풀려나 교회에 나오신 적이 있습니다. 교회 성도들은 그분들을 위해 기도하고 계속 기다렸기에 질문이 많았습니다. 그 첫 질문이 이런 것이었습니다. "하나님이 천사들을 보내어 보호해 주시던가요?" "아닙니다." 이것이 우리의 역사이고 현실입니다.

사도행전 본문 말씀도 이 상황과 똑같습니다. 성도들이 사도들에게 묻습니다. "어떻게 됐습니까?" 사도들은 "그들이 우리가 계속 예수와 그의 부활을 전하면 가만두지 않겠다고 하더군요"라고 말합니다. 그래서 그들이 뭐라고 대꾸합니까? "맞습니다. 시편 2편에서 예언한 것같이, 세상은 하나님의 일을 거절하고 방해합니다. 그러나 그것으로 하나님이 일을 하십니다. 그들이 하나님의 일을 하기 위해 재판정에 모여 악역을 하고 있으니 우리는 선한 역할을 하겠습니다." 이것이 초대 교회의 결심입니다.

그들은 "우리를 핍박하는 세력들을 다 없애 주십시오"라고 하지 않았습니다. 그 대신에 "손을 내밀어 병을 낫게 해주십시오. 권력이 되거나 폭력이 되지 않겠습니다"라고 결심했습니다. 천국의 비밀을 증언하여 그 신비가 드러나기는 하지만 그들이 권력을 잡지는 못합니다. 속 시원하게 밀어붙이는 법이 없습니다. 이 모든 것을 당하기만 합니다. 그래서 사도행전 4:31에 "빌기를 다하매 모인 곳이 진동하더니 무리가 다 성령이 충만하여 담대히 하나님의 말씀을 전하니라"고 기록하고 있습니다.

우리는 사도들이 잡혔을 때나 적대자들이 채찍을 들고 사도들을 때리려고 할 때 성령께서 나타나 해결해 주시는 것을 좋아합니다. 그러나 하나님은 그렇게 일하시지 않습니다. 그것이 하나님께서 우리에게 보이신 그분의 일하심의 신비입니다. 십자가의 도는 하나님의 능력이요, 하나님의 지혜입니다. 이를 받아들이지 못하면 우리는 현실을 살 수 없습니다. 도망가거나 외면할 수밖에 없습니다.

사도 요한이 요한복음을 쓰고 누가가 사도행전을 쓸 때, 잘난 척하려고 쓴 것이 아닙니다. 사도들은 예수님이 십자가에 처형될 때 다 도망갔던 자들입니다. 세상이 그들에게 악역을 한 것에 대해 우리는 두 기록을 통해 알고 있습니다. 하지만 그들이 도망간 것은 얼마나 창피한 일입니까? 그럼에도 그것까지 기록합니다. "우리는 다 도망갔었다. 그때는 우리도 몰랐다. 우리는 하나님이 그 일을 십자가로 하실 것이라고는 상상조차 못했다. 십자가가 가장 큰 하나님의 권능이요 하나님의 자기증명이었다. 그래서 우리는 항복한다." 이것이 성경이 증언하는 하나님과 그의 아들 예수께서 십자가에서 이루신 것이요 지금도 우리 위에 역사하시는 일입니다.

하루, 영광을 만드는 길

하나님이 역사 속에서 그분의 구원을 이야기로 담고, 줄거리로 담고, 모든 경우에 우리를 세우십니다. 우리와 함께 일하십니다. 시간과 공간 속에 들어오셔서 자기를 가둔 시간과 공간을 뒤엎지 않으십니다. 오병이어의 기적을 보십시오. 떡 다섯 개와 물고기 두 마리로 온 무리가 다 먹고 남았습니다. 하나님은 이 방식을 요구하셨고, 우리에게 동참하라고 하십니다. "네가 내 백성이 되었다면, 내가 너에게 준 구원을 제대로 이해한다면, 네 인생이 얼마나 굉장한지를, 어떻게 무엇을 해야 하는지를 배워라." 하나님께서 우리에게 한꺼번에 하라고 하시지 않으니 걱정하지 마십시오. 한 걸음씩 나아지면 됩니다. 에베소서 3:14-21을 보겠습니다.

이러므로 내가 하늘과 땅에 있는 각 족속에게 이름을 주신 아버지 앞에 무릎을 꿇고 비노니 그의 영광의 풍성함을 따라 그의 성령으로 말미암아 너희 속사람을 능력으로 강건하게 하시오며 믿음으로 말미암아 그리스도께서 너희 마음에 계시게 하시옵고 너희가 사랑 가운데서 뿌리가 박히고 터가 굳어져서 능히 모든 성도와 함께 지식에 넘치는 그리스도의 사랑을 알고 그 너비와 길이와 높이와 깊이가 어떠함을 깨달아 하나님의 모든 충만하신 것으로 너희에게 충만하게 하시기를 구하노라. 우리 가운데서 역사하시는 능력대로 우리가 구하거나 생각하는 모든 것에 더 넘치도록 능히 하실 이에게 교회 안에서와 그리스도 예수 안에서 영광이 대대로 영원무궁하기를 원하노라. 아멘(엡 3:14-21).

우리는 신앙 공동체도 교회라고 하고, 예수께서 불러 자기 성도로 삼으신 모든 자를 연합하는 차원에서 그들 각 개인도 교회라고 부릅니다. 마치 구약에서 하나님의 백성을 이스라엘이라고 불렀듯이 신약 시대에는 각 개인을 그리고 공동체를 교회라고 부릅니다.

주님은 그 교회에 무엇을 약속하셨을까요? "사랑을 알라. 사랑이 공포보다 크다. 사랑이 폭력보다 크다. 사랑이 너희가 가져야 하는 인간성의 본질이어야 한다. 그러면 능력과 영광이 충만해질 것이다." 이렇게 약속하십니다. 하루하루가 이 영광을 만드는 길이라는 것을 기억해야 합니다. 과거를 가지고 변명하거나 운명을 가지고 변명하지 마시고 오늘 하루를 살아가야 합니다.

우리에게 과거와 운명을 변명할 자리는 없습니다. 어떤 경우와 조건 속에서도 예수님을 믿는 사람은 어떻게 답해야 하는가, 말해야 하는가, 행동해야 하는가 하는 도전의 문 앞에 매일 서 있습니다. 그러한 도전은 날마다 우리 삶 속에 있습니다. 믿는 자와 믿지 않는 자는 동일하게 겪는 공통된 현실 속에서 각자의 답, 반응, 영광을 갖게 될 것입니다. 그 위대한 길을 살아내는 우리 모두가 되기를 원합니다.

26

하나님을 깊이 배우라

호 10:1-8

이스라엘은 열매 맺는 무성한 포도나무라. 그 열매가 많을수록 제단을 많게 하며 그 땅이 번영할수록 주상을 아름답게 하도다. 그들이 두 마음을 품었으니 이제 벌을 받을 것이라. 하나님이 그 제단을 쳐서 깨뜨리시며 그 주상을 허시리라. 그들이 이제 이르기를 우리가 여호와를 두려워하지 아니하므로 우리에게 왕이 없거니와 왕이 우리를 위하여 무엇을 하리요 하리로다. 그들이 헛된 말을 내며 거짓 맹세로 언약을 세우니 그 재판이 밭이랑에 돋는 독초 같으리로다. 사마리아 주민이 벧아웬의 송아지로 말미암아 두려워할 것이라. 그 백성이 슬퍼하며 그것을 기뻐하던 제사장들도 슬퍼하리니 이는 그의 영광이 떠나감이며 그 송아지는 앗수르로 옮겨다가 예물로 야렙 왕에게 드리리니 에브라임은 수치를 받을 것이요 이스라엘은 자기들의 계책을 부끄러워할 것이며 사마리아 왕은 물 위에 있는 거품 같이 멸망할 것이며 이스라엘의 죄 곧 아웬의 산당은 파괴되어 가시와 찔레가 그 제단 위에 날 것이니 그때에 그들이 산더러 우리를 가리라 할 것이요 작은 산더러 우리 위에 무너지라 하리라.

공의롭고 은혜로운 심판

본문은 호세아 선지자가 북이스라엘의 마지막 왕 호세아 때 선포된 심판 메시지로 보입니다. 선지자나 왕의 이름도 다 호세아입니다. 3절에 "그들이 이제 이르기를 우리가 여호와를 두려워하지 아니하므로 우리에게 왕이 없거니와 왕이 우리를 위하여 무엇을 하리요"라는 말씀이 나옵니다. 이 말씀은 굳건한 정치를 의지했던 북이스라엘 백성이 이제 나라가 멸망하자

자유

정치 이력이 국가를 버티게 한 진정한 힘이 아니었다는 사실을 깨닫는 날이 올 것이라고 말하고 있습니다.

5절에는 "사마리아 주민이 벧아웬의 송아지로 말미암아 두려워할 것이라"는 말씀이 나옵니다. 사마리아는 북이스라엘의 수도입니다. 나라가 남북으로 갈리자, 북이스라엘은 자기 백성이 남유다에 속한 예루살렘 성전에 예배하러 가지 못하게 막습니다. 이렇게 하려고 벧엘에 단을 쌓고 송아지를 세웠습니다. 이런 방법을 통해 예루살렘 성전으로 가려는 백성의 마음을 붙들어 놓았던 것입니다.

벧엘에 송아지를 세우자 결국 이곳이 우상을 섬기는 본거지가 됩니다. 벧엘은 '하나님의 집'이라는 뜻을 가진 지명으로서 이름과는 어울리지 않게 그런 장소가 된 것입니다. 하나님은 호세아 선지자를 통하여 벧엘을 '살육의 집, 거짓의 집, 사악함의 집'이라는 뜻의 벧아웬이라 부르라 하시고 책망하십니다. 그래서 "벧아웬의 송아지로 말미암아 두려워할 것이라"는 표현은 북이스라엘이 다 멸망하고 나면 그들이 믿었던 종교가 진정한 힘이 아니었음을 깨닫는 날이 올 것에 대해 말씀합니다. 그리고 5절 후반에 "그것을 기뻐하던 제사장들도 슬퍼하리니 이는 그의 영광이 떠나감이며"라는 말로 이어집니다. 계속 6-7절도 보겠습니다.

> 그 송아지는 앗수르로 옮겨다가 예물로 야렙 왕에게 드리리니 에브라임은 수치를 받을 것이요 이스라엘은 자기들의 계책을 부끄러워할 것이며 사마리아 왕은 물 위에 있는 거품 같이 멸망할 것이며(호 10:6-7).

여기서 에브라임은 북이스라엘의 별칭입니다. 에브라임이 정치나 외교에서 다 힘을 쓰지 못하는 현실을 맞이하리라는 말씀입니다. 호세아 10:1-8에서 가장 중요한 내용은 거짓을 힘의 근거로 믿는 자들은 결국 하나님의 심판을 받아 그것이 진정한 힘이 아니라고 깨닫는 날을 맞이한다는 점입니다. 그들은 북이스라엘의 정치적 역량과 경제력을 믿고 잘못된 우상을 섬기면서 그것이 자기네의 크나큰 신앙과 종교의 힘이라고 생각했습니다. 그들의 이런 생각에 대해 하나님이 심판하십니다. 물론 잘못에 대하여 벌을 주는 것이 심판입니다. 그러나 하나님의 심판은 다만 벌을 주는 데 그치지 않고 그들의 헛된 생각과 잘못을 밝히는 가르침이 이 심판에 함께 들어 있습니다. 이처럼 하나님의 심판은 공의롭고 은혜롭습니다. 이 사실이 중요합니다. 예레미야 9:23-24을 보겠습니다.

> 여호와께서 이와 같이 말씀하시되 지혜로운 자는 그의 지혜를 자랑하지 말라. 용사는 그의 용맹을 자랑하지 말라. 부자는 그의 부함을 자랑하지 말라. 자랑하는 자는 이것으로 자랑할지니 곧 명철하여 나를 아는 것과 나 여호와는 사랑과 정의와 공의를 땅에 행하는 자인 줄 깨닫는 것이라. 나는 이 일을 기뻐하노라. 여호와의 말씀이니라(렘 9:23-24).

이 본문에서 지혜, 용맹, 부함을 언급하는데 그 무엇도 하나님 외에는 진정한 힘이나 가치가 아니라고 가르칩니다.

하나님이 이스라엘 백성을 당신의 명령과 교훈 안에 두시려고 하는 이유가 무엇일까요? 이는 하나님께서 독점력과 자존심이 강하며 독선적인 분이라는 뜻일까요? 그렇지 않습니다. 예레미야 9:23-24에서 보듯이, 인간이란 창조자 하나님 이외의 그 무엇으로도 내용과 가치를 충족할 수 없는 존재라는 것입니다. 이 때문에 인간을 하나님을 아는 지식으로 채우고자 하십니다. 성경은 이 사실을 가르치고 싶어 합니다. 이는 매우 중요한 내용입니다.

우리는 신앙생활을 하면서 사실 다음과 같은 기도를 쉽게 합니다. "하

자유

나님, 하나님이 하라고 하시는 것 다 할 테니 제발 행복을 주십시오. 평안을 주십시오. 더 이상 걱정하지 않게 해주십시오." 이런 소원은 신앙 초기에 기독교의 본질을 가장 많이 오해하게 만드는 것입니다. 또 이런 기도도 합니다. "하나님, 어쩌란 말입니까? 내가 이 이상 어떻게 더 잘할 수 있습니까?" 이것은 욥의 반문이기도 합니다. "하나님, 내가 무엇을 잘못했기에 나로 과녁을 삼으십니까?"라는 비명이 욥의 주된 항변이었습니다.

그러나 "자랑하는 자는 이것으로 자랑할지니 곧 명철하여 나를 아는 것과 나 여호와는 사랑과 정의와 공의를 땅에 행하는 자인 줄 깨닫는 것이라. 나는 이 일을 기뻐하노라. 여호와의 말씀이니라"(렘 9:24)에서 보듯이 하나님은 우리를 당신의 교훈과 가르침에 묶으시려 합니다. 이것은 우리를 제한하려는 것이 아니라 우리가 하나님의 성품을 닮아가는 것을 원하시기 때문입니다. 하나님은 인간이 다만 짐승처럼 먹으면 끝나는 정도의 존재로 목적하신 것이 아닙니다. 하나님은 인간이 이런 존재로 머물러도 되는 것으로 양보하시지 않겠다는 것입니다. 그러나 우리는 하나님을 닮아가는 일에 무관심한 채 하나님을 동원하여 그분의 힘을 빌려 자기 필요를 채우고 평안하기를 원하곤 합니다.

하나님을 수단으로 쓰는 신앙

가장 대표적인 것이 성경에서 말하는 부라는 문제입니다. 디모데전서 6:9-10을 보겠습니다. 이 말씀은 부자가 되는 것과는 좀 다른 문제이긴 합니다.

부하려 하는 자들은 시험과 올무와 여러 가지 어리석고 해로운 욕심에 떨어지나니 곧 사람으로 파멸과 멸망에 빠지게 하는 것이라. 돈을 사랑함이 일만 악의 뿌리가 되나니 이것을 탐내는 자들은 미혹을 받아 믿음에서 떠나 많은 근심으로써 자기를 찔렀도다(딤전 6:9-10).

이 본문에서 "부하려 하는" 것이란 하나님 이외의 것으로 답을 찾으려 하는 것을 말합니다. 우리는 여기에 무엇이든지 대입해 볼 수 있습니다. 명예가 될 수도 있고, 지식이 될 수도 있고, 권력이 될 수도 있습니다. 또는 약간 겸손을 곁들여서 행복, 평화, 안정과 같은 소원이 될 수도 있습니다. "뭐 특별히 잘나고 싶은 것도 없어요. 단지 남에게 꾸지만 않고 살게 해주 시면 좋겠어요"라는 식으로 흔히 많이 양보한 것처럼 말하지만, 실제로는 대단히 고약한 길로 따라가고 있다는 것에 주의해야 합니다.

결국 우리는 신앙 인생 속에서 하나님에게 "도대체 어떻게 하라는 말 입니까?" 하며 화를 냅니다. "어떻게 하라는 말입니까?"라는 항변에는 "이 이상 어떻게 더 잘합니까?"라는 억울함이 들어 있습니다. 무엇을 잘했다는 것일까요? 이 말 속에는 "어떻게 이 이상 더 하나님을 잘 섬깁니까?"라는 항의가 들어 있습니다. 하나님이 화내지 않으실 만큼 다 했다는 것입니다. 그렇다면 하나님이 무엇에 화를 내고 계시는지 알고 있습니까? 하나님이 무엇을 원하시는지 알고 있습니까?

하나님은 우리가 하나님이 누구신지를 알고 하나님이 목적하신 사람 이 되어 하나님을 아는 지식으로 채워지기를 원하십니다. 하나님은 하나 님을 아는 지식, 인애와 자비로 가는 것을 원하십니다. 여기서 기독교 신앙 은 다만 도덕성의 문제가 아니라는 것을 알게 됩니다. 물론 기독교 신앙에 는 도덕성이 있습니다. 이는 너무나 당연합니다. 기독교는 도덕과 다른 길 을 가지 않고 도덕에서 면제받지도 않습니다.

그러나 기독교는 도덕을 넘어섭니다. 옳고 해를 끼치지 않는 정도를 넘어 용서하고 사랑하라는 것입니다. 하나님이 우리에게 이것을 하라고 하시는데도 우리는 하지 않습니다. 이 꾸중이 매우 중요하다는 것을 호세

자유

아 10:1에서 알 수 있습니다. "이스라엘은 열매 맺는 무성한 포도나무라. 그 열매가 많을수록 제단을 많게 하며 그 땅이 번영할수록 주상을 아름답게 하도다"(호 10:1).

하나님이 복을 주시면 이스라엘은 만물의 주인이 하나님이신 줄 알고 하나님을 섬기는 길로 가야 했습니다. 호세아서에서 가장 중요한 주제인 인애를 품는 것, 하나님을 섬기는 것, 하나님의 성품에 참여하는 것으로 가는 길 말입니다. 그런데 그들은 물질의 부요함을 지속하려고 우상숭배의 길로 갔습니다. 본문 2절에서 그들은 두 마음을 품었다고 말합니다. 하나님을 섬기는 것과 자기를 섬기는 것, 이 두 마음을 동시에 가지고 있었습니다. 하나님을 섬기되 하나님 앞에 온전히 순종하여 따르지 않고 자기 뜻을 이루기 위하여 하나님을 섬깁니다. 이렇게 되면 결국 하나님은 우상이 되고 맙니다.

우상이란 무엇입니까? 그것은 인격과 작정과 거룩함이 없고 오직 수단에 불과한 것입니다. 사람들은 우상을 자기네 손으로 만들어 놓고 거기 가서 빕니다. 무엇을 빕니까? 자기가 원하는 것을 만들어 달라고 빕니다. 이것만큼 기독교 신앙을 왜곡하고 인간의 죄성을 적나라하게 드러내는 지적도 없을 것입니다. 자신의 신앙을 점검해 보십시오. 가장 중요한 점검이 무엇입니까? 하나님의 뜻을 아는 문제에서 우리가 얼마나 본성적으로 순종하는 마음이 없는가, 얼마나 끈질기게 자기주장을 고집하는가 하는 것을 점검해야 합니다. 우리가 신앙을 실천할 때조차도 그 신앙이 하나님을 움직이기 위한, 하나님을 내 뜻대로 조종하기 위한 수단으로 사용한다는 사실에 우리는 놀라야 합니다. 이는 괴로운 일입니다. 그래서 어찌 보면 기독교 신앙은 한평생 '이만하면 되었다' 하는 마음을 가질 수 없는 것일지 모릅니다.

포기하거나 타협하시지 않는 하나님

여러분이 인생을 살면서 알게 된 기가 막힌 현실은 무엇입니까? 아무리 열심히 살아도 책임과 고통이 끝나지 않는 인생을 산다는 사실입니다. 여기에 우리는 놀랍니다. 저도 많이 놀라고 있습니다. 우리는 평생 자기 자신 하나만 위해서 살지 못합니다. 우리가 얼마나 많은 사람들과 연결되어 있습니까? 아무리 해도 책임은 끝나지 않습니다. 문제가 해결되지 않습니다. 나이가 들면서 깨닫는 것은 문제가 해결되는 것이 아니라 짐을 끝까지 지고 가는 것이 인생이라는 사실입니다. 그러나 답이 없는 고난 속에서도 결국 하나님이 승리를 주실 것이라고 믿는 것이 신앙입니다.

이 신앙이 가능한 것은 인간의 노력과 조건 때문이 아니라 하나님의 기적이 우리의 수고를 헛되게 하지 않게 한다는 데 있습니다. 우리의 실패마저도 하나님의 자비로우심과 능력을 무산시킬 수 없습니다. 이를 아는 것이 신앙이며 우리가 기꺼이 짐을 질 수 있습니다. 짐이 없어지는 일이 생기는 것이 신앙이 아닙니다.

이스라엘 백성은 잘못해서 포로가 되고 나라가 망합니다. 북이스라엘이 먼저 망했고, 남유다가 뒤이어 망해 바벨론의 포로가 됩니다. 물론 나중에 귀환하여 이스라엘이 재건되지만, 마지막에는 로마에 의해서 나라가 또 없어집니다. 우리가 성경을 통해 알다시피, 이스라엘의 운명은 정치적, 군사적 차원에서 멸망하는 것이 아니었습니다. 하나님이 이스라엘을 깨우치시고 그들에게 목적하신 것은 이스라엘 백성이 요구하고 이해한 것과 다릅니다.

우리도 다 여기로 부름을 받고 있습니다. 예수님을 믿는 문제가 얼마나 이해하기 쉽지 않은, 참으로 놀라운 문제인지 갈라디아서 5:22-23에 잘 드러납니다. "오직 성령의 열매는 사랑과 희락과 화평과 오래 참음과 자비

자유

와 양선과 충성과 온유와 절제니 이 같은 것을 금지할 법이 없느니라"(갈 5:22-23). 이 말씀은 예수 믿는 사람이라면 누구나 잘 아는 구절로 그 의미 또한 잘 알고 있을 것입니다. 이 말씀은 성령의 열매를 맺어야 한다는 것인데 이는 그렇게 간단하지 않습니다.

그다음에 이어지는 구절을 보십시오. "그리스도 예수의 사람들은 육체와 함께 그 정욕과 탐심을 십자가에 못 박았느니라. 만일 우리가 성령으로 살면 또한 성령으로 행할지니 헛된 영광을 구하여 서로 노엽게 하거나 서로 투기하지 말지니라"(갈 5:24-26). 여기서 성령의 열매를 맺는 문제를 두고 무엇을 서로 비교하고 있습니까? 내가 나의 주인이냐, 성령이 나의 주인이냐 하는 것을 비교합니다. 사실 죄성의 무서움은 '성령의 열매를 맺자', '성령의 열매를 맺으면 하나님이 내 모든 요구에 응답하시고 복을 주시리라'는 데로 넘어갈 수 있다는 점에 있습니다. 성령의 열매를 운운하면서 성령이 주인이 아니고 내가 주인이 되어 버린다는 것입니다. 우리는 이러한 사실에 놀라야 합니다.

이것이 본문에서 이스라엘이 저지르고 있는 잘못입니다. 이스라엘은 무성한 포도나무입니다. 열매가 많을수록 제단이 늘어나는데, 하나님이 어떻게 그들에게 계속 복을 주시겠습니까? 그들에게 허락된 평화, 번영, 행복, 자랑이 하나님이 뜻하시며 하나님을 닮는 인격과 성품으로 가는 길이 아니라 더욱더 자신들의 고집과 자랑으로 가는 것이라면, 하나님은 이를 깨트리실 수밖에 없다는 것입니다. 누구를 위해서 그렇게 하실까요? 바로 그들을 위해서입니다.

우리는 신앙에 대하여 '잘하면 복 받고 못하면 벌 받는다'는 식의 간단한 이해를 본능적으로 가지고 있습니다. 현실이 어려운 것은 잘못한 것이 있기 때문이라는 생각이 우리를 지배합니다. 그러나 성경은 그렇게 이야기하지 않습니다. 성경은 우리에게 하나님의 뜻이 무엇인지 생각하라고 합니다.

우리는 명분상 하나님을 위하는 것이 신앙이라고 생각하는 바람에 자신이 실제의 주인이 되고 하나님이 우상으로 전락된 것은 아닌지 생각해 봐야 합니다. 제가 이런 식으로 믿음을 가르치기 때문에 "믿음이 뭐 그렇게 복잡합니까?"라는 질문을 가끔 받습니다. 여기에 대해서는 단번에 반박할 답이 있습니다. 하나님은 인격자시며 생각하시는 분이지, 기계나 수단이 아니라는 사실입니다. 우리는 하나님이 단순한 분이기를 바랍니다. 내 생각보다 쉽기를 바랍니다. 그러나 이는 무엄하고 무지한 짓입니다.

호세아서 내내 하는 이야기가 바로 이것입니다. 이스라엘 백성이 지식을 버렸으므로 하나님도 이 백성을 버린다는 것입니다. 우리는 하나님이 인격자라는 사실과 우리에게 인격적 신앙을 요구하신다는 사실을 자주 잊습니다. 그리고 하나님이 쉽게 답을 주시지 않는다는 사실에 대해서 놀랍니다. 이렇게 표현하는 것을 용서하시기 바랍니다만, 우리는 하나님이 우리에게 속아 넘어가지 않는 것에 대해서 분하게 여기는 것 같습니다. 인생이 고통스러우십니까? 고난이 우리에게 더 좋은 것을 만들어 낼 수 있다는 사실을 하나님의 지혜와 권능을 근거로 하여 믿을 수 있습니까? 성경은 일찍이 이런 고백을 증언하고 있습니다. 시편 119:71-77을 보겠습니다.

고난당한 것이 내게 유익이라. 이로 말미암아 내가 주의 율례들을 배우게 되었나이다. 주의 입의 법이 내게는 천천 금은보다 좋으니이다. 주의 손이 나를 만들고 세우셨사오니 내가 깨달아 주의 계명들을 배우게 하소서. 주를 경외하는 자들이 나를 보고 기뻐하는 것은 내가 주의 말씀을 바라는 까닭이니이다. 여호와여, 내가 알거니와 주의 심판은 의로우시고 주께서 나를 괴롭게 하심은 성실하심 때문이니이다. 구하오니 주의 종에게 하신 말씀대로 주의 인자하심이 나의 위안이 되게 하시며 주의 긍휼히 여기심이 내

자유

게 임하사 내가 살게 하소서 주의 법은 나의 즐거움이니이다(시 119:71-77).

고난을 당하면 무엇이 진짜인지 알게 됩니다. 나이가 들면서 배우는 것이 무엇입니까? 인생에서 가장 중요한 것이 무엇인지 알게 됩니다. 젊었을 때는 곧잘 오판합니다. 젊었을 때는 보이는 힘이 가장 중요하다고 생각하는데 나이가 들면 그 힘이 다른 것으로 바뀝니다. 보다 깊은 의미로 전진합니다. 시편 119편을 쓴 기자는 고난을 당하게 되자 인간이 더 고급한 존재라는 사실과 보이는 것으로 해결되지 않는 고난이 있다는 것을 알게 됩니다. 즉 인간은 더욱 깊은 고민을 하는 존재요, 그 답을 위해서 더 깊은 생각이 필요하다는 것을 알게 됩니다. 그래서 그는 하나님의 법과 요구가 진정한 깊이와 내용을 갖게 한다는 것에 대해 깨닫기 시작합니다. 하나님의 법의 가치를 알게 되며 하나님의 하나님되시는 거룩함과 도덕성과 진정한 내용을 깨닫기 시작합니다.

시편 기자는 119:75에서 주의 심판은 의롭다고 고백합니다. 호세아서 본문에 나오는 심판도 의로운 심판입니다. 하나님께서 이스라엘 백성을 그들이 원하는 대로 놔두시면 그들은 영영 바보로 살다 죽을 것입니다. 그러나 그들을 내버려 두시지 않아 그 심판은 정말 고마운 심판입니다. 주께서 나를 괴롭게 하심은 성실하심 때문이라고 말합니다. 하나님이 우리의 하나님되심을 타협하시지 않고 포기하시지 않기 때문에 이 고백이 나오는 것입니다. 하나님은 성실하십니다.

우리도 자녀를 기르다가 정 안 되면 나중에 "나는 모른다. 네가 고집부렸고 네가 결정한 것이니 네 인생 네가 책임져라" 하면서 타협하고 포기합니다. 그러나 하나님은 그리하시지 않습니다. 고마우신 하나님입니다. 지금 인생이 만만치 않으십니까? 고마우신 하나님 덕분입니다. 그것이 말이 되냐고 되묻고 싶으십니까? 하나님은 하나님이시기를 중단하실 수 없는 성실하신 분이기에 그렇게 하신다는 것을 기억하기 바랍니다. 하나님이 포기하시거나 타협하셨다면 우리는 아마 괴물이 되었거나 바보가 되었거나 아무것도 아닌 존재가 되었을 것입니다.

우리가 나누고 생각한 본문이 자신의 신앙 인생을 돌아볼 때에 하나님이 누구신가를 다시 한번 분명히 하는 성경의 증언이요, 자신의 생애를 조망하고 해석하는 말씀이기를 바랍니다. 그리하여 우리의 신앙 인생이 얼마나 복된 것인지, 하나님의 인도하심 속에 있다는 것이 어떤 의미인지를 깨닫기 바랍니다.

자유

27

나와 함께 더 가자

요 13:1-17

유월절 전에 예수께서 자기가 세상을 떠나 아버지께로 돌아가실 때가 이른 줄 아시고 세상에 있는 자기 사람들을 사랑하시되 끝까지 사랑하시니라. 마귀가 벌써 시몬의 아들 가룟 유다의 마음에 예수를 팔려는 생각을 넣었더라. 저녁 먹는 중 예수는 아버지께서 모든 것을 자기 손에 맡기신 것과 또 자기가 하나님께로부터 오셨다가 하나님께로 돌아가실 것을 아시고 저녁 잡수시던 자리에서 일어나 겉옷을 벗고 수건을 가져다가 허리에 두르시고 이에 대야에 물을 떠서 제자들의 발을 씻으시고 그 두르신 수건으로 닦기를 시작하여 시몬 베드로에게 이르시니 베드로가 이르되 주여, 주께서 내 발을 씻으시나이까. 예수께서 대답하여 이르시되 내가 하는 것을 네가 지금은 알지 못하나 이 후에는 알리라. 베드로가 이르되 내 발을 절대로 씻지 못하시리이다. 예수께서 대답하시되 내가 너를 씻어 주지 아니하면 네가 나와 상관이 없느니라. 시몬 베드로가 이르되 주여, 내 발뿐 아니라 손과 머리도 씻어 주옵소서. 예수께서 이르시되 이미 목욕한 자는 발밖에 씻을 필요가 없느니라. 온 몸이 깨끗하니라. 너희가 깨끗하나 다는 아니니라 하시니 이는 자기를 팔 자가 누구인지 아심이라. 그러므로 다는 깨끗하지 아니하다 하시니라. 그들의 발을 씻으신 후에 옷을 입으시고 다시 앉아 그들에게 이르시되 내가 너희에게 행한 것을 너희가 아느냐. 너희가 나를 선생이라 또는 주라 하니 너희 말이 옳도다. 내가 그러하다. 내가 주와 또는 선생이 되어 너희 발을 씻었으니 너희도 서로 발을 씻어 주는 것이 옳으니라. 내가 너희에게 행한 것같이 너희도 행하게 하려 하여 본을 보였노라. 내가 진실로 진실로 너희에게 이르노니 종이 주인보다 크지 못하고 보냄을 받은 자가 보낸 자보다 크지 못하나니 너희가 이것을 알고 행하면 복이 있으리라.

요한복음 13-17장은 예수님이 자신의 공생애를 마무리하시고 십자가를 지시기 전에 제자들에게 십자가로 이루실 부활의 나라, 곧 천국의 질서와 가치와 영광을 가르치신 내용을 담고 있습니다.

섬김의 요구에 저항함

우리는 하나님 나라의 특징이 뜻밖에도 '섬김'이라는 것에 유념해야 합니다. 예수님이 친히 제자들의 발을 씻기시고, 제자들에게 "내가 주와 또는 선생이 되어 너희 발을 씻었으니 너희도 서로 발을 씻어 주는 것이 옳으니라"(요 13:14)고 말씀하십니다. 주님은 이제 십자가를 지시고 부활하심으로 세우는 나라의 최고 특징과 질서를 섬김이라고 가르치십니다.

누가복음 22장에서 예수님은 묘한 상황에서 그 특징을 섬김이라고 제자들에게 이르십니다. 제자들은 예수님이 이 세상에 하나님 나라를 회복하신다면 자기들 중에 누가 크냐 하는 다툼을 벌이고 있었습니다. 그들은 누가 최고의 공훈자가 될 것인가를 놓고 치열하게 논쟁하고 있을 때 예수님께서 섬김에 대한 가르침을 주십니다.

예수께서 이르시되 이방인의 임금들은 그들을 주관하며 그 집권자들은 은인이라 칭함을 받으나 너희는 그렇지 않을지니 너희 중에 큰 자는 젊은 자와 같고 다스리는 자는 섬기는 자와 같을지니라(눅 22:25-26).

이 말씀은 예수님이 "이 세상은 권력적 질서를 갖고 있지만, 내 나라는 섬기는 질서를 갖는다. 누구든지 윗자리에 가려거든 섬기는 자가 되어라"고 가르치신 것으로, 우리가 기대하고 상상하는 것과 다른 나라를 제시하십니다. 예수님은 자신의 생애 속에 여러 기적으로 우리 안에 구원자의 능력과 그에 대한 소망을 불러일으키셨습니다. 하지만 그분의 가르침은 우리의 기대와 많이 다릅니다. 그 대신 왜 예수님은 십자가를 지는 것, 곧 죽음에 굴복하셔서 모든 것이 끝장난 것 같은 일을 하시는가? 그리고 어떤 나라를 세우시기에 이 같은 일을 하시는가 하는 의문에 중요한 단초를 남기신 셈입니다.

우리는 섬기는 자가 되어야 한다는 예수님의 말씀에 그리스도인으로서 당연히 순종과 항복을 해야 합니다. 하지만 우리는 그 섬김의 요구에 마음속 깊이 저항합니다. 섬긴다는 것은 낮아지는 것입니다. 어느 누구도 굴복의 자리에 들어가는 것을 기뻐하지 않습니다. 게다가 이 섬김은 예수님이 십자가를 지심으로 보여주신 것이고, 예수님은 섬김으로 하나님 나라를 만드셨습니다. 그것은 주를 믿으면 복을 받을 것이라는 우리의 기대, 믿음 때문에 손해를 보고 희생을 하더라도 놀라운 보상이 있으리라는 우리의 기대와는 너무 거리가 멉니다. 그렇기 때문에 우리 마음 깊은 곳에 저항이 생깁니다.

이러한 섬김은 우리가 이 세상에서 본성적으로 가졌던 이해관계를 깨지 않고는 받아들일 수 없습니다. 장구한 인류 역사에 축적된 경험을 통하여 우리에게 성찰하도록 만드신 하나님의 교훈만이 이 섬김을 받아들일 수 있게 합니다.

분노하는 시인

세상은 인류 역사의 가장 귀한 교훈으로 '인류가 정의 사회를 구현해야 한다'는 것에 기대와 소원을 가지고 있습니다. 이 정의 사회 구현이란 역사가 인류에게 준 귀한 깨달음이라고 생각합니다. 모두가 정의 사회를 만들어야겠다는 것에 수긍하고 반드시 그래야 한다고 납득할 수 있습니다. 그러나 인류 역사 내내 정의 사회는 실제로 구현된 적이 없습니다. 이 사실 때문에 우리는 혼란스러워합니다. 정의 사회는 언제나 부패한 권력과 조직에 대해 반론을 펼치고 저항하기 위해 제시됩니다. 그래서 정의 사회는 세상 모든 사람이 공감하는 구호이며 주장임에도, 이것이 이루어진 적은 없습니다. 그것은 만족시킬 수 없는 인간의 소원이었습니다.

정의란 불이익을 받지 않는 것, 손해를 보지 않는 것, 동등한 대접 그리고 기회를 갖는 것 등을 말합니다. 그러나 세상은 정의가 모두에게 실현되어야 한다는 것에는 합의하고 있지만, 누가 어떤 식으로 만족시킬 수 있는가에 대해서는 역사 내내 답을 찾지 못했습니다.

어느 나라든지, 어느 정권이든지 기존의 잘못된 국정 운영과 정권을 무너뜨리기 위해 정의를 외쳤지만, 권력을 소유하는 순간 정의는 결국 누군가에게는 공포가 되고, 누군가에게는 원망이 되는 결과밖에 만들어 내지 못했습니다.

이러한 이유로, 우리 안에는 '예수를 믿을 때 받는 보상은 섬기는 것'이라는 점에 대한 저항이 있습니다. 더불어 정의 사회 구현이라는 말과 관련된 쓴 경험 때문에, 정의란 결국 권력자가 입에 달고 있는 변명이지, 실제로는 구현할 수 없다는 체념이 우리 마음에 분노로 남아 있습니다. 분노를 꺼내 봤자 소용없고 이를 표출해 봤자 더 큰 손해를 보기 때문에, 분노는 침묵으로 변합니다. 침묵은 입을 다물기로 하는 것입니다. 속내를 말하지 않기로 하고, 불평하지 않기로 하고, 미운털 박히지 않도록 숨기는 것입니다. 이는 굉장히 나쁜 상태로 가는 행위입니다. 스스로를 소외시키는 것, 존재하고 있으나 존재하지 않는 자로 만드는 것입니다. 이렇게 되면 우리는 입만 열면 비난과 핑계 이외에 다른 말은 하지 않게 됩니다.

바로 이런 분노와 침묵이 성경에도 고스란히 나옵니다. 예수님을 믿으면 다 마음이 평안해지고, 입을 열면 찬송과 감사만 나옵니까? 우리가 기대했던 것과 다르게 성경은 이 분노를 증언하고 있습니다. 시편 39:1-6

을 보겠습니다.

내가 말하기를 나의 행위를 조심하여 내 혀로 범죄하지 아니하리니 악인이 내 앞에 있을 때에 내가 내 입에 재갈을 먹이리라 하였도다. 내가 잠잠하여 선한 말도 하지 아니하니 나의 근심이 더 심하도다. 내 마음이 내 속에서 뜨거워서 작은 소리로 읊조릴 때에 불이 붙으니 나의 혀로 말하기를 여호와여, 나의 종말과 연한이 언제까지인지 알게 하사 내가 나의 연약함을 알게 하소서. 주께서 나의 날을 한 뼘 길이만큼 되게 하시매 나의 일생이 주 앞에는 없는 것 같사오니 사람은 그가 든든히 서 있는 때에도 진실로 모두가 허사뿐이니이다. (셀라) 진실로 각 사람은 그림자 같이 다니고 헛된 일로 소란하며 재물을 쌓으나 누가 거둘는지 알지 못하나이다(시 39:1-6).

이 말씀은 하나님을 의지하고 순종하고 절제하고 희생하고 참고 사는데, 보상이 없다는 내용입니다. 악당은 더 잘되고 선한 자는 억울하기만 합니다. 마음속에서 분노가 일어납니다. 왜 저 악당은 자기가 가진 욕심보다 더 많은 보상을 받고, 나는 모든 것을 참으며 정당하고 양심적으로 사는데, 왜 늘 내가 잘못한 것같이 이러한 처지에 놓여 있는가? 그래서 화가 나 입을 다물고 악당들이 앞에 있을 때에도 악한 말을 하지 않고, 욕도 하지 않고, 좋은 말만 하자고 생각을 하자마자 참았던 화가 확 터집니다. 하나님, 내가 살면 얼마나 더 살겠습니까? 내 인생이 요만큼밖에 안 되는데 뭘 참으란 말인가요? 이렇게 소리 지를 수밖에 없었던 것입니다. 7절 이하도 계속 보겠습니다.

주여, 이제 내가 무엇을 바라리요. 나의 소망은 주께 있나이다. 나를 모든 죄에서 건지시며 우매한 자에게서 욕을 당하지 아니하게 하소서. 내가 잠잠하고 입을 열지 아니함은 주께서 이를 행하신 까닭이니이다. 주의 징벌을 나에게서 옮기소서. 주의 손이 치심으로 내가 쇠망하였나이다. 주께서 죄악을 책망하사 사람을 징계하실 때에 그 영화를 좀먹음 같이 소멸하게 하시니 참으로 인생이란 모두 헛될 뿐이니이다. (셀라) 여호와여, 나의 기도를 들으시며 나의 부르짖음에 귀를 기울이소서. 내가 눈물 흘릴 때에 잠잠하지 마옵소서. 나는 주와 함께 있는 나그네이며 나의 모든 조상들처럼 떠도나이다(시 39:7-12).

이 말씀은 "하나님, 뭘 나보고 참으라고 하세요? 인생이 다 그래요. 다 못났어요. 어떻게 위대해질 수가 있다는 말이에요? 난 못해요"라고 하는 말입니다. 그런 다음에 "나는 주와 함께 있는 나그네이며 나의 모든 조상들처럼 떠도나이다"라고 말합니다. "주를 믿지만 나는 한심하고 별 볼 일 없습니다. 하나님, 저에게 너무 뭐라 그러지 마세요" 하는 것입니다. 그리고 마지막 13절에 이렇게 말합니다. "주는 나를 용서하사 내가 떠나 없어지기 전에 나의 건강을 회복시키소서"(시 39:13). 이는 "하나님, 제가 살아 있는 동안에 답을 주세요. 저 죽으면 어떡하실래요?"라고 하는 것입니다.

답하시지 않는 하나님

왜 이러한 이야기가 나온 것일까요? 우리가 기대하는 보상과 하나님이 내리시는 보상이 얼마나 다른지 겪었기 때문입니다. 우리가 침묵 속으로 빠지다가 분노를 터뜨리는 것은, 분노를 터뜨릴 이유와 자격이 우리에게 있다고 생각하기 때문입니다. "나는 이런 대접을 받으면 안 돼. 나는 이보다 더 나은 대접을 받아야 돼. 저 밖을 봐. 저 악당들은 아무것도 모르고 온전히 악하게 살아도 저렇게 잘만 사는데, 나는 하나님을 알고 그분을 믿는데

자유

이게 뭐란 말이야?" 이렇게 터져 나옴으로 침묵이 깨집니다. 침묵이 깨질 때는 답을 얻거나 하나님의 기적을 맛보거나 모든 것이 해결되어서가 아닙니다. 참다못해서 더 이상 가슴에 담아 둘 수 없어 터져 나오는 것입니다. 화가 치밀어 길을 가다가 발길질을 한 것입니다.

그런 다음에 어떻게 나올까요? 시편 86편을 보겠습니다.

여호와여, 나는 가난하고 궁핍하오니 주의 귀를 기울여 내게 응답하소서. 나는 경건하오니 내 영혼을 보존하소서. 내 주 하나님이여, 주를 의지하는 종을 구원하소서. 주여, 내게 은혜를 베푸소서. 내가 종일 주께 부르짖나이다. 주여, 내 영혼이 주를 우러러보오니 주여, 내 영혼을 기쁘게 하소서. 주는 선하사 사죄하기를 즐거워하시며 주께 부르짖는 자에게 인자함이 후하심이니이다. 여호와여, 나의 기도에 귀를 기울이시고 내가 간구하는 소리를 들으소서. 나의 환난 날에 내가 주께 부르짖으리니 주께서 내게 응답하시리이다. 주여, 신들 중에 주와 같은 자 없사오며 주의 행하심과 같은 일도 없나이다. 주여, 주께서 지으신 모든 민족이 와서 주의 앞에 경배하며 주의 이름에 영광을 돌리리이다. 무릇 주는 위대하사 기이한 일들을 행하시오니 주만이 하나님이시니이다(시 86:1-10).

고함을 질러도 대답이 없기에, 이제는 하나님을 달래기 시작합니다. "하나님, 제가 잘할게요. 기도도 하고 찬송도 잘할게요. 주님은 하나님이시잖아요. 그 옛날 이스라엘 백성을 애굽에서 건져 내시고, 바위에서 샘물도 내주셨잖아요. 그런데 이게 뭐예요. 하나님, 좋은 말로 할 때 잘하세요." 우리 신앙의 선조들이 한 말입니다. 이어서 11절부터 더 보겠습니다.

여호와여, 주의 도를 내게 가르치소서. 내가 주의 진리에 행하오리니 일심으로 주의 이름을 경외하게 하소서. 주 나의 하나님이여, 내가 전심으로 주를 찬송하고 영원토록 주의 이름에 영광을 돌리오리니 이는 내게 향하신 주의 인자하심이 크사 내 영혼을 깊은 스올에서 건지셨음이니이다. 하나님이여, 교만한 자들이 일어나 나를 치고 포악한 자의 무리가 내 영혼을 찾았사오며 자기 앞에 주를 두지 아니하였나이다. 그러나 주여, 주는 긍휼히 여기시며 은혜를 베푸시며 노하기를 더디하시며 인자와 진실이 풍성하신 하나님이시오니 내게로 돌이키사 내게 은혜를 베푸소서. 주의 종에게 힘을 주시고 주의 여종의 아들을 구원하소서(시 86:11-16).

이제 주께 다음과 같이 조릅니다. "하나님, 이렇게 해서 하나님의 위대하심을 열방에 알리세요. 하나님의 크심을 그의 종들에게 알리세요. 모든 인류에게 주의 위대하심을 나타내셔서 찬송을 받으세요." 그래도 하나님은 답하시지 않습니다.

나와 함께 더 가자

하나님은 이 모든 분노와 간절한 구걸에 마침내 예수로 답하십니다. 예수는 '말씀'이라고 되어 있습니다. "말씀이 육신이 되어 우리 가운데 거하시매 우리가 그의 영광을 보니 아버지의 독생자의 영광이요 은혜와 진리가 충만하더라"(요 1:14). 말씀이 육신을 입고 오십니다. 말씀은 대상이 있어야 합니다. 하나님이 우리의 간구와 분노와 심지어 욕설까지 다 받으셔서 하신 답이 예수입니다.

예수님은 무엇을 하셨습니까? 우리의 분노를 깨부순 것이 아닙니다. 우리가 한 구걸에 만족스러운 결과를 주신 것도 아닙니다. 그저 우리가 처한 처지에 들어오십니다. 우리의 분노와 조급함, 비천함, 절망 가운데 들어

오십니다. 마치 "그래, 네 말이 맞다. 억울하겠다. 나 같아도 못 참았겠다" 고 우리에게 답하시는 것 같습니다. 예수님은 우리가 겪는 어려운 일을 해소해 주시거나 문제를 해결해 주시는 방식으로 일하시지 않습니다. 우리를 공감하시고 체휼하시고 우리가 삶에서 겪은 억울함을 함께 겪으십니다. 하나님은 예수님을 보내시어 우리가 겪는 모욕과 수치를 감수하게 하십니다. 그것이 예수님의 공생애이고 십자가이고 부활입니다.

우리는 이 하나님의 방법을 이해하지 못합니다. 아니, 예수님은 물로 포도주를 만드시고, 바다를 잠잠하게 하시고, 나병환자도 고치고 맹인의 눈도 뜨게 하시고, 심지어 죽은 자도 살리시면서 왜 죽으셔야 했다는 말입니까? 하나님은 우리라는 존재와 우리가 겪는 한계와 못난 처지에 공감하시고, 동참하셔서 우리를 섬기십니다. 하나님은 우리를 존중하시고, 우리가 범한 신성 모독적인 것도 감수하십니다. "성전을 헐고 사흘에 짓는 자여, 네가 만일 하나님의 아들이어든 자기를 구원하고 십자가에서 내려오라"(마 27:40)는 말도 다 받으십니다. 우리가 가야 할 죽음과 멸망의 자리까지 가심으로써 절망이나 분노나 배신이나 죽음으로 우리가 도망갈 수 없게 하나님의 은혜와 구원과 승리로 울타리를 치십니다. 우리가 그러한 인생을 사는 것입니다.

하나님은 침묵을 깨십니다. 소외를 해소하십니다. "내가 있다. 나에게 말해라. 네 분노를, 네 슬픔을, 네 원망을, 네 절망을 내게 말하여라. 너의 쓴 인생을 내가 다 받아 주마. 나는 네 하나님이다. 나는 네 아버지다. 오늘도 힘들어서 울었느냐? 너는 혼자가 아니다. 내가 너에게 일어난 모든 일을 복이 되고 힘이 되게 해주마. 너는 그저 무럭무럭 자라나라. 너는 깊고 심오하고 위대한 존재가 되어라. 나와 함께 가자." 이것이 우리 인생입니다.

코로나19로 전 세계가 팬데믹 상황에 놓여 위기를 겪자, 기독교계의 큰 지도자라고 할 수 있는 네 사람이 코로나19에 대한 기독교적 해석을 내

났습니다. 한 사람은 유명한 목회자인 존 파이퍼 목사이고, 나머지 세 사람은 신학자로 존 레녹스, 톰 라이트, 월터 브루그만입니다. 이 네 사람이 책을 썼습니다. 그중 존 파이퍼 목사가 쓴 책이 제일 간단하고 분명합니다. "코로나19는 하나님의 징벌이며 경고다. 회개하라. 구원과 영광과 복을 위하여 신앙을 든든히 하라. 세상 모든 사람들아, 회개하여 구원받아 함께 복을 누리자. 교회는 책임을 다하고, 신앙을 지키는 일에 힘을 다 쏟자"라고 했습니다. 이러한 주장은 분명히 옳고 모두에게 힘을 주는 해석입니다.

그러나 문제는 이렇게 낸 답보다 하나님이 더 가자고 하신다는 사실입니다. 우리는 회개도 했고, 각오도 했고, 헌신도 했습니다. 그러나 하나님은 이상하게 회개와 각오와 헌신으로 우리의 생애를 끝내시지 않고, 우리의 기도에 응답하지도 않으시며, 마치 듣지 못하신 것같이 그다음으로 우리를 데려가십니다.

우리는 예수님이 겟세마네에서 기도하시는 장면을 생각해 볼 수 있습니다. 예수님도 아버지께 "아버지여, 만일 아버지의 뜻이거든 이 잔을 내게서 옮기시옵소서"(눅 22:42)라고 기도하셨습니다. 그러나 아버지는 아들에게 아무 답도 주시지 않습니다. 오히려 예수님이 항복합니다. "그러나 내 원대로 마시옵고 아버지의 원대로 되기를 원하나이다"(눅 22:42). 그리고 천사가 하늘로부터 나타나 예수님의 기도를 돕습니다.

예수님이 겟세마네에서 기도하시는 장면을 읽고 예수께서 신앙의 궁극적 모습을 보였다고 쉽게 결론을 내리지 마십시오. 하나님 아버지께서 어떤 대꾸도 하지 않으셔서, 예수님도 더 이상 아무것도 할 수가 없었습니다. 결국 예수님은 십자가를 지셨습니다. "나의 하나님, 나의 하나님, 어찌하여 나를 버리셨나이까"(마 27:46)라고 고백하는 자리까지 가십니다. 하나님의 지극하심을 아시겠습니까?

우리가 분노하는 이유는 무엇일까요? 욥은 이렇게 말합니다. "나 같은 사람이 무슨 잘못을 했든, 무한하신 하나님께 무슨 방해가 되며 무슨 장애가 된다고 저에게 이렇게 심하게 대하십니까? 나는 왜 태어나서 이 고생을 하는 걸까요?"욥만 그렇게 원망한 것이 아닙니다. 다윗도, 예레미야도, 바울도 고통에 찬 아우성을 쳤습니다. 그러나 하나님은 우리의 그 아우성을, 그 분노를 다 받아 주셨습니다. "네 말이 맞다. 그러나 여기가 끝이 아니다. 네 말을 나에게 다 했으니, 이제 더 가자. 내가 너와 함께할 것이다. 이 세상 끝날까지 내가 너와 함께할 것이다. 내가 죽음을 뒤집을 수 있다. 겁내지 마라. 같이 가자."

이러한 내용을 기독교계를 대표해서 존 레녹스, 톰 라이트, 월터 브루그만이 꺼냈습니다. 그중 톰 라이트라는 학자는 "하나님이 하시는 일을 우리가 알 수 없다. 하나님은 우리의 기대보다 더 요구하신다. 우리가 할 수 있는 것은 기도하는 것이다. 어떻게 기도해야 할까? 우는 것이다"라고 답합니다. 또한 우리가 "하나님, 이게 뭡니까? 하나님, 견딜 수 있는 힘도 주시옵소서. 오늘 하루도 힘들게 지냈습니다. 언제까지 이렇게 살아야 합니까?"라고 질문해도 "너희는 몰라도 된다. 너희는 믿기만 해라. 내가 한다"라고 정리한 사람은 월터 브루그만입니다.

우리가 할 수 있는 것이 뭘까요? 하나님이 우리의 기대를 넘어서며 우리의 상상을 넘어서신다는 것을 아는 것밖에 없습니다. 그 길이 우리에게 고통스럽다는 것만 알 수 있습니다. 거기에서 지지 말아야 합니다. 이를 성경이 우리에게 전하고 있습니다.

그렇다면 우리는 어떻게 섬겨야 할까요? 예수님은 우리에게 져야 한다고 하십니다. 우리는 이기는 것으로 우리 신앙의 종착지를 만들지 말아야 합니다. 우리는 지고, 양보해야 되는 일들로 인생을 살아내야 합니다. 이것이 우리에게 영광이고 명예라는 것을 잊지 말아야 합니다. 하나님이 앞서 가시겠다고 합니다. 예수님은 "네가 만일 하나님의 아들이어든 자기를 구원하고 십자가에서 내려오라"(마 27:40)고 하는 조롱을 견디고 이기셨습니다. 우리도 그런 유혹에 지지 말아야 합니다.

우리는 마음을 열어야 합니다. 어떻게 마음을 열 수 있을까요? 섬김으로 마음을 열 수 있습니다. "안녕하셨어요. 힘드시죠? 건강은 어떠세요? 제가 도와드릴 일은 없을까요?" 이렇게 해야 합니다. 우리는 침묵과 소외와 분노를 넘어서야 합니다. 이것이 우리가 해야 할 일입니다. 입은 닫고 눈은 웃어야 합니다. 그것이 우리가 할 수 있는 위대함입니다.

우리만이 나누어 줄 수 있습니다. 우리만이 세상의 소망이고 진리이고 생명이고 힘이라는 것을 알아야 합니다. 그래야 섬길 수 있습니다. 굴복하는 것도, 아첨하는 것도, 변명이나 고함도 답이 아니라는 것을 알아야 합니다. 우리 모두 그런 위대한 신자의 인생을 걷는 하나님 나라의 백성이 되고, 그 기적의 삶을 살아내시기 바랍니다.

자유

28

역사의 불연속성

삿 3:7-11

이스라엘 자손이 여호와의 목전에 악을 행하여 자기들의 하나님 여호와를 잊어버리고 바알들
과 아세라들을 섬긴지라. 여호와께서 이스라엘에게 진노하사 그들을 메소보다미아 왕 구산 리
사다임의 손에 파셨으므로 이스라엘 자손이 구산 리사다임을 팔 년 동안 섬겼더니 이스라엘
자손이 여호와께 부르짖으매 여호와께서 이스라엘 자손을 위하여 한 구원자를 세워 그들을 구
원하게 하시니 그는 곧 갈렙의 아우 그나스의 아들 옷니엘이라. 여호와의 영이 그에게 임하셨
으므로 그가 이스라엘의 사사가 되어 나가서 싸울 때에 여호와께서 메소보다미아 왕 구산 리
사다임을 그의 손에 넘겨주시매 옷니엘의 손이 구산 리사다임을 이기니라. 그 땅이 평온한 지
사십 년에 그나스의 아들 옷니엘이 죽었더라.

답이 없는 삶을 경험함

이스라엘 자손은 여호와의 목전에 악을 행하여 자신들의 하나님을 잊어버
리고 우상을 섬깁니다. 이런 이스라엘 백성에 대해 하나님은 진노하시고
그들을 이웃 왕에게 넘기십니다. 그러자 이스라엘 백성들이 울며 간구하
지요. 이에 하나님이 사사를 세워 이스라엘을 구원하십니다. 이런 과정이
사사기 내내 되풀이됩니다.

　　우리는 이런 과정의 반복이 이스라엘의 거듭된 실패를 드러내는 것이
라고 생각합니다. 하지만 사사기에서 이런 과정을 반복해서 기술하는 주

된 목적은 이스라엘의 거듭된 배신을 계속해서 수용하시는 하나님을 그리는 데 있습니다. 그러니 사사기를 읽는 우리의 태도는, 왜 이 사람들은 나아지지 않고 여전히 못난 짓을 반복할까 하는 분노가 아니라, 하나님은 도대체 어떤 분이시기에 이들을 거듭 용납하시는가 하는 경이로움이어야 합니다. 사사기를 읽으면서 이런 경이로움이 아니라 분노가 우리 마음을 채운다면, 이는 기독교를 아직 잘 모르는 것입니다.

그러면 사사 시대에 이르러 새롭게 펼쳐지는 정황이 무엇인지 생각해 봅시다. 사사 시대를 잘 이해하려면 출애굽 사건으로 거슬러 올라가야 합니다. 이스라엘이라는 나라는 야곱의 열두 아들들에서 시작합니다. 이들은 애굽에서 지내는 동안 열두 지파를 이루었는데, 시간이 갈수록 그 수가 점점 늘어납니다. 출애굽 당시 이스라엘 백성은 삼백만 명쯤 되지 않았을까 추측해 봅니다. 전투에 임할 수 있는 남자들이 육십만 명이었다고 하니 나머지 가족들, 곧 전쟁에 나가지 못하는 여자, 어린이, 나이든 사람들까지 합하면 그 정도 되었을 것입니다. 굉장히 많은 숫자입니다. 오죽하면 바로가 이스라엘의 번성함에 겁이 나서 산파들을 시켜 사내아이가 태어나면 죽이라고 명했겠습니까?

이렇게 숫자는 굉장히 늘었으나 애굽의 노예로 살게 된 이스라엘 백성을 하나님께서 큰 능력으로 꺼내십니다. 열 가지 재앙을 일으켜 바로를 깨트리신 후, 홍해를 가르고 이스라엘을 광야로 데리고 나와 시내산에서 그들과 언약을 맺으십니다. 여기에 이르도록 하나님은 이스라엘에게 많은 기적을 베푸십니다. 반석에서 물을 내시고 만나와 메추라기를 먹이시며 구름기둥과 불기둥으로 인도하십니다. 그러나 이스라엘 백성은 출애굽 때에 큰 기적을 보았음에도 불순종하여 사십 년 동안 광야에서 방황합니다. 애굽에서 나올 때에 성인이던 세대가 다 소멸할 때까지 말입니다.

그리고 그다음 세대가 가나안에 들어가게 됩니다. 출애굽 사건 때 스

자유

무 살 미만이던 사람들입니다. 이들까지 다 죽고 난 다음 시대가 사사 시대입니다. 그러니 사사기에 나오는 세대는 태어나면서부터 본 것이 가나안 뿐인 사람들입니다. 가나안이 삶의 전부였던 사람들인 것이지요. 그들은 이전 세대와 전혀 다른 정황 속에 놓여 살게 된 것입니다. 우리도 세대를 넘어가며 이와 비슷한 경우를 겪었습니다. 우리 자식 세대를 보면, 우리와는 참 많이 달라서 이해되지 않을 때가 많습니다. 여기서 우리는 6·25전쟁을 겪은 세대를 말합니다.

그들은 무서운 전쟁을 겪으며 배고픔이 무엇인지 뼈저리게 알고 자란 세대입니다. 굶지 않으려면 너나 할 것 없이 일해야 했습니다. 그래서 우리 세대는 일하지 않고 공부할 수 있는 것을 영광과 명예로 여겼습니다. 그저 굶지 않으려고 열심히 일하느라 어떻게 놀아야 하는지도 몰랐습니다. 일하지 않고 놀면 벌 받지나 않을까 생각했습니다. 그런데 우리 자녀들은 어떻습니까? 6·25전쟁이나 먹을 게 없어서 굶주렸던 시절의 이야기만 나오면 이제 그런 이야기는 그만 좀 하라고 펄펄 뜁니다. 자기네가 지금 겪고 있는 현실과 많이 동떨어졌다는 것입니다.

그러나 젊은 세대라고 해서 우리 세대와 전혀 다르기만 한 것은 아닙니다. 그들도 현실을 고통스러워하고 인생에 대해서 버거워하기는 우리와 마찬가지입니다. 우리가 그러했듯 이들도 인생을 두려워합니다. 우리 세대의 눈으로 보면, 이들에게는 삶에 필요한 모든 조건이 부족함 없이 잘 갖춰진 것 같은데 말입니다. 이들은 먹을 것도 넘쳐나니 체격도 좋습니다. 도대체 이들에게 무슨 걱정이 있을까 싶습니다. 하지만 이들에게도 삶의 고통과 절망이 있습니다.

이스라엘 사람들도 마찬가지였습니다. 노예 시대를 겪고 광야 시절을 거친 출애굽 세대가 가졌던 두려움과 불안과 위기와 절망은, 훨씬 더 나은 조건 속에 살았던 가나안 세대에게도 고스란히 반복되고 있다는 것입니다. 이런 사실을 사사기에서 확인할 수 있습니다. 사사기를 읽으면서 우리가 놀라는 점이 바로 이것입니다. 사사 시대에 이르자 이스라엘 백성은 비로소 자유를 갖게 됩니다. 애굽의 바로 밑에 살 때보다, 광야에서 살 때보다 더 많은 선택권을 누릴 수 있게 되었습니다. 그럼에도 이들의 삶이 앞선 세대의 삶보다 더 나았다고는 말할 수 없습니다. 마음껏 선택하며 자유를 누리는데도, 이들은 이전 세대와 마찬가지로 답이 없는 삶을 살아갔다고 사사기는 보여줍니다. 이 점에서 출애굽 세대와 가나안 세대는 공통점을 갖고 있는 것입니다.

이스라엘 역사에 드러난 불연속성

가나안 세대의 이스라엘 백성들에게는 출애굽 세대보다 훨씬 더 많은 자유가 주어져 있었습니다. 그러나 이들의 선택을 보면 그 이전 세대와 마찬가지로 한계 속에 있었다는 것을 알 수 있습니다. 어떤 한계입니까? 소원은 있으나 실천할 수 없다는 한계입니다. 인간은 생명, 진리, 행복, 정의를 소원하지만 그것들을 만들어 낼 실력이 없다는 점에서 이스라엘은 어느 세대나 마찬가지였습니다. 이들은 바른 선택을 할 실력이 없어 잘못된 선택을 계속 해온 것입니다. 그래서 이들은 계속 어려움을 겪게 됩니다.

이스라엘 백성은 어려움이 닥치자 자기네가 어렵게 된 원인을 엉뚱한 곳에서 찾습니다. 이런 어려움을 당하는 것은 외적 안전장치가 없는 탓이라고 판단합니다. 그래서 생각한 것이 왕정이었습니다. 자기들의 고통스러운 삶은 왕이 없어서 그런 것이니 왕을 세워 달라고 아우성을 칩니다. 결국 하나님은 이들에게 왕까지 허락하십니다. 이스라엘이 그릇된 선택을 하지만, 하나님은 그런 선택마저 존중하신 것입니다.

그런데 그토록 바라던 왕을 얻은 이스라엘이 이제 어떻게 됩니까? 나

자유

라가 남북으로 찢어진 채 북쪽은 앗수르에 망하고 남쪽은 바벨론에 망합니다. 백성들은 약속의 땅, 젖과 꿀이 흐르는 땅에서 뿌리가 뽑힌 채 던져집니다. 포로가 되어 적국에 넘겨진 것입니다. 이런 이스라엘 역사를 볼 때, 그 시대를 "그때에 이스라엘에 왕이 없으므로 사람이 각기 자기의 소견에 옳은 대로 행하였더라"(삿 21:25)고 평가한 사사기의 기술은 의미심장합니다.

사사기를 읽고 있는 우리는 신약 시대를 사는 신자들입니다. 우리는 구약 역사와 이스라엘의 결국과 예수의 사건까지 잘 알고 있는 자리에서 사사 시대를 돌아보고 있습니다. 그런데 이 모든 역사를 알고 있는 우리는 성경이 이 역사를 담담히 써내려가는 이유와 가치를 깨닫지 못하고 자꾸 쉬운 결론을 내리려고 합니다. 이스라엘을 바보 같다고 비난하면서 말입니다. 기독교는 이천 년 교회사 내내 유대인들을 저주해 왔습니다. 구약의 역사가 암울한 이유를 유대인들에게 돌려 그들을 비난하는 것으로 손쉬운 해결책을 삼아 왔던 것입니다.

지금 우리는 그들이 결국 어떻게 되었는지 다 아는 자리에서 이스라엘의 행적을 돌아보고 있기에 쉬운 답을 내리는 것인지 모르겠습니다. 그러나 이렇게 쉬운 답을 내리는 것은 성경이 하고 싶은 이야기에 귀 기울이지 않기 때문입니다. 유대인에 대한 편견에 머물러, 기독교 신앙의 진정한 깊이로 들어가지 못하고 있는 것입니다. 자신들이 만든 올무에 스스로 걸려든 것입니다.

이스라엘에게 왕정은 무엇이었을까요? 사실 이스라엘에게 외적 안전장치란 있을 수 없습니다. 하나님 이외에는 어떤 안전장치도 있을 수 없기 때문입니다. 이스라엘 역사는 왕이 있으면 되는 문제, 왕이 잘하면 되는 문제가 아니었습니다. 결국 왕정이 수립되나 왕들도 잘하지 못했습니다. 이스라엘은 지금껏 걸어왔던 불순종의 길을 계속 걸어갈 뿐이었습니다.

그럼에도 불구하고 이스라엘을 향한 하나님의 일하심은 중단되지 않습니다. 계속 잘못된 선택을 하는 이스라엘이 없어지지 않고 어떻게 지속되어 올 수 있었는지에 대한 답을 찾으려면 성경이 보여주는 불연속에 주목해야 합니다. 먼저 다윗 왕을 생각해 봅시다. 다윗은 이스라엘 역사상 드물게 모범적 왕이었지만 그의 생애는 절망과 탄식으로 얼룩진 인생이었습니다. 그의 인생 전반기는 사울에게 쫓긴 나머지 적국에 피난해야 했던 고단한 기간이었습니다. 울 기운조차 없을 만큼 울어야 했던 상황이 계속 이어졌습니다. 인생 후반기에는 자식의 모반 때문에 피해 다녀야 했습니다. 이처럼 다윗의 생애는 절망과 탄식뿐이었습니다.

다윗은 절망과 탄식 속에서 하나님의 은혜를 만납니다. 그는 여호와를 위하여 성전을 짓겠다고 마음먹을 수 있는 자리까지 갑니다. 그러나 하나님이 다윗의 이 마음을 냉정히 거부하십니다. 네가 나를 위하여 집을 짓겠다고? 네가 내게 무엇인가 해주고 싶다고? 무엇을 해줄 수 있는 이는 나뿐이다. 네가 나에게 무엇을 줄 수 있다는 말이냐? 네가 그따위 헛소리를 했으니 내가 네 집 곧 네 왕권을 영원하게 하겠다. 이 약속이 하나님의 대답이었습니다. 이 대답이 논리적으로 자연스럽습니까? 그렇지 않습니다. 앞에 일어난 일과 뒤에 받은 복 사이에 인과관계가 없습니다. 불연속입니다. 이 불연속을 꼭 기억하십시오.

이런 불연속은 선지자들의 메시지에서도 발견됩니다. 나라가 망할 때가 되자, 이스라엘에는 배도가 극심해지고 악행은 점점 만연해 갑니다. 선지자들이 일어나서, 이러면 안 된다 이렇게 살면 하나님의 심판을 각오해야 한다 하고 비명 섞인 경고를 합니다. 이렇게 선지자들이 경고하니 어떤 좋은 결과가 생겨났을까요? 그들이 하나님의 심판을 선포하니 이스라엘이 하나님께 돌아옵니까? 그렇지 않았습니다. 아무리 선지자가 하나님의 뜻을 외쳐도 그 말을 듣는 사람이 없었습니다.

자유

선지자들의 외침은 이런 것이었습니다. 하나님이 만들고자 하시는 나라는 정의와 평화의 나라다. 그런데 너희가 만든 나라는 하나님의 뜻과 동떨어진 실패한 나라다. 그럼에도 하나님의 약속은 폐기되지 않는다. 하나님의 나라는 실패할 수 없기 때문이다. 이것이 선지자들의 외침이었습니다. 선지자들의 외침은 단지 회개하라는 메시지만 담고 있는 것이 아니었습니다. 그들은 이스라엘의 실패를 기정사실로 하면서도 여전히 백성들에게 외치고 있었습니다. 이 일의 의미를 배워야 합니다.

성경은 하나님과 인간 사이의 불연속을 계속해서 보여줍니다. 하나님은 인간에게 복된 것을 만들어 내겠다고 약속하셨습니다. 그러나 인간은 계속 실패합니다. 이러한 실패는 인간이 가진 자유가 복된 것을 만들어 낼 실력을 갖지 않았다는 점을 스스로 드러내는 것입니다. 하나님은 이 불연속을 어떻게 하실까요? 이 사이를 이어 주는 것이 바로 하나님의 성실하심이라고 성경은 가르치고 있습니다. 그 불연속을 하나님이 당신의 성실하심으로 채우신다는 것입니다.

하나님의 성실하심은 예수님에게서 그 절정에 이릅니다. 메시아이신 예수님은 어떤 정황 속에 들어오십니까? 구약의 긴 역사가 지나간 뒤에 오십니다. 사사 시대의 실패, 왕정 시대의 실패, 바벨론에서의 포로 생활, 그리고 회복, 이 모든 일이 일어난 뒤에 예수님이 오십니다. 이런 역사를 가진 이스라엘이었으니 이 실패의 역사를 겪어 오는 동안 그들이 무엇인가를 배워야 맞습니다. 그래서 메시아가 오셨을 때 이전과는 달라졌어야 하지 않았을까요? 그 이전의 실패를 이제는 극복하고 메시아를 받아들여야 하지 않았을까요? 그렇게 하여 지금까지의 잘못과 실패를 만회해야 옳은 것입니다. 그래야 이런 역사를 가진 백성으로서의 의의가 있을 것입니다.

그러나 이스라엘은 다시 한번 실패합니다. 이 실패는 결정적 실패입니다. 메시아를 죽였기 때문입니다. 이스라엘은 끝까지 실패합니다. 메시아이신 예수께서 그들의 손에 죽으셨던 것입니다. 마지막 소망까지 없어지고 말았으니 이제 더 이상 기대할 수 있는 것은 아무것도 없는 것일까요? 그렇게 마지막 소망까지 짓밟힌 그 자리에서 승리의 반전이 일어납니다. 위대한 반전이 펼쳐집니다. 어떻게 이런 역설이 있을 수 있을까요? 분명히 기억해야 할 점이 있습니다. 이 승리의 반전은 인류가 만든 것이 아니라는 사실입니다. 인류는 그것을 이해하지도 못했고 그러기에 협조는 더더욱 할 수 없었습니다. 그러나 하나님은 이런 형편에서도 당신의 약속을 이루셨습니다. 인간이 빚어낸 어떤 경우나 조건 속에서도 하나님의 뜻은 이루어지기 때문입니다. 이렇게 인류와 하나님 사이의 불연속에 예수님이 오신 것입니다.

콘텍스트에 불과한 역사

노예 시대를 벗어난 이스라엘은 자유인이 되어 선택이란 것을 할 수 있게 됩니다. 그들은 마음껏 선택합니다. 그러나 선택만 할 뿐이지 자유를 만들 실력은 없습니다. 인간이 누릴 수 있는 자유는 하나님만이 만드실 수 있습니다. 인간의 선택은 다만 무엇을 고르는 행위에 불과할 뿐입니다. 선택하는 것으로 자유를 누린다고 생각하나 그것은 진정한 자유가 아닙니다.

인류는 각기 다른 시간과 공간에서 살아갑니다. 그들은 민족적, 정치적, 사회적, 문화적 차이 속에 놓여 있습니다. 또 각 개인 역시 서로 다른 혈통, 기질, 유전자를 지닌 고유한 존재입니다. 이렇게 다양한 배경과 개성을 갖고서 인류가 만들어 내는 것은 무엇입니까? 그것은 콘텍스트입니다. 인간은 각자의 감각에 따라 그 많은 선택을 하며 만들어 내는 것은 콘텍스트에 불과합니다. 인류는 진정한 텍스트를 만들지 못합니다. 인간을 인간 되게 하는 진정한 텍스트 곧 본문은 하나님으로부터만 주어질 수 있기 때문입니다. 하나님이 주실 때에만 인간은 비로소 하나님의 사랑의 상대가 되어 진정한 텍스트를 담을 수 있습니다.

요한복음 8장에 예수님과 바리새인들 사이의 유명한 논쟁이 나옵니다. 예수님께서 말씀하십니다. "진리가 너희를 자유롭게 하리라." 바리새인들이 반문합니다. "우리는 아브라함의 자손이라서 아무에게도 종노릇한 일이 없는데, 당신은 어찌하여 우리가 자유롭게 될 것이라고 말합니까?" 이 말에 예수님은 "죄를 짓는 사람은 다 죄의 종이다"라고 하신 후, 그들을 향해 "아들이 너희를 자유롭게 하면 너희는 참으로 자유롭게 될 것이다"라고 답하십니다.

32절에 "진리를 알지니 진리가 너희를 자유롭게 하리라"는 표현에서 진리는 지식을 가리키는 것이 아닙니다. 진리는 예수님 자신입니다. 예수님이 곧 길이요, 진리요, 생명입니다. 여기에 하나님만이 가지신 창조의 능력이 있습니다. 진정한 자유는 진리와 생명을 만드신 이에게 속할 때 생겨납니다. 그분과 연합될 때 맛볼 수 있는 것이지, 인간이 만들어 낼 수 있는 것이 아닙니다.

그러므로 하나님을 선택하는 것이 자유 곧 진정한 자유입니다. 그것은 우리 힘으로 할 수 있는 것이 아닙니다. 왜냐하면 우리 인간의 이해 속에는 하나님이 없기 때문입니다. 인간이 생각할 수 있는 신은 추상명사일 뿐입니다. 성경에서 말하는 하나님, 살아 역사하는 신이 아닙니다. 하나님이 우리를 당신의 자녀로 붙드실 때에야 우리는 비로소 하나님을 알게 됩니다. 하나님께서 붙드셔야만 우리는 그분을 믿을 수 있고 그분께 순종할 수 있습니다. 바로 여기에 자유가 있습니다. 인간이 소원하는 자유, 그 자유는 선택해서 얻게 되는 것이 아니라 순종해서 누리는 것입니다. 하나님께 붙들린 사람만이 비로소 하나님을 향한 순종이 영광임을 알게 됩니다. 그때 다른 선택은 못난 짓임도 알게 됩니다. 이에 대한 성경의 중요한 선언이 히브리서 5장에 나옵니다.

> 그는 육체에 계실 때에 자기를 죽음에서 능히 구원하실 이에게 심한 통곡
> 과 눈물로 간구와 소원을 올렸고 그의 경건하심으로 말미암아 들으심을 얻
> 었느니라. 그가 아들이시면서도 받으신 고난으로 순종함을 배워서 온전하
> 게 되셨은즉 자기에게 순종하는 모든 자에게 영원한 구원의 근원이 되시고
> 하나님께 멜기세덱의 반차를 따른 대제사장이라 칭하심을 받으셨느니라
> (히 5:7-10).

예수님이 몸소 보여주신 순종은 어떤 것이었습니까? 예수님의 순종
은 하나님의 뜻을 따라 인간의 배신을 받아들이는 것이었습니다. 인간의
배신 속에 걸어 들어가 거기서 사는 것이었습니다. 그 순종 속에 하나님이
부활을, 승리를 담으셨습니다. 여기서 주의 깊게 살펴보아야 할 대목이 있
습니다. 예수님은 그 길을 걸으라는 하나님의 뜻에 순종하기 위해 심한 통
곡과 눈물의 길을 걸으셔야 했습니다. 그리고 그 길을 거쳐 승리에 이르십
니다. 이 승리는 그 통곡과 눈물에 응답하신 하나님에게로부터 주어진 것
이지, 통곡과 눈물 자체가 만들어 낸 결과가 아닙니다. 이 점을 잊지 마십
시오.

우리는 자꾸 눈물로 신파극을 만들려고 합니다. 그러나 우리가 울 수
있는 것은 우리의 울부짖음에 응답하는 이가 계시기 때문입니다. 눈물이
승리를 만들어 내는 것이 아닙니다. 그러면 울지 말고 웃으라는 말일까요?
그런 말이 아닐 것입니다. 울고 웃는 것에 은혜가 좌우되지 않는다는 이야
기를 하고 있습니다.

죄지을 감각과 선택 외에는 아무것도 없는 우리를 하나님이 당신의
자녀이자 백성으로 받아 주십니다. 하나님의 자유와 능력과 성실로 그렇

자유

게 하신 것입니다. 이제 우리는 비로소 본문을 갖게 됩니다. 하나님이 사랑하는 대상이 우리임을 알게 되고 그분이 주시는 생명과 진리를 갖게 되는 것이 진정한 자유입니다. 우리는 콘텍스트만 만들 뿐이며 스스로도 하나의 콘텍스트에 불과했던 우리가 텍스트를 가지므로 온전한 사람, 하나님의 사람이 되는 것입니다. 이사야 53:6-7을 보겠습니다.

> 우리는 다 양 같아서 그릇 행하여 각기 제 길로 갔거늘 여호와께서는 우리 모두의 죄악을 그에게 담당시키셨도다. 그가 곤욕을 당하여 괴로울 때에도 그의 입을 열지 아니하였음이여 마치 도수장으로 끌려가는 어린 양과 털 깎는 자 앞에서 잠잠한 양 같이 그의 입을 열지 아니하였도다(사 53:6-7).

이 본문을 읽으며 예수님의 모습을 비장함으로 자꾸 덧칠하려 해서는 안 됩니다. 모든 고난을 묵묵히 참으시는 그분의 인내와 진실을 읽어내는 것도 물론 중요하지만 그보다 우선하여 보아야 할 점이 있습니다. 메시아로 오신 예수님은 어떤 모습입니까? 그분은 우리로서는 이해할 수 없는 모습으로 이해할 수 없는 길을 가십니다. 인간의 콘텍스트, 망하는 것으로 끝나는 우리의 콘텍스트를 함께 겪으십니다. 그는 비난을 받고 망합니다. 그는 죽습니다. 그러나 그런 일을 당하시면서 변명조차 하시지 않습니다. 어떤 고통스러운 일을 당해도 거기에 하나님이 본문을 담으실 것을 알기에 예수님은 콘텍스트를 바꾸려 하시지 않습니다. 하나님은 우리에게 결국 너희 현실은 너희 소원과 늘 분리되어 있지 않느냐? 그래서 너희가 늘 탄식하는 것이 아니냐? 이렇게 물으신 후에 다음의 약속을 주십니다. "두려워하지 마라, 바로 거기에 내가 은혜를 담을 것이다."

텍스트가 우리 안에 담겨야

인간은 높은 소원을 품고 삽니다. 하지만 그 소원을 이루어 낼 수는 없습니다. 우리는 다 양 같아서 각기 제 길로 갑니다. 사사기는 거듭 "그때는 왕이 없어서 모든 사람이 각각 자기 소견에 옳은 대로 했다"라고 말하고 있습니다. 지금은 좀 나을까요? 그렇지 않습니다. 여전히 우리는 다 각각 자기 소견에 옳은 대로 살고 있을 뿐입니다. 매번 우리는 무엇인가를 선택하지만, 생명과 진리를 선택할 실력은 우리 안에 없습니다. 그것들을 선택할 수 없으니 창조해 내는 일은 더더욱 불가능합니다. 자유가 있다고 주장하지만 실제로는 아무것도 결실하지 못하면서 그저 자유만 만끽할 뿐입니다.

하나님은 이런 우리의 실상을 마주하라고 하십니다. 하나님이 만들어 내시는 것과 우리가 만들어 내는 것의 차이, 그 괴리를 우리 인생에서 확인하라고 하십니다. 우리가 만들어 내는 것이 무엇인지 우리는 잘 알고 있습니다. 여전히 우리는 갈증이 가시지 않습니다. 마음으로 안심한다고 해서 문제가 해결되는 것이 아닙니다. 우리의 마음과 상관없이 목마른 현실은 계속되기 때문입니다.

진정한 내용 곧 본문이 우리 안에 들어와 우리를 채우기 전에는, 아무리 콘텍스트를 교체하고 치장해봐야 소용없다는 것을 살면 살수록 더욱 분명히 깨닫게 됩니다. 나이 들어 보면 아프지 않은 데가 없습니다. 아프다는 것은 그냥 넋두리가 아닙니다. 부인할 수 없는 이 현실, 내 힘으로 어찌할 수 없는 현실 앞에 우리가 서 있습니다. 현실의 엄연한 도전 앞에 서 있는 것입니다. 인생이 무엇인가, 인간이 무엇인가, 어떤 약속이 진실한가 하는 질문 앞에 서지 않을 수 없습니다.

우리는 몇몇 위인의 영웅담으로 자신을 기만할 수 없습니다. 하나님이 인류 모두에게 어떻게 일하고 계시는지 알지 못한다면, 우리가 특별한 영웅에게서 발견하는 답도 자신을 잘난 척하는 데 쓸 뿐 아무런 의미가 없습니다. 윤리로 자신을 덮을 수 있는 문제가 아닙니다. 정직, 근면, 성실, 겸손 같은 것으로 가릴 수 없습니다. 오히려 이런 좋은 덕목들이 우리를 두렵게 합니다. 답을 만들어 낼 수 없는 영혼들에게 그런 명분은 스스로를 좌절하게 할 뿐입니다. 그것은 인격이 아니기 때문입니다. 그러니 그런 덕목에 못 미치는 인생에게는 용서도, 회복도, 구원의 손길도 없습니다.

기독교의 위대함이 무엇일까요? 우리 모두가 예수님을 죽인 당사자들인데, 하나님이 그런 우리에게 답을 주신다는 것입니다. 그 답이 복음입니다. 거기에 우리가 '아멘' 하는 것입니다. 우리가 남다르게 되어야만 얻을 수 있는 답이 아닙니다. 아직도 실수를 반복하는 인생인데도, 그런 나를 하나님이 놓지 않으신다는 복음의 소식이 우리를 살립니다. 그래서 우리는 웃을 수 있습니다. 우리 자신을 용서할 수 있습니다. 안심하지 못하는 자신, 자랑스럽지 않은 자신을 용서할 수 있습니다. 그러니 이제 괜찮다고 서로 등을 두드려 주십시오. 세상은 자기 자신에게서 답을 찾지 못하면 웃지 못합니다. 그러나 기독교는 그렇지 않습니다. 겁에 질린 새파란 낯빛으로 교회에 모일 이유가 없습니다. 신자란 그렇게 가난한 존재가 아니기 때문입니다.

기독교인이 어떤 존재인지 알아야 합니다. 신자의 신자됨은 나아지는 데서 찾을 수 있는 것이 아닙니다. 우리는 우월하지도, 더 윤리적이지도 않습니다. 우리는 자신이 얼마나 달라졌느냐에 근거를 두는 사람들이 아닙니다. 기억하십시오. 하나님이 나를 사랑하셔서 당신의 은혜와 능력을 우리에게 퍼부으십니다. 하나님은 지금 이 정도의 내 모습도 괜찮다고 받아주신다는 것입니다.

"목사님이 이렇게 설교하시면 다들 안일해져서 아무렇게나 살아 버리면 어떡하지?"라고 걱정할 필요가 없습니다. 복음을 듣고서 아무렇게나 살아도 되겠다고 생각하는 것은 너무나 비겁한 것입니다. 너무나 무례한 것입니다. 하나님의 은혜가 얼마나 큰지 아는 명예를 누리라고 성경이 말하고 있는데 말입니다.

이사야 53장의 메시지를 생각하면 낯이 뜨거워져야 맞습니다. 하나님이 우리의 못난 것을 예수님에게 담당시키셨습니다. 예수님이 하나님께 징벌을 받아 고난을 겪는 것이라고 그를 비난하였지만, 이런 생각은 우리의 오해였습니다. 그런데 하나님은 이 오해와 비난마저 예수님으로 감수하게 하셨습니다. 그리고 그 속에서 하나님이 구원을 이루셨습니다. 이 메시지를 생각하면 우리의 낯이 뜨거워져야 맞습니다.

우리는 예수님을 믿는다고 자랑할 틈이 없습니다. 예수 믿는다는 말을 하려 할 때 차마 입이 안 열려야 정상입니다. 내 죄를 지고 가신 메시아를 내가 죽였는데, 그 일을 통해 내가 구원을 얻었다는 것이 '예수 믿는다'는 말에 담겨 있기 때문입니다. 예수 믿는다는 자랑은 이런 부끄러움을 거쳐야만 나올 수 있습니다. 자신을 부끄러워하지만, 거기에서 머뭇거리지 않고 그 큰 은혜를 주신 하나님을 생각하는 자리까지 나아갈 때 복음에 대한 자랑이 나올 수 있습니다.

어떤 상황에서도 이런 놀라운 구원을 주시는 하나님께서 도대체 우리에게 무엇을 이루시려고 그렇게 하시는 것일까요? 우리는 이제 더 높은 기대와 더 깊은 소원으로 나아가야 합니다. "내 뜻대로 마옵시고 주의 뜻대로 하옵소서"라는 말이 입에 붙어야 합니다. 이는 안심을 위한 주술도, 무슨 결과를 얻기 위한 주문도 아닙니다. 그것은 은혜를 실감하여 나오는 고백인 것입니다. 빌립보서 1:20-21을 보겠습니다.

나의 간절한 기대와 소망을 따라 아무 일에든지 부끄러워하지 아니하고 지금도 전과 같이 온전히 담대하여 살든지 죽든지 내 몸에서 그리스도가 존

자유

귀하게 되게 하려 하나니 이는 내게 사는 것이 그리스도니 죽는 것도 유익함이라(빌 1:20-21).

이 본문도 비장함으로 덧칠해 버리면 안 됩니다. 바울은 이렇게 고백합니다. 본문이 담길 수만 있다면 환경이나 조건은 아무래도 좋다. 하나님이 나를 살게 해서 본문을 담으실지 죽게 해서 본문을 담으실지 나는 모른다. 어떤 경우에도 하나님은 내게 본문을 담으실 것이다. 그러니 나는 아무래도 상관없다.

여러분이 원하는 것은 대체 무엇입니까? 어떻게든 하나님께 매달려서이 감옥 같은 현실을 벗어나는 일 말고 무엇에 관심이 있습니까? 온통 그관심뿐이라면 여러분은 신자가 아닙니다. 하나님이 당신을 어디에 보내셨든지 그 자리를 받아들이십시오. 거기서 본문을 담으십시오. 하나님이 누구신지, 예수를 믿는다는 말이 무엇인지 삶으로 살아내십시오. 우리는 늘변덕스럽습니다. 우리도 별로 원하지 않는 자신의 못난 모습이 드러날 때가 많습니다. 그것이 드러나거든 웃으십시오. "너 예수 믿는다면서? 그런데 왜 그랬어?" 이렇게 누군가 묻거든 "글쎄 말이야" 하며 웃으십시오. 그다음은 하나님이 하십니다.

걱정 마십시오. 우리처럼 모든 장비로 무장하고 있는 사람도 없을 것입니다. 여러분 방식대로 여러분 마음에 들려고 할 필요 없습니다. 더 큰약속이 우리에게 있습니다. 여러분은 살아도 괜찮고, 죽어도 괜찮습니다. 어떤 상황에서도 그리스도께서 영광을 받으실 것입니다. 아멘입니다.

29

이스라엘 역사의 증언

호 11:1-12

이스라엘이 어렸을 때에 내가 사랑하여 내 아들을 애굽에서 불러냈거늘 선지자들이 그들을 부를수록 그들은 점점 멀리하고 바알들에게 제사하며 아로새긴 우상 앞에서 분향하였느니라. 그러나 내가 에브라임에게 걸음을 가르치고 내 팔로 안았음에도 내가 그들을 고치는 줄을 그들은 알지 못하였도다. 내가 사람의 줄 곧 사랑의 줄로 그들을 이끌었고 그들에게 대하여 그 목에서 멍에를 벗기는 자 같이 되었으며 그들 앞에 먹을 것을 두었노라. 그들은 애굽 땅으로 되돌아가지 못하겠거늘 내게 돌아오기를 싫어하니 앗수르 사람이 그 임금이 될 것이라. 칼이 그들의 성읍들을 치며 빗장을 깨뜨려 없이하리니 이는 그들의 계책으로 말미암음이니라. 내 백성이 끝끝내 내게서 물러가나니 비록 그들을 불러 위에 계신 이에게로 돌아오라 할지라도 일어나는 자가 하나도 없도다. 에브라임이여, 내가 어찌 너를 놓겠느냐. 이스라엘이여, 내가 어찌 너를 버리겠느냐. 내가 어찌 너를 아드마 같이 놓겠느냐. 어찌 너를 스보임 같이 두겠느냐. 내 마음이 내 속에서 돌이키어 나의 긍휼이 온전히 불붙듯 하도다. 내가 나의 맹렬한 진노를 나타내지 아니하며 내가 다시는 에브라임을 멸하지 아니하리니 이는 내가 하나님이요 사람이 아님이라. 네 가운데 있는 거룩한 이니 진노함으로 네게 임하지 아니하리라. 그들은 사자처럼 소리를 내시는 여호와를 따를 것이라. 여호와께서 소리를 내시면 자손들이 서쪽에서부터 떨며 오되 그들은 애굽에서부터 새 같이, 앗수르에서부터 비둘기 같이 떨며 오리니 내가 그들을 그들의 집에 머물게 하리라. 나 여호와의 말이니라. 에브라임은 거짓으로, 이스라엘 족속은 속임수로 나를 에워쌌고 유다는 하나님 곧 신실하시고 거룩하신 자에게 대하여 정함이 없도다.

자유

하나님의 불붙는 사랑

멸망을 앞둔 북이스라엘의 배교와 오직 세상의 방법으로 나라를 이끌고 그 삶을 꾸미는 이스라엘 백성의 잘못된 신앙생활에 대하여 하나님이 계속 꾸짖고 계십니다. 그러나 이것은 잘못하면 벌 받는다는 그런 간단한 문제가 아닙니다. 나는 하나님이다. 내가 너희를 버리지 않는다. 그러므로 너희가 잘못 행하는 것을 그냥 놔둘 수 없다. 이렇게 말씀하시는 하나님의 불붙는 사랑, 인간적 표현으로 하면 하나님의 고민을 볼 수 있습니다. 하나님의 사랑은 그의 백성을 놓아둘 수도 없지만, 그렇다고 타협하시지도 않는다는 것을 호세아 11장은 강조합니다.

호세아서 전체는 하나님과 이스라엘의 관계를 부부 곧 가장 긴밀하고 하나 된 관계로 묘사합니다. 하나님이 그들을 대접하시고 가르치시는 일에 호세아 선지자가 부름을 받습니다. 하나님은 호세아에게 부정한 여자와 결혼하게 하여 고생하는 사역을 맡기십니다. 특히 11장에 보면, 그에게 자식을 기르는 부모의 마음을 경험하게 하여 교훈도 주십니다. 호세아는 놓을 수도 포기할 수도 없는 사랑의 힘이 무엇이며 또 타협하고는 살 수 없는 사랑의 순결함이 무엇인지를 경험하게 됩니다. 이를 통해 하나님은 호세아에게 자식을 기르는 부모의 마음을 알게 하여 이스라엘을 꾸짖고 은혜로운 말씀을 약속하십니다. 8절을 보겠습니다.

에브라임이여, 내가 어찌 너를 놓겠느냐. 이스라엘이여, 내가 어찌 너를 버리겠느냐. 내가 어찌 너를 아드마 같이 놓겠느냐. 어찌 너를 스보임 같이 두겠느냐. 내 마음이 내 속에서 돌이키어 나의 긍휼이 온전히 불붙듯 하도다 (호 11:8).

아드마와 스보임은 소돔과 고모라가 멸망할 때 같이 멸망한 인근 마을입니다. 하나님은 이스라엘 백성이 아무리 당신의 마음에 들지 않고 또 잘못했다고 해서 소돔과 고모라를 멸망시켰듯이 놔버릴 수 있겠냐고 하시면서 다음과 같이 말씀하십니다.

> 내가 나의 맹렬한 진노를 나타내지 아니하며 내가 다시는 에브라임을 멸하지 아니하리니 이는 내가 하나님이요 사람이 아님이라. 네 가운데 있는 거룩한 이니 진노함으로 네게 임하지 아니하리라(호 11:9).

하나님의 사랑의 중요한 본질은 승리입니다. 포기할 수 없는 사랑의 진심과 타협할 수 없는 사랑의 순전함입니다. 이 둘이 우리에게서는 서로 부딪힐 수 있습니다. 어느 쪽이 이길 것 같습니까? 우리는 이 둘을 같은 차원에 놓고 서로 양립시킵니다. 말하자면 정의와 평화가 입 맞추는 그런 일이 불가능할 것처럼 말입니다. 정의로우면 꼭 싸우게 되고, 평화로우면 그냥 넘어가 주어야 할 것 같습니다. 어찌 보면 이 둘은 인간의 능력으로는 껴안을 수 없는 문제이지만 하나님은 이 둘을 껴안으십니다. 어떻게 그렇게 하실까요? 그의 사랑을 순전하게 만들어 결국 그의 사랑이 승리할 것이기 때문입니다. 이것이 호세아서의 가장 중요한 가르침입니다.

이는 자식을 기르는 부모에 빗대어 말할 수 있습니다. 육신의 부모도 자녀에게 최선을 다하겠지만 승리를 장담할 실력이 그들에게는 없습니다. 자기가 낳은 자식이면서도 자신이 원하는 것을 자식들에게 만들어 내지 못합니다. 안타까워하고 희생할 수 있지만 결과를 보장할 실력이 우리에게는 없습니다. 그러나 하나님은 그렇지 않습니다. 이 부분이 놀랍습니다. 성경 전체의 가르침 중 매우 놀라운 부분입니다. 하나님께서 사랑의 순전함과 승리를 어떻게 지켜내시는가 하는 주제야말로 우리가 믿는 하나님이 누구시냐 하는 것에 대한 중요한 내용이 아닐 수 없습니다. 예수 그리스도로 말미암아 증거하시는 하나님의 놀랍고 중요한 자기 계시입니다.

호세아 11:1-4을 보면, 하나님이 이스라엘 백성으로 출애굽의 과정을 회상하게 하여, 하나님이 어떻게 그들을 불러내셨고 길러내셨는지 말씀하십니다. "내가 사람의 줄 곧 사랑의 줄로 그들을 이끌었고 그들에게 대하여 그 목에서 멍에를 벗기는 자 같이 되었으며"라고 하여, 하나님이 이스라엘 백성을 짐승 다루듯 하지 않고 인격적 대상으로 대우하셨다고 합니다. 특히 "그 목에서 멍에를 벗기는 자"라는 표현을 사용하여 이스라엘 백성이 애굽에서는 짐승 대접을 받았지만 하나님은 그들을 구원하시고 인격적으로 대접하시고 사랑의 대상으로 삼으셨다는 것을 말합니다.

눈높이에 맞추시는 하나님

그 표현에 바로 이어서 "그들 앞에 먹을 것을 두었노라"고 말씀하십니다. 우리말 성경은 이 구절을 조금 의역하고 있지만 원문을 직역하면 "허리를 굽혀 먹여 주었노라"는 말입니다. 우리도 자녀를 기를 때 자녀의 눈높이에 맞추어 대합니다. 이처럼 하나님이 허리를 굽혀 우리를 먹이셨다는 것입니다. 말하자면 이것이 출애굽이요, 예수 그리스도의 성육신입니다. 참으로 놀랍습니다. 하나님은 무에서 유를 창조하시는 분입니다. 하나님의 온전하심에 결함이 있을 수 없는데 이런 하나님이 한 인격을 항복시키기 위해서 속상해하시고 답답해하시고 분통 터지는 과정을 거치시겠다는 것입니다. 이것이 바로 성육신입니다.

우리가 기계적으로 하나님에게 굴복하거나 복종하기를 요구하시지 않고, 우리의 자발적 순종과 감격으로 경배를 받으시며 사랑을 받아 내겠다고 하십니다. 이 부분이 부모와 자녀의 비유로서 여기 등장하는 것입니다. 하나님이 우리를 사랑하셔서 그 마음이 불붙듯 하다고 하십니다. 이 사랑이 승리할 수 있고 순전함도 지킬 수 있는 것은 하나님은 인간이 아니라 하나님이시기 때문입니다. 하나님은 "나는 이것을 한다"라고 말하실 수 있는 분입니다. 능력의 차원에서만 하실 수 있다는 뜻이 아닙니다. 하나님은 우리의 항복을 받아내시지만, 다만 우리 이해의 대상이 되는 정도를 넘어 하나님의 하나님되심을 이 과정을 통하여 나타내시겠다는 것입니다. 하나님은 열 가지 재앙을 베풀 수 있고, 홍해를 가를 수 있고, 구름기둥과 불기둥으로 보호하실 수 있습니다. 그러나 그렇게 외적 환경이나 조건을 만족시키는 것보다 더 큰, 인격 사이에 일어나는 모든 과정을 통하여 당신을 나타내시고 경배받기 원하십니다. 이런 일을 우선하시는 것에 하나님의 하나님되심, 그분의 거룩함의 본질이 있다고 말씀하십니다.

정신과 상담의 대부분은 들어 주는 것이라고 합니다. 우리도 만나서 이야기해 보면 서로 자기 이야기를 하느라 상대방의 이야기를 들어 주지 않는 것을 봅니다. '아침마당'이라는 TV 프로에서 어떤 주제를 놓고 여러 명이 나와서 대화하는 것을 가끔 보면, 아직까지 우리 사회에서는 상대방이 말을 여유롭게 끝낼 시간을 주지 않는 것 같습니다. 말을 맺기 전에 숨만 잠깐 쉬면 얼른 다른 사람이 치고 들어옵니다. 그래서 말할 때는 숨도 안 쉬고 빨리합니다. 서로 발언하려고 전부 발뒤꿈치를 들고 있지 경청하지 않습니다. 경청하는 것은 대단한 실력입니다. 남의 이야기를 들어 주는 것은 굉장히 어렵습니다. 그래서 자꾸 언성이 높아집니다. 대화를 마치고 돌아와 보면 혼자 떠들었다는 것, 그리고 상대방이 안 들었다는 것을 깨닫습니다. 어떻게 압니까? 자기도 안 들었으니까 압니다. 상대방이 무엇이라고 했는지 아무 기억도 없고 서로 주도권 싸움을 하다가 헤어진 것을 우리 모두 압니다.

그러나 하나님은 들으십니다. 시간을 두십니다. 참으로 놀랍습니다.

우리가 하나님의 일하심을 보며 가장 많이 놀라는 것은, 우리에게 선택을 허락하시고 과정을 두시고 우리가 실수하는 것을 허용하신다는 사실입니다. 끝이 뻔한 일을 하나님이 허락하신다는 것입니다. 가끔 우리는 하나님 앞에 이렇게 기도할 때가 있습니다. "하나님, 이 길이 틀렸다면 이 길을 걸을 때 내 발이 부러지게 해주십시오. 제가 만일 이 길로 가는 것이 하나님의 뜻이 아니라면 지진이 나서 갈라지든가 그쪽으로 가는 버스가 오지 않게 해주십시오." 다들 해보신 적이 없다는 표정인데, 저는 해보았습니다. 사실 이런 기도는 하나님의 사랑이 무엇인지 모른 채 옳고 그른 것만이 전부라고 생각하는 것입니다. 신앙이나 하나님을 믿는 일이 옳고 그른 문제라고만 생각하기 때문입니다.

그런데 희한하게도 기도를 마치자마자 버스가 와서 탔는데 다 망하게 된다면 우리는 하나님을 원망할 것입니다. "하나님, 제가 기도하지 않았습니까? 이 길이 하나님의 뜻이 아니라면 버스가 오지 않게 해달라고 제가 그렇게 기도했잖아요. 그런데 기도가 끝나자마자 버스가 와서 탔는데 이게 어찌 된 일입니까?" 우리는 이렇게 항의합니다. 그러면 하나님이 빙그레 웃으시며 이렇게 말씀하시는 것 같습니다. "너 해보고 싶은 것 해보아라. 그리고 네 진심 밑바닥 가장 깊은 곳으로부터 가장 높은 자리까지 나에 대하여 항복해라."

자녀를 길러 보면 알겠지만 말을 참 안 듣습니다. 하기는 우리도 안 들었습니다. 우리도 우리 부모의 말을 안 들었고 우리 자식도 우리의 말을 안 듣습니다. 나중에 잘못되어서 "너, 내가 그때 뭐라고 그랬냐? 내가 그때 안 된다고 하지 않았냐? 내가 안 된다고 했을 때 네가 부득부득 우기지 않았느냐? 네가 책임진다고 하지 않았느냐?"라고 하면, 자녀들은 "엄마가 더 우겼어야죠. 끝까지 말려 주셨어야죠"라고 합니다. 잘못되어도 자기 책임이라고 하지 않습니다. 결과로 드러난 사실을 놓고도 "부모님이 맞고 내가 틀렸구나"라고 부모에게 항복하지 않습니다. 오히려 부모가 따진다고 싫어합니다. 그래서 우리는 자기 당대에 자녀들의 항복을 못 받아 내는 것 같습니다. 하나님이 가지신 사랑이 우리에게 없기 때문입니다. 하나님이 그것을 아십니다.

정결케 하시려는 하나님

하나님이 이스라엘 백성을 애굽에서 크신 능력으로 꺼내셨습니다. 그들이 그렇게 구출을 받아 자신들이 40년 동안 광야 생활을 견딘 것이 아니라 하나님이 견디신 것입니다. 이스라엘 역사는 이 하나님의 견디심을 보여주고 있다는 점에서 아주 중요합니다. 젖과 꿀이 흐르는 땅을 주시기 위하여 크신 능력으로 꺼낸 이스라엘 백성에게 40년 광야 생활을 하게 하시고, 가나안에 들여보내어 사사 시대를 지나게 하시고, 나라가 남북으로 갈리고, 멸망하여 바벨론의 포로가 되고, 성전이 파괴되는 등 하나님이 망신당하는 것을 허락하십니다. 그러나 이는 이스라엘을 정결하게 하시기 위함이었습니다. 그의 순전한 사랑을 이루기 위해서였습니다.

순전한 사랑은 순전함을 지키려는 데 목적이 있지 않고 사랑을 지키려는 데 있습니다. 하나님은 이 순전한 사랑을 지키시려고 그 모든 과정을 극복하시어 마침내 우리로 승리하게 하실 것입니다. 여기에 하나님의 무서움이 있습니다. 하나님이 어떤 분이신가에 대한 이해를 더 깊게 해줄 말씀이 있습니다. 히브리서 12:1-13을 보겠습니다.

이러므로 우리에게 구름 같이 둘러싼 허다한 증인들이 있으니 모든 무거운 것과 얽매이기 쉬운 죄를 벗어 버리고 인내로써 우리 앞에 당한 경주를 하며 믿음의 주요 또 온전하게 하시는 이인 예수를 바라보자. 그는 그 앞에 있는 기쁨을 위하여 십자가를 참으사 부끄러움을 개의치 아니하시더니 하나님 보좌 우편에 앉으셨느니라. 너희가 피곤하여 낙심하지 않기 위하여 죄인들이 이같이 자기에게 거역한 일을 참으신 이를 생각하라. 너희가 죄와 싸우되 아직 피흘리기까지는 대항하지 아니하고 또 아들들에게 권하는 것같이 너희에게 권면하신 말씀도 잊었도다. 일렀으되 내 아들아, 주의 징계하심을 경히 여기지 말며 그에게 꾸지람을 받을 때에 낙심하지 말라. 주께서 그 사랑하시는 자를 징계하시고 그가 받아들이시는 아들마다 채찍질하심이라 하였으니 너희가 참음은 징계를 받기 위함이라. 하나님이 아들과 같이 너희를 대우하시나니 어찌 아버지가 징계하지 않는 아들이 있으리요. 징계는 다 받는 것이거늘 너희에게 없으면 사생자요 친아들이 아니니라. 또 우리 육신의 아버지가 우리를 징계하여도 공경하였거든 하물며 모든 영의 아버지께 더욱 복종하며 살려 하지 않겠느냐. 그들은 잠시 자기의 뜻대로 우리를 징계하였거니와 오직 하나님은 우리의 유익을 위하여 그의 거룩하심에 참여하게 하시느니라. 무릇 징계가 당시에는 즐거워 보이지 않고 슬퍼 보이나 후에 그로 말미암아 연단 받은 자들은 의와 평강의 열매를 맺느니라. 그러므로 피곤한 손과 연약한 무릎을 일으켜 세우고 너희 발을 위하여 곧은 길을 만들어 저는 다리로 하여금 어그러지지 않고 고침을 받게 하라(히 12:1-13).

이 구절들이 무슨 말씀을 하시는 것 같습니까? 너희는 하나님 아버지의 자식이기 때문에 대충 넘어갈 수 없다. 하나님의 자녀들이 어떻게 인내하고 고난을 감수했는지 기억하라고 합니다. 이 12장의 앞 장은 '믿음장'이라고 말합니다. 히브리서 11장은 믿음의 위인들을 나열하는 정도가 아닙니다. 저들이 어떻게 고난을 이겼으며 믿음을 지켰는가 하는 측면만 있는 것이 아닙니다. 그들이 좋은 믿음을 갖고서 무엇을 견뎌야 했는지를 말

쏨하고 있습니다.

좋은 믿음을 가지면 반드시 보상을 받는 것이 아니라, 하나님이 너희를 더 정결하게 하시려고 더 혹독하게 연단하시는 것을 모르느냐? 하나님은 너희 아버지이시므로 징계하시는 것이다. 자식을 방치하는 부모가 어디 있겠느냐? 어찌 내버려 둘 수 있겠느냐? 어떻게 대강 타협하겠느냐? 그럴 수 없다는 말씀입니다. 그래서 결론이 무엇입니까? 12-13절을 다시 보겠습니다. "그러므로 피곤한 손과 연약한 무릎을 일으켜 세우고 너희 발을 위하여 곧은 길을 만들어 저는 다리로 하여금 어그러지지 않고 고침을 받게 하라"(히 12:12-13).

엄살떨지 말라는 말씀입니다. 무슨 엄살일까요? "이렇게 몰아대면 저 죽습니다"와 같은 것입니다. "하나님, 제가 어떻게 하면 복을 주실 것입니까?"라고 물으면, 하나님은 "그따위 이야기 하지 마라. 너는 내 자식이다. 나는 네가 고작 평균 80점에 머물기를 원하지 않는다. 나는 120점을 원한다. 고단하냐? 거기가 끝이 아니다"라고 말씀하십니다. 이에 대해 우리는 "하나님, 너무하십니다"라고 말하고 싶을 것입니다. 우리는 고통을 자신의 가장 중요한 문제로 여기기 때문입니다.

이스라엘 역사에 드러나신 하나님

그러나 하나님은 그렇지 않습니다. 무에서 유를 창조하신 하나님이십니다. 여기에 하나 더 크신 능력으로 찾아오신 것이 무엇입니까? 죽은 자를 살리시는 능력으로 우리를 찾아오신 것입니다. 죽은 자를 살리시는 하나님, 우리를 고치시며 회복시키시는 하나님, 우리의 고집을 정면으로 맞받으시는 하나님, 우리의 비명과 거부와 분노를 받아 내시는 하나님, 도망가시지 않는 하나님, 외면하시지 않는 하나님, 쉽게 해결하시지 않는 하나님

자유

이십니다. 이것이 이스라엘의 역사이고 그 아들을 보내신 하나님의 하나님되심에 대한 가장 대표적인 본질입니다. 예수님을 믿고 사는데 왜 고단할까요?

하나님이 우리가 한 것으로는 충분하지 않다고 하셔서 고단합니다. 우리가 보기에는 이만하면 괜찮다는 생각이 드는데 말입니다. 우리가 이만하면 괜찮다고 할 때의 기준이 무엇인지 보십시오. "잘했다, 잘못했다" 뿐이지 않습니까? 이런 기준 하나로 자녀를 기르시겠습니까? 그럴 수 없습니다. "밥 먹을 때 그렇게 소리 내는 것 아니다. 사람하고 대화할 때는 눈을 쳐다보고 말해라. 누가 이야기할 때 끼어들지 마라"고 하면, 자녀는 "그것이 뭐가 중요해요?"라고 따질 것입니다. 이럴 때 윽박지르지 마시고 "부모가 그렇다고 하면 그런 줄 알고 따르라"고 말하십시오.

하나님이 우리에게 그렇게 하십니다. 우리는 늘 하나님 앞에 이렇게 불평합니다. "하나님, 제가 언제 도둑질했습니까? 거짓말하거나 사기를 쳤습니까? 제 이기심 때문에 과도하게 요구했습니까? 그렇지 않은데 왜 제게 이런 현실이 주어지는 것입니까?" 그러면 하나님은 이렇게 답하십니다. "나는 네가 하나님의 자녀라는 사실을 이해하고 자랑스럽게 생각하기를 원한다. 나는 너희에게 아버지이고 싶다." 우리의 기준은 기껏 고통을 면하고 옳고 그른 것을 나누는 것에 불과한 반면, 하나님은 우리에게 얼마나 큰 기준과 목적을 가지시는지 놀랍고 놀라울 뿐입니다. 하나님이 이것을 이스라엘 역사 속에서 증언하셨습니다. 히브리서 12장에는 다음과 같은 말씀이 있습니다. "너희가 피곤하여 낙심하지 않기 위하여 죄인들이 이같이 자기에게 거역한 일을 참으신 이를 생각하라"(히 12:3).

하나님은 그저 인내심이 많은 정도가 아닙니다. 그런 과정을 각오하시고 친히 실천해 오셨습니다. 광야 40년을 허락하시고 이스라엘 백성과 같이 고난을 받으셨습니다. 이스라엘의 못난 것으로 말미암아 하나님이 애타십니다. 이스라엘이 바벨론의 포로가 되어야 하는 일을 결정하십니다. 그들을 내어주시고 당신의 이름이 더럽혀지는 것을 감내하십니다. "쉽게 생각하지 마라. 너희를 부른 것은 너희 생각보다 크고 영광스럽고 무서운 것이다"라고 이야기하십니다.

믿음은 부정할 수 없는 것

나이를 많이 먹으니 신앙생활 하는 것이 이제 겁나지 않습니다. 세상은 거듭거듭 눈에 보이는 보상으로 증거하라고 우리를 유혹합니다. 너 예수 믿어서 얻은 것이 무엇이냐? 너 무슨 보상을 받았느냐? 너 부자가 되었느냐? 너 건강하냐? 이렇게 우리에게 묻습니다. 여기에 우리도 깜빡 넘어가곤 합니다. 평생 이렇게 열심히 살았는데 이게 뭘까 하는 생각이 들 수 있습니다. 아니요, 그렇지 않습니다. 저는 이제 세상이 겁나지 않습니다. 세상은 우리에게 줄 것도 빼앗아 갈 것도 없습니다. 인간의 인간된 가장 큰 보상은 하나님을 아는 것이며 예수 그리스도 안에 있는 하나님의 인격과 만나는 것입니다. 이보다 놀라운 것은 없습니다. 하지만 늘 어렵습니다. 교회라는 신앙 공동체 내에서 이 일로 서로 격려하는 일은 잠시 잠깐뿐입니다. 현실의 무게가 너무 커서 마치 우리는 늘 지는 자 같고 흔들리는 자 같고 답답함 속에 있는 자 같을 수 있습니다. 그러나 그렇지 않습니다.

믿음이 무엇이냐고 제게 물으신다면, "믿음은 부정할 수 없는 것"이라고 정의하고 싶습니다. 무엇을 부정할 수 없습니까? 하나님 아는 것을 부정할 수 없습니다. 우리의 영과 의지와 판단과 지성이 결단하고 책임을 지는 것을 신앙이라고 부르지 않습니다. 우리가 비명을 지르고 도망 다니고 타협해도 부정할 수 없는 것이 있습니다. 그것은 바로 하나님이 누구신지 아는 것, 하나님밖에 우리의 답이 없음을 아는 것, 그것을 우리가 떨쳐 버

자유

릴 수 없습니다. 다른 것으로 핑계를 대면 결국 답이 아니라는 것을 우리 자신이 압니다. 그러니 돌아올 수밖에 없습니다.

이제 각자 신앙생활을 다시 한번 확인해 보십시오. 도대체 누구에게 무엇을 확인받고 싶으신 것인지 스스로 물어보십시오. 사람 앞에 자기 사정을 이해시키고, 자신이 신앙인이라는 사실을 현실에서 보상받는 것 정도로 신앙을 내어주지 마십시오. 하나님이 그러하신 것처럼 우리는 우리의 인생과 현실을 바쳐야 합니다. 그것은 다만 치성이거나 조건이 아니라 신자된 우리의 복이며, 하나님의 영원한 목적입니다.

호세아서 11장에서 본 하나님의 무시무시하심은 바로 우리의 신앙 현실에 이렇게 말씀하시는 내용과 연결되어 있습니다. 우리가 직면하는 현실과 삶이 앞으로 어떻게 될 것인가로 문제를 풀려 하지 마시고, 자신의 문제를 통하여 우리 신앙과 하나님을 아는 지식과 그 믿음을 지켜 내시기 바랍니다.

30
역사의 이해

사 1:2-9

하늘이여, 들으라. 땅이여, 귀를 기울이라. 여호와께서 말씀하시기를 내가 자식을 양육하였거늘 그들이 나를 거역하였도다. 소는 그 임자를 알고 나귀는 그 주인의 구유를 알건마는 이스라엘은 알지 못하고 나의 백성은 깨닫지 못하는도다 하셨도다. 슬프다, 범죄한 나라요 허물 진 백성이요 행악의 종자요 행위가 부패한 자식이로다. 그들이 여호와를 버리며 이스라엘의 거룩하신 이를 만홀히 여겨 멀리하고 물러갔도다. 너희가 어찌하여 매를 더 맞으려고 패역을 거듭하느냐. 온 머리는 병들었고 온 마음은 피곤하였으며 발바닥에서 머리까지 성한 곳이 없이 상한 것과 터진 것과 새로 맞은 흔적뿐이거늘 그것을 짜며 싸매며 기름으로 부드럽게 함을 받지 못하였도다. 너희의 땅은 황폐하였고 너희의 성읍들은 불에 탔고 너희의 토지는 너희 목전에서 이방인에게 삼켜졌으며 이방인에게 파괴됨 같이 황폐하였고 딸 시온은 포도원의 망대 같이, 참외밭의 원두막 같이, 에워싸인 성읍 같이 겨우 남았도다. 만군의 여호와께서 우리를 위하여 생존자를 조금 남겨 두지 아니하셨더면 우리가 소돔 같고 고모라 같았으리로다.

유다의 두 역사적 위기

이사야 선지자는 주전 740년부터 680년까지 60년 동안 사역을 합니다. 이사야 1:1에 나오는 대로, 이사야서는 유다 왕 웃시야와 요담과 아하스와 히스기야 시대에 아모스의 아들 이사야가 유다와 예루살렘에 관하여 본 계시입니다. 그는 유다 왕 4대에 걸쳐 유다의 선지자로 사역을 했습니다. 우리가 이사야 선지자를 생각해 보면, 유다에 일어난 두 가지 큰 사건을 떠

자유

올릴 수 있습니다. 하나는 주전 734-732년 아람과 북이스라엘이 동맹을 맺고 유다를 침략한 사건입니다. 이때 유다는 거의 멸망할 뻔했는데 살아 납니다. 다른 하나는 701년 히스기야 왕 때 앗수르가 예루살렘을 포위하여 전멸의 위기를 맞게 된 사건입니다. 이 두 사건이 이사야 선지자가 활동하던 아하스와 히스기야 왕 시대에 유다 왕국이 맞이한 가장 큰 위기였습니다.

이런 시대적 배경과 정황을 알아야 하는 이유는, 하나님이 그의 백성과 맺으신 모든 언약들이 한 민족의 역사로 설명되고 성취되어 우리에게 증언되기 때문입니다. 우리는 신약 시대에 예수를 믿어 구원을 얻고 영생을 얻는다는 것이 얼마나 구체적이고 어마어마한 것인지를 알아차려야 합니다. 그렇지 않으면 우리가 현실에서 매일 직면하는 삶의 크기와 깊이와 공포와 여러 구체적인 것들 속에 신앙을 담아낼 수 없습니다. 이렇게 담아내지 못하면 자신의 믿음을 현실과 동떨어진 피난용으로 쓰기 쉽습니다.

성경을 보거나 기도를 하거나 교회로 모이는 등의 행위들이 사적인 것으로 축소될 위험이 있습니다. 역사적으로 국가 또는 사회 차원에서 도전받은 여러 문제들이 그 범위와 크기와 무게와 내용에 있어서 성경이 증언한 대로 취급되지 않고 축소되어 사유화되고 맙니다. 우리는 그것을 막아야 합니다. 우리의 존재와 인생과 현실은 단지 짐이거나 시험거리가 아니라 하나님의 일하심이 담기는 자리입니다.

이사야 1장의 장면은 다른 선지자들이 기술하던 방식과 다릅니다. 대개 예언서들은 먼저 선지자가 하나님 앞에 소명을 받고 하나님께 받은 계시를 전한다는 방식으로 시작하지만, 이사야의 경우는 그의 소명이 6장에 가서야 등장합니다. "웃시야 왕이 죽던 해 내가 본즉." 이렇게 그의 소명이 시작됩니다. 그리고 1-5장은 매우 급박하고 구체적인 위기에 대하여 언급하고 있습니다. 이와 같이 선지자의 소명이 등장하기 전에 먼저 역사적 정황이 제시된다는 것을 꼭 염두에 두어야 합니다. 다시 말해, 이 장들은 시대 순으로 전개된 것이 아니라 이전 역사를 지나온 자가 되돌아보는 식으로 펼쳐지고 있습니다. 이처럼 회고하는 방식으로 그 의미와 메시지를 하나로 묶어 표현합니다. 이사야 1:7 이하에서 그것을 확인할 수 있습니다.

> 너희의 땅은 황폐하였고 너희의 성읍들은 불에 탔고 너희의 토지는 너희 목전에서 이방인에게 삼켜졌으며 이방인에게 파괴됨 같이 황폐하였고 딸 시온은 포도원의 망대 같이, 참외밭의 원두막 같이, 에워싸인 성읍 같이 겨우 남았도다(사 1:7-8).

이 두 구절은 앞서 언급한 두 사건과 관련이 있습니다. 아람과 북이스라엘로 이루어진 동맹군이 쳐들어와 예루살렘을 포위했을 때 일어난 황폐를 말할 뿐 아니라, 주전 701년에 일어난 앗수르의 공격 앞에 고립무원이 되어 황폐화된 예루살렘의 포위 경험도 여기 1장에 녹아 있습니다. 그리고 7장에 가서야 아하스 왕 때 아람과 북이스라엘이 동맹을 맺고 유다를 침공해 온 사건이 구체적으로 제시됩니다. 그리고 36장에 가면 앗수르의 공격에 대한 역사적 정황이 자세히 소개됩니다. 이렇게 두 큰 사건을 다 경험해서 알고 있는 자로서 이사야는 그것을 1장에 간결하게 기록하고 있습니다.

이 두 전쟁은 역사적인 사건이자 위기였습니다. 그러나 이사야서는 그 역사적 위기가 어떻게 해결되었는지에 그 무게를 두지 않습니다. '그 사건들을 어떤 시각에서 볼 것인가', '그 해결은 어떤 의미를 갖는가'라는 차원에서 이사야 선지자의 글들이 남겨져 있습니다. 그러니 우리는 아람과 북이스라엘의 동맹군으로 인한 유다의 위기와 극복, 또는 앗수르의 공격으로 인한 어려움과 극복이라는 방식으로 역사를 읽지 말아야 합니다. 당장 여기 1장에서 "하늘이여, 들으라. 땅이여, 귀를 기울이라. 여호와께서

자유

말씀하시기를 내가 자식을 양육하였거늘 그들이 나를 거역하였도다"라고 지적한 것이 무엇인지 살펴보자는 것입니다.

우리는 역사에서 일어난 사건들을 원인과 결과라는 방식으로 꿰어 맞춰 이해할 것이 아니라, 의지가 있고 감정이 있고 분노가 있고 소원을 가진 큰 주체가 있다는 관점에서 역사를 읽도록 요구받고 있습니다. 그리고 이제 이스라엘 역사는 신약 시대의 모든 교회와 신앙인들의 역사적 유산이기도 합니다. 그러한 위기의 역사는 과거에 일어났던 일이고 또 역사에서 반복적으로 일어나고 있습니다. 역사적 위기, 하나님의 약속과 교훈, 하나님의 기쁘신 뜻, 우리의 선택과 같은 것들은 반복적으로 모든 역사에, 그리고 인생에게 주어지고 있습니다.

간략한 이스라엘 역사

이러한 관점에서 우리는 이스라엘 역사를 간략하게 훑어볼 필요가 있습니다. 이 이사야서를 시작하기 바로 전에 우리는 사사기 강해를 마쳤는데, 사사기의 마지막은 이렇게 끝납니다. "그때에 이스라엘에 왕이 없으므로 사람이 각기 자기의 소견에 옳은 대로 행하였더라"(삿 21:25). 그래서 왕정이 되면 좀 나았을까요? 열왕기와 역대기는 그 왕정에 대하여 기록한 것입니다. 그 왕정 또한 실패합니다. 신약 시대 성도인 우리는 이스라엘이 멸망했다는 사실을 당연히 잘 알고 있습니다. 북이스라엘은 주전 722년에, 남유다는 주전 586년에 망합니다. 북이스라엘은 앗수르에게, 남유다는 바벨론에게 망합니다. 그리고 앗수르는 바벨론에게, 바벨론은 페르시아에게, 페르시아는 그리스에게, 그리스는 로마에게 망합니다. 우리는 그런 역사를 알고 있습니다.

이렇게 지나가 버린 역사가 그저 지나간 과거가 아니라 하나님이 거기서 무슨 말씀, 무슨 뜻을 우리에게 알리려고 하셨는가 하는 차원에서 이 사야서를 조심스럽게 읽어야 합니다. 왕정으로 들어오기에 앞서 이미 사 사기 설교에서 이야기한 대로, 왕은 하나님의 뜻을 시행하는 매개자의 지 위를 가진 자였다는 사실을 기억해야 합니다. 왕은 권력을 쥔 것이 아니라 책임의 자리였고, 그 책임은 제사장과 마찬가지로 하나님의 뜻을 수행하 는 것이었습니다. 따라서 왕은 자신의 권한을 책임으로 여겨야 했습니다.

그러나 이 일은 매번 실패합니다. 첫 번째 왕은 사울이었고, 두 번째 왕은 다윗이었으며, 세 번째 왕은 솔로몬이었습니다. 그리고 솔로몬 이후 에 나라는 둘로 갈라집니다. 솔로몬의 통치 기간에 수행된 성전 및 왕궁 건 축으로 백성들은 매우 고단해합니다. 솔로몬이 죽고 그의 아들 르호보암 이 왕이 되자, 북왕국을 이룬 열 지파의 대표자로 여로보암이 나서서 백성 에게 좀 더 정치를 편하게 해주기를 요구합니다. 하지만 르호보암은 이를 거절합니다. 그러자 열 지파, 정확히 열 지파와 반(半) 지파가 반발하고 나 가서 북왕국을 세웁니다. 다시 말해, 베냐민 지파에서 절반은 북왕국으로 가고 절반은 남왕국에 남은 것입니다. 그래서 다수를 차지하는 북왕국이 이스라엘이라는 국호를 사용하고, 남왕국은 유다라는 국호를 갖게 됩니다.

그런데 성경은 북왕국이 다윗 왕가로부터 분리해 나간 것에 대하여 하나님을 외면한 것으로 취급합니다. 이런 이유로 역대기는 남왕국의 왕 들에 대해서만 기록하고 북왕국의 왕들은 아예 언급조차 하지 않습니다. 이것을 유념해서 보아야 합니다. 다윗 왕가로부터 떨어져 나가 자기네 나 라를 세운 북왕국은 그 백성의 정체성을 신앙적인 것보다는 정치적이고 경제적이며 군사적인 것으로 유지할 수밖에 없게 됩니다. 그들은 끊임없 이 우상을 섬깁니다. 북왕국의 왕들 중에는 하나님을 신실하게 섬긴 왕이 하나도 없습니다. 오직 우상만 아주 열심히 섬깁니다. 대표적으로 악한 왕 이 아합입니다. 그는 오므리 왕조에 속한 왕으로서 이 왕조 시기에 북이스

자유

라엘은 가장 왕성했고, 그 외에는 모두 역모에 의해서 왕위가 바뀝니다. 피의 역사를 갖게 된 것입니다.

그 당시 중동 지역에서 가장 강력한 세력은 현재 시리아에 해당하는 아람이었습니다. 아람의 국력이 매우 강력했기에 북이스라엘은 아람과의 전쟁에서 많은 곤경을 겪기도 했습니다. 당시 시대 상황은 열왕기하의 엘리사 선지자 이야기에 잘 나타나 있습니다. 그런데 아람이 한창 활약하던 시기에 동쪽에서 앗수르가 일어납니다. 아람이 앗수르의 위협 아래 놓이게 되자, 이전까지 서로 적대하던 아람과 북이스라엘은 손을 잡고 주변의 여러 군소 국가들과 동맹을 결성하여 앗수르에 맞서기로 합니다.

그러나 이때 유다가 이 동맹에 참가하기를 거부합니다. 그래서 아람과 북이스라엘은 유다의 왕을 폐위하고 자신들과 뜻을 같이 하는 왕을 세워 배후의 안전을 확보하려는 목적으로 유다를 침공합니다. 이것이 바로 앞서 언급한 아하스 제위 당시, 즉 주전 734-732년 아람과 북이스라엘의 연합군이 남유다로 쳐들어온 사건입니다. 앞으로 이사야 7장에서 보겠지만, 이 연합군의 침공 소식에 "왕아하스의 마음과 그의 백성의 마음이 숲이 바람에 흔들림 같이 흔들렸더라"(사 7:2)고 기록되어 있습니다. 무서운 현실적 위기였습니다. 그러나 남유다는 그 위기를 간신히 극복합니다. 하나님이 살려 주셨기 때문입니다.

이 남왕국이 다윗 왕가의 정통성은 유지하지만 그렇다고 모든 왕이 신실하지는 않습니다. 북이스라엘의 영향을 받아서 꽤 많은 왕들이 우상을 섬기고 하나님의 마음에 들지 않게 행합니다. 아하스가 특히 심해서 자기 아들을 몰록에게 바치는 지경에까지 이릅니다. 몰록은 당시 가나안 지방에서 섬겨 온 우상숭배의 대상입니다. 아하스는 이 몰록에게 자녀를 불에 던져 사르는 제사까지 도입합니다. 왜 그랬겠습니까? 아마 두려워서 그랬을 것입니다. 남왕국의 아하스는 주전 731-715년에 재위하는데, 북왕국은 주전 722년에 멸망합니다. 북왕국의 멸망을 보며 그가 몹시 겁이 났을 것입니다.

사람이 하나님을 섬기는 일에서 실패하는 첫째 이유는 하나님의 뜻과 자신의 소원이 다르기 때문입니다. 우리는 눈에 보이는 현실에 매우 집착하지만 하나님의 꿈은 더 원대하고 깊습니다. 하나님은 우리 자신의 영광과 명예를 목적으로 삼고 계십니다. 하나님은 그 창조하신 당신의 형상을 우리에게 회복시켜 주려 하시지만 우리는 어떤 것을 원합니까? 여러분이 늘 기도하듯이 "많은 것 바라지 않고 그저 남에게 손가락질 받지 않고 살게만 해주시면 제가 모든 일을 하겠습니다"라고 하는 정도 아닙니까? 하나님이 노하시고 안타까워하십니다. 우리가 현실에서 겪는 것은 이런 것들입니다.

역사를 어떻게 이해할 것인가

이사야서에서 우리가 만나는 이스라엘은 말기를 향해 가고 있습니다. 북왕국은 이사야가 활동하던 시기에 망해 버렸고, 남유다도 그 후에 곧 망할 것입니다. 하박국은 주전 609-590년에 선지자로 활동했는데, 이 시기는 유다가 멸망에 가까워 가던 때입니다. 이러한 일들을 통해서 성경이 우리에게 하고 싶은 이야기는 무엇일까요? 우리가 보통 하는 이야기대로 말하자면 이런 것입니다. "하나님께 순종하고 잘 믿어서 어려운 일 당하지 말자. 어려운 일 당하거든 빨리 회개하고 빨리 용서를 구해서 형통한 길로 가자." 이런 이야기 아니겠습니까? 하지만 문제는 그렇게 간단하지 않습니다. 이스라엘이 멸망당한 것은 그들의 선택의 결과인 것이 사실입니다.

하지만 이사야 선지자를 비롯해서 구약 기록의 가장 중요한 목적은 단순히 멸망의 원인이 무엇인지 밝히기보다는 이에 비할 데 없이 더 큰 하

자유

나님의 일하심이 무엇인지를 우리에게 보여주려는 데 있습니다. 우선 대표적인 예로, 우리가 잘하면 복 받고 못하면 벌 받는 것이 전부라면 사실 시간은 필요치 않을 것입니다. 그렇다면 언젠가 올바른 일을 했을 때 하나님이 그저 우리를 불러 천국으로 데려가시는 것이 제일 좋습니다. 그렇지 않습니까? 그러나 믿음으로 승리했을 때 부르시면 다행이겠지만, 승리한 다음에 그대로 놔두신다고 해서 우리가 그 승리를 계속 연장시킬 수 있겠습니까? 아닙니다. 그러니 하나님께서 왜 우리에게 시간을 주시는지, 그리고 우리에게 왜 선택권을 주시는지, 그것을 풀어낼 수 없다면 구약 역사뿐 아니라 우리의 현실도 풍부하게 이해하기 어려울 것입니다.

사사 시대 200여 년 동안 하나님은 이스라엘이 못난 짓을 하도록 허락하십니다. 그런 사실은 마치 탕자의 비유 이야기와 흡사합니다. 아들이 집을 나가겠다고 하자 아버지는 그를 내버려 둡니다. 달라는 재산도 다 줍니다. 왜 하나님이 이스라엘을 이와 같이 대하셨을까요? 하나님은 우리에게 기회를 주시고 선택하게 하시고 우리의 선택이 거두는 결과를 보게 하십니다. 그 결과는 우리가 잘못한 것의 결실입니다. 역사가 그런 것입니다. 잘못해서 그렇게 된 것입니다. "그러면 잘못해서 그렇게 되었으니 다음에는 잘못하지 말고 잘해서 좋은 것을 거두자." 역사가 이렇게 진행된다면 이 세상에 유토피아가 올 것입니다. 하지만 아직 완성된 천국은 이 세상에 오지 않았습니다. 그 천국은 하나님이 마침내 종말에 주실 것입니다.

기회로 주신 자유

그렇다면 하나님은 왜 우리를 그런 세상에서 살아가도록 하실까요? 우리가 가진 선택, 우리가 가진 자유가 어떤 것인지 알라고 기회를 주시는 것입니다. 하나님은 심지어 당신을 외면할 자유까지 주십니다. 얼마나 무시무시합니까? 그런데 우리는 그렇게 하기 싫어하지 않습니까? 목사가 되면 기도를 이렇게 합니다. "하나님, 오늘 제가 설교할 때 하나님이 저를 주장하셔서 저는 없애 주시고 오직 하나님의 도구로 사용하여 주십시오." "그것이 무슨 소리냐. 네가 하고 싶은 대로 해라." "그러다 제가 헛소리라도 하면 어떻게 합니까?" "그러면 욕을 먹어야지." 여러분이 드리는 기도가 무엇입니까? "성령이 오셔서 아무 염려도 할 필요 없이 고난을 면하게 해주시고, 모두 잘되게 해주십시오." 이런 기도 아닙니까? 그러면 하나님은 뭐라고 대답하실까요? "그럴 수는 없다. 고난은 당해야 한다. 네가 선택해라. 네가 결정해라. 그렇게 해서 성장해라." 그것이 바로 역사이며, 우리의 인생입니다.

하나님이 우리에게 주신 자유는 우리의 고유한 권리이자 책임입니다. 이렇게 접근하면 무슨 일이 생길까요? 인간의 재앙으로 일어나는 재앙이 끝이 아니라는 것을 찾아낼 수 있습니다. 성경에는 사사기가 있고, 열왕기가 있으며, 선지서가 있고, 망한 이스라엘이 들어 있습니다. 그들이 어디까지 망했습니까? 이스라엘 백성이 모두 흩어져 버리지 않았습니까? 지난 2천 년 동안 땅을 잃은 채 살아왔고, 지금은 돌아와 자기 나라를 회복했다고 하지만, 여전히 온전하게 회복되지 못했습니다. 이처럼 모든 것은 하나님이 우리에게 주신 기회이지만, 우리가 잘못을 할지라도 그것으로 끝나지 않을 운명에 하나님은 개입하고 간섭하고 일하십니다. 우리는 그 둘이 어떻게 묶이는지 잘 몰라서 도망가는 것입니다. 예수를 믿는다는 말이 무슨 말인지를 현실적으로 이해하지 못하면 기도에서도 도망을 칩니다. 그것이 어떻게 나타나는지 하박국에게서 볼 수 있습니다.

여호와여, 내가 부르짖어도 주께서 듣지 아니하시니 어느 때까지리이까. 내가 강포로 말미암아 외쳐도 주께서 구원하지 아니하시나이다. 어찌하여 내게 죄악을 보게 하시며 패역을 눈으로 보게 하시나이까. 겁탈과 강포가 내 앞에 있고 변론과 분쟁이 일어났나이다. 이러므로 율법이 해이하고 정의가 전혀 시행되지 못하오니 이는 악인이 의인을 에워쌌으므로 정의가 굽게 행하여짐이니이다(합 1:2-4).

하박국의 비명은 이런 것입니다. "하나님, 나라가 악해져서 사회가 엉망이 되었고, 그 바람에 우리 의인까지 고생을 하게 되었습니다. 하나님, 왜 두고만 보십니까?" 물론 이에 하나님은 답하십니다. "걱정 마라. 내가 심판할 것이다. 내가 갈대아 사람들을 일으키겠다." 바벨론을 일으키시겠다는 것입니다. 하박국은 주전 609-597년에 활동한 선지자입니다. 그러니까 하박국 당시는 바벨론이라는 나라가 아직 강성하지 않은 때입니다. 그때 하나님이 약속하십니다. 앗수르가 더 강할 때 갈대아를 불러서 앗수르를 꺾고 유다도 망하게 하실 것이라고 말씀하십니다. 저들의 잘못을 내가 징치하고 심판하겠다는 이 말씀에 하박국이 펄쩍 뜁니다. "아니, 그러면 우리 의인들도 같이 망하는 것 아닙니까?" 그 나라 전체가 잘못해서 망한다면 그 안에 있는 의인들은 억울할 것입니다. 그렇지 않겠어요? 이때 하나님이 그 유명한 말씀을 주십니다. "의인은 믿음으로 산다. 의인도 그 멸망의 역사에서 면제되지 않을 것이다." 의인은 믿음으로 산다는 이 말씀은 신약에 와서 이렇게 성취됩니다. 로마서 1:16-17을 보겠습니다.

내가 복음을 부끄러워하지 아니하노니 이 복음은 모든 믿는 자에게 구원을 주시는 하나님의 능력이 됨이라. 먼저는 유대인에게요 그리고 헬라인에게로다. 복음에는 하나님의 의가 나타나서 믿음으로 믿음에 이르게 하나니 기록된 바 오직 의인은 믿음으로 말미암아 살리라 함과 같으니라(롬 1:16-17).

이 로마서 본문에서 "의인은 믿음으로 산다"고 말합니다. 믿음이란 무엇일까요? 믿음이란 우리가 아는 모든 원칙, 인과관계, 보상, 이해, 이런 것들보다 더 큰 것입니다. 얼마나 큰 것일까요? 망하는 것이 결코 손해가 아닐 정도로 큰 것입니다. 십자가를 예로 들어 볼까요? 십자가는 죽음이 끝이 아니라는 것을 보여줍니다. 이 세상에서 우리가 자초한 재앙으로 끝나지 않고, 우리 선조가 먹은 선악과로 우리가 망하지 않으며, 이 창조 세계가 실패로 끝나지 않는다는 것입니다. 우리가 어떤 자리에서 구원을 받습니까? 이 타락한 창조 세계 속에서 구원을 받습니다. 재창조는 창조 세계속에서 일어납니다. 창조가 취소되는 것이 아니라 창조 속에서 재창조가 일어납니다. 재창조는 창조를 완성하는 것으로 등장합니다.

기독교 신앙이 갖는 최고의 위대함이 무엇입니까? 그것은 능력입니다. 예수로 증언된 능력입니다. 하나도 남을 것 같지 않고 아무런 유익도 주지 못할 것 같지만, 하나님은 당신의 뜻에 맞게 그것들을 넉넉하게 쓰실 수 있다고 합니다. 그렇게 하시는 것이 하나님의 특별한 능력입니다. 구약의 이스라엘이 멸망하여 포로가 됨으로써 모든 인류에게 복음이 넘친 것과 같습니다. 역사가 가지는 인과법칙에 따라 운명이 결정되는 것이 아닙니다. 난리, 재앙, 멸망, 비극 속에 하나님의 일하심이 담겨 있습니다. 그의 뜻과 목적을 그 속에서 키우고 계십니다. 이것이 기독교 신앙인만이 가지는 눈입니다.

역사는 의식을 갖고 있지 않습니다. 역사는 의지도 가지지 않습니다. 역사학자들의 공통된 견해가 무엇입니까? "왜 그때 일이 그렇게 되었는지 그 이유를 모르겠다"고 하는 것입니다. 그런데 원인 없이 일어난 일은 없습니다. 왜 그렇게 되었을까? 모릅니다. 그러나 일어난 일입니다. 그런 일이 일어났기 때문에 어찌할 수가 없습니다. 그것을 변경할 수도, 취소할 수도, 우길 수도 없습니다. 그 어느 것 하나도 하나님이 외면하시거나 개입하시지 않은 경우는 없습니다.

자유

우리가 여기 서 있습니다. 우리가 겪는 모든 현실, 우리가 속한 정황, 자기 나라, 자기 백성, 자기 시대가 다 그런 자리입니다. 우리가 그런 자리에 있다고 손해 보지 않습니다. 그것이 바로 믿음입니다. 내가 이해할 수 없는 모든 것에서 도망침으로써 신앙생활을 축소시킬 것이 아니라, 하나님이 여러분을 붙잡아 둔 정황 속에서 하나님의 사람으로 믿음을 가지고 덤벼드십시오. 그것을 고치려고 애쓸 필요는 없습니다. 여러분 자신은 믿음을 가진 자입니다. 하나님은 이것으로도 뭐든지 하실 수 있습니다.

복음서에 그런 경우가 두 번 나옵니다. 세례 요한이 요단강에서 세례를 베풀자 바리새인들도 그를 향해 요단강으로 나옵니다. 그러자 요한이 그들을 비판하고 책망합니다(마 3:7-9). "독사의 자식들아, 누가 너희더러 회개하여 임박한 진노를 피하라 하더냐. 너희가 아브라함의 자손이라고 생각지 말라. 하나님이 능히 이 돌들로도 아브라함의 자손이 되게 하실 수 있다." 그 말이 무슨 뜻인지 알아야 합니다. 이것은 단순히 욕하고 꾸짖는 이야기가 아닙니다.

다른 경우는 예수께서 죽으실 각오를 하고 예루살렘에 입성하실 때입니다. 모든 사람이 그를 해방자로, 구원자로 이해하고 환영합니다. "호산나, 찬송하리로다. 주의 이름으로 오시는 이여"라고 외치지요. 그 곁에 섰던 바리새인들이 이를 반대합니다. "환호를 중단하라 하시오. 그것은 신성모독입니다." 그러자 예수님이 이렇게 대답하십니다. "저들이 입을 다물면 돌들이 소리 지르리라." 그 말들이 갖는 의미를 아시겠습니까? 우리는 아무것도 아닌 돌 같은 인생이 아니라는 것입니다. 하나님이 일하고 계실 때는 우리가 겪는 후회, 탄식, 비난, 원망까지 다 담아 역사하십니다. 하나님은 자비로우시며, 은혜로우시며, 노하기를 더디 하시며, 그의 약속을 지키시며, 우리를 구원하여 그의 영광이 되게 하실 우리 아버지이십니다. 여러분의 인생을 당당하게 살아내십시오. 신자가 되십시오.

31
역사의 주인

사 50:1-11

나 여호와가 이같이 말하노라. 내가 너희의 어미를 내보낸 이혼 증서가 어디 있느냐. 내가 어느 채주에게 너희를 팔았느냐. 보라, 너희는 너희의 죄악으로 말미암아 팔렸고 너희의 어미는 너희의 배역함으로 말미암아 내보냄을 받았느니라. 내가 왔어도 사람이 없었으며 내가 불러도 대답하는 자가 없었음은 어찌 됨이냐. 내 손이 어찌 짧아 구속하지 못하겠느냐. 내게 어찌 건질 능력이 없겠느냐. 보라, 내가 꾸짖어 바다를 마르게 하며 강들을 사막이 되게 하며 물이 없어졌으므로 그 물고기들이 악취를 내며 갈하여 죽으리라. 내가 흑암으로 하늘을 입히며 굵은 베로 덮느니라. 주 여호와께서 학자들의 혀를 내게 주사 나로 곤고한 자를 말로 어떻게 도와줄 줄을 알게 하시고 아침마다 깨우치시되 나의 귀를 깨우치사 학자들 같이 알아듣게 하시도다. 주 여호와께서 나의 귀를 여셨으므로 내가 거역하지도 아니하며 뒤로 물러가지도 아니하며 나를 때리는 자들에게 내 등을 맡기며 나의 수염을 뽑는 자들에게 나의 뺨을 맡기며 모욕과 침 뱉음을 당하여도 내 얼굴을 가리지 아니하였느니라. 주 여호와께서 나를 도우시므로 내가 부끄러워하지 아니하고 내 얼굴을 부싯돌 같이 굳게 하였으므로 내가 수치를 당하지 아니할 줄 아노라. 나를 의롭다 하시는 이가 가까이 계시니 나와 다툴 자가 누구냐. 나와 함께 설지어다. 나의 대적이 누구냐. 내게 가까이 나아올지어다. 보라, 주 여호와께서 나를 도우시리니 나를 정죄할 자 누구냐. 보라, 그들은 다 옷과 같이 해어지며 좀이 그들을 먹으리라. 너희 중에 여호와를 경외하며 그의 종의 목소리를 청종하는 자가 누구냐. 흑암 중에 행하여 빛이 없는 자라도 여호와의 이름을 의뢰하며 자기 하나님께 의지할지어다. 보라, 불을 피우고 횃불을 둘러 띤 자여, 너희가 다 너희의 불꽃 가운데로 걸어가며 너희가 피운 횃불 가운데로 걸어갈지어다. 너희가 내 손에서 얻을 것이 이것이라. 너희가 고통이 있는 곳에 누우리라.

자유

하나님의 담대한 종

이사야 1-39장에서 우리는 북이스라엘의 멸망과 더불어 이사야 선지자의 활동과 함께 남유다의 위기를 볼 수 있었습니다. 40장부터는 역사적 배경이 되는 시대가 훌쩍 뒤로 넘어가서 이스라엘 백성들이 바벨론 포로가 된 현실을 무대로 이스라엘의 회복과 하나님의 구원 약속이 펼쳐집니다.

유다 백성을 잡아간 바벨론은 결국 망할 것입니다. 하나님께서 바벨론을 무너뜨리실 것입니다. 그것은 정치적, 군사적 측면의 문제가 아니라 사망을 멸하시는 역사 내의 행위입니다. 그것은 권력 싸움이 아니라 하나님의 구원 역사를 위한 사망과 죄를 멸하시는 것입니다. 하나님을 떠나서는 죄와 사망이라는 결과밖에 가져올 수 없다는 현실 경험 위에서 하나님의 구원이 성취됩니다.

이사야 47장에서는 바벨론의 멸망이 선언되었고, 48장에서는 하나님의 약속에 근거한 하나님의 성실하신 사랑이 이스라엘을 구한다고 약속합니다. 49장에 오면 그 구원은 이스라엘에게만 주어지는 것이 아니라 전 인류에 걸쳐 주어진다고 선언됩니다. 그리고 50장으로 이어집니다. 이 50장은 이해가 쉽지 않아서 그 줄거리를 살펴봐야 합니다.

이사야 50:1-3의 이야기는, "지금 일어난 이 비극, 저들에게 닥친 이 재앙은 하나님이 일으키신 것이 아니라 너희들이 자초한 결과다. 너희가 나를 외면하고 나를 떠나면 물 없는 고기가 되어 썩어 버리는 것 같은 결과를 초래한다. 바벨론이 더 우세해서 너희를 잡아가고 핍박하는 것이 아니라, 나를 떠나면 남는 것은 폭력과 더러움과 재앙밖에 없다." 이런 내용입니다.

그다음 4-9절에는 느닷없이 하나님의 종이 등장합니다.

주 여호와께서 학자들의 혀를 내게 주사 나로 곤고한 자를 말로 어떻게 도와줄 줄을 알게 하시고 아침마다 깨우치시되 나의 귀를 깨우치사 학자들같이 알아듣게 하시도다. 주 여호와께서 나의 귀를 여셨으므로 내가 거역하지도 아니하며 뒤로 물러가지도 아니하며 나를 때리는 자들에게 내 등을 맡기며 나의 수염을 뽑는 자들에게 나의 뺨을 맡기며 모욕과 침 뱉음을 당하여도 내 얼굴을 가리지 아니하였느니라. 주 여호와께서 나를 도우시므로 내가 부끄러워하지 아니하고 내 얼굴을 부싯돌같이 굳게 하였으므로 내가 수치를 당하지 아니할 줄 아노라(사 50:4-7).

그는 주의 용감한 종입니다. 하나님의 뜻과 하나님의 일하심을 설명하고 설득하고 증거하고 이룰 하나님의 담대한 종입니다. 그러나 이는 다소 느닷없는 장면입니다. 앞서 1-3절에서 본 대로 이스라엘의 실패가 자초한 재앙과 비극과 고통 가운데 여호와의 종이 등장하여 군사적, 정치적으로 해결해 주는 것이 아닙니다. 하나님의 뜻을 전하여 저들의 재난과 고통을 설명하고, 거기서부터 그들을 꺼내기 위하여 하나님의 종의 역할을 담대하고 충성스럽게 행할 것이라고 약속합니다. 이 하나님의 종의 사역은 궁극적으로 예수님에게서 성취됩니다. 그 안에서 역사적으로 하나님이 죄를 멸하시고 구원을 성립시키시며, 우리가 자초한 사망을 뒤집어 부활을 만드십니다.

일하고 계시는 하나님

이 문제는 역사 내내 어느 한 시점에서 그 시대를 산 사람들을 대상으로 하고 있지 않고, 전 인류를 대상으로 하고 있습니다. 인간의 거부와 외면으로 창조 세계에 혼돈이 일어났고, 죄가 들어와 부패와 더러움이 생겨났습니다. "이렇게 되었을지라도 어떻게 하나님이 창조의 목적을 기어코 완성하실 것인가? 첫 번째 의도가 좌절된 것 같은 인류의 역사, 인간의 존재를 하나님이 어떻게 회복하여 창조를 완성하실 것인가? 거기에 하나님은 어떻게 개입하시는가?" 이런 문제입니다. 전 인류와 전 역사에 걸친 하나님의 구원 사역입니다.

우리는 하나님이 각 시대의 모든 장소마다 사는 모든 자들 앞에 창조주로서 또 모든 존재의 주인으로서 언제나 임하여 계시는 분이라고 하는 성경의 주장을 이해해야 합니다. 이스라엘을 택하시고 이스라엘의 하나님이 되신 것은 이스라엘로 하여금 전 인류를 구하시겠다는 약속이었습니다. 저들은 제사장 나라였습니다.

하나님을 거부한 인류는 전부 무지했습니다. 로마서 5:8에서 보는 대로 우리가 아직 죄인 되었을 때에 그리스도께서 오셨듯이, 우리는 메시아의 필요성도, 우리의 구원의 절심함도 알지 못하던 때에 하나님이 구원의 일을 행하셨습니다. 이스라엘에게는 약속의 언약이 있었기에 저들에게는 선택의 기회가 있었고 이방인은 선택의 기회조차 갖지 못했던 것이 아니라, 양쪽 다 모르기는 마찬가지였습니다. 이런 정황 속에서 하나님이 구원의 역사를 이루셨습니다. 이와 같이 하나님은 인류 역사 속에서 늘 일하고 계십니다.

인류 역사는 어느 시점에서든 "역사는 왜 이 모양일까" 하는 질문 앞에 서게 됩니다. 그것은 어느 시대나 공통된, 아직까지도 해결하지 못한 역사가 갖는 질문입니다. "역사가 지금까지 이어져 온 것이 기적이다. 인류는 언제나 자멸하고 멸종했어야 맞는데, 살아 있고 유지된 것이 기적이다." 왜 그렇습니까? 인류는 한 번도 함께 살 해결책이나 능력, 방법을 찾아내지 못했기 때문입니다. 그렇다고 단순하게 "그러니 예수 잘 믿어라"고 막 갖다 붙이지 마십시오. 우리가 예수님께로 갈 수밖에 없는 중요한 도전이 있습니다. "그러면 어떻게 할 것인가?" 그것입니다.

역사라는 말을 쓰다 보니 책임이 너무 커지고 모호해진 것 같습니다. 우리의 인생에 대해서 생각해 봅시다. 살면서 제일 많이 하는 질문은 이런 것입니다. "사는 게 무엇인가?" 한 번도 행복한 적 없었으니 그런 질문이 나온 것입니다. 행복했던 시절은 다만 사고가 나지 않았던 순간에 불과합니다. 그러니 모두 이렇게 기도합니다. "하나님, 많이 바라지 않습니다. 평범하고 행복하게 해주세요." 그것이 무슨 날도둑 같은 기도인지 아십니까? 거기서 평범하다는 말은 이런 것입니다. "아무 책임도 지지 않게 해주십시오. 아무 짐도 지우지 마십시오. 그저 굼벵이 같고 돌 같고, 생각 없는 존재가 되게 해주세요." 이것이 말이 되는 소리입니까?

우리의 새로운 정체성

우리는 이런 도전 앞에 섭니다. "하나님, 이게 뭡니까? 인간이라는 정체성은 무엇입니까? 가치는 무엇입니까? 왜 살아야 합니까?" 이 질문 앞에 서는 것이 인간의 정당한 책임입니다. 그러나 우리는 답을 낼 수가 없습니다. 하나님은 우리를 이 도전 앞에 세워서 우리로 몸부림치게 하시고, 은혜를 필요로 한다는 절실한 자기 확인을 하게 해주십니다. 그리고 하나님이 찾아오십니다. 너무나 기쁘고 너무나 감사한 일입니다. 왜 그렇습니까? 길이 열렸고, 영생이 있고, 영원한 가치가 주어졌으며, 새로운 정체성을 받기 때문입니다.

다시 묻고 싶습니다. "그것이 진짜라는 것을 어떻게 아는가?" 역사의 증언은 이것입니다. "누가 진정한 권세를 갖고 있는가? 이 세상과 존재들의 진정한 주인은 누구인가?" 이런 질문 앞에 세우는 것이 역사입니다. 이스라엘의 전 역사를 통해서 우리가 이스라엘에게 하는 비난은 무엇입니까? '못난 것들'이라는 것 아닙니까? 우리는 이스라엘의 역사를 알고 있고, 또한 21세기에 살고 있기에 오랜 세월의 인류 역사를 가지고 있습니다.

인류가 얼마나 못난 짓을 했고, 인간이 얼마나 변덕스러우며, 얼마나 악한지도 잘 알고 있습니다. 그러나 그 악을 제거할 방법도 없고, 악을 제거해도 선이 생겨나는 것은 아니라는 것까지 알고 있습니다. 그래서 인간들은 대부분 체념하고 삽니다. "인생이란 그런 거야. 사람은 그런 거야." 예수님을 믿고도 "그런 거야"라고 말하면 안 됩니다. 예수님을 믿는다는 말의 진정한 의미를 알아야 합니다. 우리는 이사야서 본문에 등장하는 여호와의 종과 같습니다. 우리는 하나님이 누구신지 알게 되었고, 세상과 인생의 답이 무엇인지도 알게 되었습니다. 그것을 다른 어떤 조건이나 이유나 강요로도 이해할 수 없습니다. 본인이 자신의 정체성에 대한 항복과 만족과 넉넉함이 없으면 우리도 결국은 대충 살 수밖에 없습니다.

기독교 신앙에서 발생하는 문제는, 우리가 망설이는 것들이 역사와 개인의 인생 속에서 반복되고 있다는 것입니다. 그것은 거짓된 것, 허망한 것으로 반복되어 나타납니다. 그것은 우리가 아직도 항복하고 있지 않다는 것에 가장 큰 이유가 있습니다. 신앙인의 정체성이 세상이 요구하는 힘, 헛된 명성, 헛된 자랑들과 맞서 있고, 또 그것들이 우리 앞에 유혹자로 있기 때문입니다. 그 시험이 없어져야 우리가 답을 얻는 것이 아닙니다. 세상의 위협과 유혹과 기만 속에서 "그것 아니고 이거야"라고 하는 데 도대체 얼마나 걸려야 할까요?

개인차가 있겠지만, 제가 알기로는 60년 정도 걸립니다. 그러니 그 과정을 살아야 한다는 사실을 알아야 합니다. 시험 문제 정답 맞추듯이 맞추는 삶이 아니라, 살면서 배워야 한다는 것입니다. 많이 울어야 합니다. 여러분의 눈물 속에는 여러분이 정당하게 살지 못한 후회도 있을 것입니다. 하나님이 우리의 진심을 받아 주지 않아서 보상되지 않는 원망도 있을 것입니다. 이 모든 것이 다 기독교 신앙 안에서 다루어질 수 있는, 인생 각자에게 주어지는 기회들입니다.

그러니 알고 고민하고, 알고 원망하고, 알고 울고, 알고 기도하십시오. 그래서 한 번 울 때마다 한 걸음씩 더 나아가고, 한 번 원망할 때마다 한 걸음씩 더 나아가야 합니다. 그저 밤낮 정답으로 돌아오는 일은 그만 하십시오. 살아낸 나잇값을 못하는 그런 신앙인은 되지 마십시오. 나이가 들면 멋있어져야 합니다. 깊이가 갖는 멋 말입니다. 깊이와 무게를 가져야 합니다. 성경은 이런 우리의 정체성에 대하여 우리가 기대하는 것과 전혀 다르게 소개하고 있습니다. 마태복음 7:15-20에서는 우리의 정체성을 이렇게 소개하고 있습니다.

> 거짓 선지자들을 삼가라. 양의 옷을 입고 너희에게 나아오나 속에는 노략질하는 이리라. 그들의 열매로 그들을 알지니 가시나무에서 포도를, 또는 엉겅퀴에서 무화과를 따겠느냐. 이와 같이 좋은 나무마다 아름다운 열매를 맺고 못된 나무가 나쁜 열매를 맺나니 좋은 나무가 나쁜 열매를 맺을 수 없고 못된 나무가 아름다운 열매를 맺을 수 없느니라. 아름다운 열매를 맺지 아니하는 나무마다 찍혀 불에 던져지느니라. 이러므로 그들의 열매로 그들을 알리라(마 7:15-20).

우리의 정체성은 열매에 있습니다. 여기서 나무는 무슨 기둥이나 널빤지 같은 재목으로 쓰기 위해 있는 것이 아니라, 열매로 정체성을 드러내는 데 있습니다. 포도가 달리면 포도나무고, 복숭아가 달리면 복숭아나무입니다. 열매가 그 나무의 정체성입니다. 여기에는 우리가 원할 수 있는 권력이나 능력 같은 개념은 없습니다. 그 정체성이 열매로 드러나기 때문에 열매가 그 나무의 가장 중요한 본질입니다. 그러니까 기독교인이 된 본

자유

질은 하나님의 자녀라는 지위와 신분과 성품을 이어받는 것과 관계가 있습니다.

조금 더 이해하기 좋게 말하면, 갈라디아서 5장에 나오는 성령의 열매를 생각해 볼 수 있습니다. "오직 성령의 열매는 사랑과 희락과 화평과 오래 참음과 자비와 양선과 충성과 온유와 절제니 이같은 것을 금지할 법이 없느니라"(갈 5:22-23). 이것은 다 성품적인 것입니다. 뜻밖이지 않습니까? 여러분이 요구하는 권력은 없습니다. 그것은 정치적, 경제적, 사회적 문제 해결 능력도 아닙니다. 그것은 기독교인에게 사명도 아니고 책임도 아니고 본질도 아닙니다. 평화와 정의를 만드는 것마저도 아닙니다. 여러분이 하나님의 사람이 되는 것입니다.

하나님의 구원은 정치, 경제, 사회적인 환경에 의하여 확보되거나 보장되는 평화가 아닙니다. 우리의 마음을 바꾸서서 하나님과 단절되어 부패하고 썩을 수밖에 없었던 존재가 하나님과 화목하게 됨으로써 하나님으로부터만 주어지는 생명과 진리와 기쁨과 자랑과 영광을 지닌 가치 있는 존재가 되는 것입니다. 여러분 하나하나가 자신의 삶 속에서, 여러분의 가정과 직장과 이웃들 앞에서 그런 존재가 되어야 합니다. 아니, 이 시대 속에 존재하는 것만으로도 다른 사람들이 다 볼 수 있는 것이어야 합니다. "저 사람은 다르다. 저 사람은 살아 있고 저 사람은 죽어 있다." 이렇게 다 아는 것입니다. 뛰어 다니고 도와줘야 하는 것이 아닙니다. 마치 불 켜진 집같이, 혹은 불 꺼진 집같이, 살아서 움직이거나 움직이지 못하는 그런 차이가 확연히 드러나게 된다는 것입니다.

이스라엘의 구원은 그들을 배타적으로 택하여 그들의 우월감을 만족시켜 준 구원이 아닙니다. 하나님이 만드신 창조 세계의 회복입니다. 그 사명이 이스라엘에게 주어져 있었습니다. 그러니 신약 시대에 오면 이스라엘에 하신 약속이 확장되어 예수님 안에서 우리 모든 신자들을 이렇게 호칭합니다. "너희는 거룩한 나라요 택하신 족속이요 왕 같은 제사장이다." 그것이 우리에게 주어진 정체성이자 사명입니다. 그것이 하나님을 아는 자의 다름입니다. 우리를 위협하고 기만하고 유혹하는 그런 권력과 같은 것이 아니라, 하나님과의 관계에 따른 하나님만이 베풀 수 있는 인간의 진정한 행복, 감사, 평안, 정의인 것입니다. 이것은 전 인류에게, 또한 그 시대에게 넘치도록 요구하시는 것입니다.

보냄을 받은 자리

하나님 없는 역사와 인생에서는 도전과 공포 외에는 만날 것이 없습니다. 그 도전과 공포는 곧 우리를 하나님만이 답이라는 결론으로 끌고 갈 것입니다. 그러니 여러분이 하는 기도를 고쳐야 합니다. 여러분의 존재와 삶이라는 것이 갖는, 내가 얼마나 살아야 하고, 어떻게 살아야 하며, 어느 조건을 가져야 하느냐 하는 문제들은 모두 우리가 알 수 없는 것들입니다. 그것은 하나님이 정하십니다. 여러분이 어느 조건에 들어가든, 어느 상황에 놓이든, 거기서 어떻게 하시겠습니까? 모든 문제가 해결되어 형통해지는 것이 답이겠습니까? 그렇지 않습니다.

히브리서 5:1-10을 보겠습니다.

대제사장마다 사람 가운데서 택한 자이므로 하나님께 속한 일에 사람을 위하여 예물과 속죄하는 제사를 드리게 하나니 그가 무식하고 미혹된 자를 능히 용납할 수 있는 것은 자기도 연약에 휩싸여 있음이라. 그러므로 백성을 위하여 속죄제를 드림과 같이 또한 자신을 위하여도 드리는 것이 마땅하니라. 이 존귀는 아무도 스스로 취하지 못하고 오직 아론과 같이 하나님의 부르심을 받은 자라야 할 것이니라. 또한 이와 같이 그리스도께서 대제사장 되심도 스스로 영광을 취하심이 아니요 오직 말씀하신 이가 그에게 이르시되 너는 내 아들이니 내가 오늘 너를 낳았다 하셨고 또한 이와 같이 다른 데서 말씀하시되 네가 영원히 멜기세덱의 반차를 따르는 제사장이라 하셨으니 그는 육체에 계실 때에 자기를 죽음에서 능히 구원하실 이에게 심한 통곡과 눈물로 간구와 소원을 올렸고 그의 경건하심으로 말미암아 들으심을 얻었느니라. 그가 아들이시면서도 받으신 고난으로 순종함을 배워서 온전하게 되셨은즉 자기에게 순종하는 모든 자에게 영원한 구원의 근원이 되시고 하나님께 멜기세덱의 반차를 따른 대제사장이라 칭하심을 받으셨느니라(히 5:1-10).

이 본문은 예수 그리스도의 대제사장직을 말하고 있습니다. 대제사장 직은 어떻게 갖는 것입니까? 그 직에 세움을 받아야 합니다. 스스로 나서서 되는 것이 아니고, 하나님이 세우시는 지위입니다. 그가 하나님이 목적하시는 모두를 위하여 고난을 받습니다. 하나님께 빌고 아뢰고 순종하지 못하고 자기 죄에 빠져 허덕이는 모든 자를 위하여 대신 기도할 제사장으로 세우심을 받습니다.

그 제사장의 지위를 갖기 위해서 필요한 조건은, 그가 빌어야 할 사람들과 동등한 조건과 수준에 있는 것이라고 말합니다. 연약함과 어려운 일들을 체휼한 자여야 했습니다. 그래서 예수님마저도 어떻게 하셨다고 합니까? "심한 통곡과 눈물로 간구와 소원을 올렸고 그의 경건하심으로 말미암아 들으심을 얻었느니라." 여기서 경건하심이란 무엇을 말하는 것일까요? 기도하면 다 될 줄 알았다는 말입니까? 그렇게 간단한 것이 아닙니다. 예수님은 공포가 엄습하는 자리에서 기도하십니다.

이스라엘의 출애굽, 바벨론 포로 귀환이라는 구약 역사에서 가장 큰 사건에서 강조하는 교훈이 무엇입니까? "하나님이 그의 백성을 놓아두시지 않는다. 타협하시지 않는다. 포기하시지 않는다. 결국 승리하게 하실 것이다. 그러나 배우게 하실 것이다. 그들의 살이 되고 뼈가 될 것이다. 과정은 없고 결과만 제공되는 그런 구원은 없다."이렇게 말씀하는 내용입니다. 신약 시대에는 이와 같은 하나님의 일하심이 예수님 안에서 더 구체적으로, 더 분명하고 더 위대하고 놀랍게 드러납니다. 성자 하나님이 오셔서 우리처럼 되시고 우리와 같은 고난을 받으시며, 우시고 배반당하시고 죽으십니다. 그렇게 하심으로 하나님이 전 인류 역사를 뒤집어 놓으십니다.

그와 동일한 하나님의 일하심의 선상에서 모든 시대와 공동체마다 하나님은 사람들을 세우십니다. 그 세움을 받은 사람은 물론이요 그가 속한 당시대와 이웃을 하나님이 구원하기를 원하십니다. 그것이 성경의 가르침입니다. 그러니 어떻게 해야겠습니까? 고난의 자리는 잘못한 사람만 받는 자리가 아니라, 잘난 사람이 하나님의 뜻을 이루기 위하여 보냄을 받은 자리라는 것입니다. 자유가 하나님이 우리에게 주신 놀라운 특권이었듯이, 고난도 하나님이 우리에게 주신 똑같은 명예인 것입니다. "나와 함께 일하자. 내가 일하는 데 같이 가자."그렇게 부르시는 것이 고난입니다.

그러니 여러분의 신앙 인생이 좋은 신앙을 가짐으로써 형통해지고 아무 걱정 없는 것만 생긴다면 그것은 죄입니다. 아시겠습니까? 잘 사십시오. 예수님을 믿는다는 것은 총탄이 빗발치는 전장의 최전선에 서 있는 늠름한 자리와 같다는 것을 기억하십시오. 징징대지 말고, 변명하지 말고, 위대한 하나님의 사람으로 여러분의 인생을 살아내는 기쁨과 자랑을 누리시기를 바랍니다.

선집 설교 목록

『자유』

출전

『믿음은 사람보다 크다』(영음사)

『섬김으로 세우는 나라』(영음사)

『십자가로 세우는 나라』(영음사)

『박영선의 호세아 설교』(무근검)

『박영선의 욥기 설교』(무근검)

『다시 보는 사도행전』(무근검)

『다시 보는 로마서』(무근검)

『박영선의 다시 보는 사사기』(무근검)

『다시 보는 히브리서』(무근검)

『다시 보는 요한복음』(무근검)

『이사야서, 하나님의 비전』(복 있는 사람)

• 이 책은 박영선 목사의 위 저작들에서 허락을 받고 일부 발췌한 것이다.
  사용을 허락해 준 출판사들에 깊은 감사를 드린다.